高职高专“十三五”资源库精品教材·经管系列

经济法

（第四版）

卢真杰　主　编
陈维扬　刘计育　副主编

上海财经大学出版社

图书在版编目(CIP)数据

经济法/卢真杰主编．—4 版．—上海：上海财经大学出版社，2018.10
(高职高专“十三五”资源库精品教材·经管系列)
ISBN 978-7-5642-3082-1/F·3082

Ⅰ.①经…　Ⅱ.①卢…　Ⅲ.①经济法-中国-高等职业教育-教材　Ⅳ.①D922.29

中国版本图书馆 CIP 数据核字(2018)第 177194 号

□ 责任编辑　李成军
□ 封面设计　钱宇辰

经 济 法
(第四版)

卢真杰　主　编
陈维扬　刘计育　副主编

上海财经大学出版社出版发行
(上海市中山北一路 369 号　邮编 200083)
网　址：http://www.sufep.com
电子邮箱：webmaster @ sufep.com
全国新华书店经销
上海华教印务有限公司印刷装订
2018 年 10 月第 4 版　2019 年 7 月第 2 次印刷

787mm×1092mm　1/16　19 印张　486 千字
印数：37 001—40 000　定价：48.00 元

前　言

经济法是国家调整、规范和保障经济关系的法律规范的总和。经济法与民法和商法关系十分密切,它们彼此之间的调整范围、调整手段及内容是法学界长期争论的问题。无论各派立论、角度和观点如何,有一点是简单明确的,即无论是民法、商法还是经济法,其中都包含着与企业经营管理密切相关的内容,而这些内容对高职高专院校的学生来说都是必备的和有意义的。所以本教材综合考虑高职高专院校学生的实际需要,兼收民法、商法和经济法的内容,以适应公司企业对人才的实际需求。因此本教材定义的经济法可以概括为与市场经济相关的法律法规的总称。

针对高职高专院校学生的特点和企业的实际需要,本教材在编写之初就定位为实践性的实务教程,以区别于本科类和其他经管类的经济法教材。因此本教材在编写过程中特别强调以下几个方面特点:第一,考虑高职高专培养应用型人才的目标,采用广义经济法含义来确定教材的内容体系,即与市场经济相关的法律法规的总称。第二,针对高职高专学生就业的实际需要,按照经济主体法、经济行为法、经济调控法、劳动与社会保障法及经济纠纷仲裁与诉讼安排教材内容,突出逻辑性和实用性的结合。第三,理论讲解与实例分析相结合,并在每章中安排了牢记要点、案例、小资料、提醒您、小技巧等突出实用性。第四,本教材自编写之初就以最新修订的法律法规为依据,本次四版编写继续保持这一特色。根据 2017 年 3 月 15 日新颁布的《中华人民共和国民法总则》,2017 年 11 月 4 日新修订的《中华人民共和国反不正当竞争法》,2016 年 5 月 1 日实施的财政部、国家税务总局《关于全面推开营业税改征增值税试点的通知》,2018 年 8 月 31 日颁布的新修订的《中华人民共和国个人所得税法》,以及《公司法》的司法解释(一)、(二)、(三)、(四),新修订的外商投资企业法,新颁布的社会保险法等其他法律法规调整了相应的内容,除典型案例外,采用的案例也都是最近三年的新案例,具有很强的针对性和新颖性。根据新颁布的社会保险法,我们在第十二章增加了社会保险一节。本教材适用于各类专业大专生,也可供本科生和企业营销管理人员参考之用。

根据学生认知过程特点,本教材在体例上采用先明确学习目标,再引入案例思考,再讲解理论知识并配以案例说明,最后用关键术语、小结和知识结构图归纳每章内容,为突出高职高专实用性特点,还安排了应用内容,包括案例研究、实验实训和复习思考题三部分。通篇教材突出高职高专培养实用型和技能型人才的特点。

本教材根据经济主体法、经济行为法、经济调控法、劳动与社会保障法及经济纠纷仲裁与诉讼五部分安排教材内容，其中：经济主体法包括公司法制度概述和企业法律制度概述；经济行为法包括民事法律制度概述、合同法律制度概述、知识产权法律制度概述、部分反不正当竞争法制度、消费者权益保护法制度和产品质量法制度；经济调控法包括部分反不正当竞争法、消费者权益保护法、产品质量法、证券与金融法律制度和税法制度概述；劳动与社会保障法包括劳动法制度概述；经济纠纷仲裁与诉讼，包括仲裁法和民事诉讼法；另安排经济法概述一章，共十三章内容。

本书由上海电子信息职业技术学院卢真杰老师、上海工商外国语职业学院陈维扬老师、上海东海职业技术学院刘计育老师、上海立达职业技术学院王卓亚老师、上海电子信息职业技术学院宋丽丽老师、上海工商外国语职业学院周琼琼老师共同编写。具体分工如下：

卢真杰　第一章、第二章、第十一章

陈维扬　第四章、第五章、第六章、第九章

刘计育　第三章

王卓亚　第八章

宋丽丽　第十章、第十二章、第十三章

周琼琼　第七章

由于编写时间仓促，加上作者水平所限，书中疏漏之处在所难免，恳请广大读者批评指正。

编者

2018年9月

目　录

第一章　经济法概述

学习目标

通过本章学习，你应能够：

了解经济法是近代逐渐形成的一个独立的法律部门。

掌握经济法的基本含义和法律体系。

学会运用这些基本知识分析实际案例，解决现实中的问题。

引入案例

经济法的作用如何

在1981年和1982年初，美国航空公司（AA）和勃兰尼夫航空公司（BA）的客源竞争异常激烈，两家竞相削价以争夺市场份额。1982年2月21日，AA总裁克伦代尔与BA总裁帕特南通了一次电话，其中的关键内容是：

克：我有一个建议要给你，将你的价格提高20%，明天我也会同样提价。你会赚到更多的钞票，我也可以。

帕：我们可不能讨论定价问题。

克：哦，我们可以讨论我们想要讨论的任何事情。

克伦代尔先生没料到的是，这次通话被录了音。克伦代尔先生错了，公司首脑并不能讨论他们想讨论的任何事情，讨论定价和同意固定价格违反了美国的反垄断法案《谢尔曼法案》第一条。在了解到这次通话以后，司法部立即指控克伦代尔提议固定价格，违反了反托拉斯法，课以重罚。

——资料来源：张学森主编：《经济法》，上海财经大学出版社2006版。

说明

经济法是我国一个独立的法律部门，不是一个单独的法律规范。法学界对经济法的含义和体系一直存在较多的争论，没有统一的定论。本书采用经济法通说，即国家干预、管理和调控经济的法律法规的总称，并立足于高职高专院校特点设计本书的体系。

第一节 经济法的产生

一、经济法的产生

经济法作为一个独立的法律部门，是在资本主义从自由竞争发展到垄断阶段，到20世纪初，特别是第一次世界大战后才形成的。

提醒您

为什么资本主义国家在发展到垄断阶段后才形成经济法？我国自1949年以来经济法的情况与资本主义国家有什么不同？

市场经济发展到社会化大生产阶段，需要国家履行经济管理职能，干预和协调经济运行，并形成相应的经济法理论时，经济法才能产生。[1] 市场经济体制下，企业的生产经营活动虽然基本是通过市场这只“看不见的手”进行调节，但因为市场不可避免地存在缺陷，这时就需要国家出面，作为一只“看得见的手”对市场进行适度干预，或者进行管理和宏观调控。

市场经济体制需要建立保护竞争的法律制度，维护公平和自由的竞争环境。经济法是市场经济的客观要求，目的是以社会协调的方式解决社会经济运行中出现的各种问题和矛盾。

我国经济法的产生分为两个阶段：一是1992年以前的经济法，由于那时我国基本实行计划经济体制，企业没有经营自主权，国家在经济中起着十分重要的作用，因此当时的经济法是调整纵横所有经济关系的法律部门。二是1992年以后的经济法，随着我国社会主义市场经济体制的确立，国家实行政企分开、国家所有权和国家行政管理权分别行使的改革措施，因此现在的经济法是国家出于整体经济和社会公共利益而对社会经济生活进行干预、管理和协调的法律制度。[2]

二、经济法的概念

经济法这一概念不是在我国产生的，但自从我国确立建设社会主义市场经济体制开始，经济法概念就成为学者们研究的重点之一。目前我国经济法的研究仍处于百家争鸣的状态，有很多不同的学说，如国家干预经济法论、国家调节经济法论、经济行政法论等。但无论哪种学说都承认，在社会主义市场经济体制下，企业的经营活动需要国家的适度干预、管理和协调。

综合经济法各种学说，本书采用的经济法概念是指国家出于整体经济和社会公共利益而对社会经济生活进行干预、管理和协调的法律制度。

---

① 胡志民等编著：《经济法》，上海财经大学出版社2006年版，第1页。

② 王晓晔主编：《经济法学》，社会科学文献出版社2010年版，第7－11页。

提醒您

在学习和研究经济法时应注意：经济法不是在我国产生的，应当借鉴其他国家和地区的立法经验，但不应照搬西方理论；同时应注意掌握国际经济法的知识，使我国经济法逐渐国际化。

第二节　经济法的特征

经济法具有一般法律的基本特征，同时与其他法律部门相比较，还具有自己的一些特征，主要体现在以下几个方面：

一、公共性

经济法作为国家调控市场经济行为的重要手段，具有公共性和全局性的特点。与民商法关系不同，经济法主要是从维护整体经济利益和社会公共利益的角度出发的。例如经济法追求的秩序不是私人间交往的秩序，而是国家整体经济运行的秩序；经济法追求的效率不是注重个别企业的效率，而是注重整体经济的效率；经济法追求的公平不是考虑个别企业是否得到了绝对公平的待遇，而是考虑整个经济是否实现了实质上的公平。[①]

小资料

我国方便面统一涨价

2007年7月，全国10多家品牌的方便面统一提价，涨幅达20%至40%，而这些方便面企业的市场占有率达95%以上。世界方便面协会中国分会是此次涨价事件的操纵者。

问题：

1. 方便面统一提价的行为是否违法？
2. 假设此次涨价事件是在《反垄断法》颁布实施之后又会如何？

说明

2017年11月4日全国人大常委会修订《中华人民共和国反不正当竞争法》（以下简称《反不正当竞争法》），自2018年1月1日起施行。2007年8月30日通过《中华人民共和国反垄断法》（以下简称《反垄断法》），自2008年8月1日起施行。《反垄断法》与《反不正当竞争法》共同为了预防和制止垄断行为，保护市场公平竞争提供了法律依据。

① 王晓晔主编：《经济法学》，社会科学文献出版社2010年版，第19页。

二、政策性

经济法是国家经济政策的法定化、规范化。与民商法相比，经济法更强烈地反映了国家的经济政策，表现出易变性。我国自确立建设社会主义市场经济体制开始，经济政策不断变化，为了将这些不断变化的经济政策贯彻于市场经济运行中，我国的经济法也随之调整。例如，为了“加强和完善宏观调控”，就要求国家通过法律的手段，改革财政、税收、金融、投资等领域现行不合理的制度，以便真正发挥经济杠杆的调节作用。

小资料

> 由于经济法是国家调控市场经济行为的法，因此国家政策对于经济法的影响是至关重要的。比如面临我国的房产市场、股票市场等不理智情形时，国家的政策便以经济法的方式出现来调整相关市场。

三、政府主导性

经济法作为国家对社会经济生活进行干预、调控和管理的法律部门，必然具有很强的政府主导性。经济法多以禁止性或限制性的规定来规范主体的行为，以此来限制或取缔某种经济活动或经济关系的发生或存在。

例如，2018 年 1 月 1 日实施新修订的《反不正当竞争法》规定，经营者不得实施下列混淆行为，引人误认为是他人商品或者与他人存在特定联系：(1)擅自使用与他人有一定影响的商品名称、包装、装潢等相同或者近似的标识；(2)擅自使用他人有一定影响的企业名称(包括简称、字号等)、社会组织名称(包括简称等)、姓名(包括笔名、艺名、译名等)；(3)擅自使用他人有一定影响的域名主体部分、网站名称、网页等；(4)其他足以引人误认为是他人商品或者与他人存在特定联系的混淆行为。

四、综合性

经济法的综合性体现在很多方面，如经济法调整范围的综合性，是指经济法既调整宏观经济领域，又调整微观经济领域；经济法调整手段的综合性，是指经济法综合运用民事、行政、刑事等手段作用于同一领域；经济法法律规范的综合性，是指经济法涉及的法律规范有法律、行政法规、地方性法规等多个不同的表现形式；有实体法律规范和程序法律规定；民事、行政和刑事规范等。①

五、公法与私法的融合性

公法是指调整国家与个人(包括企业)之间的社会关系的法律制度，私法是指调整平等当事人之间社会关系的法律制度。② 经济法融合了公法与私法的特性。经济法中有很多体现国

---

① 於向平等著：《经济法理论与实务》，北京大学出版社 2014 年版，第 2—3 页。

② 王家福：《社会主义市场经济法律制度建设问题》，见肖扬主编：《社会主义市场经济法律制度讲座》，中国方正出版社 1995 年版，第 10 页。

家公权力的法律规范，同时我们也不能忽视经济法中也存在调整私人之间经济关系的法律规范，例如消费者权益保护法。因此我们不能简单地将经济法归于公法或私法，而应是公法与私法的融合。

微型案例

2012 年 5 月 1 日，原告孙银山在被告南京欧尚超市有限公司江宁店(简称欧尚超市江宁店)购买“玉兔牌”香肠 15 包，其中价值 558.6 元的 14 包香肠已过保质期。孙银山到收银台结账后，即径直到服务台索赔，后因协商未果诉至法院，要求欧尚超市江宁店支付 14 包香肠售价十倍的赔偿金5 586元。法律依据:《食品安全法》第 96 条第 1 款规定:“违反本法规定，造成人身、财产或者其他损害的，依法承担赔偿责任。”第 2 款规定:“生产不符合食品安全标准的食品或者销售明知是不符合食品安全标准的食品，消费者除要求赔偿损失外，还可以向生产者或者销售者要求支付价款十倍的赔偿金。”

微型案例

2011 年 10 月 25 日，王卫文在孙云才位于某商场的经营场所购买了一部诺基亚手机，价格为1 180元。同时，孙云才向王卫文出具一张购货单据，其上写明了手机型号、单价及数量，并载明“保原装、假一赔十”。经鉴定，王卫文获悉该手机为假冒产品，故诉至北京市东城区人民法院，请求判令孙云才按照“假一赔十”的承诺支付赔偿金11 800元，并支付鉴定费 260 元。

一审法院经审理认为，诚实信用是民法通则规定的一项基本原则，孙云才为促销商品而承诺“假一赔十”是一种合同行为。王卫文决定购买该商品，买卖合同成立，该承诺连同合同其他条款对经营者即具有法律约束力。孙云才向王卫文做出了“假一赔十”的承诺，应该依约履行。王卫文要求孙云才支付赔偿金11 800元、鉴定费 260 元的请求于法有据，故判决支持了王卫文的诉讼请求。孙云才不服一审判决，上诉至北京市第二中级人民法院。2012 年 4 月 18 日，二审法院判决维持原判。

第三节　经济法的体系

一、经济法的地位

经济法是一个独立的法律体系，这已经获得法学界的一致肯定。经济法具有独立性是因为经济法具有自己特有的调整对象，从而区别于民商法和行政法等部门法。

1. 经济法与民商法的区别

民法是调整平等主体之间的人身关系和财产关系的法律规范的总称，商法是民法的特别法，是调整商事主体之间的商事行为的法律规范的总称。民商法以调整个人之间的权利和义务关系为核心内容，而经济法从社会公共利益出发，对企业的市场行为进行干预、管理和协调。民商法属于私法范畴，经济法既有私法内容，又有公法内容。

事实上，经济法与民商法并不是完全独立的两个部门，它们之间也有交叉的情况，例如，反不正当竞争法通常是归入经济法的，但其中也有规定对受害人合法权益保护的内容，具有民商法的功能。

2. 经济法与行政法的区别

行政法是调整政府行政活动的部门法。通常采用上下级隶属关系，命令与服从的方式。行政法调整的是一种权力从属关系，一般不具有经济内容。而经济法调整的是国家干预经济运行过程中所发生的经济关系，采用强制性、指导性和监督性相结合的方式调整特定的经济关系。

但经济法与行政法也有交叉情况，如两者都体现了国家对社会生活的干预和管理，都采用命令与服从的方式调整社会关系。

二、经济法的体系

经济法的体系就是对属于经济法的法律、法规进行归类、安排、秩序化和系统化。由于经济法与民商法、行政法、国际法等部门法存在交叉的现象，因此在划分经济法体系时，不同学派的经济法体系框架不尽相同。本书在综合考虑各学派的观点和高职高专院校特点的基础上确立了自己的经济法体系，包括经济主体法、经济行为法、经济调控法、劳动与社会保障法和经济纠纷仲裁与诉讼五部分。

（一）经济主体法

经济主体法是调整经济主体设立、变更、终止过程中发生的经济管理关系和内部管理过程中发生的经济关系的法律规范的总称。除了国家、个人和其他组织外，我国目前合法的经济主体主要包括有限责任公司、股份有限公司、国有独资公司、一人公司、普通合伙企业、有限合伙企业、个人独资企业、中外合资经营企业、中外合作经营企业、外资企业、中外合资股份有限公司等类型。原本这类公司企业法的内容是属于商法调整的，但作为独立经济法部门，也应具有主体法，这也是经济法与商法交叉的一个方面。

（二）经济行为法

经济行为法是调整市场经济环境中经济主体之间的经济行为关系的法律规范的总称。为了能够完整地体现经济主体之间的经济行为，本书既包含了经济主体之间的平等经济行为，也包含了经济主体之间的不平等经济行为。前者包括民事法律行为、合同法律行为、知识产权法律相关行为等，后者包括反不正当竞争行为、保证产品质量行为、保护消费者利益行为等。

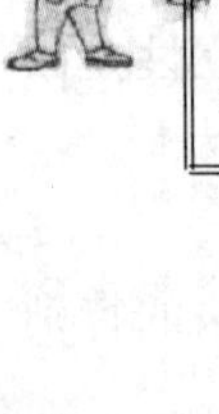

提醒您

这里指的不平等经济行为，体现在相应的经济法法律法规中，但这些法律法规同样也包含经济调控行为的内容。

（三）经济调控法

经济调控法是调整在宏观调控过程中发生的经济关系的法律法规的总称。这一内容集中体现了国家对市场经济行为的干预、调控和管理作用。包括财政政策、货币和金融政策、价格政策等，具体指体现调控功能的《反垄断与反不正当竞争法》的部分内容、《产品质量法》的部分内容、《消费者权益保护法》的部分内容、《个人所得税法》《企业所得税法》《税收征收管理法》《中国人民银行法》《证券法》等。

（四）劳动与社会保障法律制度

劳动与社会保障法是市场保障法律制度，它可以保障基本人权、保障社会公平和社会安全。我国在近年来逐渐加大劳动与社会保障法律制度的建设，随着2007年一系列法律法规的出台，劳动与社会保障法律制度也逐渐完善，具体包括《劳动法》《劳动合同法》《就业促进法》《劳动争议调解仲裁法》《职工带薪年休假条例》以及养老、失业、医疗、工伤等法律法规。2011年7月1日起施行的《中华人民共和国社会保险法》、2012年4月18日颁布并实施的《女职工劳动保护特别规定》、2013年2月1日起施行的《最高人民法院关于审理劳动争议案件适用法律若干问题的解释（四）》、2013年1月23日施行的《最高人民法院关于审理拒不支付劳动报酬刑事案件适用法律若干问题的解释》以及2013年7月1日起施行的修改后的《劳动合同法》等一系列法律法规和司法解释又进一步完善了劳动与社会保障制度。目前我国正在积极酝酿工资制度等其他法律法规的制定。

（五）经济纠纷仲裁与诉讼

上述内容均属于经济实体法律制度，但在实际经济生活中不可避免地要出现经济纠纷，而处理这些经济纠纷必然需要相应的程序法内容，经济仲裁和民事诉讼便是最常见的两种方式，本部分主要概要阐述了这两种程序法基本规定。

经济法体系见图1－1。

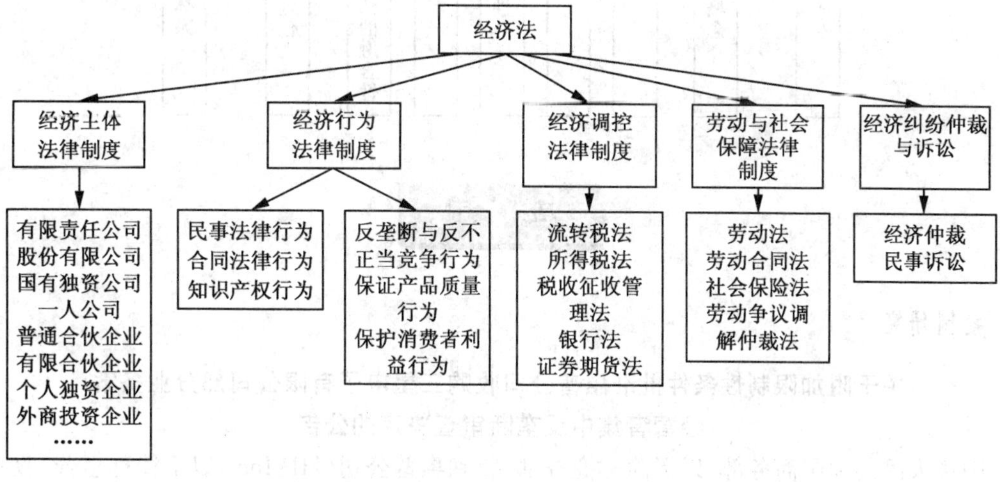

图1－1　经济法的体系

小 结

关键术语

经济法　经济法的特征　经济法体系

本章小结

1. 经济法是指国家出于整体经济和社会公共利益而对社会经济生活进行干预、管理和协调的法律制度。

2. 经济法具有公共性、政策性、政府主导性、综合性、公法与私法融合性五个特征。

3. 本书的经济法体系包括经济主体法、经济行为法、经济调控法、劳动与社会保障法和经济纠纷仲裁与诉讼五个部分。

知识结构图

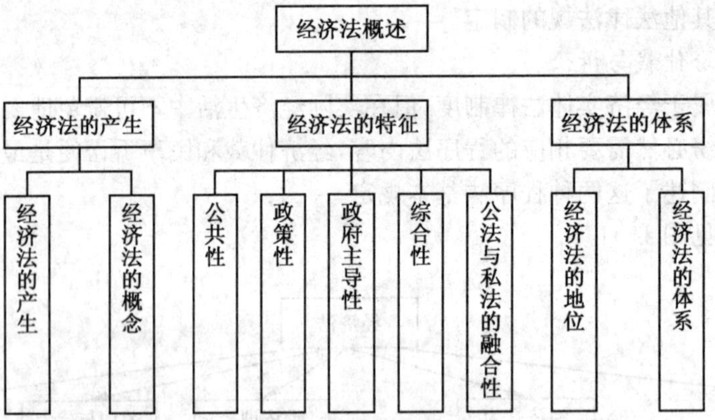

应 用

案例研究

关于附加限制性条件批准惠普公司收购三星电子有限公司部分业务案经营者集中反垄断审查决定的公告

中华人民共和国商务部（以下简称商务部）收到惠普公司（HP Inc.，以下简称惠普）收购三星电子有限公司（Samsung Electronics Co.，以下简称三星）部分业务（以下简称目标业务）案的经营者集中反垄断申报。经审查，商务部决定附加限制性条件批准此项经营者集中。根据《反垄断法》第 30 条规定，现公告如下：

一、立案和审查程序

2016 年 11 月 16 日，商务部收到本案的经营者集中反垄断申报。经审核，商务部认为该申报文件、资料不完备，要求申报方予以补充。12月23日，商务部确认经补充的申报文件、资料符合《反垄断法》第23条规定，对该项经营者集中申报予以立案并开始初步审查。2017年1月19日，商务部决定对此项经营者集中实施进一步审查。经进一步审查，商务部认为此项经营者集中对中国A4幅面激光打印机市场和中国A4幅面激光打印耗材市场可能具有排除、限制竞争效果。4月19日，经申报方同意，商务部决定延长进一步审查期限。进一步审查延长期届满时，申报方申请撤回案件并得到商务部同意。6月21日，商务部对申报方的重新申报予以立案审查。目前，该案处于进一步审查阶段，截止日期为10月18日。

二、案件基本情况

收购方惠普是1998年在美国注册成立的股份有限公司，成立时间最早可追溯到1947年，1961年其在纽约证券交易所上市，股权结构分散，无最终控制人，主要从事计算机和打印机业务。

案件的目标业务是三星的全球打印机业务，其由数个从事打印机业务的子公司及相关资产组成。三星是1969年1月13日在韩国注册成立的股份有限公司，在韩国证券交易所上市，股权结构分散，无最终控制人。

2016年9月12日，惠普和三星签署集中协议，惠普将收购目标业务所有股权和资产。本次交易完成后，惠普将取得目标业务的单独控制权。

三、竞争分析

商务部根据《反垄断法》第27条规定，从参与集中的经营者在相关市场的市场份额和市场控制力、市场集中度、市场进入的难易程度、对消费者和其他经营者的影响等方面，深入分析了此项经营者集中对市场竞争的影响，认为集中将对中国A4幅面激光打印机市场和中国A4幅面激光打印耗材市场产生排除、限制竞争的效果。

(1)集中将导致中国A4幅面激光打印机市场集中度上升，进一步增强惠普的市场控制力，有能力和动机从事排除、限制竞争的行为。

在中国A4幅面激光打印机市场上，按销售额计算，2016年惠普市场份额为45%～50%，三星市场份额为5%～10%，集中后市场份额为50%～55%，紧随其后的竞争者兄弟、联想、佳能，均与惠普有较大差距。集中前该市场的赫芬达尔—赫希曼指数(以下简称HHI)为2 597，惠普与三星集中后HHI为3 067，属于高度集中市场，且集中产生的HHI增量为470，这一结果显示集中将会产生或加强惠普在相关商品市场的市场支配地位。

反垄断调查表明，惠普与三星构成了中国A4幅面激光打印机市场的紧密竞争者，三星的产品集中分布在激光打印机市场，三星在该市场上提供的产品种类较多，价格分布区间也较为广泛，跟惠普的产品分布非常类似，集中将导致惠普与三星之间紧密竞争关系消失，减弱由这种竞争替代所产生的对企业定价行为的约束，从而产生排除、限制竞争的效果。

(2)集中后，惠普有能力和动机进行耗材搭售，从而排除、限制中国A4幅面激光打印耗材市场竞争，损害消费者利益。

打印机作为一种耐用品，消费者在购买后很长一段时间内不会再进行重复购置，但需要不断地购买硒鼓或墨盒等打印耗材。如果购买及使用第三方打印耗材将使打印机无法工作或降低消费者打印体验，意味着消费者将处于一种被锁定的状态。这种营销模式不仅能加强对消费者的控制，而且还能够作为阻止新企业进入的一种策略，形成排除、限制竞争的效果。

反垄断调查表明，消费者对打印效果的要求具有多样性。第三方耗材的价格明显比原装耗材要低，选择价格更高的原装耗材的消费者往往在打印效果、售后维修等方面有更高的要求。不同消费者会根据自己的需要选择不同的打印耗材产品，如果打印机企业通过固件升级、广告宣传等方式迫使消费者购买打印机企业指定的耗材产品，将直接减少消费者的选择，本质上构成了市场封锁。这种市场封锁对消费者利益将造成损害。

反垄断调查表明，打印机企业的市场份额越高，越具备实施搭售打印耗材的基础。根据IDC数据，2016年惠普与三星在A4幅面激光打印机市场上的份额分别为45%～50%与5%～10%，合并后的市场份额达到50%～55%，具有市场支配地位。集中完成后，惠普为获取高额利润，将具备在中国市场从事搭售打印耗材的动机和能力，从而可能排除、限制中国A4幅面激光打印耗材市场的竞争。

(3)相关市场进入困难，短期内难以出现新的有效竞争者。

反垄断调查表明，打印机是涉及多个学科、技术复杂的光机电一体化产品，研发和生产打印机需要较高的技术及资金门槛。就中国A4幅面激光打印机市场而言，短时间内难以出现新的有竞争力的市场参与者，无法对惠普形成有效竞争约束，难以消除此项集中对竞争产生的不利影响。

四、附加限制性条件的商谈

在审查过程中，商务部将本案可能具有排除、限制竞争效果的审查意见及时告知了惠普，并与惠普就附加限制性条件减少此项经营者集中对竞争产生的不利影响等有关问题进行了多轮商谈。对于惠普提交的限制性条件建议，商务部按照《关于经营者集中附加限制性条件的规定(试行)》规定，重点从限制性条件建议有效性、可行性和及时性等方面进行了评估。

经评估，商务部认为，惠普于2017年9月27日向商务部提交的限制性条件建议方案能够减少此项经营者集中对竞争产生的不利影响。

五、审查决定

鉴于此项经营者集中对中国A4幅面激光打印机市场和中国A4幅面激光打印耗材市场可能具有排除、限制竞争效果，根据惠普向商务部提交的附加限制性条件建议方案，商务部决定附加限制性条件批准此项集中，要求惠普履行如下义务：

(1)继续以公平、合理的供货条件销售A4激光打印机产品，并每半年向商务部反垄断局提交定价信息及相关数据。

(2)不收购任何其他打印机制造商在中国A4激光打印机业务的任何份额，即便是少数股权投资。

(3)对三星品牌A4激光打印机及其在中国销售的原装耗材(不包括出口)，不实施任何可能影响第三方耗材兼容能力的技术措施、固件或升级。

(4)对惠普品牌A4激光打印机及在中国销售的惠普品牌A4原装耗材(不包括出口)，不实施任何可能影响使用惠普原装芯片的第三方耗材兼容能力的技术措施、固件或升级。

(5)在A4激光打印机原装耗材的广告宣传上，惠普不会针对中国的潜在客户进行虚假或误导性的广告宣传或推销，不会宣称第三方耗材不能兼容A4激光打印机产品。

(6)根据反垄断法及相关法律法规的规定，对A4激光打印机产品不进行搭售或者从事其他不合理的商业行为。

上述限制性条件自生效日起5年内有效，期限届满时自动终止。

限制性条件的监督执行除按本公告办理外，惠普于2017年9月27日向商务部提交的附加限制性条件建议方案对惠普具有法律约束力。

商务部有权通过监督受托人或自行监督检查惠普履行上述义务的情况。惠普如未履行上述义务，商务部将根据反垄断法相关规定做出处理。

本决定自公告之日起生效。

附件：惠普向商务部提交的附加限制性条件建议方案

商务部

2017 年 10 月 5 日

实验实训

波音兼并麦道公司案

波音和麦道公司分别是美国航空制造业的老大和老二，是世界航空制造业的第 1 位和第 3 位。1996 年底，波音公司用 166 亿美元兼并了麦道公司。在干线客机市场上，合并后的波音不仅成为全球最大的制造商，而且是美国市场唯一的供应商，占美国国内市场的份额几乎达 100%。但是，美国政府不仅没有阻止波音兼并麦道，而且利用政府采购等措施促成了这一兼并活动。

1. 分组讨论本案中为何美国没有阻止该兼并案。

2. 讨论美国微软公司的垄断行为屡次遭到质疑，但为何微软公司没有被美国政府分解。

复习思考题

1. 思考在建设社会主义市场经济体制的过程中，政府如何利用经济法这一调节手段更好地干预调节市场经济行为。

2. 我国在运用经济法调节市场行为过程中，如何平衡国内市场竞争与国际市场竞争的关系？

第二章　公司法制度概述

学习目标

通过本章学习,你应能够:

了解有关公司的基础理论知识,如法人、股东有限责任等内容。

掌握公司的基本制度和有限责任公司与股份有限公司的具体制度。

学会运用这些基本知识分析实际案例,解决现实中的问题。

引入案例

有限公司设立需要遵守哪些规则

甲、乙、丙、丁 4 个自然人签订协议,投资建立以生产性为主的有限责任公司,注册资本为 40 万元人民币。甲、乙、丙三个人均以货币出资,投资额分别为 10 万元、10 万元、5 万元,丁以专利技术投资,该专利技术已向国家专利局申报,但尚未拿到专利证书。该专利协议作价 20 万元。同时,协议还规定:

(1)公司章程由丁独立起草,无须公司董事会审议通过。

(2)公司不设董事会,只设执行董事,甲为执行董事,并担任法定代表人及公司总经理。

(3)由甲提议,乙担任公司财务负责人,并兼任公司监事。

(4)公司成立后不足资金通过发行公司债券筹集,并计划发行公司债券 20 万元。

(5)修改公司章程或与其他公司合并时,需经全体公司董事过半数通过。

(6)公司前三年无论盈利与否,均不提取盈余公积金。

根据以上资料,结合公司法规定,分析说明以上不妥之处。

说明

公司作为市场运行中的重要主体具有举足轻重的地位。2005 年 10 月 27 日重新修订的《中华人民共和国公司法》(以下简称《公司法》,2006 年 1 月 1 日起施行)针对我国经济发展的情况进行了适应性的调整,如允许一人公司设立等。2013 年 12 月 28 日再次修订《公司法》,将原来的实缴制变成认缴制,取消了货币出资的比例要求等。本章已将新修订的公司法内容融入其中。《最高人民法院关于适用〈公司法〉若干问题的规定》就股东代表诉讼、股东直接诉讼、股东诉讼解散公司、股东出资等内容进行了详细的修订。2017 年 9 月 1 日施行的《最高人民法院关于适用〈公司法〉若干问题的规定》(四)就股东等请求确认董事会、股东会决定无效或申请撤销,股东优先购买权等又进行了详细的修订。

第一节　公司法概述

一、公司的概念和特征

公司是依照法定的条件与程序设立的、以营利为目的的社团法人。

小资料

社团法人必须有社员,是以社员为基础的法人。公司是典型的社团法人。财团法人是以财产为基础的法人,没有社员。基金会是典型的财团法人。

(1)公司具有独立法人资格。法人是相对于自然人的一类主体,它是具有民商事权利能力和行为能力,并能够独立承担民商事责任的组织。公司作为法人必须具有独立的财产,并且能够以自己的名义享有民商事权利并独立承担民商事责任。公司的股东一旦把自己的投资财产投入并转移给公司,就丧失了对该财产的所有权或使用权,从而取得股权,而公司则对股东投入的财产享有完全的、独立的法人财产权。

(2)公司是社团组织,具有社团性。

(3)公司以营利为目的,具有营利性。

(4)公司必须依法设立。公司的依法设立是指根据法律对公司设立中实质要件与程序要件的规定创设一个新的组织。

微型案例

公司法人制度中的有限责任,其含义指的是________。

A. 法人对其所负债务承担有限责任

B. 法人的工作人员对法人债务承担有限责任

C. 法人的出资人以出资额为限对法人债务承担清偿责任

D. 法定代表人对法人债务承担有限责任

二、公司的分类

1. 以公司股东的责任范围为标准分类

以公司股东的责任范围为标准分类，将公司分为无限责任公司、两合公司、股份两合公司、股份有限公司和有限责任公司。随着公司制度的发展，前三种公司类型逐渐消亡，我国《公司法》仅规定了有限责任公司和股份有限公司两种形式。

有限责任公司，股东以其出资额为限对公司承担责任，公司以其全部资产为限对公司债务承担责任。

股份有限公司，其全部资本分为等额股份，股东以其所持股份为限对公司承担责任，公司以其全部资产对公司的债务承担责任。

2. 以公司之间的关系为标准分类

以公司之间的关系为标准分类，将公司分为总公司与分公司，母公司与子公司。

总公司又称本公司，是从业务、组织上管辖其他公司的公司。总公司具有独立的法人地位，能够以自己的名义独立进行对外活动并承担民事责任。分公司是相对于总公司而言的，是指从业务、组织上都接受其他公司管辖的公司。分公司不具有独立的法人地位，不能独立承担责任，其生产经营活动受总公司意志的支配，业务活动的后果当然也由总公司来承担。

母公司是指拥有其他公司一定比例的股份或者根据协议可以支配或控制其他公司的公司。子公司是指其资本或股份的大部分被另一公司控制或者依照协议被另一公司实际控制的公司。子公司具有独立的法人资格，具有自己的公司名称、章程和财产，能够以自己的名义从事活动并以自己的财产独立承担责任。

提醒您

举例说明我国现在耳熟能详的总公司与分公司有哪些，母公司与子公司有哪些。为何有些公司设立分公司而有些设立子公司？

微型案例

住所地在长春的四海公司在北京设立了一家分公司。该分公司以自己的名义与北京实达公司签订了一份房屋租赁合同，租赁实达公司的楼房一层，年租金为30万元，现分公司因拖欠租金而与实达公司发生纠纷。下列判断________是正确的。

A. 房屋租赁合同有效，法律责任由合同的当事人独立承担

B. 该分公司不具有民事主体资格，又无四海公司的授权，租赁合同无效

C. 合同有效，依该合同产生的法律责任由四海公司承担

D. 合同有效，依该合同产生的法律责任由四海公司及其分公司承担连带责任

3. 以公司所属国籍为标准分类

根据公司所属国籍为标准分类，将公司分为本国公司与外国公司。外国公司是依照外国法律在中国境外登记成立的公司，而不是依照我国《公司法》在中国境内登记成立的公司。外国公司可以在中国境内设立分支机构，从事生产经营活动，但外国公司属于外国法人，其分支机构不具有中国法人资格，因此，分支机构在中国境内进行经营活动产生的责任由所属外国公司承担。而外国公司出资依照我国法律设立的公司，则属于本国公司，如我国的"三资"企业。

公司的分类见图 2—1。

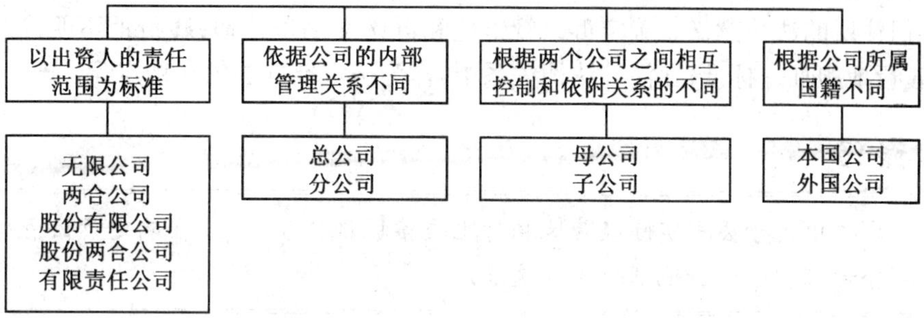

图 2—1　公司的分类

三、公司法基本制度

（一）公司的名称和住所

1. 公司名称

公司名称是公司在生产经营活动中区别于其他民事主体的人格特定化的标记，它是公司章程的必要记载事项之一，也是公司设立的必要条件。公司名称具有唯一性，一个公司只能有一个名称。

一个标准的公司名称应当包括四方面的内容：

(1)地域标志，即公司注册机关的行政级别。根据我国现行法律法规的规定，在同一登记机关的辖区内，同行业的企业不允许有相同和类似的名称，因此，一般要求公司名称中必须冠以公司登记地的地名。但是外商投资企业以及历史悠久、字号驰名的企业不受该条限制。另外，冠以"中国""中华""全国""国际"等字样的公司，须经国家工商行政管理机构的核准。

(2)字号，也称商号，它是公司名称的核心内容。公司名称中当事人唯一可以自由选择的部分。

(3)行业特点，即公司的行业和经营特点。他人应从公司的名称中知晓公司所从事的行业类型，如贸易、实业、制造等。

(4)组织形式，即公司类型。有限责任公司名称中须包含"有限责任公司"的字样，股份有限公司名称中必须包含"股份有限公司"的字样。

公司的名称结构见图 2—2。

2. 公司住所

公司住所是公司章程的必要记载事项之一，是公司设立登记的必备条件。

(1)公司住所的确定。根据我国《公司法》第 10 条的规定，公司以其主要办事机构所在地

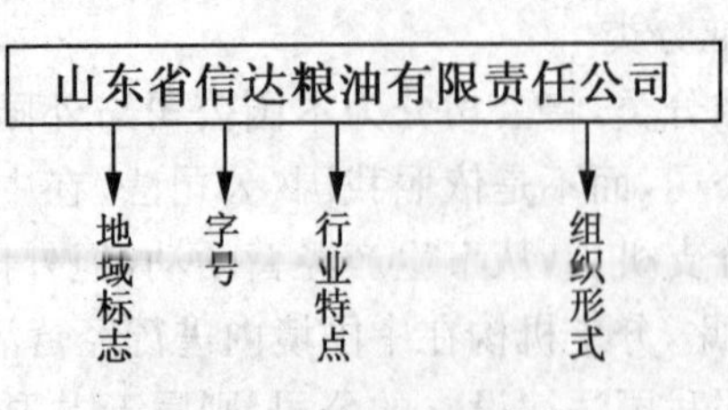

图2—2 公司名称结构

为住所。所谓主要办事机构，指管辖全部组织的中枢机构，如公司总部。

(2)公司住所的法律意义。确定诉讼管辖地和诉讼文书送达地；履行地不明确时，住所是确认合同履行地的唯一标准；在涉外法律关系中，作为确定准据法的联结点。

提醒您

实务中由于公司实际经营地相对比较难取证证明，因此在确定诉讼管辖地时有工商登记证明的注册地则较为普遍采用。

(二)公司章程

公司章程是规定公司的组织及行为的基本规则的重要文件，制定公司章程是公司设立的必要条件和必经程序之一。章程对于公司的作用犹如宪法对于国家的作用。

有限责任公司与股份有限公司章程规定的区别见表2—1。

表2—1 有限责任公司与股份有限公司章程规定的区别

	有限责任公司	股份有限公司
订立	由公司设立时的全体股东共同制定，股东应当在公司章程上签名、盖章	若发起设立，经发起人制定，全体发起人签章；若以募集方式设立，还需由认股人在创立大会上通过
生效	股东权利、义务和责任自股东签字盖章时生效 公司、股东、董事、监事、高级管理人员具有约束力	
修改	修改公司章程须股东(大)会以特别决议为之，即2/3以上通过。	

微型案例

甲公司章程规定：董事长未经股东会授权，不得处置公司资产，也不得以公司名义签订非经营性合同。一日，董事长任某见王某开一辆新款宝马车，遂决定以自己乘坐的公司旧奔驰车与王某调换，并办理了车辆过户手续。对任某的换车行为，下列说法正确的是________。

A. 违反公司章程处置公司资产，其行为无效

B. 违反公司章程从事非经营性交易，其行为无效

C. 并未违反公司章程，其行为有效

D. 无论是否违反公司章程，只要王某无恶意，该行为就有效

提醒您

公司章程应当采用书面方式。登记是非生效要件。公司章程对公司员工和公司债权人、债务人并不具有约束力。

（三）公司注册资本

《公司法》第 26 条规定，有限责任公司的注册资本为在公司登记机关登记的全体股东认缴的出资额。法律、行政法规以及国务院决定对有限责任公司注册资本实缴、注册资本最低限额另有规定的，从其规定。

《公司法》第 80 条规定，股份有限公司采取发起设立方式设立的，注册资本为在公司登记机关登记的全体发起人认购的股本总额。在发起人认购的股份缴足前，不得向他人募集股份。

股份有限公司采取募集方式设立的，注册资本为在公司登记机关登记的实收股本总额。法律、行政法规以及国务院决定对股份有限公司注册资本实缴、注册资本最低限额另有规定的，从其规定。

提醒您

2013 年新修订的《公司法》最大的修订之处就在于将公司注册资本由实缴制变成认缴制，取消了最低注册资本的要求以及首次出资额的比例要求。

（四）公司财务与会计

1. 公司财务会计报告

公司应当依照法律、行政法规和国务院财政部门的规定建立本公司的财务、会计制度。公司应当在每一会计年度终了时编制财务会计报告，并依法经会计师事务所审计。

有限责任公司应当依照公司章程规定的期限将财务会计报告送交各股东。

股份有限公司的财务会计报告应当在召开股东大会年会的 20 日前置备于本公司，供股东查阅；公开发行股票的股份有限公司必须公告其财务会计报告。

2. 公积金制度

（1）公积金的种类：法定公积金、任意公积金和资本公积金。公司分配当年税后利润时，应当提取利润的 10%列入公司法定公积金。公司法定公积金累计额为公司注册资本的 50%以上的，可以不再提取。公司的法定公积金不足以弥补以前年度亏损的，在依照前款规定提取法定公积金之前，应当先用当年利润弥补亏损。公司从税后利润中提取法定公积金后，经股东会或者股东大会决议，还可以从税后利润中提取任意公积金。

（2）公积金的用途：公司的公积金用于弥补公司的亏损、扩大公司生产经营或者转为增加公司资本。但是，资本公积金不得用于弥补公司的亏损。法定公积金转为资本时，所留存的该项公积金不得少于转增前公司注册资本的 25%。

（五）公司合并、分立、减资、增资

1. 公司合并与分立

公司合并与分立的区别见表 2－2。

表 2—2 公司合并与分立的区别

方式		程　序	法律后果
合并	吸收合并 ①+②=① 新设合并 ①+②=③	合并各方签订合并协议，并编制资产负债表及财产清单。 自做出合并决议之日起 10 日内通知债权人，并于 30 日内在报纸上公告。债权人自接到通知书之日起 30 日内，未接到通知书的自公告之日起 45 日内，可以要求公司清偿债务或者提供相应的担保。	合并各方的债权、债务，应当由合并后存续的公司或者新设的公司承继。
分立	新设分立 ①=②+③ 存续分立 ①=①+②	应当编制资产负债表及财产清单。 自做出分立决议之日起 10 日内通知债权人，并于 30 日内在报纸上公告。	公司分立前的债务由分立后的公司承担连带责任，但公司在分立前与债权人就债务清偿达成的书面协议另有约定的除外。

说明

公司合并决议公告后，债权人自接到通知书之日起 30 日内，未接到通知书的自公告之日起 45 日内，可以要求公司清偿债务或者提供相应的担保。而公司分立决议公告后则没有上述规定要求。

微型案例

太阳公司于 2005 年 6 月召开股东大会，决议公司解散，分立为地球公司和月球公司。双方约定平均分担太阳公司的债权和债务。太阳公司的债权人银河公司于 2005 年 8 月向法院起诉，要求分立后的两家公司对其债务进行清偿。对于本案叙述正确的是________。

A. 太阳公司是新设分立

B. 太阳公司是派生分立

C. 银河公司只能要求地球公司和月球公司各自清偿其债务的一半

D. 银河公司既可以要求地球公司清偿其全部债务，也可以要求月球公司清偿其全部债务

2. 公司减资与增资

公司需要减少注册资本时，必须编制资产负债表及财产清单。

公司应当自做出减少注册资本决议之日起 10 日内通知债权人，并于 30 日内在报纸上公告。债权人自接到通知书之日起 30 日内，未接到通知书的自公告之日起 45 日内，有权要求公司清偿债务或者提供相应的担保。

有限责任公司增加注册资本时，股东认缴新增资本的出资，依照《公司法》设立有限责任公司缴纳出资的有关规定执行。股份有限公司为增加注册资本发行新股时，股东认购新股，依照《公司法》设立股份有限公司缴纳股款的有关规定执行。

3. 公司的变更登记

公司合并或者分立，登记事项发生变更的，应当依法向公司登记机关办理变更登记；公司解散的，应当依法办理公司注销登记；设立新公司的，应当依法办理公司设立登记。公司增加或者减少注册资本，应当依法向公司登记机关办理变更登记。

（六）公司解散和清算

1. 公司解散事由

公司因下列原因解散：

(1)公司章程规定的营业期限届满或者公司章程规定的其他解散事由出现；在这种情况下，可以通过修改公司章程而存续。有限责任公司须经持有 2/3 以上表决权的股东通过，股份有限公司须经出席股东大会会议的股东所持表决权的 2/3 以上通过。

(2)股东会或者股东大会决议解散。

(3)因公司合并或者分立需要解散。

(4)依法被吊销营业执照、责令关闭或者被撤销。

(5)人民法院依照《公司法》第 183 条的规定予以解散。

(6)公司经营管理发生严重困难，继续存续会使股东利益受到重大损失，通过其他途径不能解决的，持有公司全部股东表决权 10%以上的股东，可以请求人民法院解散公司。

2. 公司的清算

(1)成立清算组。公司因上述第(1)项、第(2)项、第(4)项、第(5)项规定而解散的，应当在解散事由出现之日起 15 日内成立清算组，开始清算。

有限责任公司的清算组由股东组成，股份有限公司的清算组由董事或者股东大会确定的人员组成。逾期不成立清算组进行清算的，债权人可以申请人民法院指定有关人员组成清算组进行清算。人民法院应当受理该申请，并及时组织清算组进行清算。

(2)债权申报，清算组应当自成立之日起 10 日内通知债权人，并于 60 日内在报纸上公告。债权人应当自接到通知书之日起 30 日内，未接到通知书的自公告之日起 45 日内，向清算组申报其债权。债权人申报债权，应当说明债权的有关事项，并提供证明材料。清算组应当对债权进行登记。在申报债权期间，清算组不得对债权人进行清偿。

(3)财产分配。公司财产在分别支付清算费用、职工的工资、社会保险费用和法定补偿金，缴纳所欠税款，清偿公司债务后的剩余财产，有限责任公司按照股东的出资比例分配，股份有限公司按照股东持有的股份比例分配。

(4)清算终止。公司清算结束后，清算组应当制作清算报告，报股东会、股东大会或者人民法院确认，并报送公司登记机关，申请注销公司登记公告。

微型案例

某有限责任公司股东会决定解散该公司，其后股东会、清算组的下列行为中______不违反我国法律的规定。

A. 股东会选派股东甲、股东乙和股东丙组成清算组，未采纳股东丁提出吸收一名律师参加清算组的建议

B. 清算组成立次日，将公司解散一事告知了全体债权人并发出公告，一周内全体债权人均申报了债权，随后清算组在报纸上又发布了一次最后公告

C. 在清理公司财产过程中，清算组发现设备贬值，变现收入只能够清偿75%的债务，遂与债权人达成协议；剩余债务转由股东甲负责偿还，清算继续进行

D. 在编制清算方案时，清算组经职代会同意，决定将公司所有的职工住房优惠出售给职工，并允许以部分应付购房款抵消公司所欠职工工资和社会保险费用

（七）外国公司的分支机构

外国公司是指依照外国法律在中国境外设立的公司。外国公司分支机构，是指在中国境内设立的从事经营活动而不能独立承担民事责任的本公司的分支机构。外国公司分支机构不具有中国法人资格，外国公司对其分支机构在中国境内进行经营活动承担民事责任。

1. 外国公司设立分支机构的要求

外国公司在中国境内设立分支机构，必须向中国主管机关提出申请，并提交其公司章程、所属国的公司登记证书等有关文件，经批准后，向公司登记机关依法办理登记，领取营业执照。外国公司在中国境内设立分支机构，必须在中国境内指定负责该分支机构的代表人或者代理人，并向该分支机构拨付与其所从事的经营活动相适应的资金。外国公司的分支机构应当在其名称中标明该外国公司的国籍及责任形式。外国公司的分支机构应当在本机构中置备该外国公司章程。

2. 外国公司分支机构的经营及债务承担

经批准设立的外国公司分支机构，在中国境内从事业务活动，必须遵守中国的法律，不得损害中国的社会公共利益，其合法权益受中国法律保护。

外国公司撤销其在中国境内的分支机构时，必须依法清偿债务，依照《公司法》有关公司清算程序的规定进行清算。未清偿债务之前，不得将其分支机构的财产移至中国境外。

（八）公司机关人员的任职资格和法律义务

1. 公司董事、监事、高级管理人员的资格限制

有下列情形之一的，不得担任公司的董事、监事、高级管理人员：

（1）无民事行为能力或者限制民事行为能力；

（2）因贪污、贿赂、侵占财产、挪用财产或者破坏社会主义市场经济秩序，被判处刑罚，执行期满未逾5年，或者因犯罪被剥夺政治权利，执行期满未逾5年；

（3）担任破产清算的公司、企业的董事或者厂长、经理，对该公司、企业的破产负有个人责任的，自该公司、企业破产清算完结之日起未逾3年；

（4）担任因违法被吊销营业执照、责令关闭的公司、企业的法定代表人，并负有个人责任

的，自该公司、企业被吊销营业执照之日起未逾 3 年；

(5)个人所负数额较大的债务到期未清偿。

公司违反前款规定选举、委派董事、监事或者聘任高级管理人员的，该选举、委派或者聘任无效。董事、监事、高级管理人员在任职期间出现上述所列情形的，公司应当解除其职务。

微型案例

花花世界股份有限公司计划招聘一名新董事参加与本公司经营活动，经过猎头公司推荐，以下 4 人成为候选人，其中________不具备《公司法》规定的不得担任高管人员任职资格的禁止条件。

A. 赵某，经营能力一流，口才尤佳，但因酷爱行为艺术曾在夜半裸奔遭人非议

B. 钱某，曾担任一家长期经营不善的洗浴中心董事，到任后仅一个上午该公司即破产

C. 孙某，曾因强奸一名 80 岁的老太太被判刑 10 年，现已释放 3 年，一直靠在街头卖烤白薯为生

D. 李某，现任某市医院妇科大夫

2. 公司董事、监事、高级管理人员的义务

(1)忠实与勤勉义务。董事、监事、高级管理人员应当遵守法律、行政法规和公司章程，对公司负有忠实义务和勤勉义务。董事、监事、高级管理人员不得利用职权收受贿赂或者其他非法收入，不得侵占公司的财产。董事、高级管理人员不得有下列行为：

①挪用公司资金；

②将公司资金以其个人名义或者以其他个人名义开立账户存储；

③违反公司章程的规定，未经股东会、股东大会或者董事会同意，将公司资金借贷给他人或者以公司财产为他人提供担保；

④违反公司章程的规定或者未经股东会、股东大会同意，与本公司订立合同或者进行交易；

⑤未经股东会或者股东大会同意，利用职务便利为自己或者他人谋取属于公司的商业机会，自营或者为他人经营与所任职公司同类的业务；

⑥接受他人与公司交易的佣金归为己有；

⑦擅自披露公司秘密；

⑧违反对公司忠实义务的其他行为。

董事、高级管理人员违反前款规定所得的收入应当归公司所有。

(2)接受咨询义务。股东会或者股东大会要求董事、监事、高级管理人员列席会议的，董事、监事、高级管理人员应当列席并接受股东的质询。

(3)不得利用关联关系损害公司利益义务。公司的控股股东、实际控制人、董事、监事、高级管理人员不得利用其关联关系损害公司利益。违反前款规定，给公司造成损失的，应当承担赔偿责任。

公司的组织结构见图 2－3。

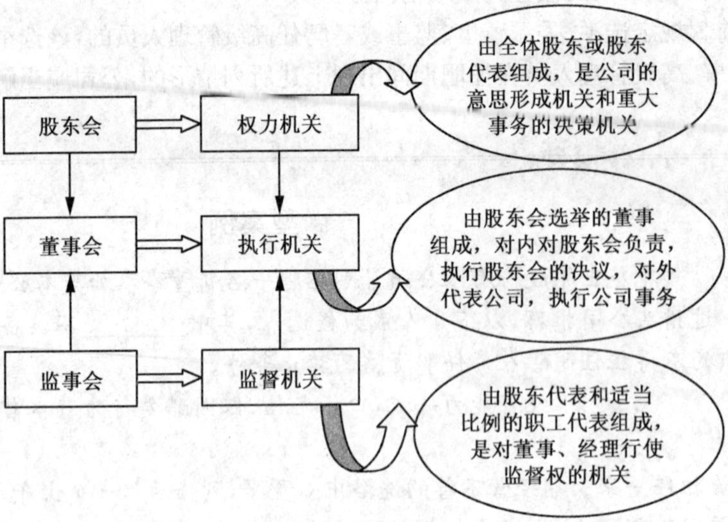

图 2－3 公司的机关

(九)股东诉讼制度

1. 股东代表诉讼制度

(1)股东代表诉讼的前提。董事、监事、高级管理人员执行公司职务时违反法律、行政法规或者公司章程的规定，给公司造成损失的；他人侵犯公司合法权益，给公司造成损失的。

(2)主体资格。有限责任公司的股东、股份有限公司连续 180 日以上单独或者合计持有公司 1%以上股份的股东可以提起股东代表诉讼。

(3)前置程序。有权提起诉讼的股东可以书面请求监事会或者不设监事会的有限责任公司的监事向人民法院提起诉讼；监事有上述违法情形的，股东可以书面请求董事会或者不设董事会的有限责任公司的执行董事向人民法院提起诉讼。

(4)股东以自己名义诉讼的条件。监事会、不设监事会的有限责任公司的监事，或者董事会、执行董事收到前款规定的股东书面请求后拒绝提起诉讼；监事会、不设监事会的有限责任公司的监事，或者董事会、执行董事收到前款规定的股东，自收到请求之日起 30 日内未提起诉讼；情况紧急，不立即提起诉讼将会使公司利益受到难以弥补的损害的。出现上述任何一种情况，股东有权为了公司的利益以自己的名义直接向人民法院提起诉讼。

说明

《最高人民法院关于适用〈公司法〉若干问题的规定(四)》就诉讼主体身份进行了明确：

(1)监事会或者不设监事会的有限责任公司的监事对董事、高级管理人员提起诉讼的，应当列公司为原告，依法由监事会主席或者不设监事会的有限责任公司的监事代表公司进行诉讼。

(2)董事会或者不设董事会的有限责任公司的执行董事对监事提起诉讼的，或者对他人提起诉讼的，应当列公司为原告，依法由董事长或者执行董事代表公司进行诉讼。

(3)股东直接对董事、监事、高级管理人员或者他人提起诉讼的，应当列公司为第三人参加诉讼。

一审法庭辩论终结前，符合条件的其他股东，以相同的诉讼请求申请参加诉讼的，应当列为共同原告。

2. 股东直接诉讼制度

董事、高级管理人员违反法律、行政法规或者公司章程的规定，损害股东利益的，股东可以向人民法院提起诉讼。

说明

《最高人民法院关于适用〈公司法〉若干问题的规定(四)》就股东请求公司分配利润进行了详细规定：

(1)股东请求公司分配利润案件，应当列公司为被告。

一审法庭辩论终结前，其他股东基于同一分配方案请求分配利润并申请参加诉讼的，应当列为共同原告。

(2)股东提交载明具体分配方案的股东会或者股东大会的有效决议，请求公司分配利润，公司拒绝分配利润且其关于无法执行决议的抗辩理由不成立的，人民法院应当判决公司按照决议载明的具体分配方案向股东分配利润。

(3)股东未提交载明具体分配方案的股东会或者股东大会决议，请求公司分配利润的，人民法院应当驳回其诉讼请求，但违反法律规定滥用股东权利导致公司不分配利润，给其他股东造成损失的除外。

3. 公司决议的不成立、无效与撤销制度

公司股东会或者股东大会、董事会的决议内容违反法律、行政法规的无效。

股东会或者股东大会、董事会的会议召集程序、表决方式违反法律、行政法规或者公司章程，或者决议内容违反公司章程的，股东可以自决议做出之日起60日内，请求人民法院撤销。

依据《最高人民法院关于适用〈公司法〉若干问题的规定(四)》的最新规定，有权提起诉讼的主体包括公司股东、董事、监事等。其中提起诉讼的股东要求在起诉时具有公司股东资格。案件应当列公司为被告，对决议涉及的其他利害关系人，可以依法列为第三人。一审法庭辩论终结前，其他有原告资格的人以相同的诉讼请求申请参加诉讼的，可以列为共同原告。

另外针对程序违法问题，《最高人民法院关于适用〈公司法〉若干问题的规定(四)》进行了如下规定：(1)股东请求撤销股东会或者股东大会、董事会决议，符合《公司法》第22条第2款规定的，人民法院应当予以支持，但会议召集程序或者表决方式仅有轻微瑕疵，且对决议未产生实质影响的，人民法院不予支持。

股东会或者股东大会、董事会决议存在下列情形之一，当事人主张决议不成立的，人民法院应当予以支持：

(1)公司未召开会议的,但依据《公司法》第37条第2款或者公司章程规定可以不召开股东会或者股东大会而直接做出决定,并由全体股东在决定文件上签名、盖章的除外;

(2)会议未对决议事项进行表决的;

(3)出席会议的人数或者股东所持表决权不符合《公司法》或者公司章程规定的;

(4)会议的表决结果未达到《公司法》或者公司章程规定的通过比例的;

(5)导致决议不成立的其他情形。

股东会或者股东大会、董事会决议被人民法院判决确认无效或者撤销的,公司依据该决议与善意相对人形成的民事法律关系不受影响。

(十)公司人格否认制度

公司股东应当遵守法律、行政法规和公司章程,依法行使股东权利,不得滥用股东权利损害公司或者其他股东的利益;不得滥用公司法人独立地位和股东有限责任损害公司债权人的利益。公司股东滥用股东权利给公司或者其他股东造成损失的,应当依法承担赔偿责任。公司股东滥用公司法人独立地位和股东有限责任,逃避债务,严重损害公司债权人利益的,应当对公司债务承担连带责任。

(十一)关联股东的赔偿责任制度

公司的控股股东、实际控制人、董事、监事、高级管理人员不得利用其关联关系损害公司利益。违反上述规定,给公司造成损失的,应当承担赔偿责任。

第二节　有限责任公司

一、有限责任公司的概念和特征

有限责任公司,是指依照《公司法》设立,由法律规定的一定人数的股东共同出资组成,每个股东以其所认缴的出资额为限对公司承担责任,公司以其全部资产对公司的债务承担责任的企业法人。有限责任公司具有以下特征:

1. 股份发行方面的特征

有限责任公司股东按照其出资比例享有股东权,股东权的大小取决于出资的多少。

2. 股东人数有最高额限制

有限责任公司由50个以下股东出资设立。

3. 股东以出资额为限对公司承担责任

所谓"有限责任"只对公司股东而言的,公司要以其全部财产对公司债务承担无限责任。但在特定情形下,也适用公司人格否认理论。我国《公司法》第20条规定,公司股东滥用公司法人独立地位和股东有限责任,逃避债务,严重损害公司债权人利益的,应当对公司债务承担连带责任。

4. 设立手续和公司机关简易化

有限责任公司的设立手续相对于股份有限公司来说较为简单。公司机关也较为简单,不一定都要设立股东会、董事会和监事会,可以根据有限责任公司的具体情况设立1名执行董事,1～2名监事。

5. 股东对外转让出资受到严格限制

根据我国《公司法》的规定,股东向股东以外的人转让股权,应当经其他股东过半数同意。

股东应就其股权转让事项书面通知其他股东征求同意，其他股东自接到书面通知之日起满30日未答复的，视为同意转让。其他股东半数以上不同意转让的，不同意的股东应当购买该转让的股权；不购买的，视为同意转让。经股东同意转让的股权，在同等条件下，其他股东有优先购买权。两个以上股东主张行使优先购买权的，协商确定各自的购买比例；协商不成的，按照转让时各自的出资比例行使优先购买权。

6. 公司具有封闭性

有限责任公司的封闭性体现在许多方面，公司设立程序不公开、不向社会公开募集股份、生产经营状况不向社会公开、对股东转让股份的严格限制等。

二、有限责任公司的设立条件

1. 股东符合法定人数。

有限责任公司由50个以下股东出资设立，可以设立一人公司。

2. 有符合公司章程规定的全体股东认缴的出资额。

(1)出资要求：有限责任公司的注册资本为在公司登记机关登记的全体股东认缴的出资额。法律、行政法规以及国务院决定对有限责任公司注册资本实缴、注册资本最低限额另有规定的，从其规定。

提醒您

> 2013年新修订的《公司法》取消了最低注册资本的要求，由原来的实缴制变成认缴制。

(2)出资形式：股东可以用货币出资，也可以用实物、知识产权、土地使用权等可以用货币估价并可以依法转让的非货币财产作价出资；但是，法律、行政法规规定不得作为出资的财产除外。对作为出资的非货币财产应当评估作价，核实财产，不得高估或者低估作价。法律、行政法规对评估作价有规定的，从其规定。

提醒您

> 股东不得以劳务、信用、自然人姓名、商誉、特许经营权或设定担保的财产等作价出资。
>
> 2013年新修订的《公司法》取消了货币出资不得少于注册资本30%的要求。并且取消了股东缴纳出资后，必须经依法设立的验资机构验资并出具证明的规定。
>
> 以非货币财产出资"应当"评估作价，既可以委托评估机构评估，也可以股东共同协商确定价格。

(3)出资责任：股东应当按期足额缴纳公司章程中规定的各自所认缴的出资额。股东以货币出资的，应当将货币出资足额存入有限责任公司在银行开设的账户；以非货币财产出资的，应当依法办理其财产权的转移手续。

股东不按照前款规定缴纳出资的，除应当向公司足额缴纳外，还应当向已按期足额缴纳出资的股东承担违约责任。

有限责任公司成立后，发现作为设立公司出资的非货币财产的实际价额显著低于公司章程所定价额的，应当由交付该出资的股东补足其差额；公司设立时的其他股东承担连带责任。

提醒您

作价过高的情形下，股东补缴，但不承担违约责任；承担连带责任的是公司设立时的股东，而不是全体股东。

(4)有限责任公司成立后，应当向股东签发出资证明书。

3. 股东共同制定公司章程。

4. 有公司名称，建立符合有限责任公司要求的组织机构。

5. 有公司住所。

微型案例

刘、关、张约定各出资40万元设立甲有限公司，因刘只有20万元，遂与张约定由张为其垫付出资20万元。公司设立时，张以价值40万元的房屋评估为60万元骗得验资。后债权人发现甲公司注册资本不实。补缴甲公司欠缴的20万元出资款的正确说法是________。

A. 应由刘补交20万元，张、关承担连带责任

B. 应由张补交20万元，刘、关承担连带责任

C. 应由刘、张各补交10万元，关承担连带责任

D. 应由刘、关各补交10万元，张承担连带责任

三、有限责任公司的股权转让

1. 公司内部转让

有限责任公司的股东之间可以相互转让其全部或者部分股权。

2. 公司外部转让

股东向股东以外的人转让股权，应当经其他股东过半数同意。股东应就其股权转让事项书面通知其他股东征求同意，其他股东自接到书面通知之日起满30日未答复的，视为同意转让。其他股东半数以上不同意转让的，不同意的股东应当购买该转让的股权；不购买的，视为同意转让。

经股东同意转让的股权，在同等条件下，其他股东有优先购买权。两个以上股东主张行使优先购买权的，协商确定各自的购买比例；协商不成的，按照转让时各自的出资比例行使优先购买权。

公司章程对股权转让另有规定的，从其规定。

提醒您

> “其他股东”是指人数，而不是所占资本比例；“过半数”是半数以上，不包括半数。

《最高人民法院关于适用〈公司法〉若干问题的规定（四）》就有限责任公司股东对外转让股权时，其他股东的优先权问题进行了详细的规定。

（1）有限责任公司的自然人股东因继承发生变化时，其他股东不享有优先购买权，但公司章程另有规定或者全体股东另有约定的除外。

（2）人民法院在判断是否符合“同等条件”时，应当考虑转让股权的数量、价格、支付方式及期限等因素。

（3）有限责任公司的股东主张优先购买转让股权的，应当在收到通知后，在公司章程规定的行使期间内提出购买请求。公司章程没有规定行使期间或者规定不明确的，以通知确定的期间为准，通知确定的期间短于30日或者未明确行使期间的，行使期间为30日。

（4）有限责任公司的股东向股东以外的人转让股权，未就其股权转让事项征求其他股东意见，或者以欺诈、恶意串通等手段，损害其他股东优先购买权，其他股东主张按照同等条件购买该转让股权的，人民法院应当予以支持，但其他股东自知道或者应当知道行使优先购买权的同等条件之日起30日内没有主张，或者自股权变更登记之日起超过一年的除外。

提醒您

> “30日”是自其他股东知道或者应当知道行使优先购买权的同等条件之日起计算，但这种权利自股权实际变更登记之日起超过1年的不能再行使。

其他股东仅提出确认股权转让合同及股权变动效力等请求，未同时主张按照同等条件购买转让股权的，人民法院不予支持，但其他股东非因自身原因导致无法行使优先购买权，请求损害赔偿的除外。

（5）股东以外的股权受让人，因股东行使优先购买权而不能实现合同目的的，可以依法请求转让股东承担相应民事责任。

3. 法院强制转让股权

人民法院依照法律规定的强制执行程序转让股东的股权时，应当通知公司及全体股东，其他股东在同等条件下有优先购买权。其他股东自人民法院通知之日起满20日不行使优先购买权的，视为放弃优先购买权。

4. 异议股东股权收购请求权

有下列情形之一的，对股东会该项决议投反对票的股东可以请求公司按照合理的价格收购其股权：

（1）公司连续5年不向股东分配利润，而公司该5年连续盈利，并且符合《公司法》规定的分配利润条件的。

（2）公司合并、分立、转让主要财产的。

（3）公司章程规定的营业期限届满或者章程规定的其他解散事由出现，股东会会议通过决议修改章程使公司存续的。

自股东会会议决议通过之日起 60 日内，股东与公司不能达成股权收购协议的，股东可以自股东会会议决议通过之日起 90 日内向人民法院提起诉讼。

5. 股权的继承

自然人股东死亡后，其合法继承人可以继承股东资格；但是，公司章程另有规定的除外。

微型案例

甲、乙、丙共同出资设立了一家有限责任公司。现丙与丁达成协议，准备将其在公司的出资全部转让给丁。对此，甲、乙均不同意。在此情形下，______与《公司法》的规定不符。

A. 由甲和乙购买丙欲转让给丁的出资

B. 由甲或乙购买丙欲转让给丁的出资

C. 如果甲和乙都不愿购买，丙有权履行与丁的出资转让协议

D. 如果甲和乙都不愿购买，丙应当取消与丁的出资转让协议

四、有限责任公司的组织机构

有限责任公司的基本组织结构见图 2—4。

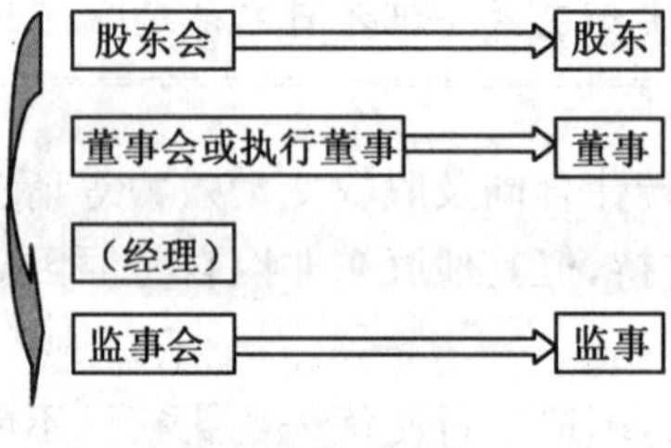

图 2—4 有限责任公司的基本组织机构

1. 股东会

有限责任公司股东，是在有限责任公司中合法地拥有投资权利的人，包括自然人、法人和其他组织。公司股东会是由全体股东组成的行使公司权力的机构。股东会是有限责任公司的必设机构，是公司的权力机构。

(1)股东会会议分为定期会议和临时会议。定期会议应当依照公司章程的规定按时召开。临时会议在以下三种情形下召开：代表 1/10 以上表决权的股东提议；1/3 以上的董事提议；监事会或者不设监事会的公司监事提议。

(2)股东会的召集和主持如下：

首次股东会——出资最多的股东召集和主持。

其他股东会——董事会召集，董事长主持；董事长不能履行职务或者不履行职务的，由副董事长主持；副董事长不能履行职务或者不履行职务的，由半数以上董事共同推举 1 名董事主

持。

不设董事会的，由执行董事召集和主持。董事会或执行董事不能履行或者不履行职责的，由监事会或不设监事会的监事召集和主持。监事会或监事不召集和主持的，代表 1/10 以上表决权的股东可以自行召集和主持。

(3)召开股东会会议，应当于会议召开 15 日前通知全体股东；但是，公司章程另有规定或者全体股东另有约定的除外。

(4)股东会的议事规则。股东会会议由股东按照出资比例行使表决权；但是，公司章程另有规定的除外。股东会的议事方式和表决程序，除《公司法》有规定的外，由公司章程规定。须经代表 2/3 以上表决权的股东通过的事项：修改公司章程；增加或者减少注册资本；公司合并、分立、解散；变更公司形式。

2. 董事会

(1)董事会的组成：有限责任公司设董事会，其成员为 3～13 人；但股东人数较少或者规模较小的有限责任公司，可以设 1 名执行董事，不设董事会。执行董事可以兼任公司经理。

董事会设董事长 1 人，可以设副董事长。董事长、副董事长的产生办法由公司章程规定。董事任期由公司章程规定，但每届任期不得超过 3 年。董事任期届满，连选可以连任。

(2)董事会的召集和主持：董事会会议由董事长召集和主持；董事长不能履行职务或者不履行职务的，由副董事长召集和主持；副董事长不能履行职务或者不履行职务的，由半数以上董事共同推举 1 名董事召集和主持。

(3)董事会的议事规则：董事会的议事方式和表决程序，除《公司法》有规定的外，由公司章程规定。董事会决议的表决，实行一人一票。

3. 经理

有限责任公司可以设经理，由董事会决定聘任或者解聘。经理对董事会负责，列席董事会会议。

4. 监事会

(1)监事会的组成：有限责任公司设监事会，其成员不得少于 3 人。股东人数较少或者规模较小的有限责任公司，可以设 1～2 名监事，不设监事会。

监事会应当包括股东代表和适当比例的公司职工代表，其中职工代表的比例不得低于 1/3，具体比例由公司章程规定。监事会中的职工代表由公司职工通过职工代表大会、职工大会或者其他形式民主选举产生。监事会设主席 1 人，由全体监事过半数选举产生。董事、高级管理人员不得兼任监事。监事的任期每届为 3 年。监事任期届满，连选可以连任。

(2)监事会的主持和召集：监事会主席召集和主持监事会会议；监事会主席不能履行职务或者不履行职务的，由半数以上监事共同推举 1 名监事召集和主持监事会会议。监事会每年度至少召开 1 次会议，监事可以提议召开临时监事会会议。

(3)监事会的议事规则：监事会的议事方式和表决程序，除《公司法》有规定的外，由公司章程规定。监事会决议应当经半数以上监事通过。监事可以列席董事会会议，并对董事会决议事项提出质询或者建议。监事会、不设监事会的公司的监事行使职权所必需的费用，由公司承担。

第三节　一人有限责任公司

一人有限责任公司，是指只有一个自然人股东或者一个法人股东的有限责任公司。允许设立一人有限责任公司有利于社会经济发展，同时，为了保护交易相对人利益，降低交易风险，法律对一人有限责任公司做了很多特别的限制。

1. 投资人的限制

一个自然人只能投资设立一个一人有限责任公司。该一人有限责任公司不能投资设立新的一人有限责任公司。一人有限责任公司应当在公司登记中注明自然人独资或者法人独资，并在公司营业执照中载明。

2. 章程与组织机构的特殊性

一人有限责任公司章程由股东制定。一人有限责任公司不设股东会。股东做决定时，应当采用书面形式，并由股东签名后置备于公司。

3. 公司财务的特殊规定

一人有限责任公司应当在每一会计年度终了时编制财务会计报告，并经会计师事务所审计。

4. 公司人格否认制度

一人有限责任公司的股东不能证明公司财产独立于股东自己的财产的，应当对公司债务承担连带责任。

注意：一人有限责任公司与一般有限责任公司的区别。

提醒您

2013 年新修订的《公司法》取消了最低注册资本的要求，即一人有限责任公司的注册资本最低限额为人民币 10 万元。也取消了股东应当一次足额缴纳公司章程规定的出资额的规定。

第四节　国有独资公司

国有独资公司，是指国家单独出资、由国务院或者地方人民政府授权本级人民政府国有资产监督管理机构履行出资人职责的有限责任公司。

国有独资公司章程由国有资产监督管理机构制定，或者由董事会制订报国有资产监督管理机构批准。

国有独资公司的组织机构见表 2—3。

表 2—3 国有独资公司组织机构

	机构名称	机构相关规定及职权
权力机构	国有资产监督管理机构	公司的合并、分立、解散、增加或者减少注册资本和发行公司债券，必须由国有资产监督管理机构决定。
	董事会	经授权行使部分职权，决定公司重大事项。
执行机构	董事会	董事会成员由国有资产监督管理机构委派；董事会成员中应当有公司职工代表，职工代表由公司职工代表大会选举产生。 董事每届任期不得超过 3 年。 董事会设董事长 1 人，可以设副董事长。董事长、副董事长由国有资产监督管理机构从董事会成员中指定。 可以设经理，由董事会聘任或者解聘。经国有资产监督管理机构同意，董事会成员可以兼任经理。 国有独资公司的董事长、副董事长、董事、高级管理人员，未经国有资产监督管理机构同意，不得在其他有限责任公司、股份有限公司或者其他经济组织兼职。
监督机构	监事会	监事会成员不得少于 5 人，其中职工代表的比例不得低于 1/3，具体比例由公司章程规定。 监事会成员由国有资产监督管理机构委派；但是，监事会成员中的职工代表由公司职工代表大会选举产生。 监事会主席由国有资产监督管理机构从监事会成员中指定。

注意：国有独资公司不设股东会，由国有资产监督管理机构行使股东会职权。

微型案例

以下选项中关于国有独资公司的表述，不符合法律规定的是________。

A. 国有独资公司的章程由公司董事会依法制定，并报国有资产监督管理机构备案。

B. 国有独资公司是国家单独出资设立的有限责任公司

C. 国有独资公司不设股东会，由国有资产监管机构行使

D. 国有独资公司设立董事会，董事会成员由国有资产监督机构委派或更换

第五节 股份有限公司

一、股份有限公司的概念和特征

股份有限公司是指公司全部资本划分为若干等额的股份，股东以其拥有的股份为限对公司承担责任，公司以其全部资产对公司债务承担责任的企业组织形式。其主要法律特征如下：

1. 股东人数的广泛性。股份有限公司成立时的发起人应为 2 人以上 200 人以下，其中必

须有半数以上在中国境内有住所。

2. 公司的全部资本分为等额股份。这是股份有限公司最重要的特征。

3. 股东负有限责任。

4. 公司的开放性与社会性。股份有限公司对外发行股票，向社会募集资金，并且要依法向公众披露公司的经营情况。任何人都可以通过购买股票成为股份有限公司的股东。

5. 股份转让的灵活性。股份有限公司的股份转让只要通过股票的转让就可以实现，股票可以在证券交易市场上自由流通，以交付的方式就可以达到转让的目的。

微型案例

有限责任公司与股份有限公司最主要的区别在于________。

A. 后者的全部资本分为等额股份并采取股票的形式，前者则不然

B. 前者以其全部资产对公司债务承担责任，后者则不然

C. 后者必须以股东大会为权力机构，前者则不然

D. 前者的股东有最高人数限制，即50人以下，后者则不然

二、股份有限公司的设立

(一)设立方式

股份有限公司的设立，可以采取发起设立或募集设立方式。

发起设立，是指由发起人认购公司应发行的全部股份而设立公司。

募集设立，是指由发起人认购公司应发行股份的一部分，其余股份向社会公开募集或者向特定对象募集而设立公司。

(二)设立的条件

(1)发起人符合法定人数。设立股份有限公司，应当有2人以上200人以下为发起人，其中须有半数以上的发起人在中国境内有住所。股份有限公司发起人承担公司筹办事务。发起人应当签订发起人协议，明确各自在公司设立过程中的权利和义务。

(2)有符合公司章程规定的全体发起人认购的股本总额或者募集的实收股本总额。

①发起设立的认缴制：股份有限公司采取发起设立方式设立的，注册资本为在公司登记机关登记的全体发起人认购的股本总额。在发起人认购的股份缴足前，不得向他人募集股份。

②募集设立的法定资本制：股份有限公司采取募集方式设立的，注册资本为在公司登记机关登记的实收股本总额。

法律、行政法规以及国务院决定对股份有限公司注册资本实缴、注册资本最低限额另有规定的，从其规定。

③以发起设立方式设立股份有限公司的，发起人应当书面认足公司章程规定其认购的股份，并按照公司章程规定缴纳出资。以非货币财产出资的，应当依法办理其财产权的转移手续。发起人不依照前款规定缴纳出资的，应当按照发起人协议承担违约责任。发起人认足公

司章程规定的出资后，应当选举董事会和监事会，由董事会向公司登记机关报送公司章程以及法律、行政法规规定的其他文件，申请设立登记。

提醒您

> 2013 年新修订的《公司法》取消了股份有限公司发起设立过程中发起人一次缴纳出资或者分期缴纳出资的规定，并且取消了出资需要依法设定的验资机构出具的验资证明的规定。非货币财产出资仍然需要依法办理财产权的转移手续。但募集设立方式，发行股份的股款缴足后，必须经依法设立的验资机构验资并出具证明。

④以募集设立方式设立的，发起人认购的股份不得少于公司股份总数的 35%；但是，法律、行政法规另有规定的，从其规定。

提醒您

> 2013 年新修订的《公司法》取消了设立股份有限公司最低注册资本的要求。

(3)股份发行、筹办事项符合法律规定。

(4)发起人制订公司章程，采用募集方式设立的经创立大会通过。

(5)有公司名称，建立符合股份有限公司要求的组织机构。

(6)有公司住所。

(三)创立大会

创立大会是指由发起人召集全体认股人参加的、讨论并决定公司设立事务的、股份有限公司设立过程中的决议机关。召开创立大会是股份有限公司募集设立的特有程序。

1. 创立大会召开的期限和条件

发起人应当自股款缴足之日起 30 日内主持召开公司创立大会。发起人应当在创立大会召开 15 日前将会议日期通知各认股人或者予以公告。

创立大会应有代表股份总数过半数的发起人、认股人出席，方可举行。发行的股份超过招股说明书规定的截止期限尚未募足的，或者发行股份的股款缴足后，发起人在 30 日内未召开创立大会的，认股人可以按照所缴股款并加算银行同期存款利息，要求发起人返还。

2. 创立大会的职权及议事规则

(1)审议发起人关于公司筹办情况的报告；(2)通过公司章程；(3)选举董事会成员；(4)选举监事会成员；(5)对公司的设立费用进行审核；(6)对发起人用于抵作股款的财产的作价进行审核；(7)发生不可抗力或者经营条件发生重大变化直接影响公司设立的，可以做出不设立公司的决议。

创立大会对前款所列事项做出决议，必须经出席会议的认股人所持表决权过半数通过。

(四)发起人责任

发起人、认股人缴纳股款或者交付抵作股款的出资后，除未按期募足股份、发起人未按期召开创立大会或者创立大会决议不设立公司的情形外，不得抽回其股本。

股份有限公司成立后，发起人未按照公司章程的规定缴足出资的，应当补缴；其他发起人承担连带责任。股份有限公司成立后，发现作为设立公司出资的非货币财产的实际价额显著低于公司章程所定价额的，应当由交付该出资的发起人补足其差额；其他发起人承担连带责任。

股份有限公司的发起人应当承担下列责任：(1)公司不能成立时，对设立行为所产生的债务和费用负连带责任；(2)公司不能成立时，对认股人已缴纳的股款，负返还股款并加算银行同期存款利息的连带责任；(3)在公司设立过程中，由于发起人的过失致使公司利益受到损害的，应当对公司承担赔偿责任。

(五)有限责任公司变更为股份有限公司时，折合的实收股本总额不得高于公司净资产额

有限责任公司变更为股份有限公司，为增加资本公开发行股份时，应当依法办理。

股份有限公司应当将公司章程、股东名册、公司债券存根、股东大会会议记录、董事会会议记录、监事会会议记录、财务会计报告置备于本公司。

股东有权查阅公司章程、股东名册、公司债券存根、股东大会会议记录、董事会会议决议、监事会会议决议、财务会计报告，对公司的经营提出建议或者质询。

微型案例

李某花了1.5万元购买了某股份有限公司发行的股票2 000股，但该公司股票尚未上市。现李某欲退还已购股票。李某可以要求发起人退股的情形有________。

A. 发起人未按期召开创立大会

B. 公司股东大会同意

C. 公司董事会同意

D. 公司未按期募足股份

三、股份有限公司的组织机构

股份有限公司的组织机构见图2—5。

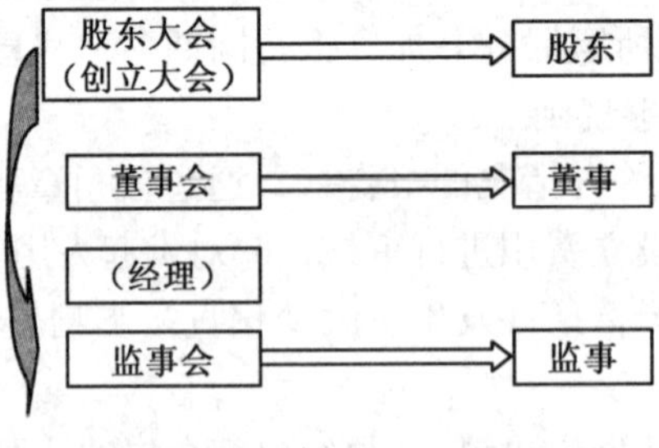

图2—5 股份有限公司的组织机构

1. 股东大会

股份有限公司股东大会由全体股东组成。股东大会是公司的权力机构。

(1)股东大会应当每年召开一次年会

有下列情形之一的,应当在 2 个月内召开临时股东大会:①董事人数不足《公司法》规定人数(5～19 人)或者公司章程所定人数的 2/3 时;②公司未弥补的亏损达实收股本总额 1/3 时;③单独或者合计持有公司 10%以上股份的股东请求时;④董事会认为必要时;⑤监事会提议召开时;⑥公司章程规定的其他情形。

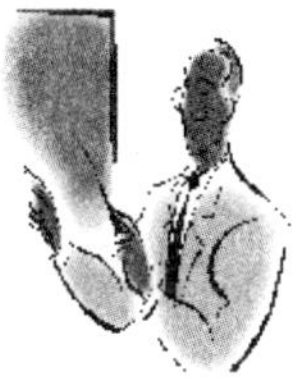

微型案例

股份有限公司的股东大会应当在 2 个月内召开临时股东大会的情形有________。

A. 公司股本为 1 500 万元,未弥补的亏损达 300 万元

B. 持有公司股份 5%的股东请求时

C. 董事会认为必要时

D. 公司章程所定董事人数为 18 人,因种种原因现有董事人数为 13 人

(2)股东大会的召集和主持

董事会召集,董事长主持;董事长不能履行职务或者不履行职务的,由副董事长主持;副董事长不能履行职务或者不履行职务的,由半数以上董事共同推举 1 名董事主持。

董事会不能履行或者不履行职责的,监事会应当及时召集和主持。

监事会不召集和主持的,连续 90 日以上单独或者合计持有公司 10%以上股份的股东可以自行召集和主持。

(3)股东大会的召开

召开股东大会,应当将会议召开的时间、地点和审议的事项于会议召开 20 日前通知各股东;临时股东大会应当于会议召开 15 日前通知各股东;发行无记名股票的,应当于会议召开 30 日前公告会议召开的时间、地点和审议事项。

无记名股票持有人出席股东大会会议的,应当于会议召开 5 日前至股东大会闭会时将股票交存于公司。

(4)议事规则

①股东提案权:单独或者合计持有公司 3%以上股份的股东,可以在股东大会召开 10 日前提出临时提案并书面提交董事会;董事会应当在收到提案后 2 日内通知其他股东,并将该临时提案提交股东大会审议。临时提案的内容应当属于股东大会职权范围,并有明确议题和具体决议事项。股东大会不得对前述通知中未列明的事项做出决议。

②决议规则:"一股一权"。但是,公司持有的本公司股份没有表决权。

股东大会做出决议,必须经出席会议的股东所持表决权过半数通过。下列事项须经出席会议的股东所持表决权的 2/3 以上通过:修改公司章程;增加或者减少注册资本的决议;公司合并、分立、解散;变更公司形式。

③累积投票制:是指股东大会选举董事或者监事时,每一股份拥有与应选董事或者监事人数相同的表决权,股东拥有的表决权可以集中使用。

④出席代理：股东可以委托代理人出席股东大会会议，代理人应当向公司提交股东授权委托书，并在授权范围内行使表决权。

2. 董事会

股份有限公司的董事会制度见表2—4。

表2—4 股份有限公司的董事会制度

组成人数		5～19人	
董事会结构		董事长1人、副董事长、董事	董事长和副董事长由董事会以全体董事的过半数选举产生
董事会会议	定期会议	每年2次，应当于会议召开10日前通知全体董事和监事	
	临时会议	应当自接到提议后10日内召集和主持	(1)1/10以上表决权的股东 (2)1/3以上董事 (3)监事会
议事规则		一人一票，全体董事的过半数通过	

董事对公司的赔偿责任和免责条件：董事应当对董事会的决议承担责任。董事会的决议违反法律、行政法规或者公司章程、股东大会决议，致使公司遭受严重损失的，参与决议的董事对公司负赔偿责任。但经证明在表决时曾表明异议并记载于会议记录的，该董事可以免除责任。

公司不得直接或者通过子公司向董事、监事、高级管理人员提供借款。

公司应当定期向股东披露董事、监事、高级管理人员从公司获得报酬的情况。

3. 监事会

股份有限公司的监事会制度见表2—5。

表2—5 股份有限公司的监事会制度

组成人数	不得少于3人	监事会应当包括股东代表和适当比例的公司职工代表，其中职工代表的比例不得低于1/3，具体比例由公司章程规定
监事会结构	设主席1人、可设副主席	主席和副主席由监事会过半数选举产生
监事会会议	监事会每6个月至少召开1次会议，监事可以提议召开临时监事会会议 监事会决议应当经半数以上监事通过	监事会应当对所议事项的决定做成会议记录，出席会议的监事应当在会议记录上签名
注意事项	董事、高级管理人员不得兼任监事	监事会行使职权所必需的费用，由公司承担

四、股份有限公司的股份发行

1. 股份和股票

股份有限公司的资本划分为股份，每一股的金额相等。公司的股份采取股票的形式。股票是公司签发的证明股东所持股份的凭证。

2. 股票的相关规定

股票采用纸面形式或者国务院证券监督管理机构规定的其他形式。股票由法定代表人签名，公司盖章。

公司发行的股票，可以为记名股票，也可以为无记名股票。公司发行记名股票的，应当置备股东名册，发行无记名股票的，公司应当记载其股票数量、编号及发行日期。公司向发起人、法人发行的股票，应当为记名股票，并应当记载该发起人、法人的名称或者姓名，不得另立户名或者以代表人姓名记名。发起人的股票应当标明"发起人股票"字样。

3. 股票的发行

股份的发行，实行公平、公正的原则，同种类的每一股份应当具有同等权利。同次发行的同种类股票，每股的发行条件和价格应当相同；任何单位或者个人所认购的股份，每股应当支付相同价额。

股票发行价格可以按票面金额，也可以超过票面金额，但不得低于票面金额。股份有限公司成立后，即向股东正式交付股票。公司成立前不得向股东交付股票。

4. 公司公开发行新股

公司公开发行新股应当符合下列条件：

(1)具备健全且运行良好的组织机构；

(2)具有持续盈利能力，财务状况良好；

(3)最近三年财务会计文件无虚假记载，无其他重大违法行为；

(4)国务院证券监督管理机构规定的其他条件。

公司对公开发行股票所募集资金，必须按照招股说明书所列资金用途使用。改变招股说明书所列资金用途，必须经股东大会做出决议。擅自改变用途而未做纠正的，或者未经股东大会认可的，不得公开发行新股。

五、股份有限公司的股份转让

1. 股份转让的规定

股东转让其股份，应当在依法设立的证券交易场所进行或者按照国务院规定的其他方式进行。

记名股票，由股东以背书方式或者法律、行政法规规定的其他方式转让；转让后由公司将受让人的姓名或者名称及住所记载于股东名册。股东大会召开前 20 日内或者公司决定分配股利的基准日前 5 日内，不得进行前款规定的股东名册的变更登记。但是，法律对上市公司股东名册变更登记另有规定的，从其规定。

无记名股票的转让，由股东将该股票交付给受让人后即发生转让的效力。

2. 股份转让的限制

(1)对发起人的限制：发起人持有的本公司股份，自公司成立之日起 1 年内不得转让。公司公开发行股份前已发行的股份，自公司股票在证券交易所上市交易之日起 1 年内不得转让。

(2)对公司董事、监事、高级管理人员的限制：公司董事、监事、高级管理人员应当向公司申报所持有的本公司的股份及其变动情况，在任职期间每年转让的股份不得超过其所持有本公司股份总数的 25%；所持本公司股份自公司股票上市交易之日起 1 年内不得转让。上述人员离职后半年内，不得转让其所持有的本公司股份。公司章程可以对公司董事、监事、高级管理人员转让其所持有的本公司股份做出其他限制性规定。

微型案例

股份有限公司的股东可在依法设立的证券交易场所自由转让其股份，但不得违反法定的限制。________是《公司法》中对股份转让做出的限制。

A. 发起人持有本公司股份，自公司成立之日起 1 年内不得转让

B. 国有股和国有法人股的转让由法律、法规另行规定

C. 公司董事、监事持有的所有股份在任职期间内不得转让

D. 公司经理持有的本公司的股份自任职时起 4 年内不得转让

3. 公司回购本公司股份的限制

公司不得收购本公司股份。因为公司如果可以任意收购本公司股份将导致公司未履行法定程序而变相减资。同时也会导致公司成为自己的股东，从而使资本虚置，造成有一部分公司的资产是虚无的。

但是，有下列情形之一，公司可以回购本公司股份：(1)减少公司注册资本；此种情形应当经股东大会决议，并应当自收购之日起 10 天内注销。(2)与持有本公司股份的其他公司合并；此种情形收购的股票应当在 6 个月内转让或者注销。(3)将股份奖励给本公司职工；此种情形应当经股东大会决议，收购的本公司股份不得超过已发行股份总额的 5%，用于收购的资金应当从公司的税后利润中支出，所收购的股份应当在 1 年内转让给职工。(4)股东因对股东大会做出的公司合并、分立决议持异议，要求公司收购其股份的；此种情形收购的股份应当在 6 个月内转让或者注销。公司不得接受本公司的股票作为质押权的标的。因为一旦出质人不能履行债务，质权人实现质权时出卖这些股份，就构成了内幕交易行为。

六、上市公司

1. 上市公司的含义和特征

上市公司是指所发行的股票经国务院或国务院授权证券管理部门批准在证券交易所上市交易的股份有限公司。上市公司的特征如下：

(1)上市公司是一种股份有限公司。

(2)上市公司的股票已经公开发行并且在证券交易所上市交易。

(3)上市公司具有的特别能力，即发行可转换公司债。

(4)上市公司作为公众公司必须遵守信息披露方面的特别要求。

2. 上市公司的条件

股份有限公司申请股票上市，应当符合下列条件：(1)股票经国务院证券监督管理机构核准已公开发行；(2)公司股本总额不少于人民币3 000万元；(3)公开发行的股份达到公司股份总数的 25%以上；公司股本总额超过人民币 4 亿元的，公开发行股份的比例为 10%以上；(4)公司最近 3 年无重大违法行为，财务会计报告无虚假记载。证券交易所可以规定高于前款规定的上市条件，并报国务院证券监督管理机构批准。

3. 股票上市的程序

(1)向证券交易所报送有关文件,包括上市报告书、申请股票上市的股东大会决议、公司章程、公司营业执照、依法经会计师事务所审计的公司最近 3 年的财务会计报告、法律意见书和上市保荐书、最近一次的招股说明书、证券交易所上市规则规定的其他文件。

(2)经证券交易所审核同意,签订上市协议。

(3)在规定期限内公告股票上市的有关文件,并将该文件置备于指定场所供公众查询。

4. 上市公司组织机构的特别规定

(1)上市公司的特别决议事项:上市公司在 1 年内购买/出售重大资产或者担保金额超过公司资产总额 30%的,应当由股东大会做出决议,并经过出席会议的股东所持表决权的 2/3 以上通过。

提醒您

《公司法》有关股份有限公司股东大会的特别决议事项的规定仍适用于上市公司。

(2)明确独立董事制度:上市公司应当设立独立董事,具体办法由国务院规定。

(3)确立董事会秘书制度:上市公司应当设董事会秘书,负责公司股东大会和董事会会议的筹备、文件保管以及公司股东资料的管理,办理信息披露等事宜。

(4)关联董事的回避制度:上市公司董事与董事会会议决议事项所涉及的企业有关联关系的,不得对该项决议行使表决权,也不得代理其他董事行使表决权。该董事会会议由过半数的无关联关系董事出席即可举行,董事会会议所做决议须经无关联关系董事过半数通过。出席董事会的无关联关系董事人数不足 3 人的,应将该事项提交上市公司股东大会审议。

(5)上市公司的信息披露制度。信息披露,也称信息公开,主要是指证券发行人在发行市场、交易市场依法向证券监督管理机构和投资者报告自身经营、资产以及财务等状况而设置的一种制度。

上市公司信息披露义务的内容包括招股说明书的公告和股票上市的公告。股票获准上市以后,上市公司应当履行持续公开义务。一是公告中期报告,上市公司应当在每一会计年度的上半年结束之日起 2 个月内向国务院证券监督管理机构和证券交易所提交并公告中期报告;二是公告年度报告,上市公司应当于每一会计年度结束之日起 4 个月内向国务院证券监督管理机构和证券交易所提交并公告年度报告;三是公告临时报告,发生可能对上市公司股票交易价格产生较大影响而投资者尚未得知的重大事件时,上市公司应当就该重大事件的情况向国务院证券监督管理机构和证券交易所提交并公告临时报告。

(6)上市公司的暂停上市与终止上市。股票暂停上市与终止上市的区别见表 2—6。

表 2—6　　股票暂停上市与终止上市的区别

暂停上市的情况	终止上市的情况
(1)公司股本总额、股权分布等发生变化,不再具备上市条件。	(1)公司股本总额、股权分布等发生变化不再具备上市条件,在证券交易所规定的期限内仍不能达到上市条件。

续表

暂停上市的情况	终止上市的情况
(2)公司不按照规定公开其财务状况,或者对财务会计报告做虚假记载,可能误导投资者。	(2)公司不按照规定公开其财务状况,或者对财务会计报告做虚假记载,且拒绝纠正。
(4)公司最近3年连续亏损。	(3)公司最近3年连续亏损,在其后1个年度内未能恢复盈利。
(3)公司有重大违法行为。	(4)公司解散或者被宣告破产。
(5)证券交易所上市规则规定的其他情形。	(5)证券交易所上市规则规定的其他情形。

说明

为进一步完善上市公司退市制度,上海证券交易所(以下简称"本所")于2012年6月28日对外发布了《关于完善上海证券交易所上市公司退市制度的方案》,拟定了《上海证券交易所股票上市规则(2012年修订)》,2014年又进行了重新修订。

为进一步健全主板、中小企业板市场优胜劣汰机制,深圳证券交易所根据2012年6月28日发布的《关于改进和完善深圳证券交易所主板、中小企业板上市公司退市制度的方案》,对原《上市规则》中有关停复牌等内容进行了修订,并制定了《深圳证券交易所股票上市规则(2012年修订)》,2014年也进行了重新修订。

上海证券交易所股票退市制度见表2—7。

表2—7 上海证券交易所股票退市制度

	具体条件
退市风险警示	(1)最近两个会计年度经审计的净利润连续为负值或者被追溯重述后连续为负值; (2)最近一个会计年度经审计的期末净资产为负值或者被追溯重述后为负值; (3)最近一个会计年度经审计的营业收入低于1 000万元或者被追溯重述后低于1 000万元; (4)最近一个会计年度的财务会计报告被会计师事务所出具无法表示意见或者否定意见的审计报告; (5)因财务会计报告存在重大会计差错或者虚假记载,被中国证监会责令改正但未在规定期限内改正,且公司股票已停牌两个月; (6)未在法定期限内披露年度报告或者中期报告,且公司股票已停牌两个月; (7)因第12.14条股权分布不具备上市条件,公司在规定的一个月内向本所提交解决股权分布问题的方案,并获得本所同意; (8)因首次公开发行股票申请或者披露文件存在虚假记载、误导性陈述或者重大遗漏,致使不符合发行条件的发行人骗取了发行核准,或者对新股发行定价产生了实质性影响,受到中国证监会行政处罚,或者因涉嫌欺诈发行罪被依法移送公安机关(以下简称"欺诈发行"); (9)因信息披露文件存在虚假记载、误导性陈述或者重大遗漏,受到中国证监会行政处罚,并且因违法行为性质恶劣、情节严重、市场影响重大,在行政处罚决定书中被认定构成重大违法行为,或者因涉嫌违规披露、不披露重要信息罪被依法移送公安机关(以下简称"重大信息披露违法"); (10)公司可能被依法强制解散; (11)法院依法受理公司重整、和解或者破产清算申请; (12)本所认定的其他情形。

续表

	具体条件
暂停上市条件	(1)因最近两个会计年度的净利润触及第 13.2.1 条第(一)项规定的标准,其股票被实施退市风险警示后,公司披露的最近一个会计年度经审计的净利润继续为负值; (2)因最近一个会计年度的净资产触及第 13.2.1 条第(二)项规定的标准,其股票被实施退市风险警示后,公司披露的最近一个会计年度经审计的期末净资产继续为负值; (3)因最近一个会计年度的营业收入触及第 13.2.1 条第(三)项规定的标准,其股票被实施退市风险警示后,公司披露的最近一个会计年度经审计的营业收入继续低于1 000万元; (4)因最近一个会计年度的审计意见类型触及第 13.2.1 条第(四)项规定的标准,其股票被实施退市风险警示后,公司披露的最近一个会计年度的财务会计报告被会计师事务所出具无法表示意见或者否定意见的审计报告; (5)因未在规定期限内改正财务会计报告中的重大差错或者虚假记载触及第 13.2.1 条第(五)项规定的标准,其股票被实施退市风险警示后,公司在两个月内仍未按要求改正财务会计报告; (6)因未在法定期限内披露年度报告或者中期报告触及第 13.2.1 条第(六)项规定的标准,其股票被实施退市风险警示后,公司在两个月内仍未披露应披露的年度报告或者中期报告; (7)公司股本总额发生变化不具备上市条件; (8)因第 12.14 条股权分布发生变化不具备上市条件,其股票被实施停牌后,未在停牌后一个月内向本所提交解决股权分布问题的方案,或者提交了方案但未获本所同意,或者因股权分布发生变化不具备上市条件触及第 13.2.1 条第(七)项规定的标准,其股票被实施退市风险警示后,公司在六个月内其股权分布仍不具备上市条件; (9)因出现第 13.2.1 条第(八)项规定的欺诈发行情形,其股票被实施退市风险警示后交易满 30 个交易日; (10)因出现第 13.2.1 条第(九)项规定的重大信息披露违法情形,其股票被实施退市风险警示后交易满 30 个交易日; (11)本所认定的其他情形。
终止上市条件	(1)因净利润、净资产、营业收入或者审计意见类型触及第 14.1.1 条第(一)项至第(四)项规定的标准,其股票被暂停上市后,公司披露的最近一个会计年度经审计的财务会计报告存在扣除非经常性损益前后的净利润孰低者为负值、期末净资产为负值、营业收入低于1 000万元或者被会计师事务所出具保留意见、无法表示意见、否定意见的审计报告四种情形之一; (2)因净利润、净资产、营业收入或者审计意见类型触及第 14.1.1 条第(一)项至第(四)项规定的标准,其股票被暂停上市后,公司未能在法定期限内披露最近一年的年度报告; (3)因未在规定期限内按要求改正财务会计报告中的重大差错或者虚假记载触及第 14.1.1 条第(五)项规定的标准,其股票被暂停上市后,公司在两个月内仍未按要求改正财务会计报告; (4)因未在规定期限内披露年度报告或者中期报告触及第 14.1.1 条第(六)项规定的标准,其股票被暂停上市后,公司在两个月内仍未按要求披露相关定期报告; (5)在本所仅发行 A 股股票的上市公司,通过本所交易系统连续 120 个交易日(不包含公司股票停牌日)实现的累计股票成交量低于 500 万股,或者连续 20 个交易日(不包含公司股票停牌日)的每日股票收盘价均低于股票面值; (6)在本所仅发行 B 股股票的上市公司,通过本所交易系统连续 120 个交易日(不包含公司股票停牌日)实现的累计股票成交量低于 100 万股,或者连续 20 个交易日(不包含公司股票停牌日)的每日股票收盘价均低于股票面值; (7)在本所既发行 A 股股票又发行 B 股股票的上市公司,其 A、B 股股票的成交量或者收盘价同时触及本条第(五)项和第(六)项规定的标准; (8)上市公司股东数量连续 20 个交易日(不含公司首次公开发行股票上市之日起的 20 个交易日和公司股票停牌日)每日均低于2 000人; (9)公司股本总额发生变化不再具备上市条件,在本所规定的期限内仍不能达到上市条件; (10)因股权分布发生变化不具备上市条件触及第 14.1.1 条第(八)项规定的标准,其股票被暂停上市后,公司在暂停上市六个月内股权分布仍不具备上市条件; (11)公司被依法强制解散; (12)公司被法院宣告破产; (13)因出现第 14.1.1 第(九)项规定的欺诈发行或者第(十)项规定的重大信息披露违法情形,其股票已被暂停上市,且未在规定期限内恢复上市;

续表

	具体条件
	(14)因净利润、净资产、营业收入、审计意见类型触及第14.1.1条第(一)项至第(四)项规定的标准,其股票被暂停上市后,公司在法定期限内披露了最近一年年度报告,但未在其后的5个交易日内提出恢复上市申请; (15)因未在规定期限内按要求改正财务会计报告中的重大差错或者虚假记载触及第14.1.1条第(五)项规定的标准,其股票被暂停上市后,公司在两个月内披露了按要求改正的财务会计报告,但未在其后的5个交易日内提出恢复上市申请; (16)因未在规定期限内披露年度报告或者中期报告触及第14.1.1条第(六)项规定的标准,其股票被暂停上市后,公司在两个月内披露了相关定期报告,但未在其后的五个交易日内提出恢复上市申请; (17)因股本总额发生变化不再具备上市条件或者股权分布发生变化不具备上市条件触及第14.1.1条第(七)项、第(八)项规定的标准,其股票被暂停上市后,公司股本总额在规定的期限内或者股权分布在六个月内重新具备上市条件,但未在其后的五个交易日内提出恢复上市申请; (18)符合第14.2.6条或第14.2.7条规定的可以申请恢复上市情形,但未在其后的5个交易日内提出恢复上市申请; (19)恢复上市申请未被受理; (20)恢复上市申请未获同意; (21)本所认定的其他情形。

小 结

关键术语

公司基本制度　有限责任　有限责任公司　股份有限公司

本章小结

1. 公司是依照法定的条件与程序设立的、以营利为目的的社团法人。根据我国《公司法》的规定,公司包括有限责任公司和股份有限公司两种类型。公司具有独立法人资格。

2. 有限责任公司的设立人数为50人以下,一人可以设立有限责任公司。有限责任公司的设立由原来的实缴制改为认缴制,有限责任公司的注册资本为在公司登记机关登记的全体股东认缴的出资额,同时取消了法定最低注册资本的要求。

3. 有限责任公司的股东之间可以相互转让其全部或者部分股权。股东向股东以外的人转让股权,应当经其他股东过半数同意。股东应就其股权转让事项书面通知其他股东征求同意,其他股东自接到书面通知之日起满30日未答复的,视为同意转让。其他股东半数以上不同意转让的,不同意的股东应当购买该转让的股权;不购买的,视为同意转让。经股东同意转让的股权,在同等条件下,其他股东有优先购买权。两个以上股东主张行使优先购买权的,协商确定各自的购买比例;协商不成的,按照转让时各自的出资比例行使优先购买权。特别注意2017年9月1日施行的《最高人民法院关于适用〈中华人民共和国公司法〉若干问题的规定(四)》就股东优先购买权的详细规定。

4. 取消最低注册资本的要求,并取消实缴制。在公司独立法人人格方面也受到限制,一人有限责任公司的股东不能证明公司财产独立于股东自己的财产的,应当对公司债务承担连带责任。

5. 国有独资公司是指国家单独出资、由国务院或者地方人民政府授权本级人民政府国有资产监督管理机构履行出资人职责的有限责任公司。国有独资公司章程由国有资产监督管理机构制定，或者由董事会制订报国有资产监督管理机构批准。

6. 股份有限公司是指公司全部资本划分为若干等额的股份，股东以其拥有的股份为限对公司承担责任，公司以其全部资产对公司债务承担责任的企业组织形式。股份有限公司成立时的发起人应为 2 人以上 200 人以下。取消法定最低注册资本的要求，并取消了发起设立中的实缴制，改为认缴制。募集设立依然采用实缴制。

知识结构图

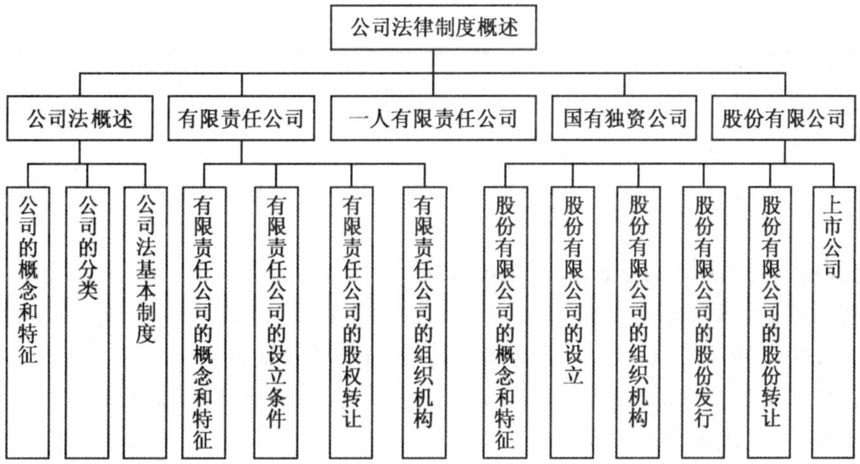

应　用

案例研究

李军与祝启孝等股权转让纠纷上诉案

上诉人李军与被上诉人祝启孝、刘小平、冯玙股权转让纠纷一案，不服四川省邻水县人民法院(2017)川 1623 民初 1132 号民事判决，向本院提起上诉。本院于 2017 年 10 月 27 日立案后，依法组成合议庭公开开庭进行了审理。上诉人李军的委托诉讼代理人胡刚及被上诉人祝启孝的委托诉讼代理人颜卫、被上诉人刘小平到庭参加诉讼，本案现已审理终结。

上诉人李军上诉请求：(1)撤销四川省邻水县人民法院(2017)川 1623 民初 1132 号民事判决；(2)一二审诉讼费由被上诉人承担。事实及理由：(1)一审法院认定事实不清，上诉人没有侵害被上诉人祝启孝的优先购买权。上诉人多次以书面形式通知被上诉人祝启孝，被上诉人均未明确表态是否行使优先购买权；上诉人与被上诉人刘小平等人虽签订了股权转让协议，但并未实际履行，不存在侵害祝启孝的优先购买权。(2)一审法院适用法律错误。一审法院错误的适用了《公司法》第七十一条，且上诉人与刘小平、冯玙签订的股权转让协议符合《合同法》相关规定，系合同双方当事人真实意思表示，应当合法有效。

被上诉人祝启孝、刘小平答辩称，一审判决认定事实清楚，适用法律正确，请求予以维持。

被上诉人冯玙未提交答辩意见。

祝启孝向一审法院起诉请求:(1)判令撤销李军、刘小平、冯玙之间签订的股份转让协议;(2)诉讼费用由李军、刘小平、冯玙承担。

一审法院认定事实:滴水岩煤业公司成立于2003年12月17日,注册资本200万元,类型为有限责任公司(自然人投资或控股),法定代表人祝启孝,统一社会信用代码915××× 42273999C。2013年3月1日的该公司章程载明股东:祝启孝,出资53万元,占股26.5%;李军,出资147万元,占股73.5%。《公司章程》第十九条载明:“股东向股东以外的人转让股权,应当经其他股东过半数同意。股东应就其股权转让事项书面通知其他股东征求同意,其他股东自接到书面通知之日起满30日未答复的,视为同意转让。其他股东半数以上不同意转让的,不同意的股东应当购买该转让的股权;不购买的,视为同意转让。”2015年4月2日,李军(甲方)与刘小平、冯玙(二人共同作为乙方)签订股份转让协议,主要约定:甲方将其持有的滴水岩煤业公司35%的股份转让给乙方,价款368万元,该股份转让协议并于2015年4月2日生效。这之前李军没有书面通知祝启孝。李军称已于2017年5月18日以手机短信和EMS特快专递的方式书面告知祝启孝股权转让的事实,但其提供的证据不足以证实该手机短信和EMS邮件是否为祝启孝收悉,同时也不能证明李军在签订其股份转让协议之前已经书面通知祝启孝。

一审法院认为:有限责任公司的股东可以向股东以外的人转让股权,但应当依照《公司法》和公司章程的规定,书面通知其他股东,以保障其他股东的相应权利。李军与刘小平、冯玙签订的股份转让协议约定了股权转让事项,祝启孝作为滴水岩煤业公司股东,有权知悉该股权转让并行使优先购买权。然而,李军签订股份转让协议时未告知祝启孝相关事宜,祝启孝本人对股权转让不知情,其优先购买股权的权益受到侵害。因此,祝启孝有权请求撤销该协议,以恢复其受到侵害的权利,并维持公司的人合性。股份转让协议被撤销后,李军可在就其股权转让事项书面通知祝启孝征求同意的前提下,再行转让股权。综上所述,一审法院依照《公司法》第七十一条之规定,判决:撤销李军与刘小平、冯玙于2015年4月2日签订的股份转让协议。案件受理费36 240元,减半收取计18 120元,由李军、冯玙、刘小平共同负担。

本院二审期间,当事人围绕上诉请求依法提交了证据。

上诉人李军提交了一份载有祝启孝本人签名的股权转让通知书,落款时间为2017年9月22日,证明祝启孝自愿放弃行使优先购买权的事实。被上诉人祝启孝的委托诉讼代理人质证称,2017年10月25日和2017年11月28日祝启孝本人分别签署了重要声明和慎重声明,表明2017年9月22日签署的股权转让通知书,并非本人真实意思表示,是受李军威胁逼迫所签署,自己并未放弃并继续享有李军转让股份的优先购买权。被上诉人刘小军同意被上诉人祝启孝的质证意见。被上诉人冯玙未予质证。

被上诉人刘小军提交了《邻水县滴水岩煤业有限公司滴水岩煤矿关于参加全省煤炭去产能指标统一出卖的申请》复印件一份和载有刘小平和冯玙本人签名、落款时间为2017年12月5日的《关于转让股权的情况说明》一份。这些材料证实在诉讼期间,李军向四川省邻水县政府提出关闭煤矿的申请和参加全省煤炭去产能指标统一出卖的申请,滴水岩煤矿已于2017年10月18日正式关闭。刘小军、冯玙欲购买的是经营的煤矿,现煤矿已关闭,无经营价值,股权转让的煤矿也不能交付,股权转让协议实际已无法履行。上诉人李军和被上诉人祝启孝、冯玙未对该证据发表质证意见。

因各方当事人对一审法院查明的基本案件事实均无异议,故本院对一审法院查明的案件事实予以确认。本院同时查明，被上诉人祝启孝虽主张享有优先购买权，但在庭审中表示行使优先购买权的同等条件应以该股权的现有价值为购买条件，而不应以《股份转让协议》约定的转让条件为同等条件。

本院认为，上诉人李军与被上诉人刘小平、冯玙于2015年4月2日签订的《股份转让协议》，是否系双方真实意思表示，是否有效，是否可以实际履行，本案不做评价。本案审查的重点为对于上诉人李军与被上诉人刘小平、冯玙签订的《股份转让协议》，被上诉人祝启孝按照《公司法》的相关规定予以撤销，该撤销权是否具备的问题。在审理过程中，上诉人李军虽提供了被上诉人祝启孝放弃优先购买权的承诺，但事后被上诉人祝启孝三次向本院提交书面材料，改变放弃优先购买权的承诺，应视为被上诉人祝启孝没有放弃优先购买权，对此本院予以确认。对于本案是否具备被上诉人祝启孝得以撤销上诉人李军与被上诉人刘小平、冯玙签订的《股权转让协议》的实质要件问题，被上诉人祝启孝主张《股权转让协议》中股份转让指向的滴水岩煤业公司的主要财产为煤矿，该煤矿现已关闭，因煤矿关闭致使《股权转让协议》约定转让的公司股份财产价值下降，得以主张优先购买权的同等条件的确定，应按照《股权转让协议》约定转让股份的现有财产价值作为同等条件。但现无法确定案涉转让股份的财产价值，且主张优先购买权同等条件的确定应以《股权转让协议》中约定的转让条件为同等条件。被上诉人祝启孝以同等条件发生变化，拒绝按照《股权转让协议》中约定的转让条件购买上诉人李军向被上诉人刘小平、冯玙转让的股份，应视为祝启孝不愿以同等条件购买李军转让的股权。根据《最高人民法院关于适用〈中华人民共和国公司法〉若干问题的规定（四）》第二十一条第一、二款“有限责任公司的股东向股东以外的人转让股权，未就其股权转让事项征求其他股东意见，或者以欺诈、恶意串通等手段，损害其他股东优先购买权，其他股东主张按照同等条件购买该转让股权的，人民法院应当予以支持。但其他股东自知道或者应当知道行使优先购买权的同等条件之日起30日内没有主张，或者自股权变更登记之日起超过一年的除外。前款规定的其他股东仅提出确认股权转让合同及股权变动效力等请求，未同时主张按照同等条件购买转让股权的，人民法院不予支持。但其他股东非因自身原因导致无法行使优先购买权，请求损害赔偿的除外”之规定，被上诉人祝启孝仅以上诉人李军损害了其优先购买权为由主张撤销上诉人李军与被上诉人刘小平、冯玙签订的《股权转让协议》，而未主张按照同等条件购买转让股份，对其要求撤销上诉人李军与被上诉人刘小平、冯玙签订的《股权转让协议》的诉讼请求，应不予支持。

综上所述，李军的上诉请求成立，予以支持。依照《中华人民共和国民事诉讼法》第一百七十条第一款第二项规定，判决如下：

1. 撤销四川省邻水县人民法院(2017)川1623民初1132号民事判决；

2. 驳回被上诉人祝启孝的一审诉讼请求。

一审案件受理费18 120元，由被上诉人祝启孝负担；二审案件受理费36 240元，由被上诉人祝启孝负担。

本判决为终审判决。

——资料来源：四川省广安市中级人民法院(2017)川16民终1541号民事判决书

实验实训

公司设立实训

运用所掌握的法律制度并结合实际情况，分组进行公司设立实训。具体要求如下：

1. 分组抽签决定设立有限责任公司或股份有限公司。

2. 根据理论知识和当地工商管理部门设立公司实际情况，全组讨论并拟定设立公司所有书面资料。

3. 所有公司设立资料均按照当地工商管理部门要求格式用 A4 纸打印，装订成册。

4. 每组组长制作 PPT 演示讲解本组公司设立过程，指导教师讲评。

复习思考题

1. 2013 年新修订的《公司法》取消了法定最低注册资本的要求，注册资本由原来的实缴制改为认缴制，并对相应制度进行了调整，请你谈谈对公司法的这个修订的看法。

2. 检索《最高人民法院发布关于适用〈公司法〉若干问题的规定（四）》，并讨论该司法解释针对股东权利有哪些详细的规定。

第三章　企业法制度概述

学习目标

通过本章学习，你应能够：

了解除公司法外其他企业类型的基本含义和特征。

掌握合伙企业、个人独资企业和外商投资企业相关制度，尤其有关内部组织机构的运行制度。

学会运用这些基本知识分析实际案例，解决现实中的问题。

引入案例

合伙企业的行为是否合法

2016 年 3 月，某有限公司（甲）、某自然人（乙）、某个体工商户（丙）共同出资设立一家有限合伙企业。合伙协议约定：甲为有限合伙人，以 20 万元人民币出资；乙为有限合伙人，以知识产权和劳务分别作价 10 万元和 5 万元人民币出资；丙为普通合伙人，以房屋和劳务分别作价 30 万元和 2 万元人民币出资；乙为有限合伙企业的合伙事务执行人；各合伙人按出资比例分配利润、分担亏损。有限合伙企业成立后，为扩大生产经营，于 2016 年 9 月 10 日向某商业银行贷款 10 万元人民币，期限为 1 年。由于市场原因及企业经营管理不善，2017 年 9 月 5 日经全体合伙人协商一致，决定解散合伙企业。2017 年 9 月 10 日经全体合伙人一致同意指定乙担任清算人。2017 年 9 月 30 日乙向全体债权人发出企业解散事项通知，并于 11 月 15 日在报纸上公告。某商业银行于 2017 年 10 月 15 日向乙申报债权，并提供了相关证明材料。清算期间，合伙企业财产在支付清算费用和职工工资、社会保险费用、法定补偿金以及缴纳所欠税款后的剩余财产为 3 万元，乙向某商业银行清偿 3 万元后，编制了清算报告，经全体合伙人签名、盖章后，向企业登记机关申请办理注销登记。

根据以上事实，请回答下列问题：

(1)合伙协议约定的内容是否存在违法不当之处？请指出并说明理由。

(2)合伙企业的解散清算程序是否符合法律规定？请指出并说明理由。

(3)某商业银行尚未受偿的债权应如何得到清偿？

说明

> 除公司外，在我国市场经济中还存在多种运行主体，本章阐述除公司外其他市场主体的相关法律制度，包括合伙企业法、个人独资企业法和外商投资企业法，而外商投资企业法又包括中外合资经营企业法、中外合作经营企业法和外资企业法。2007年6月1日起施行的《中华人民共和国合伙企业法》（下称《合伙企业法》）新增了有限合伙企业类型，为风险投资提供了良好的环境。2014年3月1日废止了《中外合资经营企业合营各方出资的若干规定》及其补充规定，对外商投资企业的出资期限和出资方式进行了重大调整。2016年9月3日全国人大常委会针对三部外资企业法进行了统一调整，将原来的批准制改为备案制，但属于国家实施准入特别措施的除外，亦即属于准入特别措施的外资企业仍然是批准制。

第一节　合伙企业法概述

一、合伙企业的含义

合伙企业，是指自然人、法人和其他组织依照《合伙企业法》在中国境内设立的普通合伙企业和有限合伙企业。

普通合伙企业由普通合伙人组成，合伙人对合伙企业债务承担无限连带责任。合伙企业法对普通合伙人承担责任的形式有特别规定的，从其规定。

有限合伙企业由普通合伙人和有限合伙人组成，普通合伙人对合伙企业债务承担无限连带责任，有限合伙人以其认缴的出资额为限对合伙企业债务承担责任。

二、普通合伙企业与公司的比较

普通合伙企业与公司的各项区别详见表3－1。

表3－1　普通合伙企业与公司的比较

	公　司	普通合伙企业
出资方式不同	实物、知识产权、土地使用权等可以用货币估价并可以依法转让的非货币财产作价出资	除了公司的出资方式外，合伙可以劳务、信用、管理经验、商誉或者不作为等方式出资
组织机构不同	具有完备的法人治理结构（股东会、董事会、监事会）	由合伙人做出，没有单独的决策机构
财产性质不同	拥有独立于股东的公司财产	为全体合伙人共有
民事责任承担不同	以自己的名义独立承担责任	全体合伙人共同承担
成立基础不同	公司章程	合伙协议

续表

	公　司	普通合伙企业
盈亏负担不同	除章程另有规定外，股东以出资比例和所持股份分享利润；以出资额为限承担责任	按约定处理，没有约定则按实缴出资比例处理，无法确定出资比例则平均处理。除有限合伙人承担有限责任外，普通合伙人一律承担无限连带责任
经营方式不同	公司股东不一定都参与经营管理	除有限合伙人不参与经营外，普通合伙人一般共同从事经营活动

三、普通合伙企业的设立条件

设立合伙企业，应当具备下列条件：

(1)有两个以上合伙人。合伙人可以是自然人、法人、其他经济组织，合伙人为自然人的，应当具有完全民事行为能力。国有独资公司、国有企业、上市公司以及公益性的事业单位、社会团体不得成为普通合伙人。

(2)有书面合伙协议。合伙协议依法由全体合伙人协商一致、以书面形式订立。合伙协议经全体合伙人签名、盖章后生效。合伙人按照合伙协议享有权利，履行义务。

(3)有合伙人认缴或者实际缴付的出资。合伙人可以用货币、实物、知识产权、土地使用权或者其他财产权利出资，也可以用劳务出资。合伙人应当按照合伙协议约定的出资方式、数额和缴付期限，履行出资义务。

(4)有合伙企业的名称和生产经营场所。合伙企业名称中应当标明“普通合伙”字样。

(5)法律、行政法规规定的其他条件。

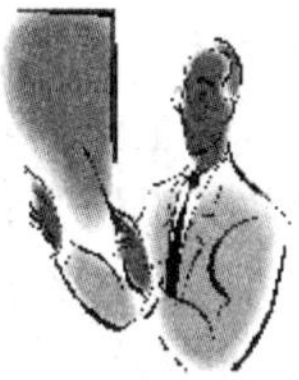

微型案例

王、张、李三人订一份合伙协议。该协议中________不符合合伙企业法的规定。

A. 王的出资现金为 8 000 元，于合伙企业成立后半年内缴付

B. 张的出资为现金 10 万元和以劳务作价 6 000 元

C. 李的出资为作价 9 万元的桑塔纳汽车一辆，不办理过户，李仍对该车保留所有权

D. 合伙企业经营期限，于合伙企业成立满 6 个月时再协商确定

四、普通合伙企业的财产

合伙人的出资、以合伙企业名义取得的收益和依法取得的其他财产，均为合伙企业的财产。合伙人在合伙企业清算前，不得请求分割合伙企业的财产；但是，《合伙企业法》另有规定的除外。合伙人在合伙企业清算前私自转移或者处分合伙企业财产的，合伙企业不得以此对抗善意第三人。

合伙人出资份额的转让：(1)在合伙企业存续期间，合伙人向合伙人之外的其他人转让其在合伙企业中的全部或部分财产份额时必须经其他合伙人的一致同意，并且在同等条件下其

他合伙人有优先受让的权利。(2)在合伙企业存续期间,合伙人相互转让其全部或部分财产份额,只需通知其他合伙人即可,但不能因财产份额的转让而只剩一个合伙人,否则合伙企业必须解散。

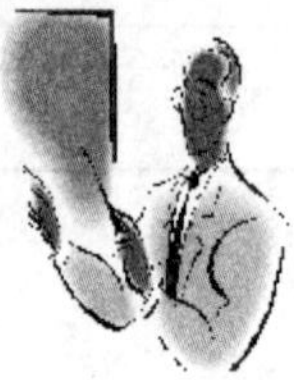

微型案例

2010 年 3 月,甲、乙、丙开办一合伙企业,同年 6 月甲与丁结婚。2015 年 8 月,双方协议离婚,约定将合伙企业中甲的财产份额全部转让给丁。下列说法中不正确的是________。

A. 合伙企业中甲的财产份额属于夫妻共同财产

B. 如乙、丙同意,丁依法取得合伙人的地位

C. 如乙、丙不同意丁入伙,必须购买该财产份额

D. 合伙企业应清算,丁分得甲应得财产份额

五、普通合伙企业的内部关系和外部关系

(一)合伙人对执行合伙事务享有同等的权利

按照合伙协议的约定或者经全体合伙人决定,可以委托一个或者数个合伙人对外代表合伙企业,执行合伙事务。作为合伙人的法人、其他组织执行合伙事务的,由其委派的代表执行。

执行合伙企业事务的合伙人对外代表合伙企业,其执行事务所产生的法律后果由合伙企业承担,即所取得的收益归全体合伙人共有,其亏损或其他民事责任由全体合伙人承担。

(二)合伙事务的决定

合伙人对合伙企业有关事项做出决议,按照合伙协议约定的表决办法办理。合伙协议未约定或者约定不明确的,实行合伙人一人一票并经全体合伙人过半数通过的表决办法。

需要由全体合伙人协商一致的事项包括:(1)改变合伙企业的名称;(2)改变合伙企业的经营范围、主要经营场所的地点;(3)处分合伙企业的不动产;(4)转让或者处分合伙企业的知识产权和其他财产权利;(5)以合伙企业名义为他人提供担保;(6)聘任合伙人以外的人担任合伙企业的经营管理人员。另外修改合伙协议,接受新合伙人入伙也须全体合伙人一致同意。

(三)合伙人的义务

(1)竞业禁止义务:合伙人不得自营或者同他人合作经营与本合伙企业相竞争的业务。

(2)交易禁止义务:除合伙协议另有约定或者经全体合伙人一致同意外,合伙人不得同本合伙企业进行交易。

(3)损害禁止义务:合伙人不得从事损害本合伙企业利益的活动。

(四)合伙企业与第三人的关系

合伙人与善意第三人的关系:合伙企业对合伙人执行合伙事务以及对外代表合伙企业权利的限制,不得对抗善意第三人。

合伙企业与其债权人的关系:合伙企业对其债务,应先以其全部财产进行清偿。合伙企业不能清偿到期债务的,合伙人承担无限连带责任。

合伙人的债权人与合伙企业的关系:合伙人的债权人不能以自己的债权抵销其对合伙企业的债务,也不得代位行使该合伙人在合伙企业中的权利。合伙人只能用其从合伙企业分取

的收益清偿其债务，而不能以其在合伙企业中的份额清偿。但是，合伙人的债权人可以请求人民法院强制执行该合伙人在合伙企业中的财产份额用于清偿债务，在执行时，其他合伙人对该财产份额有优先受让权。其他合伙人未购买，又不同意将该财产份额转让给他人的，依照《合伙企业法》第 51 条的规定为该合伙人办理退伙结算，或者办理削减该合伙人相应财产份额的结算。

（五）合伙企业的损益分配

合伙企业的利润分配、亏损分担，按照合伙协议的约定办理；合伙协议未约定或者约定不明确的，由合伙人协商决定；协商不成的，由合伙人按照实缴出资比例分配、分担；无法确定出资比例的，由合伙人平均分配、分担。合伙协议不得约定将全部利润分配给部分合伙人或者由部分合伙人承担全部亏损。

六、入伙与退伙

（一）入伙

入伙须经全体合伙人同意，并签订书面入伙协议。

订立入伙协议时，原合伙人应当向新合伙人如实告知原合伙企业的经营状况和财务状况。入伙的新合伙人与原合伙人享有同等权利，承担同等责任。入伙协议另有约定的，从其约定。新合伙人对入伙前合伙企业的债务承担无限连带责任。

（二）退伙

退伙是在合伙企业存续期间合伙人退出合伙企业并使其合伙人资格归于消灭的法律行为。包括协议退伙、声明退伙、法定退伙和除名。

退伙的法律后果：退伙人对基于其退伙前的原因发生的合伙企业债务，承担无限连带责任。

合伙人被依法认定为无民事行为能力人或者限制民事行为能力人的，经其他合伙人一致同意，可以依法转为有限合伙人，普通合伙企业依法转为有限合伙企业。其他合伙人未能一致同意的，该无民事行为能力或者限制民事行为能力的合伙人退伙。

合伙人死亡或者被依法宣告死亡的，其合法继承人，按照合伙协议的约定或者经全体合伙人一致同意，从继承开始之日起，取得该合伙企业的合伙人资格。有下列情形之一的，退还被继承合伙人的财产份额：(1)继承人不愿意成为合伙人；(2)法律规定或者合伙协议约定合伙人必须具有相关资格，而该继承人未取得该资格；(3)合伙协议约定不能成为合伙人的其他情形。

七、特殊的普通合伙企业

以专业知识和专门技能为客户提供有偿服务的专业服务机构,可以设立为特殊的普通合伙企业。特殊的普通合伙企业名称中应当标明“特殊普通合伙”字样。

一个合伙人或者数个合伙人在执业活动中因故意或者重大过失造成合伙企业债务的,应当承担无限责任或者无限连带责任,其他合伙人以其在合伙企业中的财产份额为限承担责任。合伙人在执业活动中非因故意或者重大过失造成的合伙企业债务以及合伙企业的其他债务,由全体合伙人承担无限连带责任。

合伙人执业活动中因故意或者重大过失造成的合伙企业债务,以合伙企业财产对外承担责任后,该合伙人应当按照合伙协议的约定对给合伙企业造成的损失承担赔偿责任。

特殊的普通合伙企业应当建立执业风险基金、办理职业保险。

八、有限合伙企业

有限合伙企业由普通合伙人和有限合伙人组成,普通合伙人对合伙企业债务承担无限连带责任,有限合伙人以其认缴的出资额为限对合伙企业债务承担责任。有限合伙企业是新修订的《合伙企业法》增加的重要内容之一,也是我国顺应市场经济发展的需要做的重要调整。

小资料

针对风险投资,《合伙企业法》增加了“有限合伙”的规定,国际上大部分的风险投资都采用有限合伙的形式。有限合伙企业有以下三大优点:

1. 符合国际惯例。有限合伙是美国等成熟资本市场从事创业投资企业的主要形式。

2. 享受税收优惠。合伙企业的生产经营所得和其他所得,按照国家有关税务和《合伙企业法》规定,有限合伙企业不纳企业所得税,而由合伙人分别缴纳所得税。我国创业投资企业选择有限合伙而不选择公司形式,一个重要原因是税收优惠,由合伙人自己缴税,避免双重税赋。

3. 分配机制灵活。有限合伙的收益或利润分配完全由合伙人之间自由约定,不受出资比例的限制。

有限合伙企业与普通合伙企业的具体区别详见表 3—2。

表 3—2　有限合伙企业与普通合伙企业的区别

	有限合伙企业	普通合伙企业
人数	由 2 个以上 50 个以下,至少应当有一个普通合伙人	2 人以上
出资方式	有限合伙人不得以劳务出资	可以劳务出资
合伙事务执行	有限合伙人不执行合伙事务,不得对外代表有限合伙企业	由普通合伙人执行合伙事务

续表

	有限合伙企业	普通合伙企业
合伙人义务	有限合伙人可以同业竞争，可以与本企业交易	竞业禁止，交易禁止，损害禁止
财产份额转让	有限合伙人对外转让财产份额，不需其他合伙人同意，只需提前 30 日通知其他合伙人	对外转让份额需要经其他合伙人一致同意
承担责任方式	有限合伙人承担有限责任，普通合伙人承担无限连带责任	承担无限连带责任
入伙	有限合伙人承担有限责任	承担无限责任
退伙	有限合伙人承担有限责任，丧失行为能力，不得要求退伙；死亡，继承人当然成为合伙人	承担无限连带责任，丧失行为能力，退伙；死亡，需经同意方能取得合伙人资格

九、合伙企业解散、清算

(一)合伙企业的解散

合伙企业的解散是指由于出现了法定的事由或者基于全体合伙人的约定而使合伙归于消灭的行为。出现下列情形时，应当解散：(1)合伙期限届满，合伙人决定不再经营；(2)合伙协议约定的解散事由出现；(3)全体合伙人决定解散；(4)合伙人已不具备法定人数满 30 天；(5)合伙协议约定的合伙目的已经实现或无法实现；(6)依法被吊销营业执照、责令关闭或者被撤销；(7)出现法律、行政法规规定的合伙企业解散的其他原因上述事由只要具备其一，合伙企业即应解散。

(二)合伙企业的清算

合伙企业的清算是指合伙企业解散后，对其债权债务及未了结的事务进行清理、核算、偿还债务、退还出资的法律行为。

1. 确定清算人

清算人由全体合伙人担任；经全体合伙人过半数同意，可以自合伙企业解散事由出现后 15 日内指定一个或者数个合伙人，或者委托第三人，担任清算人。自合伙企业解散事由出现之日起 15 日内未确定清算人的，合伙人或者其他利害关系人可以申请人民法院指定清算人。

2. 合伙企业的清算程序

清算人自被确定之日起 10 日内将合伙企业解散事项通知债权人，并于 60 日内在报纸上公告。债权人应当自接到通知书之日起 30 日内，未接到通知书的自公告之日起 45 日内，向清算人申报债权。债权人申报债权，应当说明债权的有关事项，并提供证明材料。清算人应当对债权进行登记。清算期间，合伙企业存续，但不得开展与清算无关的经营活动。

3. 财产清偿顺序

合伙企业财产在支付清算费用和职工工资、社会保险费用、法定补偿金以及缴纳所欠税款、清偿债务后的剩余财产，依照《合伙企业》第 33 条第 1 款的规定进行分配。

合伙企业注销后，原普通合伙人对合伙企业存续期间的债务仍应承担无限连带责任。合伙企业不能清偿到期债务的，债权人可以依法向人民法院提出破产清算申请，也可以要求普通合伙人清偿。合伙企业依法被宣告破产的，普通合伙人对合伙企业债务仍应承担无限连带责任。

第二节 个人独资企业法概述

一、个人独资企业的概念和法律特征

所谓个人独资企业，是指依照《个人独资企业法》在中国境内设立，由一个自然人投资，财产为投资人个人所有，投资人以其个人财产对企业债务承担无限责任的经营实体。

个人独资企业具有以下特征：

(1)个人独资企业是由一个自然人投资的企业形式。而且该投资人仅限于自然人，非自然人单独投资设立企业的在法律上均不是个人独资企业。

(2)个人独资企业的投资者对企业的所有事务享有绝对的支配权与控制权。

(3)个人独资企业的一切经营成果或后果由投资者单独享有或承担，即企业的资产、收益归其所有，亏损由其承担，投资人以其个人财产对企业债务承担无限责任。

(4)个人独资企业是非法人企业，企业只是自然人进行商业活动的特殊形态，投资人的人格与独资企业的人格并未分离，这是它与法人型企业的本质区别。

个人独资企业与其他经济组织的区别见表3—3。

表3—3　　个人独资企业与其他经济组织的区别

	其他经济组织	个人独资企业
一人公司	一人公司是公司的一种，是企业法人，在公司成立时即取得法人资格。 一人公司的唯一股东既可以是自然人，也可以是法人。 一人公司的投资人仅以出资额为限对公司承担责任，即负有限责任。	个人独资企业不是企业法人，不具有独立人格。 个人独资企业的唯一投资主体只能是自然人。 个人独资企业的投资人对企业的债务承担无限责任。
个体工商户	个体工商户可以是一个自然人设立，也可以是家庭出资设立。 个体户的债务如属个人经营的，以个人财产承担，家庭经营的，以家庭财产承担。 个体工商户依照《民法总则》设立。 个体工商户不采用企业形式。	个人独资企业仅能以个人出资设立。 个人独资企业投资人以其个人财产对企业债务承担无限责任，除非企业设立登记明确以家庭共有财产作为个人出资的。 个人独资企业依照《个人独资企业法》设立。 个人独资企业是经营实体，是企业组织形态。
合伙企业	合伙企业出资人为2人以上； 合伙企业财产由全体合伙人共有； 合伙企业由全体合伙人承担连带无限责任。	个人独资企业的出资人仅为一人。 个人独资企业财产归出资人一人所有。 个人独资企业由出资人一人承担无限责任。

二、个人独资企业的设立

1. 个人独资企业的设立条件

根据《个人独资企业法》的规定，设立个人独资企业应当具备下列条件：

(1)投资人为一自然人。该自然人应当是完全民事行为能力人，法律、行政法规禁止从事营利性活动的人不能成为独资企业的投资人，如公务员等。

(2)有合法的企业名称。个人独资企业的名称应当与其责任形式及从事的营业相符合，企

业名称中不得出现“有限”、“有限责任”或者“公司”等字样。

(3)有投资人申报的出资。投资人可以将货币、实物、土地使用权、知识产权等投入企业。

(4)有固定的生产经营场所和必要的生产经营条件。企业以其主要办事机构所在地为住所。企业不得从事法律、行政法规禁止经营的业务。

(5)有必要的从业人员。

2. 个人独资企业的设立程序

(1)个人独资企业的设立通常不需要批准，但是经营法律、行政法规规定必须报经有关部门审批的业务，在申请登记前需要报经批准。投资人或者其委托的代理人向企业所在地的登记机关提交设立申请书、投资人身份证明、生产经营场所使用证明等文件，委托代理人还应当出具投资人的委托书和代理人自己的合法证明。符合规定条件的，登记机关应在收到申请文件的15日内，予以登记并发给营业执照。营业执照的签发日期为个人独资企业的成立日期。

(2)个人独资企业设立分支机构，应当由投资人或者其委托的代理人向分支机构所在地的登记机关申请登记，领取营业执照。分支机构的民事责任由设立该分支机构的个人独资企业承担。

微型案例

吴某为一城市下岗工人，决定自己成立一个人独资企业，他在筹备企业设立事宜过程中做出以下规划，其中________是违反法律的。

A. 如自己财力不足就让邻居田某也加入进来成为企业主

B. 企业的名称为自立公司

C. 向企业出资人民币10万元，企业负债后不再以自己的其他财产清偿

D. 如企业成立后经营不善，则尽快解散并不再对企业存续期间的债务承担责任

三、个人独资企业的事务管理

1. 事务管理的方式：(1)自行管理，个人独资企业投资人可以自行管理企业事务；(2)委托管理，投资人可以委托其他具有民事行为能力的人负责企业的事务管理；(3)聘任管理，投资人可以聘请其他具有民事行为能力的人负责企业的事务管理。

2. 投资人委托或者聘用他人管理个人独资企业事务，应当与受托人或者被聘用的人签订书面合同，明确委托的具体内容和授予的权利范围。受托人或者被聘用的人员应当履行诚信、勤勉义务，按照与投资人签订的合同负责个人独资企业的事务管理，违反约定给投资人造成损失时应当承担违约责任。

3. 投资人委托或者聘用的管理个人独资企业事务的人员不得有下列行为：(1)利用职务上的便利，索取或者收受贿赂；(2)利用职务或者工作上的便利侵占企业财产；(3)挪用企业的资金归个人使用或者借贷给他人；(4)擅自将企业资金以个人名义或者以他人名义开立账户储存；(5)擅自以企业财产提供担保；(6)未经投资人同意，从事与本企业相竞争的业务；(7)未经投资人同意，同本企业订立合同或者进行交易；(8)未经投资人同意，擅自将企业商标或者其他知识产权转让给他人使用；(9)泄露本企业的商业秘密；(10)法律、行政法规禁止的其他行为。

提醒您

投资人对受托人或者被聘用的人员职权的限制,不得对抗善意第三人。

4. 个人独资企业应当依法设置会计账簿,进行会计核算。

5. 个人独资企业应与职工签订劳动合同,保障职工的劳动安全,按时、足额发放职工工资;按规定为职工参加社会保险,为职工缴纳社会保险费用;企业职工可依法组建工会,个人独资企业应当为本企业提供必要的活动条件;个人独资企业违反上述规定,应按有关法律、行政法规的规定予以处罚,并追究有关责任人员的责任。

微型案例

某独资企业投资人王某由于另有业务发展,便将原企业委托给张某管理,2017 年 3 月 15 日,张某购买了住房,并从银行贷款 10 万元,在给银行签订合同时,以该独资企业的财产作抵押。贷款到期后,张某没有还清全部贷款,银行要求处分抵押权却遭到投资人王某的拒绝,最后银行以张某为被告起诉到法院。

张某的抵押行为是否合法?

四、个人独资企业的解散和清算

1. 个人独资企业的解散

根据《个人独资企业法》第 26 条的规定,个人独资企业有下列情形时应当解散:(1)投资人决定解散。(2)投资人死亡或者被宣告死亡,无继承人或者继承人放弃继承。(3)被依法吊销营业执照。(4)法律、行政法规规定的其他解散的情形。

2. 个人独资企业的清算

(1)个人独资企业解散,由投资人自行清算或者由债权人申请人民法院指定清算人进行清算。投资人自行清算的,应当在清算前 15 日内书面通知债权人,无法通知的,应当予以公告。债权人应当在接到通知之日起 30 日内,未接到通知的应当在公告之日起 60 日内,向投资人申报其债权。

(2)清算期间,个人独资企业不得开展与清算目的无关的经营活动。在按规定清偿债务前,投资人不得转移、隐匿财产。

(3)个人独资企业解散的,财产应当按照下列顺序清偿:第一,所欠职工工资和社会保险费用;第二,所欠税款;第三,其他债务。个人独资企业财产不足以清偿债务的,投资人应当以其个人的其他财产予以清偿。

个人独资企业解散后,原投资人对个人独资企业存续期间的债务仍应承担偿还责任,但债权人自个人独资企业解散之日起 5 年内未向债务人提出偿债请求的,该责任消灭。

(4)个人独资企业清算结后,投资人或者人民法院指定的清算人应当编制清算报告,并于

15日内到登记机办理注销登记。注销登记完成后，个人独资企业即告消灭。

微型案例

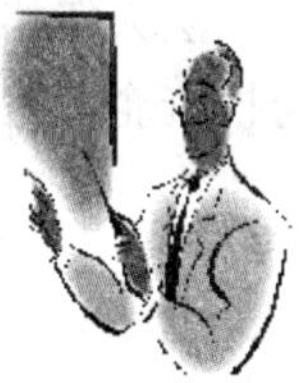

2016年1月15日，甲出资5万元设立A个人独资企业。甲聘请乙管理企业事务，同时规定，凡乙对外签订标的额超过1万元以上的合同，须经甲同意。2月10日，乙未经甲同意，以A企业名义向善意第三人丙购入价值2万元的货物。2016年7月4日，A企业亏损，不能支付到期的丁的债务，甲决定解散该企业，并请人民法院指定清算人。7月10日，人民法院指定戊作为清算人对A企业进行清算。经查，A企业和甲的资产及债权债务情况如下：(1)A企业欠缴税款2 000元，欠乙工资5 000元，欠社会保险费用5 000元，欠丁10万元；(2)A企业的银行存款1万元，实物折价8万元；(3)甲在B合伙企业出资6万元，占50%的出资额，B合伙企业每年可以向合伙人分配利润；(4)甲个人其他可执行的财产价值2万元。

问：1. 乙于2月10日以A企业名义向丙购买价值2万元货物的行为是否有效？

2. 简述A企业的财产清偿顺序。

第三节　外商投资企业法概述

小资料

由于2013年12月28日对《公司法》进行了重新修订，将原来注册资本的实缴制变成认缴制，取消了货币出资的比例要求等。为了与之配套，2014年3月1日国务院废止了《中外合资经营企业合营各方出资的若干规定》及其补充规定，对外商投资企业的出资期限和出资方式进行了重大调整。2016年9月3日全国人大常委会针对三部外资企业法进行了统一调整，将原来的批准制改为备案制，但属于国家实施准入特别措施的除外，也就是属于准入特别措施的外资企业仍然是批准制。2016年11月7日和2017年11月4日又对《中外合作经营企业法》进行了修订。本节根据新法规进行了重新调整。

一、外商投资企业的概念和特征

外商投资企业，是指依中华人民共和国法律的规定，在中国境内设立的，由中国投资者和外国投资者共同投资或者仅由外国投资者投资的企业。

提醒您

中国投资者包括中国的公司、企业或者其他经济组织，外国投资者包括外国的公司、企业和其他经济组织或者个人。中国的个人不能成为外商投资企业的投资者。

外商投资企业具有以下特征：

(1)外商投资企业的资金有部分或者全部来自外国投资者。

(2)外商投资企业是中国的法律主体，符合中国法人资格规定的，依法取得中国法人资格。

(3)我国已形成较为完备的外商投资企业立法体系。在中国境内设立的外商投资企业，都是中国的法律主体，受中国法律的保护和管辖。

二、外商投资企业的种类

依照外商在企业注册资本和资产中所占股份和份额的不同，以及其他法律特征的不同，外商投资企业一般分为四种类型：中外合资企业、中外合作企业、外商独资企业和外商投资股份有限公司。

外商投资企业的类型及具体内容见图 3—1。

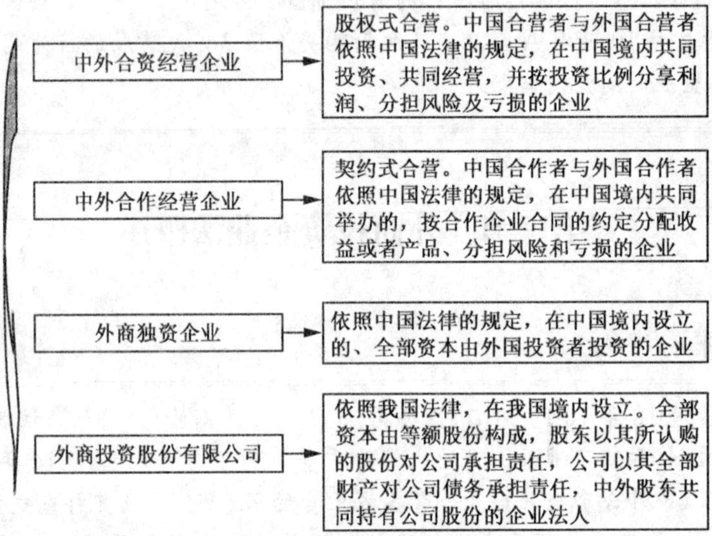

图 3—1 外商投资企业的类型

微型案例

唐山爱信齿轮有限公司是 1996 年由唐山齿轮厂与日本爱信精机、爱信 AI、丰田通商四方成立的合资企业，主要生产轿车和客车用变速器，在国内占有重要地位。合资企业总注册资本34 300万元人民币，其中中方占 65%、日本三方占 35%。在双方的精诚合作下，企业得到了较快发展。后中方将所持 65%的股权及相关资产全部转让给日方，其中转让给爱信精机 50%、爱信 AI 15%。

问：转让后的企业性质如何？

三、中外合资经营企业法

(一)中外合资经营企业的概念和特征

中外合资经营企业,是指中国合营者与外国投资者依照中华人民共和国法律的规定,在中国境内共同投资,共同经营,并按注册资本比例分享利润、分担风险及亏损的企业。“按注册资本比例”决定了中外合资企业是股权式结构而非契约式。

中外合资经营企业的特征如下:

(1)股东:外方合营者包括外国公司、企业、其他经济组织或者个人;中方合营者为中国公司、企业或其他经济组织,不包括中国公民。

(2)主体资格:具有中国法人资格,股东承担有限责任。中外合资企业的组织形式为有限责任公司,合资股份公司的组织形式为股份有限公司,都是法人。

(3)出资比例:在注册资本中,外方合营者的出资比例一般不得低于25%。如果外方出资比例低于25%,企业也可以设立,但是不享有外商投资企业的待遇,作为内资企业对待。

(4)分配制度:中外各方依照注册资本比例分享利润,分担亏损,回收投资。

(5)组织机构:不设股东会,最高权力机构为董事会。合资企业建立由董事会、经理构成的组织机构,实行规范的企业内部治理制度。

(二)中外合资经营企业的设立

举办合营企业不涉及国家规定实施准入特别管理措施的,对《中华人民共和国中外合资经营企业法》(以下简称《合营企业法》)第三条、第十三条、第十四条规定的审批事项,适用备案管理。国家规定的准入特别管理措施由国务院发布或者批准发布。

提醒您

2016年9月3日全国人大常委会对《合营企业法》进行修订,将原来的审批制变更为备案制,但属于国家准入特别管理措施范围的仍然施行审批制。

(1)设立合资企业的备案。在中国境内设立合营企业,应报国家对外经济贸易主管部门(以下称审查批准机关)备案,但涉及国家规定实施准入特别管理措施的除外。

(2)设立合营企业的审批。在中国境内设立合营企业,涉及国家规定实施准入特别管理措施的,应报审查批准机关批准。

《合营企业法》第3条规定,合营各方签订的合营协议、合同、章程,应报国家对外经济贸易主管部门审查批准。审查批准机关应在3个月内决定批准或不批准。合营企业经批准后,向国家工商行政管理主管部门登记,领取营业执照,开始营业。

《合营企业法》第13条规定,合营企业的合营期限,按不同行业、不同情况,做不同的约定。有的行业的合营企业,应当约定合营期限;有的行业的合营企业,可以约定合营期限,也可以不约定合营期限。约定合营期限的合营企业,合营各方同意延长合营期限的,应在距合营期满6个月前向审查批准机关提出申请。审查批准机关应自接到申请之日起1个月内决定批准或不批准。

《合营企业法》第14条规定,合营企业如发生严重亏损、一方不履行合同和章程规定的义务、不可抗力等,经合营各方协商同意,报请审查批准机关批准,并向国家工商行政管理主管部门登记,可终止合同。如果因违反合同而造成损失的,应由违反合同的一方承担经济责任。

(三)中外合资经营企业的出资

1. 合资企业的投资总额与注册资本

外商投资企业的投资总额,是指开办外商投资企业所需资金总额,即按其生产规模需要而投入的基本建设资金和生产流动资金的总和。外商投资企业的注册资本,是指为设立外商投资企业而在工商行政管理机关登记的资本总额,即中外投资者认缴的全部出资额。外商投资企业的注册资本与投资总额的比例应当符合国家有关规定。

2. 合资企业的出资

中外合资企业合营各方可以现金、实物、工业产权和专有技术、场地使用权等进行投资。如果场地使用权未作为中国合营者投资的一部分,合营企业应向中国政府缴纳使用费。以建筑物、厂房、机器设备或者其他物料、工业产权、专有技术作为出资的,其作价由合营各方按照公平合理的原则协商确定或者聘请合营各方同意的第三者评定。外国合营者作为投资的技术和设备,必须确实是适合我国需要的先进技术和设备。如果有意以落后的技术和设备进行欺骗造成损失的,应赔偿损失。

境外投资者可以进行跨境人民币直接投资,即以合法获得的境外人民币来华开展新设企业、增资、参股、并购境内企业等外商直接投资活动。但外商投资企业不得使用跨境人民币直接投资在中国境内直接或间接投资于有价证券和金融衍生品(战略投资上市公司除外),以及用于委托贷款。境外投资者申请将原出资币种由外币变更为人民币的,无需办理合同或章程变更审批,可按照外商投资法律、行政法规和有关规定要求,到有关部门和银行办理登记、开立账户、资金汇兑等手续。

(四)中外合资经营企业的组织机构与管理

合营企业设董事会,其人数组成由合营各方协商,在合同、章程中确定,并由合营各方委派和撤换。董事长和副董事长由合营各方协商确定或由董事会选举产生。中外合营者的一方担任董事长的,由他方担任副董事长。董事会根据平等互利的原则,决定合营企业的重大问题。

董事会的职权是按合营企业章程规定,讨论决定合营企业的一切重大问题:企业发展规划、生产经营活动方案、收支预算、利润分配、劳动工资计划、停业,以及总经理、副总经理、总工程师、总会计师、审计师的任命或聘请及其职权和待遇等。

四、中外合作经营企业法

(一)中外合作经营企业的概念与特征

中外合作经营企业是指中国合作者与外国合作者依照中华人民共和国的法律,在中国境内举办的,按合作企业合同中的约定分配收益或产品、分担风险和亏损的企业。

中外合作企业的特点如下:

(1)中外合作企业属于契约式的合营企业。合作企业合同是企业成立的依据,合营各方的权利义务关系不是取决于投资比例与股份,而是取决于合作企业合同的约定。

(2)中外合作企业的组织形式多样化,可以是法人企业,也可以不是法人企业。

(3)中外合作企业的组织机构与管理方式灵活多样,可以是董事会制,也可以是联合管理制,还可以是委托管理等。

(4)中外合作企业一般优先让外方收回投资,但合作期满,企业的资产一般归中方所有。

（二）中外合作经营企业的设立

国家鼓励举办产品出口的和技术先进的生产型合作企业。

举办合作企业不涉及国家规定实施准入特别管理措施的，对《中华人民共和国中外合作经营企业法》（以下简称《合作企业法》）第五条、第七条、第十条、第二十四条规定的审批事项，适用备案管理。国家规定的准入特别管理措施由国务院发布或者批准发布。

提醒您

2016年9月3日全国人大常委会对《合作企业法》进行修订，将原来的审批制变更为备案制，但属于国家准入特别管理措施范围的仍然施行审批制。

适用审批制的合作企业，审查批准机关应当自接到申请之日起45天内决定批准或者不批准。设立合作企业的申请经批准后，应当自接到批准证书之日起30天内向工商行政管理机关申请登记，领取营业执照。合作企业的营业执照签发日期，为该企业的成立日期。合作企业应当自成立之日起30天内向税务机关办理税务登记。

（三）中外合作经营企业的组织机构

中外合作经营企业的组织机构见表3－4。

表3－4　　中外合作企业的组织机构

组织形式	具体规定
董事会制	一般适用于具有法人资格的合作企业。董事会是合作企业的最高权力机构
联合管理制	不具备法人资格的企业一般实行联合管理制。联合管理机构由合作各方代表组成。联合管理机构可以设立经营管理机构，也可以不设立经营管理机构
委托管理制	合作企业成立后改为委托中外合作者以外的他人经营管理的，必须经董事会或者联合管理机构一致同意，并向工商行政管理机关办理变更登记手续

（四）中外合作企业的利润分配和投资回收

合作企业的收益和产品的分配方式，应在合作合同中约定。中外合作者在合作企业合同中约定合作期满时合作企业的全部固定资产归中国合作者所有的，可以在合作企业合同中约定外国合作者在合作期限内先行回收投资的办法。

外方投资者的投资回收方式有三种：(1)合作前期从企业税后利润中给外方多分配；(2)经税务机关批准，实行税前分配，即外方合营者在合作企业缴纳所得税前回收投资；(3)经税务机关批准，通过加速固定资产折旧的方法，用折旧金偿还外方的投资。

依照规定外国合作者在合作期限内先行回收投资的，中外合作者应当依照有关法律的规定和合作企业合同的约定对合作企业的债务承担责任。

五、外资企业法

（一）外资企业的概念和特征

外资企业是指依照中国有关法律在中国境内设立的全部资本由外国投资者投资的企业，不包括外国的企业和其他经济组织在中国境内的分支机构。外资企业的特征如下：

(1)全部资本由外国投资者投资，不同于中外合资经营企业和中外合作经营企业。

(2)根据中国法律在中国设立,具有中国国籍,不同于外国企业。

(3)外资企业的组织形式为有限责任公司,经批准也可以为其他形式。

(二)外资企业的设立

举办外资企业不涉及国家规定实施准入特别管理措施的,对《中华人民共和国外资企业法》第六条、第十条、第二十条规定的审批事项,适用备案管理。国家规定的准入特别管理措施由国务院发布或者批准发布。

若是需要审批,审批机关应当在收到全部文件的90天之内决定批准或者不批准。

三类外商投资企业的区别见表3—5。

表3—5　　三类外商投资企业比较一览

	中外合资经营企业	中外合作经营企业	外资企业
组织形式	有限责任公司 股份有限公司	有限责任公司或合伙企业	有限责任公司或其他
注册资本	外方合营者的出资比例一般不得低于25%		
利润分配 风险承担	以注册出资比例为准	中外合作者依照合作企业合同的约定,分配收益或者产品,承担风险和亏损 中外合作者在合作企业合同中约定合作期满时合作企业的全部固定资产归中国合作者所有的,可以在合作企业合同中约定外国合作者在合作期限内先行回收投资的办法	依照经批准的章程进行经营管理活动,不受干涉
审批期限 (如适用)	3个月	45天	90天
权力机构	董事会	董事会;联合管理委员会;委托他人管理	

小　结

关键术语

普通合伙　有限合伙　无限连带责任　个人独资企业　外商投资企业

本章小结

1. 普通合伙企业由普通合伙人组成,合伙人对合伙企业债务承担无限连带责任。《合伙企业法》对普通合伙人承担责任的形式有特别规定的,从其规定。

2. 有限合伙企业由普通合伙人和有限合伙人组成,普通合伙人对合伙企业债务承担无限连带责任,有限合伙人以其认缴的出资额为限对合伙企业债务承担责任。

3. 个人独资企业,是指依照《个人独资企业法》在中国境内设立,由一个自然人投资,财产为投资人个人所有,投资人以其个人财产对企业债务承担无限责任的经营实体。

4. 中外合资经营企业,是指中国合营者与外国投资者依照中华人民共和国法律的规定,在中国境内共同投资，共同经营，并按投资比例分享利润、分担风险及亏损的企业。

5. 中外合作经营企业是指中国合作者与外国合作者依照中华人民共和国的法律，在中国境内举办的，按合作企业合同中的约定分配收益或产品、分担风险和亏损的企业。

6. 外资企业是指依照中国有关法律在中国境内设立的全部资本由外国投资者投资的企业，不包括外国的企业和其他经济组织在中国境内的分支机构。

知识结构图

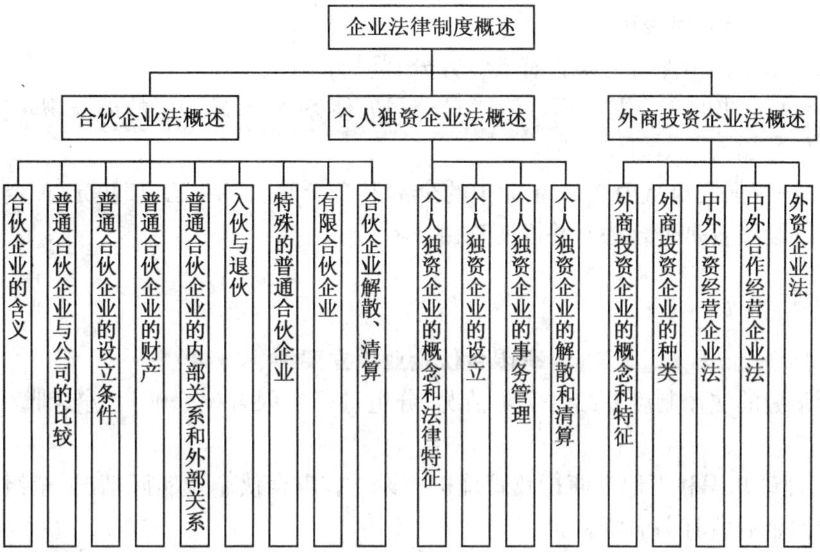

应　用

案例研究

合伙人的下列行为是否符合法律规定

甲、乙、丙、丁共同投资设立了A有限合伙企业(以下简称A企业)。合伙协议约定：甲、乙为普通合伙人，分别出资10万元；丙、丁为有限合伙人，分别出资15万元；甲执行合伙企业事务，对外代表A企业。2016年A企业发生下列事实：

2月，甲以A企业的名义与B公司签订了一份12万元的买卖合同。乙获知后，认为该买卖合同损害了A企业的利益，且甲的行为违反了A企业内部规定的甲无权单独与第三人签订超过10万元合同的限制，遂要求各合伙人做出决议，撤销甲代表A企业签订合同的资格。

4月，乙、丙分别征得甲的同意后，以自己在A企业中的财产份额出质，为自己向银行借款提供质押担保。丁对上述事项均不知情，乙、丙之间也对质押担保事项互不知情。

8月，丁退伙，从A企业取得退伙结算财产12万元。

9月，A企业吸收庚作为普通合伙人入伙，庚出资8万元。

10月，A企业的债权人C公司要求A企业偿还6月所欠款项50万元。

11月，丙因所设个人独资企业发生严重亏损不能清偿D公司到期债务，D公司申请人民法院强制执行丙在A企业中的财产份额用于清偿其债务。人民法院强制执行丙在A企业中的全部财产份额后，甲、乙、庚决定A企业以现有的企业组织形式继续经营。

经查：A企业内部约定，甲无权单独与第三人签订超过10万元的合同，B公司与A企业签订买卖合同时，不知A企业该内部约定。合伙协议未对合伙人以财产份额出质事项进行约定。

要求：根据上述材料，分别回答下列问题：

(1)甲以A企业的名义与B公司签订的买卖合同是否有效？并说明理由。

(2)合伙人对撤销甲代表A企业签订合同的资格事项做出决议，在合伙协议未约定表决办法的情况下，应当如何表决？

(3)乙、丙的质押担保行为是否有效？并分别说明理由。

(4)如果A企业的全部财产不足清偿C公司的债务，对不足清偿的部分，哪些合伙人应当承担清偿责任？如何承担清偿责任？

(5)人民法院强制执行丙在A企业中的全部财产份额后，甲、乙、庚决定A企业以现有企业组织形式继续经营是否合法？并说明理由。

实验实训

有限合伙企业设立实训

运用所掌握的法律制度并结合实际情况，分组进行有限合伙企业设立实训。具体要求如下：

1. 根据理论知识和当地工商行政管理机构设立有限合伙企业实际情况，全组讨论并拟定设立有限合伙企业所有书面资料。

2. 所有有限合伙企业设立资料均按照当地工商行政管理机构要求格式用A4纸打印，装订成册。

3. 每组组长制作PPT演示讲解本组有限合伙企业设立过程，指导教师讲评。

复习思考题

1. 分组讨论合伙企业中合伙人的无限连带责任的具体表现，并且思考其他类型的企业中有哪些无限连带责任的表现。

2. 简述本章中各类企业各自的含义，并区分各类企业之间的制度差别。

第四章　民事法律制度概述

学习目标

通过本章学习，你应能够：

了解民事法律制度的基本理论和基本制度。

掌握民法基本原则、民事法律关系的概念和特征、民事主体和民事行为能力、民事法律行为的概念及成立条件、物权的概念及法律特征、侵权法律责任及适用原则。

学会运用这些基本知识分析实际案例，解决现实中的问题。

引入案例

学生雪后在校摔倒受伤学校应承担赔偿责任

2015 年 11 月 21 日、22 日大连市普兰店地区连续 2 天降暴雪，普兰店区铁西中心小学虽对积雪进行了清理，但并未全部清理干净。2015 年 11 月 23 日周一中午，因通往教室的平台湿滑，学生小曲从距离地面有一定高度且毫无防护措施的平台上掉到平台下面，被平台下栽种的花枝扎进右眼，经大连科华司法鉴定中心鉴定：小曲已构成 1 处 8 级伤残，2 处 10 级伤残。

小曲将铁西中心小学起诉至法院，要求赔偿医疗费等各项损失合计 43 万余元。一审法院认为，小曲在学校未有防护措施的平台上滑倒至台下被花枝扎伤眼睛，双方均无异议。小曲受伤时，其为无民事行为能力人，根据侵权责任法的规定，对无民事行为能力人在学校受到的人身损害，其所在的学校应对其尽到教育管理职责承担举证证明责任，未能举证证明，则应承担赔偿责任。

本案中，小曲受伤是因学校积雪清理不及时致路滑且未有相应防护措施所致，同时，学校也未能提供证据证明其已尽到教育管理职责，故对小曲的人身损害应承担赔偿责任。一审法院判决普兰店区铁西中心小学赔偿小曲各项经济损失合计 39 万余元。

一审判决后，普兰店区铁西中心小学不服判决，提起上诉。二审法院认为，一审法院对铁西中心小学进行过错推定并判令学校承担全部责任依据充分。2017 年 12 月大连市中级人民法院终审判决，铁西中心小学赔偿小曲各项经济损失合计 36 万余元。

——资料来源：根据找法网相关资料整理。

说明

> 民法是我国一个重要的法律部门，由于历史的原因及立法技术的限制，我国至今还没有一部统一的民法典，仅有《中华人民共和国民法总则》(以下简称《民法总则》)及若干单行民事法律。随着2017年10月1日《民法总则》的正式生效，统一的民法典也即将出台。

第一节 民法及其基本原则

一、民法概述

(一)民法的概念

民法的概念源于古罗马法的市民法，与万民法相对应。前者演变为现在的民法，后者演变为现在的国际私法。在古代，民法在罗马法中产生，这是罗马社会初期的商品经济发展的必然结果。在欧洲文艺复兴时代，罗马法得到复兴，为后世的民法发展奠定了扎实的基础。1804年诞生的《法国民法典》，是世界上最早的一部资产阶级民法，它确定了私有财产神圣不可侵犯、契约自由、过错责任"三大民法原则"，为资本主义经济开拓了道路。1900年制定的《德国民法典》，进一步巩固、发展传统民法，为大陆法系的形成和发展奠定了基础。

在中国古代，封建立法民刑不分，诸法合体，法典的主要内容是刑法规范，但其中也包含一些民事法律制度。清末实行变法，借鉴日本的立法经验，制定了《大清民律草案》，1925年北洋政府制定了《民国民律草案》，1929～1931年制定了《中华民国民法》，中国历史上第一次有了现代意义的民法典。

中华人民共和国的民法立法走过了一个曲折复杂的过程，从1954年开始起草民法典，直至2017年制定了《中华人民共和国民法总则》，在此前，还制定了《中华人民共和国婚姻法》《中华人民共和国收养法》《中华人民共和国继承法》《中华人民共和国合同法》《中华人民共和国担保法》《中华人民共和国著作权法》《中华人民共和国物权法》《中华人民共和国侵权责任法》等一系列民法的部门法，形成了中国的民法体系。目前，立法机关正在起草《中华人民共和国民法》，在不远的将来，中国民法典就会诞生。

民法是指调整平等主体的自然人、法人和非法人组织之间的人身关系和财产关系的法律规范的总称。我国《民法总则》第2条规定："民法调整平等主体的自然人、法人和非法人组织之间的财产关系和人身关系。"

(二)民法的调整对象

民法的调整对象是民法与其他部门法相区别的最重要的因素，民法的调整对象就是平等主体的自然人、法人和非法人组织之间的人身关系和财产关系。

1. 人身关系

人身关系是指与人身密切相连而不可分割的社会关系，平等主体之间的人身关系，是指平等主体之间与人身不可分离而无直接财产内容的社会关系。民法调整的人身关系，包括人格关系和身份关系。

2. 财产关系

财产关系是以财产为媒介而发生的社会关系，是指平等主体的物质资料在生产、分配、交换和消费过程中形成的具有经济内容的横向的社会关系。在民法上，这种财产关系主要表现为两种：一种是财产的所有关系，另一种是财产的流转关系。

微型案例

2016 年 10 月，张某受雇于某酒店担任厨师。2017 年 8 月某天，张某在切菜时不慎将手指切伤，到医院救治共花掉医药费20 000余元。伤愈后，张某要求酒店赔偿损失，但酒店认为这是张某自己粗心造成的，应当责任自负，因而拒绝赔偿。双方协商未果。

请问：本案中张某与酒店之间的纠纷能否适用民法规范来调整？

二、民法的基本原则

（一）民法基本原则概念

民法的基本原则是民法规范从制定到实施所贯穿始终的根本准则。其基本含义是：民法的基本原则既是立法的准则，对民法立法及其完善具有贯穿始终的指导意义；又是立法和司法机关解释民法规范的贯穿始终的重要依据，任何解释都不能违背民法的基本原则；同时，还是司法中解决成文法局限性的有效手段，用以弥补立法的不足和空白。

（二）民法基本原则的内容

1. 保护合法权益原则

《民法总则》第 3 条规定："民事主体的人身权利、财产权利以及其他合法权益受法律保护，任何组织或者个人不得侵犯。"

保护民事主体的合法权益，既是我国民法的基本原则，也是我国民法的宗旨。民法是一部民事权利法，它不仅要赋予民事主体权利，同时还要保护民事主体的权利。如果只赋予权利而不对权利进行有效保护，任何权利都不能成为现实权利。我国《民法总则》专章规定了民事责任，规定了民事责任的基本原则，规定了违约的民事责任和侵权的民事责任，突出了对民事权利的保护。

2. 平等原则

《民法总则》第 4 条规定："民事主体在民事活动中的法律地位一律平等。"

平等原则的含义是：民事主体在法律地位上一律平等，享有独立的法律人格，能够自主地表达自己的意志。按照这一原则，一方面，在民事法律关系中，任何民事主体都是平等的，即使是国家作为民事主体参加民事活动，也要与其他任何民事主体一样，保持平等的法律地位；另一方面，任何民事主体的民事权利受到侵害，也都平等地受到民法的保护。

3. 自愿、公平、诚实信用原则

《民法总则》第 5 条规定："民事主体从事民事活动，应当遵循自愿原则，按照自己的意思设立、变更、终止民事法律关系。"

自愿原则就是民法的意思自治原则，其含义是：民事主体在实施民事活动时，有充分表达自己真实意志的自由，根据自己的意愿，设立、变更和终止某种民事法律关系。

《民法总则》第 6 条规定："民事主体从事民事活动，应当遵循公平原则，合理确定各方的权利和义务。"

公平原则是道德规范的法律化，是民法所追求的民事活动的理想境界，其含义是：一是社会必须给每一个民事主体的自由发展提供公平的机会，并为其提供相应的保障和条件；二是民事主体在交易中应当遵循普遍公认的行为准则，在谋求自己的利益时，接受社会利益和社会义务的约束。

《民法总则》第 7 条规定："民事主体从事民事活动，应当遵循诚信原则，秉持诚实，恪守承诺。"

诚实信用原则也是民事活动中道德规范的法律化，其含义是：一是民事主体在从事民事活动中，应当诚实不欺、恪守诺言、注重信用，要以善意的方式行使权利和履行义务；二是法官在实践中遇有法律规定不足，可以依据诚实信用原则公平合理地处理纠纷。

微型案例

甲纺织厂平常生产所需原材料棉纱大部分由丙纱厂提供。一次，甲厂接受了一单海外订货，但由于当年棉花产量剧减，无法筹集足够的棉纱。恰好丙厂囤积了一批棉纱，遂将原来的价格由 4 元/米提高到 9 元/米。甲厂为完成订货，只好接受。

请问：丙厂的行为违反了民法的哪项基本原则？

4. 遵守法律和公序良俗原则

《民法总则》第 8 条规定："民事主体从事民事活动，不得违反法律，不得违背公序良俗。"

民事活动应当贯彻意思自治原则，自愿进行。但是，自愿实施民事活动必须遵守法律，不能违反法律的强行性规定而任意为之。如果违反法律，不仅民事主体不能实现其行为目的，而且法律还要对其进行追究。在法律没有规定时，民事活动应当遵守公序良俗，包括公共秩序和善良风俗。任何法律都不可能穷尽一切社会生活现象，因此，公序良俗对法律有重要的补充作用。在民事活动中，应当有法律规定就遵守法律规定，没有法律规定就遵守公序良俗。

说明

实践中，公序良俗原则具有弥补强行法与禁止性规定不足的作用，以禁止现行法上未做禁止性规定的事项；具有限制意思自治原则适用的作用，使行为人不得任意实施民事行为；具有确保社会正义和伦理秩序的作用，以创造理想的民法秩序。

第二节　民事法律关系

一、民事法律关系的概念和特征

民事法律关系，是由民事法律规范调整而形成的以民事权利义务为内容的社会关系。它是民法所调整的平等主体之间的财产关系和人身关系在法律上的表现。

人在社会中生活，相互之间会发生各种各样的社会关系。这些社会关系受到各种社会规范的调整，由法律规范调整所形成的社会关系是法律关系。民事法律关系是法律关系的一种，物权关系、债权关系、人身权关系、继承权关系都属于民事法律关系。

微型案例

2017年1月20日上午9:00，张某到某大型超市准备购物。由于当时是雨后初晴，天气寒冷，其门前台阶上尚有一层冰未清理，当张某刚跨上该台阶，即摔倒在地，经医院诊断为胫腓骨骨折，花去医疗费等26 500元。事后，张某向超市索赔，超市以张某未进入超市购物，双方之间并未形成合同关系为由拒赔。于是，张某向法院提起诉讼。

问：本案中张某与超市是否存在民事法律关系？超市是否承担赔偿责任？

民事法律关系具有以下特征：

1. 民事法律关系是平等主体之间自愿设立的法律关系

民法所调整的社会关系的平等性决定了民事法律关系的平等性。不管是自然人、企业还是国家机关，只要在民事法律关系中都是以民事主体的身份出现，他们之间的关系都是平等的。同时，民事法律关系一般都是在当事人自愿的基础上形成的，民事法律关系的内容直接体现当事人的意志。

2. 民事法律关系是以民事权利义务为内容的社会关系

民法对社会关系的调整是通过将民事主体之间的财产关系和人身关系转化为民事权利义务来实现的，民事法律关系一经确立，当事人一方即享有民事权利，而另一方便负有相应的义务。

3. 民事法律关系的保障措施具有补偿性

由于民事法律关系的主体处于平等地位，因此一方不能惩罚另一方。当主体的权利受侵害时，民法主要赋予受损害一方以请求权。受损害一方通过请求权的行使，弥补自己所遭受的损失，所以民事法律关系的保障措施主要是补偿性，而非惩罚性。

二、民事法律关系的要素

民事法律关系的要素，是指构成民事法律关系所必须具备的因素。任何民事法律关系都是由主体、内容、客体三个方面组成的，三者缺一不可。因此，民事法律关系的要素包括民事法律关系的主体、内容和客体。

(一)民事法律关系的主体

民事法律关系主体,简称民事主体,是指参与民事法律关系享受民事权利和承担民事义务的人,包括自然人、法人、其他组织和国家等。

民事法律关系主体的种类有:

1. 自然人

自然人是指因出生而获得生命的人类个体。自然人一经出生就取得民事主体资格。自然人包括中国公民、外国人和无国籍人。

2. 法人

法人是指具有民事权利能力和行为能力,依法独立享有民事权利和承担民事义务的组织。法人是相对于自然人而言的,是法律拟制的人,按《民法总则》的规定,法人分为营利法人、非营利法人和特别法人。

(1)营利法人

以取得利益分配给股东等出资人为目的成立的法人,为营利法人,包括有限责任公司、股份有限公司和其他企业法人等。

(2)非营利法人

为公益目的或者其他非营利目的成立,不向出资人、设立人或者会员分配所取得利润的法人。非营利法人包括事业单位、社会团体、基金会、社会服务机构等。

(3)特别法人

《民法总则》规定的机关法人、农村集体经济组织法人、城镇农村的合作经济组织法人、基层群众性自治组织法人,为特别法人。

3. 非法人组织

非法人组织是指虽然不具有法人资格,但可以自己的名义从事民事活动的组织,主要包括个人独资企业、合伙企业、不具有法人资格的专业服务机构、分公司等。

4. 国家

国家在一定情况下,也可以作为民事主体。国家作为民事主体进行民事活动,是以国库财产承担民事责任,最典型的是财政部代表国家出售国库券,成为国债的债务人。

(二)民事法律关系的内容

民事法律关系的内容,是指民事主体在民事法律关系中所享有的民事权利和承担的民事义务。

1. 民事权利

民事权利,是指民事主体为实现某种利益而依法为某种行为或不为的可能性或者自由。民事权利是由法律规定的,但民事主体只有在具体的民事法律关系中才能享有具体的权利。

民事权利可依不同的标准进行分类,常见的民事权利分类有以下几种:

(1)人身权与财产权

根据民事权利有无财产内容为标准,民事权利可分为人身权与财产权。

人身权是指不直接具有财产内容的,与主体的人身不可分离的权利。人身权包括人格权和身份权。人格权是基于主体的存在而当然享有的权利,如生命健康权、姓名权、名誉权等;身份权是基于一定的身份而享有的权利,如监护权、亲权等。

财产权是指以财产利益为内容的、直接体现物质利益的权利。财产权包括物权、债权、继承权以及知识产权中的财产权。

提醒您

某些民事权利同时具有财产权与人身权的双重性质，如著作权既包括人身权利（如作者的发表权），又包括财产权利（如作者利用作品获得经济利益的权利）。又如股权既包括非财产性质的表决权，又包括获得股息和公司解散时分配剩余财产的财产性质的权利。

（2）支配权、请求权、抗辩权与形成权

根据民事权利的不同作用为标准，民事权利可分为支配权、请求权、抗辩权与形成权。

支配权是指权利主体直接支配权利客体并享受其利益的权利。物权为典型的支配权，人身权、知识产权也是支配权。

请求权是指权利主体请求义务主体为一定行为或不为一定行为的权利。请求权是由一定的基础性权利而派生的权利。债权是典型的请求权。

抗辩权是指对抗请求权或否认对方权利存在的权利。抗辩权依其对抗请求权的效力，可分为一时抗辩权和永久抗辩权。前者如双务合同中的同时履行抗辩权；后者如诉讼时效完成的抗辩权。

形成权是指仅凭权利主体单方面的意思表示就能使民事法律关系发生变动的权利。如本人对无权代理人的代理行为的追认权。撤销权、抵销权等也属于形成权。

微型案例

甲因事需外出一段时间，于是将自己的一套住房交给朋友乙照管，后乙未经甲同意将该套房子出租给丙居住。当甲得知后，很不高兴，但鉴于既成事实，只好表示同意。

请问：甲表示同意的行为是行使何种权利？

（3）主权利与从权利

根据民事权利之间的依存关系为标准，民事权利可分为主权利与从权利。

主权利是指在相互联系的权利中，不依赖他项权利而可独立存在的权利。在担保关系中，受担保权担保的债权是主权利。

从权利是指在相互联系的权利中，依附于其他权利并以其他权利的存在为前提的权利。从权利处于从属地位，它随主权利的存在而存在，随主权利的消灭而消灭。担保权是典型的从权利。

（4）绝对权与相对权

根据民事权利效力范围的不同为标准，民事权利可分为绝对权与相对权。

绝对权是指义务人是不特定的，权利人的权利效力及于一切人的权利。绝对权可以对抗权利人以外的一切人，所以又称为对世权。绝对权在受到侵害时，才会出现特定的义务人。物权、人身权、知识产权、继承权等都属于绝对权。

相对权是指义务人是特定的，权利人只能向特定义务人主张的权利。相对权的权利人只能对抗特定的具体的义务人，所以又称为对人权。债权是典型的相对权。

（5）既得权与期待权

根据民事权利成立的要件是否全部齐备为标准，民事权利可分为既得权与期待权。

既得权是指民事权利成立的要件已经全部具备，权利主体实际享有的民事权利。一般的民事权利都是既得权。

期待权是指民事权利的成立要件尚未完全具备，而须待所需要件发生后才能享有的民事权利。附延缓条件和附始期的权利以及继承开始前的继承权属于期待权。

2. 民事义务

民事义务，是指法律规定的义务人为满足他人的利益需要必须为一定行为或不为一定行为的约束。

民事义务也可依不同的标准进行分类，常见的民事义务分类有以下几种：

(1)法定义务与约定义务

根据民事义务发生的依据为标准，民事义务可分为法定义务与约定义务。

法定义务是指直接根据法律的规定而非当事人的约定所发生的义务。如父母对未成年子女的抚养教育义务。

约定义务是指由当事人自行协商确定的义务。如承租人根据租赁合同的约定向出租人交付租金的义务。

(2)积极义务与消极义务

根据民事义务的内容为标准，民事义务可分为积极义务与消极义务。

积极义务又称为作为义务，是指义务人必须依法或依约定积极做出一定行为的义务。如给付财物、提供劳务、完成工作等都属于积极义务。

消极义务又称为不作为义务，是指义务人必须依法不为一定行为的义务。消极义务有两种形式：一种是尊重义务，即义务人须尊重他人权利，不为干涉、妨害行为的义务，如不侵犯他人的所有权；另一种是容忍义务，即义务人依法应当忍受他人行为的义务，如义务人基于相邻权而容忍相邻通行权人在自己土地上通行的义务。

(3)主义务与从义务

根据民事义务相互之间的关系为标准，民事义务可分为主义务与从义务。

主义务是指能够独立存在、不以其他义务的存在为存在前提的民事义务。如在借贷关系中，债务人偿还本金的义务。

从义务是指以主义务的存在为存在前提的民事义务。如在借贷关系中，债务人偿还利息的义务。

(4)专属义务与非专属义务

专属义务是指义务人不得将其移转给他人负担的义务。如演员根据演出合同的表演义务。

非专属义务是指非专属于特定的义务人，可以移转给他人履行的义务。

提醒您

在民事法律关系中，民事权利与民事义务是相互对立、相互依存、相互联系的，没有无权利的义务，也没有无义务的权利。民事权利的内容通过相应的民事义务来实现，民事义务的内容由相应的民事权利来限定。民事权利与民事义务决定着法律关系的性质。

（三）民事法律关系的客体

民事法律关系的客体，是指在民事法律关系中，民事权利和民事义务所共同指向的对象。

民事法律关系主体所享有的权利和负担的义务总是指向一定的对象，没有对象，权利义务也就落空，也就失去了意义。民事法律关系的客体有以下几类：

1. 物

物是指存在于人身之外，能够满足人的需要，能为人所实际支配、控制的物质对象，包括天然物和人造物。物是民事法律关系最广泛的客体。

2. 行为

行为是指为满足他人的利益而进行的活动。如在运输合同法律关系中，承运人运送旅客或者货物的行为。

3. 智力成果

智力成果是知识产权的客体。人类智力活动创造的成果包括作品、发明、实用新型、外观设计、商标、地理标志、商业秘密、集成电路布图设计、植物新品种、法律规定的其他客体。

4. 人身利益

人身利益包括人格利益和身份利益，表现为人格尊严、生命健康、姓名名称、隐私、荣誉等利益形式。人身利益是人身权法律关系的客体。

5. 权利

有些权利也可以称为民事法律关系的客体，如国有土地使用权抵押法律关系中，国有土地使用权是客体，票据质押法律关系中，票据上载明的权利是客体。

提醒您

民事法律关系是民事社会关系基于一定的民事法律事实经民事法律规范调整所形成的权利义务关系，如人的死亡能够引起继承法律关系的产生。离开民事法律事实，民事法律关系无从谈起。民事法律事实有事件与行为两大类，其中，民事法律行为是最重要的民事法律事实。

第三节　民事主体

一、民事主体概述

民事主体是指依照民事法律规范具有参与民事法律关系的资格，并以自己的名义享有民事权利和承担民事义务的人。

（一）民事主体的法律特征

1. 民事主体必须具有法律规定的主体资格

民法对于哪些人具有民事主体资格有着明确的规定，只有具有民事主体资格的人才能成为合格的民事主体。民法关于民事权利能力的规定实际上就是规定民事主体资格的，即只有具有民事权利能力的人才能成为民事主体。

2. 民事主体必须能够以自己的名义享有民事权利和承担民事义务

不能以自己的名义享有权利和承担义务的组织,不能成为民事主体,例如,公司内设机构不具有营业资格,不能以自己的名义订立合同并享有合同权利或承担义务。

3. 民事主体的法律地位具有平等性

在民法上,任何民事主体的法律地位都是平等的,不存在管理与服从等不平等的关系。这与行政法上的行政机关与行政相对人之间的管理与服从关系不同。

4. 民事主体具有广泛性

民事主体的种类是繁多的,自然人、法人和其他组织都是民事主体,国家也可以成为特殊的民事主体。民事主体之所以如此广泛,是因为民事活动是人们最普遍、最基本的活动,是维持人们生存的基本条件。

(二)民事主体的分类

根据我国《民法总则》和有关法律的规定,民事主体分为下列基本类型:

1. 自然人

自然人是指按照生理规律出生的人,包括中华人民共和国公民、外国人、无国籍人。

2. 法人

法人是指具有法人资格的组织,包括营利法人、非营利法人和特别法人。

3. 非法人组织

非法人组织是指不具有法人资格,但是能够依法以自己的名义从事民事活动的组织,包括个人独资企业、合伙企业、不具有法人资格的专业服务机构等。

4. 国家

国家一般是国际公法上的通常主体,但在特殊的情况下也可以成为民事主体,如国有资产所有权的主体是国家,国家是国债的债务人。

二、自然人

自然人是指按照生理规律出生的人,包括中华人民共和国公民、外国人、无国籍人。

说明

“自然人”不同于“公民”。自然人是从人的自然属性来说的,凡是具有生命的人类的个体,都是自然人;而公民从人的政治属性来说的,凡是具有某国国籍的人就是该国公民。自然人的外延大于公民。

(一)自然人的民事权利能力

自然人的民事权利能力是指自然人依法享有民事权利和承担民事义务的资格。自然人从出生时起到死亡时止,具有民事权利能力,依法享有民事权利和承担民事义务。

自然人的民事权利能力具有下列特点:

(1)自然人的民事权利能力是自然人参与民事法律关系,并在其中享有民事权利和承担民事义务的可能性和基础条件。

(2)民事权利能力既是自然人享有权利的能力,也是自然人承担义务的能力。

(3)民事权利能力是民法赋予的。

(4)民事权利能力与自然人本身具有不可分性,即自然人生下来就享有,随死亡而终止,他人无权限制和剥夺，也无法转让。

（二）自然人的民事行为能力

自然人的民事行为能力，是指自然人可以独立进行民事活动的能力或者资格。自然人的民事行为能力是法律确认的与自然人不可分离的能力，它与自然人的年龄、智力和精神状况相联系。

《民法总则》根据自然人的年龄、智力和精神状况，将自然人的民事行为能力分为三类：

1. 完全民事行为能力

完全民事行为能力是指法律赋予达到一定年龄、智力和精神状况正常的自然人可以完全独立实施民事活动，取得民事权利和承担民事义务的资格。18 周岁以上的智力和精神正常的自然人具有完全民事行为能力，可以独立进行民事活动，是完全民事行为能力人。16 周岁以上不满 18 周岁的自然人，以自己的劳动收入为主要生活来源的，视为完全民事行为能力人。

2. 限制民事行为能力

限制民事行为能力是指不能完全辨认自己行为后果的自然人享有的可以从事与自己的年龄、智力和精神状况相适应的民事活动的资格。我国限制民事行为能力人有两种：一是年满 8 周岁以上的未成年人；二是不能完全辨认自己行为的成年人。

3. 无民事行为能力

无民事行为能力是指自然人不具有以自己的行为实施民事行为的能力。我国无民事行为能力人有两种：一是不满 8 周岁的未成年人；二是不能辨认自己行为的成年人。

微型案例

7 岁的周某看到同学玩的电子玩具，非常喜欢，想买下来，但因没钱，便趁父母不在家，将家中的相机偷出，卖给了商店。周某的父母发现后，找到该商店索要，商店拒不返还相机，也不收退回的价款，双方发生争议。

请问：该纠纷应如何处理？

三、法人

法人是指具有民事权利能力和民事行为能力，依法独立享有民事权利和承担民事义务的组织。我国《民法总则》将法人分为营利法人、非营利法人和特别法人。

法人具有下列特征：(1)法人是具有民事权利能力和民事行为能力的组织；(2)法人是一种能够独立享有民事权利和承担民事义务的组织。

（一）法人成立必须具备的要件

1. 依法成立

依法成立包括实体合法和程序合法两个方面。实体合法是指符合法律规定的实体要件，如目的和宗旨、组织机构、经营范围等符合法律规定；程序合法是指按照规定的核准登记程序设立。

2. 有必要的财产和经费

必要的财产和经费是法人享有民事权利和承担义务的物质基础，是法人承担民事责任的财产保障，对不同的法人，在财产和经费上有不同的要求。

3. 有自己的名称、组织机构和场所

法人名称是其人格化的标志，法人组织机构是产生法人意思的法人机关，法人的场所是法人从事经营活动或业务活动的固定地点。

4. 能够独立承担民事责任

法人必须能够以其财产对外独立承担民事责任。

（二）法人的能力

1. 法人的民事权利能力

法人的民事权利能力是指国家赋予作为法人的社会组织参与民事法律关系、取得民事权利和承担民事义务的资格。

法人的民事权利能力与自然人的民事权利能力相比，不同之处在于：

(1)起止时间不同。自然人的民事权利能力始于出生，终于死亡，而法人的民事权利能力则始于成立，终于法人终止。

(2)范围不同。自然人的民事权利能力是普遍一致的，一律平等的，而法人的民事权利能力则因法律、法人章程规定的不同而不同。

(3)法人与自然人各有自己特有的民事权利能力，不能相互享有和替代，如自然人享有生命权、健康权的权利能力，而法人没有这样的权利能力。

2. 法人的民事行为能力

法人的民事行为能力是国家赋予作为法人的社会组织独立进行民事活动的资格。

法人的民事行为能力与自然人的民事行为能力相比，不同之处在于：

(1)法人的民事权利能力和行为能力同时发生、消灭；而自然人的民事行为能力与民事权利能力开始时间并不一致。

(2)法人的民事权利能力与民事行为能力的范围完全一致，因而不同的法人其民事行为能力不同，具有特殊性；而自然人的民事行为能力不具有特殊性。

(3)法人的民事行为能力由它的机关或者代表人来实现，法人机关或代表人的行为，就是法人的行为；而自然人的行为是自己的行为，即使是他人来代理，也仅仅是代理自己实施行为而已。

微型案例

2014年12月，万海昌、邢智宾两人合资开办了一家网络技术服务公司，其中万海昌出资6万元，邢智宾出资4万元。2016年1月，公司只剩下1万元存款，而负债却高达6万元，网络公司因此宣告破产，网络公司破产后，债权人找到万海昌、邢智宾两人，要求他们清偿欠款，万海昌、邢智宾提出只能以账面所剩的1万元资金清偿，债权人不同意，要求他们全部赔偿，便向人民法院起诉。

请问：法院对此案应如何处理？

四、非法人组织

非法人组织是指不具有法人资格，但是能够依法以自己的名义从事民事活动的组织，包括个人独资企业、合伙企业、不具有法人资格的专业服务机构等。

（一）非法人组织的特征

1. 依法定程序设立

非法人组织在实体上是允许设立的，在程序上须履行法定的登记手续，经有关机关核准登记并领有营业执照或社会团体登记证。这是非法人组织的合法性要件，只有依法成立，才具有民事权利能力和民事行为能力。

2. 有一定的组织机构

即拥有符合规定的名称、固定的从事生产经营等业务活动的场所，以及相应的组织管理机构和负责人，使之能够以该组织的名义对外从事相应的民事活动。

3、有一定的财产或经费

虽然非法人组织不能独立承担民事责任，也不要求其有独立的财产，但由于它是经核准登记领有营业执照或社会团体登记证的组织，可以自己的名义对外从事民事、经济活动，享受一定权利、承担一定的义务，因此它应该有与其经营活动和经营规模相适应的财产或经费。

4. 不具有独立承担民事责任的能力

由于非法人组织没有独立的财产或经费，因而它不具有独立承担民事责任的能力。当其在对外进行经营业务活动而负债时，如其自身所拥有的财产或经费能够清偿债务，则由其自身偿付；如其自身所拥有的财产或经费不足以偿付债务，其出资人或者设立人对其所欠债务承担连带清偿责任。

（二）非法人组织的法律地位

非法人组织经核准成立，即可以自己的名义，在核准的经营范围内进行民事活动，享受权利，承担义务，成为民事法律关系的主体，其合法权益也应当受到法律的保护，即使在对外交往中涉讼，也能以自己的名义参加诉讼，具有民事诉讼的主体资格。

非法人组织是介于自然人和法人之间的一种组织，它不同于自然人，因为它有自己的名称、组织机构和财产，可以自己的名义对外从事经营活动；它又不同于法人，其财产和责任不是独立的，不能形成完全独立的人格，当非法人组织的财产不足以清偿债务时，其出资人或者设立人承担无限责任。

说明

现行《民法总则》取消了《民法通则》中的个人合伙制度。因为个人合伙本身是合同关系，在 1986 年《民法通则》出台时，我国还没有制定《合同法》，而当时个人合伙经济形式又比较普遍，所以《民法通则》对此专门做了规定。现在我国《合同法》已经非常成熟，有了《合同法》的调整，也就无需《民法总则》再行规定了。

第四节　民事法律行为

一、民事法律行为的概念与特征

民事法律行为，是指民事主体通过意思表示设立、变更、终止民事法律关系的行为。

民事法律行为与其他法律事实相比较，具有以下法律特征：

1. 民事法律行为是以发生一定民事法律后果为目的的行为

民事法律行为是一种行为，是与人的意志有关的法律事实，同时，民事法律行为是以发生一定民事法律后果为目的的行为，因而不同于事实行为。

2. 民事法律行为是以意思表示为要素的行为

意思表示是民事主体将其希望发生某种法律效果的内心意图以一定的方式表现于外部的行为。民事主体要实现其设立、变更或终止民事权利和民事义务的意图，就必须把这种意思通过某种方式表现出来，民事主体的行为必须包含有意思表示的要素，才构成民事法律行为。

二、民事法律行为的分类

民事法律行为可以根据不同的标准对其进行分类，常见的分类主要有以下几种：

(一)单方法律行为、双方法律行为与多方法律行为

根据民事法律行为成立所需的意思表示构成不同，民事法律行为可分为单方法律行为、双方法律行为与多方法律行为。

单方法律行为是指仅有当事人一方的意思表示而无需他方当事人同意就能成立的民事法律行为。订立遗嘱、撤销委托代理、免除债务等都属于单方法律行为。

双方法律行为是指由当事人双方的意思表示一致才能成立的民事法律行为。合同行为是典型的双方法律行为。

多方法律行为一般是指由两个以上的当事人的意思表示一致才能成立的民事法律行为。多方法律行为通常采用多数决，如董事会决议。

区分单方、双方与多方民事法律行为的主要意义在于：法律对这三种民事法律行为的成立要求有所不同。

(二)有偿法律行为与无偿法律行为

根据民事法律行为是否有对价，民事法律行为可分为有偿法律行为与无偿法律行为。

有偿法律行为是指一方当事人从对方当事人取得利益必须向对方支付相应对价的民事法律行为。大多数民事法律行为皆为有偿行为，典型的有买卖、互易等。

无偿法律行为是指一方当事人从对方当事人取得利益无须向其支付相应对价的民事法律行为。典型的有赠与、借用等。

区分有偿和无偿民事法律行为的主要意义在于：法律对当事人责任轻重规定不同，有偿法律行为当事人的责任重于无偿行为当事人。如买卖中出卖人对标的物负有瑕疵担保责任，而在赠与中赠与人对赠与物的瑕疵一般不负担保责任。

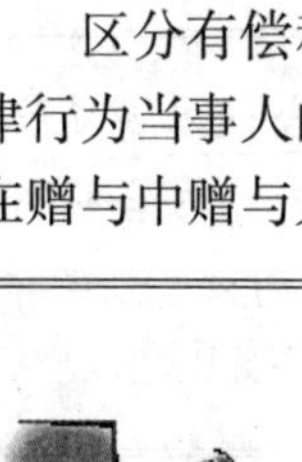

微型案例

某手表厂为纪念千禧年特制纪念手表2 000只，每只售价2万元。其广告宣传主要内容为：(1)纪念表为金表；(2)纪念表镶有进口钻石。后经证实，该纪念表为镀金表，进口钻石为进口人造钻石。手表成本约1 000元。为此，购买者与该手表厂发生纠纷。

问：该纠纷应如何处理？

（三）单务法律行为与双务法律行为

根据民事法律行为中当事人双方权利义务的关系，民事法律行为可分为单务法律行为与双务法律行为。

单务法律行为是指民事法律行为的一方当事人仅负有义务，而另一方当事人仅享有权利的民事法律行为。典型的形式是赠与。

双务法律行为是指当事人双方互享权利互负义务的民事法律行为。多数法律行为都是双务法律行为。

区分单务、双务法律行为的主要意义在于：在双务法律行为中，当事人所负担的义务原则上应当同时履行。一方在未履行自己的义务时请求对方履行的，对方有权拒绝。

（四）要式法律行为与不要式法律行为

根据民事法律行为的成立和有效是否须具备特定的形式，民事法律行为可分为要式法律行为与不要式法律行为。

要式法律行为是指根据法律规定必须采取一定形式或履行一定程序才能成立的民事法律行为。如举办中外合资经营企业的协议，须经主管部门批准。

不要式法律行为是指法律对行为无特定形式要求，当事人可以自由选择行为方式的民事法律行为。现代民法以意思自治为原则，在行为方式上以不要式为主，以要式为例外。

区分要式、不要式民事法律行为的主要意义在于：对于不要式行为，当事人可以自由选择行为方式；对于要式行为，则必须符合法律规定的形式。

（五）诺成法律行为与实践法律行为

根据民事法律行为成立是否必须交付标的物，民事法律行为可分为诺成法律行为与实践法律行为。

诺成法律行为又称不要物行为，是指仅以当事人意思表示一致即可成立的民事法律行为，如买卖合同、租赁合同等。

实践法律行为又称要物行为，是指除当事人意思表示一致外，还须以标的物的交付作为成立要件的民事法律行为，如借用合同、保管合同等。

区分诺成、实践法律行为的主要意义在于：两者成立时间不同，标的物交付的意义也不同。诺成法律行为以双方当事人意思表示达成一致为合同成立时间，标的物的交付是履行合同的行为；而实践法律行为以标的物的交付为合同成立时间和条件。

三、民事法律行为的形式

民事法律行为的形式，是指行为人意思表示的形式，主要有下列几种：

（一）口头形式

口头形式是指行为人以谈话方式进行的意思表示，包括当面交谈、电话交谈、托人带口信等。口头形式是最普遍和最常见的意思表示形式，其优点是简单、迅速；其缺点是缺乏客观记载，事后难以取证。因此，口头形式大多适用于即时清结或标的数额小的交易。

（二）书面形式

书面形式是指以书面文字形式所进行的意思表示。书面形式有一般书面形式和特殊书面形式。一般书面形式包括书信、函件、书面合同、电报、电传、电子数据交换和电子邮件等任何记载于书面的意思表示。特殊书面形式是采取一般书面形式之外的其他以文字形式进行的意思表示，主要包括公证形式、鉴证形式、审核登记形式等。书面形式的优点是证明力强，一般用于不能即时清结或标的数额较大的交易。

（三）推定形式

推定形式是指当事人不直接用语言、文字做意思表示，而是通过某种积极行为表达意愿，使他人从其行为推断出其意思的形式。如租赁合同届满后，承租人继续向出租人交纳房租，可以推知承租人希望继续租赁房屋。

（四）沉默形式

沉默形式是指行为人既无语言表示，又无积极行为表示，而是以消极不作为方式进行的意思表示。沉默形式只有在有法律规定、当事人约定或者符合当事人之间的交易习惯时，才可以视为意思表示。如被继承人死亡后，继承人未表示接受继承，只是沉默，在此情形下，依法律规定，视为继承人接受继承。

四、民事法律行为的有效条件

民事法律行为的有效条件，也就是民事法律行为应当具备的条件。《民法总则》第 143 条规定了民事法律行为应具备的实质条件，第 135 条规定了民事法律行为应具备的形式条件。据此，民事法律行为应当具备以下四方面的条件：

（一）行为人具有相应的民事行为能力

民事行为能力是民事主体独立进行民事活动的资格，而民事法律行为是民事主体进行民事活动的基本形式。因此，只有具有相应民事行为能力的人，才能实施相应的民事法律行为。就自然人来说，完全民事行为能力人可以独立实施民事法律行为，而限制民事行为能力人则只能独立实施与其年龄、智力或精神状况相适应的民事法律行为，而其他行为则须经法定代理人同意才可实施。就法人和其他组织来说，他们应当具有法律承认的主体资格并在核准登记的范围内从事民事行为。

微型案例

张某去年只有 17 岁，在本镇的啤酒厂做临时工，每月有 1 500 元的收入。为了上班方便，张某在镇里租了一间房。7 月，张某未经其父母同意，花 500 元钱从李某处买一台旧彩电，此事遭到了其父母的强烈反对。同年 10 月，张某因患精神分裂症丧失了民事行为能力。随后，其父找到李某，认为他们之间的买卖无效，要求李某返还钱款，拿走彩电。请问：此买卖是否有效？

（二）行为人意思表示真实

意思表示真实是指行为人意思与其外部表示是一致的，并且是当事人基于自己的利益考虑而自愿产生的。如果当事人的意思与其表示不一致或者当事人的意思不是自由形成的，则该意思表示即为不真实。意思表示不真实的民事行为，不能发生当事人预期的法律后果，也不能产生合法的效力。

（三）行为内容不违反法律或公序良俗

民事行为必须符合法律规定，并且不违反公序良俗的情况下，才能具有法律效力。不违反法律一般是指不违反法律和行政法规的强制性规定或禁止性规定，违反除此以外的规定通常并不导致民事行为的无效。

（四）行为形式须符合法律的要求

要式法律行为必须采用法律规定的形式，才能发生效力。不要式法律行为，当事人可以任意采用行为的形式。民事法律行为以不要式为原则，以要式为例外。

五、附条件和附期限的民事法律行为

（一）附条件民事法律行为

附条件民事法律行为，是指当事人在民事行为中设立一定的条件，以该条件的成就与否作为民事法律行为效力发生与终止根据的民事法律行为。

在通常情况下，民事法律行为从其成立时就发生法律效力。但在某些情况下，行为人基于一定的目的希望已经成立的民事法律行为在出现特定的事实时开始生效或希望已经生效的民事法律行为在出现特定的事实时终止。为此，行为人在进行民事法律行为时，把一定的事实作为条件附加在民事法律行为之中，从而构成了附条件民事法律行为。

1. 条件的特征

民事法律行为中所附的条件，是当事人在实施行为时用以确定行为效力的特定的客观事实。该事实可以是自然现象，也可以是人的行为，但须具有以下特征：

(1)条件应当是将来发生的事实

该事实在当事人进行民事法律行为时须尚未发生，已经发生的事实不能作为民事法律行为所附的条件。

(2)条件应当是可能发生而非确定发生的事实

必然会发生的事实不能作为条件，而只能作为期限。根本不可能发生的事实也不能作为条件。

(3)条件应当是当事人约定的事实

该条件应是当事人双方协商确定的事实，而不能是法律规定的事实或依法律行为性质决定的事实。如保险人在保险事故发生并造成保险标的损失时履行保险给付义务，是保险合同本身性质决定的，当事人无须约定将其作为条件。

(4)条件应当是合法事实

违反法律的规定或违反社会公共利益、社会公德的事实，不能作为条件。如约定与其姘居即给予金钱若干，则为以违反公序良俗行为为条件。

2. 条件的分类

(1)延缓条件与解除条件

根据民事法律行为中所附条件对民事法律行为效力所起的作用不同，条件可分为延缓条件与解除条件。

延缓条件是指决定法律行为效力发生的条件。附延缓条件的民事法律行为，在条件成就之前已经成立，但其效力处于停止状态，必须等待所附条件成就时，法律行为才开始发生效力。

解除条件是指决定法律行为效力消灭的条件。附解除条件的民事法律行为，在条件成就之前民事法律行为的效力已经发生，当条件成就时，当事人之间的权利义务关系解除。

(2)肯定条件与否定条件

根据民事法律行为中所附条件内容的事实是否发生，条件可分为肯定条件与否定条件。

肯定条件是以发生某种事实为条件，事实发生则条件成就，事实不发生则条件不成就。

否定条件是以某种事实不发生为条件，事实不发生则条件成就，事实发生则条件不成就。

3. 附条件民事法律行为的效力

附条件的民事法律行为，条件成就后，民事法律行为当然发生效力或失效，不需要当事人做出新的意思表示或者其他行为。

提醒您

附条件的民事行为中的条件发生与否，当事人不能恶意进行干涉，否则，要承担相应的后果。《民法总则》第159条规定："附条件的民事法律行为，当事人为自己的利益不正当地阻止条件成就的，视为条件已成就；不正当地促成条件成就的，视为条件不成就。"

微型案例

王某与林某合伙经营布匹期间，销售给某服装厂价值5万元的布，该服装厂收到布后迟迟没有付款。后来，王、林二人决定不再进行合伙经营。原合伙期间所产生的一切债权归王某享有，王某给付林某人民币3万元整。于是，王某给林某出具一张欠条，该条上写着"今欠林某人民币3万元整。收回服装厂欠款后归还"。王某多次向服装厂索要也没有收回欠款。同样，林某也多次向王某索要欠款，王某都以未收回服装厂的欠款为由拒不偿还。林某向法院起诉，要求王某归还所欠款项。

请问：法院是否会支持林某的诉讼请求？

（二）附期限民事法律行为

附期限民事法律行为，是指当事人在民事法律行为中约定一定期限，将期限的到来作为法律行为生效或终止根据的民事法律行为。

附期限民事法律行为中所附的期限与附条件民事法律行为中所附的条件，都是决定法律行为效力发生或消灭的将来出现的客观事实。两者的根本区别在于：作为期限的客观事实是确定会发生的；而作为条件的客观事实是否发生则具有不确定性。

1. 期限的分类

（1）延缓期限与解除期限

根据所附期限对民事法律行为效力的作用不同，期限可分为延缓期限与解除期限。

延缓期限又称始期，是指决定法律行为效力发生的期限。在该期限到来前，法律行为的效力处于停止的状态。如甲乙双方签订合同时约定："3个月后合同开始生效。"

解除期限又称终期，是指决定法律行为效力消灭的期限。在该期限到来前，法律行为的效力继续，一旦期限届至，法律行为就失去效力。如甲乙双方在船舶租赁合同中约定："合同持续到本次航程结束。"

（2）确定期限与不确定期限

根据民事法律行为所附期限是否确定，期限可分为确定期限与不确定期限。

确定期限是指作为期限内容的事实的具体发生时间是确定的期限。如甲乙在合同中约定某年某月某日为合同交货期。

不确定期限是指作为期限内容的事实的具体发生时间是不确定的期限。如甲乙约定，甲父死亡时，将房子卖给乙。

微型案例

张强常年在外做生意，在老家他有一辆本田125摩托车。他的堂弟张小虎刚中学毕业在家待业，没事时喜欢出去，特别想要一辆摩托车。于是，他就经常打电话给张强，说想买他的摩托车。张强想自己已经不再使用这辆车了，便同意把车以800元的价格卖给他，但同时，他考虑到张小虎还尚未满18周岁，于是，张强在协议中添加了一句“待小虎成年时买卖成交”。

请问：张强所附的是“条件”还是“期限”？

2. 附期限民事法律行为的效力

《民法总则》第160条规定：“民事法律行为可以附期限，但是按照其性质不得附期限的除外。附生效期限的民事法律行为，自期限届至时生效。附终止期限的民事法律行为，自期限届满时失效。”

提醒您

现行《民法总则》扩充了民事法律行为的内涵，民事法律行为不仅包括合法的民事法律行为，也包括无效、可撤销和效力待定的民事法律行为。

六、无效的民事法律行为

无效民事法律行为，是指已经成立，但因欠缺民事法律行为的有效条件，从而自始、绝对、当然不发生行为人预期的法律效力的民事法律行为。

民事法律行为能否发生法律效力，取决于该民事法律行为是否具备民事法律行为的生效要件。具备生效要件的民事法律行为，能够发生行为人所希望的设立、变更、终止民事权利义务关系的法律效力。如果民事法律行为不具备生效要件，则不能发生行为人所预期的法律效力。

（一）无效民事法律行为的种类

根据《民法总则》第144条、第146条、第153条、第154条的规定，无效民事法律行为主要有三种类型，包括主体不合格的民事法律行为、意思表示不真实的民事法律行为、内容不合法的民事法律行为。具体表现为以下情形：

(1)无民事行为能力人实施的民事法律行为；

(2)行为人与相对人以虚假的意思表示实施的民事法律行为；

说明

《民法总则》第146条规定的“虚假的意思表示”的行为与《合同法》第52条规定的“以合法形式掩盖非法目的”的行为都是无效民事法律行为，但“虚假的意思表示”的行为范围更广泛。《民法总则》这样规定更加有利于保护交易安全。

(3)违反法律、行政法规的强制性规定的民事法律行为，但是该强制性规定不导致该民事法律行为无效的除外；

(4)违背公序良俗的民事法律行为；

(5)行为人与相对人恶意串通，损害他人合法权益的民事法律行为。

提醒您

违反法律、行政法规的强制性规定并不必然产生民事法律行为的无效，因为在法律、行政法规的强制性规定中除了有效力性规定外，还有管理性的规定，如《城市房地产管理法》第38条第1款和第39条第1款的规定，违法了管理性的规定不必然导致民事法律行为无效。

(二)无效民事法律行为的法律后果

《民法总则》第157条规定：“民事法律行为无效、被撤销或者确定不发生效力后，行为人因该行为取得的财产，应当予以返还；不能返还或者没有必要返还的，应当折价补偿。有过错的一方应当赔偿对方由此所受到的损失；各方都有过错的，应当各自承担相应的责任。法律另有规定的，依照其规定。”

微型案例

甲(8岁)长期居住在外祖母乙家里。2014年的一天，乙对甲说，你好好学习，我给你1万元，将来上大学用。其后乙以甲的名义在银行为甲存上1万元，甲非常高兴，回家后即将此事告知其母亲丙。2017年6月乙去世。丙兄妹三人在分遗产时，丙提出其母乙为甲存入银行的1万元存款应当归甲所有，不能作为遗产；而丙的哥哥和妹妹都主张，该存款也为遗产，应当由他们兄妹三人共同继承。

请问：该存款是否为甲所有？

七、可撤销的民事法律行为

可撤销的民事法律行为，是指已经成立的民事法律行为因欠缺民事法律行为的非实质性有效条件，当事人依法有权请求人民法院或仲裁机构予以撤销的民事法律行为。

可撤销的民事法律行为，在撤销权人未主张撤销前，具有法律效力；经撤销权人请求被撤销的，该行为自始无效，发生无效民事法律行为的法律后果。

（一）可撤销民事法律行为的种类

《民法总则》第 147 条至第 151 条规定了五种可撤销的民事法律行为，具体表现为如下情形：

（1）基于重大误解实施的民事法律行为；

（2）一方以欺诈手段，使对方在违背真实意思的情况下实施的民事法律行为；

（3）第三人实施欺诈行为，使一方在违背真实意思的情况下实施的民事法律行为，对方知道或者应当知道该欺诈行为的；

（4）一方或者第三人以胁迫手段，使对方在违背真实意思的情况下实施的民事法律行为；

说明

与《合同法》相比，《民法总则》在欺诈和胁迫两种意思表示有瑕疵的民事法律行为中增加了“第三人欺诈”和“第三人胁迫”的效力规定，同时也取消了对于国家利益的特殊保护。

（5）一方利用对方处于危困状态、缺乏判断能力等情形，致使民事法律行为成立时显失公平的。

提醒您

现行《民法总则》将《民法通则》中针对意思表示不真实的民事行为“可变更、可撤销”的规定统一规定为“可撤销”，这样规定既符合实际需要，也可防止司法权对私权利的不当干预。

微型案例

甲继承其父遗留的一幅宋代古画，误认为其是赝品，遂以1 000元价格出售给乙。乙购得此画后，即以2 000元价格专卖给知情的丙。一年后，甲经回家探亲的叔叔谈起，方知该画是真迹，价值 50 万元。遂找到乙要求返还古画。为此，发生争议。甲诉至法院，要求撤销与乙的交易，并要求丙返还古画。

请问：甲是否有权要求撤销与乙的交易？甲是否有权要求丙返还古画？

（二）撤销权的行使

撤销权是可撤销民事法律行为中的权利人以其单方面的意思表示撤销已经成立的民事法律行为的权利。

依照《民法总则》和《合同法》的规定，享有撤销权的民事主体包括：重大误解民事法律行为中的误解人，欺诈、胁迫、显失公平民事法律行为中的受损人。

当事人行使撤销权，应该依法向人民法院或仲裁机构提出撤销民事法律行为的请求。

《民法总则》第 152 条规定，有下列情形之一的，撤销权消灭：

(1)当事人自知道或者应当知道撤销事由之日起一年内、重大误解的当事人自知道或者应当知道撤销事由之日起三个月内没有行使撤销权；

(2)当事人受胁迫，自胁迫行为终止之日起一年内没有行使撤销权；

(3)当事人知道撤销事由后明确表示或者以自己的行为表明放弃撤销权。

另外，当事人自民事法律行为发生之日起五年内没有行使撤销权的，撤销权消灭。

提醒您

撤销权是形成权，只要权利人单方面行使就能确定民事行为的效力，为了防止民事行为的效力长期处于不确定的状态，法律规定的该期间为除斥期间、法定期间、不变期间。期间一过，撤销权消灭，可撤销的民事法律行为确定为民事法律行为。

(三)可撤销民事法律行为的法律后果

可撤销的民事法律行为经当事人行使撤销权而被撤销的，则该行为自成立时起无效。也就是说，被撤销的民事法律行为属于无效民事法律行为，发生无效民事法律行为的法律后果。

八、效力待定的民事法律行为

效力待定的民事法律行为，是指行为已经成立，但是否生效还不确定，只有经特定当事人的行为，才能确定生效或不生效的民事行为。

效力待定的民事法律行为因欠缺民事法律行为的有效要件，因而于行为成立时还不能生效，但又不是当然无效的，可以通过其他的行为予以辅助而使之有效。因此，效力待定的民事法律行为既不同于无效民事法律行为，也不同于可撤销的民事法律行为。

提醒您

《民法通则》没有对效力待定的民事法律行为做出规定，此类行为主要规定在《合同法》中，《民法总则》合理地吸收了《合同法》的相关规定，将其规定在民事法律行为制度中，作为民事法律行为的一种形式。

(一)效力待定的民事法律行为的种类

1. 限制民事行为能力人实施的依法不能独立实施的行为

限制民事行为能力人独立实施的依法不能独立实施的行为，在经法定代理人同意后，该行为有效；若法定代理人不同意，该行为无效。这种行为是否有效，决定于法定代理人是否同意。

《民法总则》第 145 条第一款规定："限制民事行为能力人实施的纯获利益的民事法律行为或者与其年龄、智力、精神健康状况相适应的民事法律行为有效；实施的其他民事法律行为经法定代理人同意或者追认后有效。"

2. 无权代理的民事法律行为

行为人没有相应的代理权，却以被代理人的名义行事，其实质是对被代理人的侵害。因而，无权代理的民事法律行为的效力取决于被代理人的意思。

《民法总则》第 171 条第一款规定:“行为人没有代理权、超越代理权或者代理权终止后,仍然实施代理行为,未经被代理人追认的,对被代理人不发生效力。”

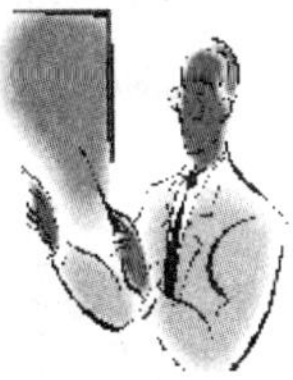

微型案例

甲商场业务员乙到丙公司采购空调,见丙公司生产的浴室防水暖风机小巧实用,尤其在北方没有来暖气之前,以及停止供暖之后的一段时间内对普通家庭非常实用,遂自行决定购买一批暖风机。货运到后,甲商场即对外销售该暖风机。后因该市提前供应暖气,暖风机的销量大减。甲商场这时想到乙是自作主张购买暖风机,商场拒绝支付货款。丙公司因收不回货款而诉至法院。

请问:本案中甲商场应否支付货款?

说明

《合同法》中关于效力待定的行为还包括无处分权人处分他人财产,在有权人进行追认之前效力待定。但由于我国最高人民法院在《买卖合同解释》第三条规定,当事人一方以出卖人在缔约时对标的物没有所有权或者处分权为由主张合同无效的,人民法院不予支持。出卖人因未取得所有权或者处分权致使标的物所有权不能转移,买受人要求出卖人承担违约责任或者要求解除合同并主张损害赔偿的,人民法院应予支持。因此如果无权处分人与第三人签订的是买卖合同,则买卖合同是有效的。在出卖人就同一标的物订立多重买卖合同的情形,如果合同均不具有《合同法》第 52 条规定的无效情形,买受人不能按照合同约定取得标的物所有权,可以请求追究出卖人违约责任。

(二)追认权

追认权是指追认权人单方面做出追认或者拒绝追认的意思表示,就可以使民事法律行为效力确定的权利。

追认权也属于形成权,无须对方当事人同意就可发生确定民事法律行为效力的作用。追认权人对效力待定的民事法律行为可以追认,也可以拒绝追认。效力待定的民事法律行为经过追认权人追认后,自始有效;拒绝追认的,自始无效。

追认权由追认权人享有和行使,追认权人分别为法定代理人、享有处分权的财产权利人、被代理人和债权人。

(三)催告权与撤销权

效力待定的民事法律行为是否有效,如完全操纵于追认权人一人,对相对人来说,是不公平的,为平衡相对人的利益,法律赋予相对人以催告权与撤销权。

《民法总则》第 145 条第 2 款规定:“相对人可以催告法定代理人自收到通知之日起一个月内予以追认。法定代理人未做表示的,视为拒绝追认。民事法律行为被追认前,善意相对人有撤销的权利。撤销应当以通知的方式做出。”

《民法总则》第 171 条第 2 款规定:“相对人可以催告被代理人自收到通知之日起一个月内予以追认。被代理人未做表示的,视为拒绝追认。行为人实施的行为被追认前,善意相对人有撤销的权利。撤销应当以通知的方式做出。”

第五节 物权法律制度

说明

物权是一项非常重要的民事财产权利。物权法也是民法的重要组成部分,物权法对于稳定社会经济秩序和促进经济发展起着关键性的作用。我国物权法的制定过程充满曲折,自 1993 年开始起草,历时 14 年。2007 年 3 月 16 日第十届全国人民代表大会第五次会议高票通过《中华人民共和国物权法》(下称《物权法》),自 2007 年 10 月 1 日起施行。

一、物权概述

我国《物权法》第 2 条规定:“本法所称物权,是指权利人依法对特定的物享有直接支配和排他的权利,包括所有权、用益物权和担保物权。”

物权一词最早起源于罗马法,但其直到 1900 年才由《德国民法典》第一次予以正式确认。此后,许多国家的民法典都规定了物权制度,物权法也成为民法的重要组成部分。物权和债权是相对应的一种民事权利,它们共同组成民法中最基本的财产权利。在商品经济条件下,人和财产的结合表现为物权,当财产进入流通领域之后,在不同主体之间的交换则体现为债权。主体享有物权是交换的基础,交换过程则表现为物权,交换的结果往往导致物权的让渡和移转。

(一)物权的特征

物权与债权联系紧密,但物权作为一项独立的民事权利,与债权相比较又具有自身的特点,具体表现在:

1. 物权是绝对权

物权的权利主体是特定的,义务主体为权利主体以外的不特定的任何人。物权的实现,无需义务人为积极行为的协助。债权是发生在特定的债权人和债务人之间的关系,债权的实现,须债务人积极行为的协助,因为债权是相对权。

2. 物权是支配权

物权的作用是保障权利人能够对物进行支配,从而享受物的利益,其中,所有权具有全面的支配力,其他物权具有一定范围的支配力。债权不具有这一特点,债权人一般不能直接支配债的标的物,只能请求债务人履行一定义务以实现自己的利益,因为债权是请求权。

3. 物权是支配特定物的权利

物权作为直接支配物的权利,其客体只能是物而不能是行为。为明确物权人直接支配的范围,物权的客体必须是特定物、独立物,即种类物不能作为物权的客体。债权的客体不限于物,还可以是行为等,种类物可以用来成立债权。

4. 物权是一种排他性权利

物权的排他性表现为:同一物上不能同时成立两个内容不相容的物权,如同一物上不能同时设立两个所有权;物权具有排除他人干涉、侵害和妨害的性质。而在同一物上,却可以同时设立多个债权,各个债权之间一般都具有平等的效力。

物权与债权的区别见表4—1。

表4—1　物权与债权的区别

	物　权	债　权
效力范围不同	绝对权,即权利主体特定,而义务主体为权利主体以外的一切人	相对权,即债权的权利主体与义务主体都是特定的人
行使方式不同	支配权,即物权人可直接支配物享受利益,不需要借助于他人的行为	请求权,即债权人只能请求债务人履行义务方可实现自己的利益
客体不同	以特定的物作为客体	债务人的特定行为(给付)
排他性方面不同	具有排他性,实行"一物一权",同一物上不能同时成立两个内容不相容的物权	不具有排他性,同一物上可以同时设立多个债权,各个债权之间一般都具有平等的效力

微型案例

张某与王某是好朋友,王某买了一套商品房,在办理房产证期间因紧急公务出国,于是委托张某全权代为办理房权证。张某利欲熏心将王某的房屋登记在自己的名下,并以极高的价格将房屋转让给李某。李某因信赖张某所提出的房屋权属证明,而与张某订立了房屋买卖合同。

请问:张某与李某的该项房屋交易有效吗?如果有效,王某的利益该怎样维护?

(二)物权的种类

在学理上,根据不同的分类标准,可将物权做以下分类:

1. 自物权与他物权

根据物权的权利主体是否是财产的所有人,物权可分为自物权与他物权。

自物权是指权利人依法对自己所有的物享有全面支配的物权。所有权是唯一的自物权,故自物权即所有权,它是物权中最完整、最充分的权利,是他物权的源泉。

他物权是指非所有人依据法律或合同的规定,对他人所有的物享有的有限支配的物权。它是在所有权权能与所有权人发生分离的基础上产生的,所有权以外的其他物权都是他物权。

两者的区别不仅存在于主体、权利内容上,在权利存续期上也不同。自物权是无期物权,他物权是有期物权。

2. 用益物权与担保物权

根据他物权设立的目的不同,他物权可分为用益物权与担保物权。

用益物权是指以物的使用、收益为目的而设立的他物权,如土地承包经营权、建设用地使用权、宅基地使用权、地役权等。

担保物权是指为了担保债务的履行,而在债务人或第三人的物上设立的他物权,如抵押权、质权、留置权等。

两者的区别不仅在设立目的上不同，而且在权利性质、标的物、物上代位性上也存在区别。用益物权具有独立性，主要标的物是不动产，且不具有物上代位性；而担保物权具有从属性，标的物可以是动产、不动产，还可以是权利，同时还具有物上代位性。

3. 动产物权与不动产物权

根据物权的标的是动产还是不动产，物权可分为动产物权与不动产物权。

动产物权是指以动产为标的的物权，如动产所有权、留置权、质权等。

不动产物权是指以不动产为标的的物权，如不动产所有权、土地承包经营权、地役权等。

两者的区别主要存在于取得方法、成立要件方面。我国《物权法》第 6 条规定："不动产物权的设立、变更、转让和消灭，应当依照法律规定登记。动产物权的设立和转让，应当依照法律规定交付。"

4. 主物权与从物权

根据物权是否从属于其他权利而存在，物权可分为主物权与从物权。

主物权是指能够独立存在，不从属于其他权利的物权，如所有权、建设用地使用权等。

从物权是指从属于其他权利，并为所从属的权利服务的物权，如抵押权、留置权等。

两者的区别主要在于主物权能够独立存在，而从物权不能独立存在，它须以所依存的权利存在为前提。

微型案例

杜某将自己的住房赠与女儿小杜并办理了公证，但没有办理房屋过户手续。后杜某用该房作抵押向银行借款，因未按约定还款，银行诉至法院，判决后银行申请法院强制执行。法院依程序拍卖该房屋，小杜向法院提出执行异议称其应享有对该房屋的所有权，要求法院终止拍卖并将房屋交付于她。

请问：法院是否会支持小杜的主张？

（三）物权的效力

物权的效力，是指物权基于其对物的支配性和排他性而产生的特殊法律效力。它是物权权能进一步发挥作用的结果，物权具有以下特殊的效力：

1. 排他效力

排他效力是指内容相同的物权之间具有相互排斥性，即一物不容二主。物权的排他效力主要表现为：(1)在同一标的物上，已有所有权存在的，不能再成立其他所有权。(2)在同一标的物上，已有以占用为内容的他物权存在的，不得另有同样性质的他物权存在。

当然，物权的排他性并不是什么物权都相互排斥，互不矛盾的数个物权就可以并存于一物之上。

2. 优先效力

优先效力是指同一物上有数种权利时，物权具有较其他权利优先行使的效力。主要表现为：

(1)物权优先于债权

在同一标的物上，物权与债权并存时，无论成立的先后如何，物权均具有优先于债权的效力。

需要注意的是，物权优先于债权也存在两种例外情况：一是买卖不破租赁，即成立在先的租赁权可对抗后成立的物权；二是法律的特别规定，如先设定的抵押权不得优先于海事救助费用。

(2)物权相互之间的优先效力

在同一标的物上，有数个物权并存时，先设立的物权优先于后设立的物权，即物权之间的“先来后到”规则。但如法律有特别规定的，遵其规定。

3. 追及效力

追及效力是指物权的标的物无论辗转到何人手中，所有人都可以依法向物的占有人索取，请求其返还原物。

当然，物权的追及效力也不是绝对的，它要受到善意取得制度、时效制度、法定公示制度的限制。

4. 物权保护请求权

物权的权利人在其权利的实现上遇有某种妨害时，有权对于造成妨害的人请求其返还原物、排除妨害、恢复原状和损害赔偿。该请求权即为物权保护请求权，也是物权保护的主要方法。

微型案例

这是一栋共七层楼的多层住宅，一梯三户的格局，七楼上面还有一层阁楼，阁楼格局跟下面的住宅一样，也是一梯三户，分别装有铁门。纷争从2012年搬进新楼后就开始了。阁楼那三套房子的铁门被七楼的三家住户换成了防盗门，钥匙各自拿了。这样一来，一至六楼的住户就再也上不去了。他们之间的纷争，单位领导出面过，街道出面过，2016年10月他们终于走上法庭。

请问：法院该如何处理他们之间的纠纷？

二、所有权

所有权，是指所有人依法享有的对自己的财产进行占用、使用、收益和处分的权利。我国《物权法》第39条规定：“所有权人对自己的不动产或者动产，依法享有占有、使用、收益和处分的权利。”

财产所有权在本质上是一定社会的所有制形式在法律上的表现。所有权是物权的基本形态，是其他物权的基础和源泉。与其他物权相比较，所有权具有以下法律特征：

1. 所有权是绝对权

所有权与债权不同，所有权是绝对权。所有权的实现不需要他人的协助或配合，只要他人不加干预，所有人自己便能实现其所有权，所有权的义务人是所有人以外的任何人。

2. 所有权具有排他性

所有权人有权排除他人对于其所有物的干涉，并且同一物上只能有一个所有权存在，而不能同时并存两个或两个以上的所有权。

3. 所有权具有完整性

所有权不仅包括对于物的占有、使用、收益,还包括了对于物最终予以处分的权利。所有权作为最完全的权利,是他物权的源泉,他物权仅就占有、使用、收益某一特定方面,对于物直接管理的权利,只享有所有权的部分权能。

4. 所有权具有弹力性

所有人在其所有物上为他人设定他物权时,占有、使用、收益甚至处分权能会与所有权发生全部或部分的分离。但当所有物上设定的其他权利消灭,所有权的负担除去的时候,所有权仍然恢复其圆满的状态。

5. 所有权具有永久性

所有权的存在不得预定其存续期,也不因时效而消灭。财产的移转和继承,对所有权本身并无影响,只是发生了所有权主体的变更。

(一)所有权的权能

所有权的权能是所有人为利用所有物以实现其对所有物的独占利益,在法律规定的范围内可以采取的各种措施与手段。按照我国《物权法》第 39 条规定,所有权具有占有、使用、收益、处分四项权能。

1. 占有

占有是所有人对于财产实际上的占领、控制。财产所有人可以自己占有财产,也可以由非所有人占有财产。非所有人的合法占有是根据法律规定或者所有人的意思而占有他人的财产,如承租人根据租赁合同占有出租人的财产。占有权能是使用、收益、处分权能的基础。

2. 使用

使用是按照物的性能和用途对物加以利用,以满足生产生活需要的权能。使用是为了实现物的使用价值,如使用机器进行生产。使用权能一般是由所有人自己行使,也可以由非所有人行使。非所有人须根据法律规定或当事人的约定才能合法使用他人的财产。

3. 收益

收益是收取所有物的利益,包括孳息和利润。孳息分为法定孳息和自然孳息。利润是物投入生产过程、流通过程所取得的利益。收益权能一般由所有人行使,他人使用所有物时,除法律或协议另有规定外,物的收益归所有人所有。

4. 处分

处分是决定财产事实上、法律上命运的权能。这是所有权内容的核心。处分可以分为事实上的处分和法律上的处分。事实上的处分是在生产或生活中使物的物质形态发生变更或消灭,如粮食被吃掉;法律上的处分是通过某种法律行为对财产进行处理,如将物转让给他人。通常处分权能只有所有权人才能享有。

(二)所有权的种类

依据《物权法》的规定,我国现阶段存在三种不同类型的所有权,即国家所有权、集体所有权和私人所有权。

1. 国家所有权

国家所有权是指国家对全民所有的财产依法所享有的占有、使用、收益和处分的权利。

在我国现阶段,社会主义全民所有制还采取国家所有制形式,一切国家财产属于以国家为代表的全体人民所有。《物权法》第 45 条规定:"法律规定属于国家所有的财产,属于国家所有即全民所有。国有财产由国务院代表国家行使所有权;法律另有规定的,依照其规定。"

国家所有权的客体非常广泛，按照《物权法》第46～52条的规定，国家所有权的客体包括：

(1)矿藏、水流、海域；

(2)城市的土地、法律规定属于国家所有的农村和城市郊区的土地；

(3)森林、山岭、草原、荒地、滩涂等自然资源，但法律规定属于集体所有的除外；

(4)法律规定属于国家所有的野生动植物资源；

(5)无线电频谱资源；

(6)法律规定属于国家所有的文物；

(7)国防资产、依照法律规定为国家所有的铁路、公路、电力设施、电信设施和油气管道等基础设施。

2. 集体所有权

集体所有权是指集体组织对其财产享有的占有、使用、收益、处分的权利。

集体所有权是劳动群众集体所有制在法律上的表现。集体所有制是我国社会主义公有制的组成部分，它与全民所有制一起共同构成我国社会主义的经济基础。

集体所有权的客体也非常广泛，按照《物权法》第58条规定，集体所有权的客体包括：

(1)法律规定属于集体所有的土地和森林、山岭、草原、荒地、滩涂；

(2)集体所有的建筑物、生产设施、农田水利设施；

(3)集体所有的教育、科学、文化、卫生、体育等设施；

(4)集体所有的其他不动产和动产。

3. 私人所有权

私人所有权是指私人对其所有的财产依法进行占有、使用、收益和处分的权利。

私人所有权的权利主体私人包括自然人、个体工商户、农村承包经营户、外国人、无国籍人，也包括个人独资企业、外资企业等。企业法人和企业法人以外的法人、社会团体的所有权也规定在私人所有权的范围内。

私人所有权的客体范围非常广泛，《物权法》第64条规定："私人对其合法的收入、房屋、生活用品、生产工具、原材料等不动产和动产享有所有权。"第65条规定："私人合法的储蓄、投资及其收益受法律保护。国家依照法律规定保护私人的继承权及其他合法权益。"

说明

用益物权作为以物的使用收益为内容的物权，反映了现代物权法以"利用"为中心的物权观念。用益物权逐渐成为物权法的中心。建设用地使用权是我国《物权法》规定的一种重要的用益物权。除此之外，用益物权还包括土地承包经营权、宅基地使用权、地役权等。基于建设用地使用权与城市房地产及居民生活密切相关，下面对其进行简要介绍。

三、建设用地使用权

建设用地使用权，是指自然人、法人依法对国家所有的土地享有的占有、使用和收益，建造并经营建筑物、构筑物及其附属设施的地上权。

我国《物权法》第135条规定："建设用地使用权人依法对国家所有的土地享有占有、使用和收益的权利，有权利用该土地建造建筑物、构筑物及其附属设施。”

建设用地使用权属于用益物权。与其他用益物权相比较，建设用地使用权具有以下法律特征：

1. 建设用地使用权属于地上权

地上权是指以在他人所有的土地上建造以及保存建筑物或构筑物为目的而使用他人土地的权利。建设用地使用权具有地上权的一切特征。地上权也属于用益物权。

2. 建设用地使用权的标的物为国有土地

建设用地使用权的标的物不包括集体土地。如果在农村集体土地上设立建设用地使用权，需要对集体所有的土地先进行征用，将其变为国有土地后，才可以设立建设用地使用权。

3. 建设用地使用权人使用土地的范围限于建造并经营建筑物、构筑物及其附属设施

建筑物是指在土地上所建设的房屋；构筑物是指除建筑物之外的桥梁、沟渠、池塘、堤防、地窖、隧道、纪念碑等；建筑物、构筑物的附属设施就是指这些工作物的附属设施。

4. 建设用地使用权以开发利用、生产经营和从事社会公益事业为目的

通过出让方式取得的建设用地使用权，土地使用者有权以开发利用、生产经营为目的使用该国有土地；通过划拨方式取得的建设用地使用权，土地使用者应当用于社会公益事业，不得从事经营活动。

提醒您

建设用地使用权的客体仅为国有土地，在集体所有的土地上不存在建设用地使用权，集体所有的土地作为建设用地的，应当依照《土地管理法》等法律规定办理。在城市郊区出现的大量“小产权房”由于没有取得合法的土地使用权而被禁止转让。集体所有的土地只有在经过征收转化为国家所有之后才能设立建设用地使用权。

(一)建设用地使用权的内容

建设用地使用权的内容，就是建设用地使用权人依法享有的权利和负担的义务。

1. 权利

(1)土地使用权

建设用地使用权人对作为权利客体的土地，享有占有、使用、收益的权利，有权自主利用该土地建造并经营建筑物、构筑物及其附属设施。

(2)权利处分权

依出让方式取得的建设用地使用权，依法可以转让或抵押。《物权法》第 143 条规定：“建设用地使用权人有权将建设用地使用权转让、互换、出资、赠与或者抵押，但法律另有规定的除外。”

(3)获得补偿权

《物权法》第 148 条规定：“建设用地使用权期间届满前，因公共利益需要提前收回该土地的，应当依照本法第 42 条的规定对该土地上的房屋及其他不动产给予补偿，并退还相应的出让金。”

2. 义务

(1)合理利用土地

《物权法》第140条规定:“建设用地使用权人应当合理利用土地,不得改变土地用途;需要改变土地用途的,应当依法经有关行政主管部门批准。”

(2)支付土地使用费

《物权法》第141条规定:“建设用地使用权人应当依照法律规定以及合同约定支付出让金等费用。”

(3)恢复土地原状

在建设用地使用权期限届满,建设用地使用权人取回地上建筑物或其他附着物时,负有恢复土地原状的义务。

(二)建设用地使用权的流转

1. 转让

根据物权法的相关规定,建设用地使用权在转让时,应遵守以下规则:

(1)只有在自然人、法人之间才可以进行转让;

(2)转让的标的是以出让方式取得的建设用地使用权,以划拨方式取得的,使用权人只有在办理了出让手续并缴纳出让金后,才可以转让;

(3)转让必须订立书面合同;

(4)应当向登记机构申请变更登记;

(5)建设用地使用权转移时,其地上物所有权应当一并转移。

2. 抵押

根据《物权法》的相关规定,建设用地使用权在抵押时,应遵守以下规则:

(1)应当订立书面合同并办理抵押登记;

(2)建设用地使用权抵押时,其地上物也随之抵押,即“房随地走”;

(3)抵押人转让已抵押的建设用地使用权时,应及时通知抵押权人,并告知受让人该土地已抵押的情况;

(4)抵押对于成立在先的租赁权原则上没有影响,但抵押人应书面告知承租人抵押情况。

微型案例

2002年,画家李玉兰花了4.5万元从北京宋庄村民马海涛手里买下一座200平方米的农家小院。短时间内,有300多人买下了农民的房子,在此居住的艺术家有近2 000人,2006年这里被规划为北京市十大文化产业集聚区之一(在国际上比国内名气还大)。水涨船高,这里的地价逐年看涨。2006年10月以来,李玉兰等20多名画家陆续收到村民的起诉书,要求画家们退房。2007年12月,李玉兰案经北京市二中院终审判决:房屋买卖合同无效,画家李玉兰被判腾退房屋。

请问:法院的处理有何法律依据?

说明

> 担保物权是与用益物权相对应的他物权，是为确保债权的实现而设定的以物的交换价值为内容的权利。抵押权是我国《物权法》中规定的重要担保物权，此外，担保物权还包括质权、留置权等。基于抵押权不转移标的物的占有，能使物得到够充分利用，而且在经济生活中被广泛利用，下面对抵押权进行简要介绍。

四、抵押权

抵押权，是指债权人对于债务人或第三人不转移占有而提供担保的财产，在债务人不履行债务时，依法享有的就担保的财产变价并优先受偿的权利。在抵押法律关系中，享有抵押权的人是债权人，称为抵押权人；提供财产担保的债务人或第三人，称为抵押人；担保的财产，称为抵押物。

抵押权作为一种担保物权，除具有担保物权的一般特征外，还具有以下特征：

1. 抵押权是不转移占有的担保物权

这是抵押权与质权的一个重要区别。由于抵押权是不以标的物的占有转移为成立条件的，因此，对抵押权不能以占有的方式来公示，而只能依登记或注册的方式进行公示。

2. 抵押权的标的物可以是动产、不动产或权利

抵押权是在债务人或第三人的财产上设定的担保物权。这里的财产既可以是不动产、动产，也可以是法律规定的可以抵押的权利。质权的标的物不能是不动产。

3. 抵押权是以抵押财产的变价而优先受偿的权利

抵押权的优先受偿性不是指在债务人不履行债务时直接转移抵押物的所有权，而是指在债务人不履行债务时，将抵押物变价，抵押权人就变价后的价值优先于其他债权人受偿。

4. 抵押权具有顺序性

当在同一财产上设定有数个抵押权时，各抵押权之间有一定的先后顺序。顺序在先的抵押权优于顺序在后的抵押权；若各个抵押权为同一顺序，则各抵押权人只能按其各自的债权份额按比例受偿。

（一）抵押财产的范围

并非一切财产均可以成为抵押权的客体，关于抵押物的范围，除了《担保法》做了规定以外，我国《物权法》从正反两个方面也做了规定。《物权法》第180条规定了债务人或第三人可以抵押的财产范围：

(1)建筑物和其他土地附着物；

(2)建设用地使用权；

(3)以招标、拍卖、公开协商等方式取得的荒地等土地承包经营权；

(4)生产设备、原材料、半成品、产品；

(5)正在建造的建筑物、船舶、航空器；

(6)交通运输工具；

(7)法律、行政法规未禁止抵押的其他财产。

《物权法》第184条规定了禁止抵押的财产范围：

（1）土地所有权；

（2）耕地、宅基地、自留地、自留山等集体所有的土地使用权，但法律规定可以抵押的除外；

（3）学校、幼儿园、医院等以公益为目的的事业单位、社会团体的教育设施、医疗卫生设施和其他社会公益设施；

（4）所有权、使用权不明或者有争议的财产；

（5）依法被查封、扣押、监管的财产；

（6）法律、行政法规规定不得抵押的其他财产。

微型案例

2016 年 5 月 21 日，华光公司与石桥信用社签订借款合同一份，约定石桥信用社借款给华光公司人民币 60 万元，期限为 6 个月，同时合同还约定，华光公司以其所有的奔驰轿车一部作抵押，如到期不能还款，石桥信用社可以用汽车拍卖或变卖所得价款受偿。2016 年 11 月 19 日，华光公司因公出车，途中奔驰轿车被另一汽车追尾。石桥信用社到期未收回欠款，遂以华光公司为被告提起诉讼。后经查：华光公司的汽车损坏后，其保险赔偿金为 45 万元，石桥信用社向保险公司要求代为受偿。

请问：石桥信用社的要求是否有法律依据？

（二）抵押权的效力

1. 抵押权所担保的债权范围

《物权法》第 173 条规定："担保物权的担保范围包括主债权及其利息、违约金、损害赔偿金、保管担保财产和实现担保物权的费用。当事人另有约定的，按照约定。"

2. 抵押权效力所及的财产范围

根据《担保法》及其司法解释的规定，抵押权效力所及的财产范围除抵押物外，还包括抵押物的从物、从权利、附和物、孳息、代位物等。

（三）抵押权的实现

当债务人在债务履行期届满后未能履行债务，抵押权人可以依法处理抵押财产使债权得到清偿，抵押权实现的具体方法包括对抵押财产进行折价、拍卖、变卖三种方式。

提醒您

我国《物权法》及《担保法》都禁止流质，即禁止抵押人和抵押权人在合同中约定，当债权届期不受清偿时，担保标的物的所有权移转于抵押权人。立法禁止流质的目的主要是保护债务人，防止债权人以价值较高的担保物担保价值较低的债权，从而损害债务人的利益。

《物权法》第 195 条规定："债务人不履行到期债务或者发生当事人约定的实现抵押权的情形，抵押权人可以与抵押人协议以抵押财产折价或者以拍卖、变卖该抵押财产所得的价款优先受偿。"

第六节 民事法律责任

说明

> 我国于2009年12月26日通过并于2010年7月1日实施《中华人民共和国侵权责任法》(下称《侵权责任法》),本节根据该法和《民法总则》编写。

一、民事法律责任的概念和特征

民事法律责任,又称民事责任,是指民事主体因违反合同或者不履行其他民事义务所应当承担的民事法律后果。

民事责任不同于民事义务,民事义务是民事责任的前提,无义务就无责任。民事责任是不履行此种义务的法律后果。《民法总则》第176条规定:"民事主体依照法律规定和当事人约定,履行民事义务,承担民事责任。"

民事责任具有以下特征:

1. 强制性

民事责任作为法律责任之一,也以国家强制力为保障,具有强制性。此为民事责任区别于道德责任和其他社会责任的根本标志。

2. 财产性

民事责任以财产责任为主,非财产责任为辅。一方不履行民事义务的行为,给他方造成财产和精神上的损失,通常通过财产性赔偿的方式予以赔偿。

3. 补偿性

民事责任以补足民事主体的损失为限。就违约责任而言,旨在使当事人的利益达到合同获得适当履行的状态;侵权民事责任,旨在使当事人的利益恢复到受损害以前的状态。

二、民事责任的分类

(一)违约责任与侵权责任

根据民事责任产生的原因及性质的不同,民事责任可分为违约责任与侵权责任。

违约责任是指合同债务人违反合同义务应承担的民事责任。

侵权责任是指公民或法人侵害国家、集体的财产,侵害他人财产、人身应承担的民事责任。

(二)财产责任与非财产责任

根据民事责任是否具有财产内容,民事责任可分为财产责任与非财产责任。

财产责任是指给民事违法行为人承担财产上的不利后果使受损失一方获得财产补偿的民事责任,如支付违约金、赔偿损失等。

非财产责任是指为防止和消除损害后果而强制违法行为人承担的没有财产内容的民事责任,如责令停止侵害、赔礼道歉等。

(三)单独责任与共同责任

根据承担民事责任的主体人数不同,民事责任可分为单独责任与共同责任。

单独责任是指由单一民事主体独自承担的民事责任。

共同责任是指由两个以上的民事主体共同承担的民事责任，如二人共同实施侵权行为所承担的民事责任等。

（四）按份责任与连带责任

根据共同责任人之间的内部关系不同，民事责任可分为按份责任与连带责任。

按份责任是指共同责任中的各个责任人只需按照既定的比例份额来承担责任的民事责任，如按份债务人所承担的民事责任。

连带责任是指共同责任中的每一个责任人都必须依照法律规定或合同的约定来承担全部责任的民事责任。

（五）有限责任与无限责任

根据责任人承担民事责任涉及的财产范围的不同，民事责任可分为有限责任与无限责任。

有限责任是指责任人仅以一定限额的财产对债务清偿承担责任，如有限责任公司的股东以其出资额为限对公司承担有限责任。

无限责任是指责任人以其全部财产对债务清偿承担责任，如合伙人对个人合伙的债务承担无限清偿责任。

三、民事责任的形式

依据《民法总则》第 179 条第 1 款的规定，民事主体违反民事义务应当承担民事责任的形式主要有 11 种，表现为：(1)停止侵害；(2)排除妨害；(3)消除危险；(4)返还财产；(5)恢复原状；(6)修理、重做、更换；(7)继续履行；(8)赔偿损失；(9)支付违约金；(10)消除影响、恢复名誉；(11)赔礼道歉。

说明

违约责任与侵权责任是两类最基本的民事责任。鉴于违约责任在《合同法》章节中有具体论述，本节仅介绍侵权责任。

四、侵权民事责任

（一）侵权民事责任的概念与特征

侵权民事责任，是指民事侵权行为人对其不法行为造成他人人身权利或者财产权利损害所应承担的民事法律责任。

我国《侵权责任法》第 2 条第 1 款规定：“侵害民事权益，应当依照本法承担侵权责任。”

侵权民事责任除具有一般民事责任特征外，还具有以下特征：

(1)侵权民事责任是一种强制性的民事责任，不是由当事人所约定的责任，是法定的责任。

(2)侵权民事责任既是一种债，也是一种责任。侵权行为发生后，首先发生的是债的关系，受害人有权请求损害赔偿，行为人不履行侵权的赔偿义务，即转化为侵权的民事责任。

(3)侵权责任的主体可以是自然人，也可以是法人，特殊侵权行为责任的主体还可能是与行为人有某种特殊关系的人，如《侵权责任法》第 34 条规定：“用人单位的工作人员因执行工作任务造成他人损害的，由用人单位承担侵权责任。”

微型案例

某建筑公司承接了某大厦供水水管的安装工程。他们在开挖处的路段上竖立了一个“行人及车辆禁止通行”的小木牌。这天晚上,突然狂风大作,继而雷雨交加,小木牌被风吹倒后又被雨水冲走。深夜,女职工魏某骑自行车上夜班路过此处,结果连人带车跌进沟内,造成右臂骨折,经住院治疗,共花去医药费几千元。

请问:建筑公司是否应对魏某的损失负赔偿责任?

(二)侵权民事责任的归责原则

侵权民事责任归责原则是指社会在确认侵权责任归属时所依据的法律原则。根据我国《侵权责任法》的规定,归责原则要有以下四类:

1. 过错责任原则

过错责任原则是以过错作为价值判断标准,判断行为人对其造成的损害是否承担责任的归责原则。一般的侵权损害赔偿案件,应由主观上有过错的一方承担赔偿责任。行为人主观上是否有过错由提出损害赔偿主张的受害人承担举证责任。

我国《侵权责任法》第 6 条第 1 款规定:“行为人因过错侵害他人民事权益,应当承担侵权责任。”

2. 过错推定原则

过错推定原则是指只要受害人能够证明所受损害是加害人的行为或者物件所致,即推定加害人存在过错并应当承担民事责任的归责原则。它是过错责任原则的一种特殊表现形式。此原则免除了受害人对加害人的过错所承担的举证责任,而是由加害人就自己没有过错承担举证责任,即举证责任倒置。此原则适用于法律规定的几种特殊侵权行为。

我国《侵权责任法》第 6 条第 2 款规定:“根据法律规定推定行为人有过错,行为人不能证明自己没有过错的,应当承担侵权责任。”第 85 条规定:“建筑物、构筑物或者其他设施及其搁置物、悬挂物发生脱落、坠落造成他人损害,所有人、管理人或者使用人不能证明自己没有过错的,应当承担侵权责任。”

3. 无过错责任原则

无过错责任原则是指在法律有特别规定的情况下,以已经发生的损害结果为价值判断标准,与该损害结果有因果关系的行为人,无论其有无过错,都要承担侵权赔偿责任的归责原则。

我国《侵权责任法》第 7 条规定:“行为人损害他人民事权益,不论行为人有无过错,法律规定应当承担侵权责任的,依照其规定。”第 41 条规定:“因产品存在缺陷造成他人损害的,生产者应当承担侵权责任。”

根据《侵权责任法》的规定,适用无过错责任原则主要是以下特殊侵权行为:一是产品侵权责任;二是高度危险作业致害行为;三是环境污染致人损害行为;四是动物致害行为。

4. 公平责任原则

公平责任原则是指加害人和受害人都没有过错,在损害事实已经发生的情况下,以公平考虑作为价值判断标准,根据实际情况和可能,由双方当事人公平分担损失的原则。

我国《侵权责任法》第 24 规定:“受害人和行为人对损害的发生都没有过错的,可以根据实际情况,由双方分担损失。”

微型案例

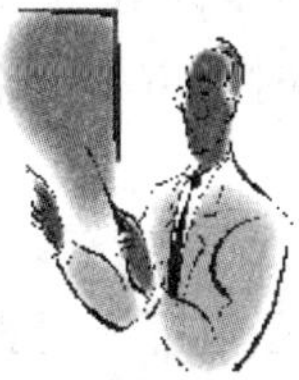

2016 年春节,村民们都兴高采烈地燃放鞭炮欢度春节。村民刘甲、孟乙发现村民高丙家的大黄牛拴在一片空地里,他们便把一挂 500 响的鞭炮系在牛的尾巴上,然后点燃鞭炮,牛受到惊吓,挣脱绳索,横冲直撞。妇女黄丁去邻居家串门,躲闪不及,被牛撞倒,致右胳膊骨折。经医院治疗痊愈,但花去医疗费、护理费等共2 000多元。

请问:黄丁所受的损害应该由谁负责?

说明

根据《侵权责任法》第 15 条的规定,承担侵权责任的方式有 9 种,即停止侵害、排除妨碍、消除危险、返还财产、恢复原状、赔偿损失、赔礼道歉、消除影响、恢复名誉。限于篇幅,本节仅介绍其中的赔偿损失责任。

(三)侵权损害赔偿

1. 侵权损害赔偿的原则

(1)全面赔偿原则

全面赔偿原则是指加害人对因侵权行为给受害人造成的全部损失应全部赔偿。这一原则是由赔偿责任的补偿性质决定的,只有全面赔偿才能补偿受害人的全部损失。

适用这一原则应注意四点:一是赔偿范围应以受害人的损失为依据,不受加害人的主观过错大小的影响;二是全面赔偿不仅要赔偿直接损失,还要赔偿间接损失;三是全面赔偿还包括赔偿受害人为恢复权利、减少损害而支出的必要费用;四是全面赔偿是对合理损失的赔偿。

(2)过失相抵原则

过失相抵原则是指受害人对于损害的发生也有过错的,可减轻加害人的民事责任。

我国《侵权责任法》第 26 条规定:“被侵权人对损害的发生也有过错的,可以减轻侵权人的责任。”

适用这一原则应注意两点:一是须受害人的行为与加害人的行为共同为损害发生的原因;二是受害人的行为为不法行为,且有过错。

(3)损益相抵原则

损益相抵原则是指受害人一方基于受损害的同一赔偿原因受有利益时,应从损害中扣除其所受利益,以确定加害人的实际赔偿数额。如加害人损坏财物的,受害人留有残存物时,赔偿时应从财物的价值中扣除残存物的价值。

(4)考虑当事人经济状况原则

考虑当事人经济状况原则是指当对受害人的损失全面赔偿会对加害人及其家属的生活陷入极度困难时,法院可根据具体情况适当减少赔偿数额。

适用这一原则应注意两点:一是加害人确实无力全部赔偿;二是须分清当事人的责任。

2. 侵权损害赔偿的范围

(1)财产损害

财产损害赔偿范围,应以全面赔偿为原则,包括直接损失和间接损失,以及必要费用。

我国《侵权责任法》第 19 条规定:“侵害他人财产的,财产损失按照损失发生时的市场价格或者其他方式计算。”

(2)人身损害

关于人身损害的赔偿范围及计算方法,《侵权责任法》以及最高人民法院《关于审理人身损害赔偿案件适用法律若干问题的解释》都做了具体的规定。

我国《侵权责任法》第 16 条规定:“侵害他人造成人身损害的,应当赔偿医疗费、护理费、交通费等为治疗和康复支出的合理费用,以及因误工减少的收入。造成残疾的,还应当赔偿残疾生活辅助具费和残疾赔偿金。造成死亡的,还应当赔偿丧葬费和死亡赔偿金。”

(3)精神损害

精神损害是一种无形的损害,它表现为精神利益的减少,精神损害,不仅损害人身权可以发生,损害财产权也可以发生。我国《侵权责任法》第 22 条规定:“侵害他人人身权益,造成他人严重精神损害的,被侵权人可以请求精神损害赔偿。”

微型案例

2016 年 5 月 3 日,原告肖某因想念去世的丈夫,将一卷有其夫妻俩与孩子照片的胶卷交给洪光彩色扩印服务部冲印,并预交冲印费 28 元。第二天,肖某去彩扩部取件时,被告知其胶卷暂时找不到,让原告等等再来。后肖某多次催要无果,为此要求被告赔偿损失。被告只愿意赔偿胶卷和退还预收费。原告遂向法院起诉,以被告将原告拍有其丈夫遗容的唯一的“全家福”胶卷遗失,给原告带来无法弥补的损失为理由,要求被告赔礼道歉,赔偿胶卷和退还预收费,并赔偿精神损失20 000元。

请问:原告的请求有无法律根据?

精神损害可以要求赔偿,但应当有所限制,根据最高人民法院《关于确定民事侵权精神损害赔偿责任若干问题的解释》第 10 条的规定,精神损害的赔偿数额应根据侵权人的过错承担、侵害的手段方式、造成的后果、侵权人的经济能力及当地生活水平综合确定。

小资料

精神损害赔偿制度,在西方国家民事法律制度中已相当完善。中华人民共和国成立后受苏联民法理论的影响,一直排斥否定精神损害赔偿。在司法实践中,各级人民法院主要依据司法解释对侵害自然人的生命健康等人格权,侵害亲子关系等近亲属关系,侵害死者的人格权使死者的近亲属遭受精神痛苦的,侵害有人格象征意义的纪念物品使其遭受永久灭失的等,可以适用精神损害赔偿。《侵权责任法》通过后,我国首次以立法形式明确规定精神损害赔偿。

小 结

关键术语

民法 民法的基本原则 民事法律关系 民事权利 民事义务 民事主体民事法律行为 物权 所有权 建设用地使用权 抵押权 民事法律责任

本章小结

1. 民法是指调整平等主体的自然人、法人和非法人组织之间的人身关系和财产关系的法律规范的总称。

2. 民法的基本原则是民法规范从制定到实施所贯穿始终的根本准则。

3. 民事法律关系是由民事法律规范调整而形成的以民事权利义务为内容的社会关系。它是民法所调整的平等主体之间的财产关系和人身关系在法律上的表现。

4. 民事法律关系的要素是指构成民事法律关系所必须具备的因素。任何民事法律关系都是由主体、内容、客体三个方面组成的,三者缺一不可。因此,民事法律关系的要素包括民事法律关系的主体、内容和客体。

5. 民事权利是指民事主体为实现某种利益而依法为某种行为或不为的可能性。

6. 民事义务是指法律规定的义务人为满足他人的利益需要必须为一定行为或不为一定行为的约束。

7. 民事主体是指依照民事法律规范具有参与民事法律关系的资格,并以自己的名义享有民事权利和承担民事义务的人。

8. 民事法律行为是指民事主体通过意思表示设立、变更、终止民事法律关系的行为。

9. 物权是民事主体依法支配特定物并享受其利益的排他性权利。如财产所有人对其财产的支配权利。

10. 所有权是指所有人依法享有的对自己的财产进行占用、使用、收益和处分的权利。

11. 建设用地使用权是指自然人、法人依法对国家所有的土地享有的占有、使用和收益,建造并经营建筑物、构筑物及其附属设施的地上权。

12. 抵押权是指债权人对于债务人或第三人不转移占有而提供担保的财产,在债务人不履行债务时,依法享有的就担保的财产变价并优先受偿的权利。

13. 民事法律责任又称民事责任,是指民事主体因违反合同或者不履行其他民事义务所应当承担的民事法律后果。

知识结构图

- 民事法律制度概述
  - 民法及其基本原则
    - 民法概述
    - 民法的基本原则
  - 民事法律关系
    - 民事法律关系的概念和特征
    - 民事法律关系的要素
  - 民事主体
    - 民事主体概述
    - 自然人
    - 法人
    - 非法人组织
  - 民事法律行为
    - 民事法律行为的概念和特征
    - 民事法律行为的分类
    - 民事法律行为的形式
    - 民事法律行为的有效条件
    - 附条件和附期限的民事法律行为
    - 无效的民事法律行为
    - 可撤销的民事法律行为
    - 效力待定的民事法律行为
  - 物权法律制度
    - 物权概述
    - 所有权
    - 建设用地使用权
    - 抵押权
  - 民事法律责任
    - 民事法律责任的概念和特征
    - 民事责任的分类
    - 民事责任的形式
    - 侵权民事责任

应 用

案例研究

双方签订的合同是否成立

2017 年 8 月 24 日，B 公司采购员张某、技术员王某二人到某机械有限责任公司洽购滚齿机。经当场试机操作，二人对该机成色、质量、性能等表示满意。洽谈中，卖方要按单价30 600元出售。张、王无法决定，双方便达成以下口头协议：机械公司对这一部滚齿机暂不处理，待张、王回 B 公司向领导汇报后，若同意购买，便如数汇款；否则，即视为不买，机械公司可另做处理。同年 10 月 31 日，B 公司给机械公司汇去人民币40 000元，注明系购买滚齿机、圆车和台钻之货款。货款汇出后不久，B 公司重新研究决定不再购买该机，遂于同年 11 月 6 日派采购员赵某去机械公司退货。赵某来到机械公司后，未与公司总经理会面，却委托一年轻工人，将退货请求转告机械公司总经理。20 天后，仍未见答复，B 公司再次派人去机械公司洽谈退款、退货但被机械公司当面拒绝。为此，两公司发生纠纷。B 公司提出：汇款是订货款，滚齿机尚未启运，买卖没有成交。同时，购买滚齿机的目的是专为生产减速器之用，后因机械公司生产减速器计划改变，故不再需要该项设备，所以理应退款、退货。B 公司坚决要求机械公司退款、退货，机械公司明确告诉 B 公司，买卖滚齿机的合同已经成立。8 月 24 日双方的口头协议是合同成立的基础，10 月 31 日的汇款是双方议定的合同成立的条件。因此，B 公司要求退款、退货是单方面撕毁协议的行为。为明确双方法律行为效力，解决纠纷，机械公司向人民法院提起诉讼。

问题

1. 双方的订购合同何时成立？
2. B 公司能否单方面终止协议？

3. 人民法院应怎样处理此项纠纷?

实验实训

东方建化公司(供方)与振兴五金厂(需方)签订一份购销6 000吨钢材的合同,约定单价每吨1 520元,总货款 91.20 万元。合同签订后,振兴五金厂到茂源百货公司联系推销钢材,茂源百货公司提出看货后再定。于是双方到东方建化公司仓库看货,后振兴五金厂与茂源百货公司签订 200 吨钢材的购销合同,单价上浮为每吨1 620元。合同签订后,茂源百货公司派员携带 25 万元的特种转账支票,随振兴五金厂的业务员到东方建化公司,要求其发运 200 吨钢材。东方建化公司则以茂源百货公司所携带的预付款不足为由,拒绝发货。后经协商,东方建化公司同意发货,但提出要将预付款先进账户后才能发货并结算。当茂源百货公司到银行办理转账手续时,银行以茂源百货公司与东方建化公司之间没有直接的合同关系而不同意转收支票款。于是,茂源百货公司便在特种转账支票上写上"代振兴五金厂付钢材款 25 万元"后,银行方同意将预付款转至东方建化公司的账户。款进账户后,东方建化公司仍以预付款不足为由拒绝交货,要求再付 20 万元。经交涉未成,茂源百货公司以东方建化公司为被告提起诉讼,请求退回货款。

运用本章所学的法律知识,分组讨论下列问题:

1. 茂源百货公司以东方建化公司为被告提起诉讼是否正确?
2. 该案所涉及的民事法律关系有哪些?

复习思考题

1. 什么是民事法律关系? 民事法律关系包括哪些要素?
2. 什么是民事法律行为? 民事法律行为应具备哪些条件?
3. 什么是物权? 物权的特征有哪些?
4. 什么是民事法律责任? 承担民事法律责任的形式有哪些?
5. 试述物权的法律效力。

第五章　合同法律制度概述

学习目标

通过本章学习，你应能够：

了解合同法律制度的基本理论和基本制度。

掌握合同的订立过程、合同的内容与形式、合同的变更与解除、违约责任、买卖合同等。

学会运用这些基本知识分析实际案例，解决现实中的问题。

引入案例

卖房后房价上涨仍须履行

2016 年 9 月 17 日，被告徐某夫妻与原告孙某协商达成房屋买卖协议。该协议约定，双方为生活方便，经多次协商决定签订以下房屋产权转让协议：徐某将约 94 平方米产权房以 10.8 万元的价格转让给孙某；孙某首付 7.3 万元，徐某即将房屋所有钥匙交给孙某。余款 3.5 万元待孙某将原住房出售后立即付清；双方在办理房产交易手续时，积极提供交易方便，各自按国家规定，缴纳有关税费；双方不得违约，如单方违约，违约方要承担对方5 000元违约金。协议签订后，孙某于第二天将首付款 7.3 万元交付徐某，徐某亦将房屋钥匙交给孙某，原告不久即入住该处房屋并使用该房屋至今，同时缴纳物业费、有线电视费等费用。2016 年 12 月，原告将剩余的购房款 3.5 万元给付完毕。原告要求办理房产交易手续，因诉争房屋系集资建房而致大产权没有分户，被告一直没有办理。2018 年初，原告认为房屋过户的条件具备，于是要求被告协助办理过户手续。被告徐某以当初卖房价格太低，要求再付 5 万元，拒绝办理过户。现原告以徐某夫妻为共同被告诉至法院。

法院认为，原告与被告徐永章签订房屋产权转让协议书是自愿基础上的意思一致，协议内容没有违反相关法律的强制性、禁止性规定，合同内容对双方均具有约束力。当事人应当按照约定履行自己的义务，不得擅自变更或者解除合同。原告按照协议履行了给付全部房款，表明原告没有违约的行为。被告虽辩称签订房屋买卖协议时，未得到房屋共有人的一致同意，因诉争房屋在原告交付首付款后不久即入住至今，其数年来对房产不闻不问，漠视房屋所有权的行为，也有悖生活常理。人民法院判决被告徐某夫妻于判决生效之日起 10 日内协助原告孙某办理房屋的所有权变更登记手续，并支付原告违约金5 000元。

——资料来源：根据人民法院网相关资料整理。

说明

> 合同法是交易法，是市场经济的基本法，是民事法律的重要组成部分。1999 年 3 月 15 日第九届全国人大第二次会议通过了《中华人民共和国合同法》（又称《合同法》）。该法分设总则、分则和附则，共 23 章，428 条，于 1999 年 10 月 1 日起施行，《经济合同法》《涉外经济合同法》《技术合同法》同时废止。

第一节　合同概述

一、合同的概念和特征

合同也称为契约，是现代法律生活中运用得最为广泛的概念之一，许多法律部门都使用"合同"一词。合同有广义、狭义之分。广义的合同是指一切确立权利、义务关系的协议，包含了所有法律部门中的合同关系，如民事合同、行政合同、劳动合同等；狭义的合同是指确立民事权利、义务关系的协议，即民事合同。

《合同法》第 2 条规定："本法所称合同是平等主体的自然人、法人、其他组织之间设立、变更、终止民事权利义务关系的协议。"

合同具有以下法律特征：

(1)合同是平等主体的自然人、法人和其他组织所实施的一种民事法律行为。

(2)合同以设立、变更或终止民事权利义务关系为目的。

(3)合同是当事人协商一致或意思表示一致的协议。

二、合同的分类

合同作为商品交换的法律形式，其类型因交易方式的多样化而各不相同。不过对各种形态的合同，可以从法律上做出不同的分类。一般来说，对合同可以做出如下分类：

(一)典型合同与非典型合同

根据法律是否设有规范并赋予一个特定的名称为标准，可将合同分为典型合同与非典型合同。

典型合同又称有名合同，是指法律设有规范，并赋予一定名称的合同，《合同法》规定的买卖、赠与等 15 种合同都是有名合同。

非典型合同又称为无名合同，是指法律尚未特别规定，也没有赋予一定名称的合同。非典型合同适用《合同法》总则的规定，并可以参照《合同法》分则或者其他法律最相类似的规定。

(二)双务合同与单务合同

根据当事人双方是否存在对待给付义务为标准，可将合同分为双务合同与单务合同。

双务合同是指当事人双方互负对待给付义务的合同。例如，买卖、互易、租赁合同等均为双务合同。

单务合同是指合同当事人仅有一方负担给付义务的合同。赠与合同、借用合同都是典型的单务合同。

两者区分的法律意义在于：当事人在合同履行抗辩权、风险负担上等方面存在区别。

（三）有偿合同与无偿合同

根据当事人取得利益是否偿付相应代价为标准，可将合同分为有偿合同与无偿合同。

有偿合同是指当事人取得利益必须支付相应代价的合同。在实践中，绝大多数反映交易关系的合同都是有偿的。

无偿合同是指当事人取得利益无须支付相应代价的合同。赠与合同、借用合同都是典型的无偿合同。

两者区分的法律意义在于：合同义务的内容不同、主体要求不同、撤销权的行使条件不同。

微型案例

周某与郑某是老邻居。周某搬家时，见郑某家因经济困难没有冰箱，就将原来使用的一台冰箱送给郑某，并对郑某说，“这台冰箱一直都很好用，如不嫌弃就留下使用。”郑某说：“旧的总比没有用强，于是留下冰箱。”半年后，这台冰箱在使用中突然因故障起火，烧毁了郑家的大部分财产。郑某向法院提起诉讼，要求周某承担损害赔偿责任。

请问：郑某诉由是否有法律依据？应由谁承担损害赔偿责任？

（四）诺成合同与实践合同

根据合同成立是否需要实际交付标的物为标准，可将合同分为诺成合同与实践合同。

诺成合同是指当事人各方的意思表示一致即可成立的合同，如买卖合同。

实践合同是指除当事人双方意思表示一致以外尚须交付标的物才能成立的合同，如保管合同。

两者区分的法律意义在于：合同的成立时间不同、交付标的物的意义不同。

（五）要式合同与不要式合同

根据合同成立是否以特定的形式为标准，可将合同分为要式合同与不要式合同。

要式合同是指根据法律规定应当采取特定方式订立的合同。例如，中外合资经营企业如属于国家特别管理措施范围，其合同应当由国家批准。

不要式合同是指当事人订立的合同不需要采取特定的形式，而是由当事人自行约定形式的合同。合同除法律有特别规定的以外，均为不要式合同。

区分的法律意义在于：法律和行政法规对合同的形式要求会影响合同的生效。

（六）主合同与从合同

根据合同相互间的主从关系为标准，可将合同分为主合同与从合同。

主合同是指不需要其他合同的存在即可独立存在的合同。例如，对于保证合同而言，设立主债务的合同就是主合同。

从合同就是以其他合同的存在为存在前提的合同。例如，保证合同相对于主债务合同而言为从合同。

两者区分的法律意义在于：从合同必须以主合同的存在并生效为前提；从合同不成立或失效，一般并不影响到主合同的效力。

第二节 合同的订立

合同是当事人意思表示一致的结果。因此，合同订立的过程就是当事人达成意思表示一致的过程。这一过程要经过要约和承诺两个阶段。

一、要约

（一）要约的概念与条件

要约又称发盘、出盘、发价等。根据《合同法》第14条规定："要约是希望和他人订立合同的意思表示。"在要约关系中，发出要约的人称为要约人，接受要约的人则称为受要约人、相对人或承诺人。

要约应当具有下列成立条件：

(1)要约必须是由特定人做出的意思表示。

(2)要约必须具有订立合同的意图。

(3)要约必须是向要约人希望与其缔结合同的受要约人发出的。

(4)要约必须表明经受要约人承诺，要约人即受该意思表示约束。

(5)要约的内容必须具体确定。所谓"具体"，是指要约的内容必须具有足以使合同成立的主要条款。所谓"确定"，是指要约的内容必须明确，而不能含糊不清。

提醒您

> 要约原则上应向特定人发出，并不是说法律要严格禁止要约向不特定人发出。但是向不特定人发出要约，必须具备两个要件：(1)必须明确表示其做出的建议是一项要约而不是要约邀请，如在广告中注明"本广告构成要约"；(2)必须明确承担向多人发出要约的责任，应当具有在合同成立以后，向不特定的受要约人履行合同的能力。

（二）要约的法律效力

要约的法律效力又称要约的拘束力。一个要约如果符合一定的构成要件，就要对要约人和受要约人产生一定的效力。关于要约的法律效力，存在着如下几个方面：

1. 要约的生效时间

我国《合同法》第16条规定，"要约到达受要约人时生效"。我国法律采纳到达主义，但具体确定到达的时间，还须注意这个问题：送达并不一定实际送达到受要约人及其代理人手中，只要要约送达到受要约人所能够控制的地方（如受要约人的信箱等）即为到达。

2. 要约拘束力的内容

(1)要约对要约人的拘束力：要约一经生效，要约人不得随意撤销或变更要约。

(2)要约对受要约人的拘束力：受要约人在要约生效时即取得依其承诺而成立合同的法律地位。

3. 要约的撤回和撤销

要约的撤回是指要约人在发出要约以后，未达到受要约人之前，有权宣告取消要约。

《合同法》第 17 条规定："要约可以撤回。撤回要约的通知应当在要约到达受要约人之前或者与要约同时到达受要约人。"

要约的撤销是指要约人在要约到达受要约人并生效以后，将该项要约取消，从而使要约的效力归于消灭。

《合同法》第 18 条规定："要约可以撤销。撤销要约的通知应当在受要约人发出承诺通知之前到达受要约人。"但依《合同法》第 19 条的规定，以下两种要约不可撤销：

(1)要约人确定了承诺期限或者以其他形式明示要约不可撤销；

(2)受要约人有理由认为要约是不可撤销的，并已经为履行合同做了准备工作。

4. 要约的失效

要约失效是指要约丧失了法律拘束力，即不再对要约人和受要约人具有拘束作用。根据《合同法》第 20 条，要约失效的原因主要有以下几种：(1)拒绝要约的通知到达要约人；(2)要约人依法撤销要约；(3)承诺期限届满，受要约人未做出承诺；(4)受要约人对要约的内容做出实质性变更。

提醒您

有关合同标的、数量、质量、价款或者报酬、履行期限、履行地点和方式、违约责任和解决争议方法等的变更，是对要约内容的实质性变更。

(三)要约邀请

要约邀请又称引诱要约，是指希望他人向自己发出要约的意思表示。

要约邀请不是一种意思表示，而是一种事实行为，也就是说，要约邀请是当事人订立合同的预备行为，在发出要约邀请时，当事人处于订约的准备阶段。要约邀请只是引诱他人发出要约，它不能因相对人的承诺而成立合同。

我国《合同法》第 15 条规定："要约邀请是希望他人向自己发出要约的意思表示。寄送的价目表、拍卖公告、招标公告、招股说明书、商业广告等为要约邀请。"

要约与要约邀请的区别见表 5－1。

表 5－1　　要约与要约邀请的区别

	要　约	要约邀请
内容不同	内容具体确定，包含订立合同的主要内容	不一定包含合同得以成立的主要内容
对象不同	针对特定的对象，所以经常采取电话、信函等方式	针对不特定的多数人，所以往往借助电视、报刊等媒介
含义不同	要约含有当事人愿接受要约约束的意思	不含有当事人愿意接受约束的意思
法律后果不同	要约人受要约约束，不得随意变更、撤销或撤回要约	不产生民法上的法律后果

二、承诺

(一)承诺的概念与条件

承诺是指受要约人向要约人做出的同意要约的意思表示。承诺的法律效力在于一经承诺并送达于要约人，合同便告成立。

承诺必须具备如下条件：

(1)承诺必须由受要约人向要约人做出。

(2)承诺必须在规定的期限内达到要约人。

(3)承诺的内容必须与要约的内容一致。《合同法》第30条规定："承诺的内容应当与要约的内容一致。"承诺的内容与要约的内容一致是指受要约人必须同意要约的实质内容，否则不构成承诺，而是视为对原要约的拒绝并做出一项新的要约，或称为反要约。

提醒您

承诺不能更改要约的实质内容，并非不能对要约的非实质性内容做出更改。根据《合同法》第31条规定："承诺对要约的内容做出非实质性变更的，除要约人及时表示反对或者要约表明承诺不得对要约的内容做出任何变更的以外，该承诺有效，合同的内容以承诺的内容为准。"

微型案例

荷兰A公司向中国B公司发盘："供应300台起重机，型号HVDS，每台FOB天津15万美元，合同订立后1个月装船，不可撤销即期信用证付款，请电复。"B公司还盘："接受你方要约，在订立合同后立即装船。"

请问：AB公司之间的合同是否成立？

(4)承诺的方式符合要约的要求。《合同法》第22条规定："承诺应当以通知的方式做出，但根据交易习惯或者要约表明可以通过行为做出承诺的除外。"

微型案例

某建筑公司甲急需80吨水泥，便同时向乙、丙水泥厂发函。函件中写明："如贵厂有100号水泥现货，吨价不超过1 100元，请于接到信后10日内发货80吨，货到付款。"乙水泥厂接信当天回信，表示愿以吨价1 100元发货80吨。甲回电同意。丙水泥厂同时收到信函，接信后第7天，将80吨水泥运至甲公司，甲拒收，理由是已与乙水泥厂建立了合同关系。丙不服，向人民法院起诉。

请问：甲、丙之间的合同是否成立？

(二)承诺的法律效力

承诺的法律效力表现为承诺生效时合同成立。

1. 承诺的生效时间

我国《合同法》第26条规定："承诺通知到达要约人时生效。承诺不需要通知的，根据交易习惯或者要约的要求做出承诺的行为时生效。采用数据电文形式订立合同的，承诺到达的时间适用本法第16条第2款的规定。”对于承诺的生效时间，同样采纳了到达主义。

2. 承诺迟延和承诺撤回

(1)承诺迟延

承诺迟延是指受要约人在承诺期限届满后才发出承诺。《合同法》第28条规定：“受要约人超过承诺期限发出承诺的，除要约人及时通知受要约人该承诺有效的以外，为新要约。”

(2)承诺撤回

承诺撤回是指受要约人在发出承诺通知以后，在承诺正式生效之前撤回其承诺。《合同法》第27条规定：“承诺可以撤回。撤回承诺的通知应当在承诺通知到达要约人之前或者与承诺通知同时到达要约人。”

三、合同成立的时间、地点

合同成立的时间与地点在合同中具有重要意义。合同成立的时间关系到当事人的权利义务和责任的发生，而合同成立的地点则涉及案件的管辖。

(一)合同成立的时间

在一般情况下，承诺生效之时就是合同成立之时。但在实践中，由于各具体合同的特殊性，必然产生合同成立时间上的差异，主要表现在以下几个方面：

(1)当事人采取口头形式订立合同，合同自双方达成协议时成立；

(2)当事人采取书面形式订立合同，合同自双方签字或盖章时成立；

(3)当事人采用信件、数据电文等形式订立合同的，在合同成立之前要求签订确认书的，签订确认书时合同成立；

(4)法律、行政法规规定或者当事人约定采用书面形式订立合同，当事人未采用书面形式或在签字或者盖章之前，当事人一方已经履行主要义务，对方接受的，该合同成立。

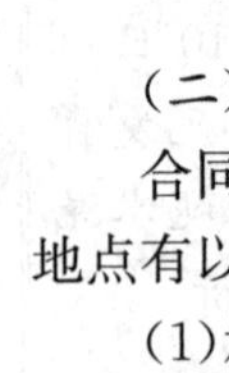

提醒您

合同与能够证明协议存在的合同书是不同的。合同书只是用来证明合同关系的存在及内容的证据，但其本身不能等同于合同关系，也不能认为只有合同书才有合同关系。

(二)合同成立的地点

合同成立的地点与承诺生效的地点也是联系在一起的，根据《合同法》的规定，合同成立的地点有以下几种情形：

(1)承诺生效的地点为合同成立的地点；

(2)当事人采用合同书形式订立合同的，双方当事人签字或者盖章的地点为合同成立的地点；

(3)采用数据电文形式订立合同的，收件人的主营业地为合同成立的地点；没有主营业地的，其经常居住地为合同成立的地点；

(4)当事人另有约定的，按照其约定。

四、合同的内容与形式

(一)合同的内容

合同作为一种法律文书,其内容就是指合同的条款所确定的双方当事人的权利义务。当事人依程序订立合同,意思表示一致,便形成合同条款。《合同法》第12条规定,合同的内容由当事人约定,一般包括以下条款:(1)当事人的名称或者姓名和住所;(2)标的;(3)数量;(4)质量;(5)价款或者报酬;(6)履行期限、地点和方式;(7)违约责任;(8)解决争议的方法。

此外,合同当事人还可以约定有关合同内容的其他条款。

小资料

> 格式条款是当事人为了重复使用而预先拟定,并在订立合同时未与对方协商的条款。格式条款一方当事人往往会利用其优势地位,在条款中列入一些不公平的条款。于是,《合同法》从维护公平出发,对格式条款从三个方面予以限制:一是规定了提供格式条款一方有提示、说明的义务;二是规定了格式条款的无效情形;三是规定了对格式条款的理解发生争议时,应当做出不利于提供格式条款一方的解释。

(二)合同的形式

合同的形式是当事人合意的表现形式,是合同内容的外部表现,是合同内容的载体。

《合同法》第10条规定:"当事人订立合同,有书面形式、口头形式和其他形式。法律、行政法规规定采用书面形式的,应当采用书面形式。当事人约定采用书面形式的,应当采用书面形式。"可见,合同的形式主要有三种,即书面形式、口头形式与其他形式(默示形式)。

五、合同的生效

合同的生效是指成立的合同生效,即在当事人之间产生法律上的约束力。

合同的一般生效要件包括:(1)行为人具有相应的民事行为能力;(2)意思表示真实;(3)不违反法律和社会公共利益。

根据《合同法》及相关司法解释的规定,合同成立后是否生效,有下几种情况:(1)大多数合同成立即生效,合同成立与合同生效是在同一时间;(2)合同成立后永远不生效,即无效合同;(3)合同成立后效力处于待定状态,是否生效要看合成立时缺乏的生效要件后来能否得到补正;(4)合同成立后并不立即生效,只有完成了应当办理的批准、登记手续后才生效;(5)合同成立后并不立即生效,生效时间要视所附期限于何时到来;(6)合同成立后并不立即生效,能否生效要视所附条件能否实现;(7)如果法律、行政法规明确规定某一类合同应当办理批准、登记手续才生效的,则此时批准、登记手续为该合同的生效要件。未予办理的,人民法院应当认定该合同未生效。但注意,只要在一审法庭辩论终结前办理了批准、登记手续的,人民法院就应当认定该合同已生效。

提醒您

合同成立不等于合同生效，这两者是不同的概念。合同成立体现的是事实问题，即当事人就合同的内容达成了合意；而合同生效反映的是法律评价问题，即在法律上得到肯定性评价，产生了当事人意定的法律效力。另本节有关合同效力的内容可参照第四章民事法律行为效力的有关内容。

第三节　合同的变更和解除

合同依法成立即具有法律约束力，任何一方不得随意变更或解除。但是，如果合同成立之后，由于客观情况发生了与原合同不相适应的重大变化，致使合同不能履行，或者不需要履行，抑或不应履行，则当事人可以经一定的程序变更或解除。

一、合同的变更

（一）合同变更的概念与条件

合同的变更有广义与狭义之分。广义的合同变更，包括合同内容的变更与合同主体的变更；狭义的合同变更仅指合同内容的变更。本节仅介绍合同内容的变更。

合同的变更是指在合同有效成立后，履行完毕前，双方当事人对合同的内容所做出的修改和补充。

合同变更的条件包括：(1)当事人之间须存在有效合同关系；(2)合同的变更须有法定原因或当事人的约定；(3)合同的变更须是合同的内容发生变化；(4)须遵守法律要求的方式。如变更意思表示不真实的合同，须经法院裁决。

微型案例

兴隆贸易商行于2017年9月份向某服装厂订购了一批女装，总价值18万元。兴隆贸易商行预付3.6万元，约定年底交货，11月需方打电话给服装厂的厂长要求变动一下女装的部分花色，当时厂长不在，接电话的人员草草记下电话内容后，就忘了此事，等到12月底供方将女装交给需方时，需方才发现，女装的花色并未变更，仍和合同规定的一样，需方询问供方厂长时，供方说并不知道需方要求变更花色，需方即以供方违约为由拒付货款，供方见要不回货款，即提起诉讼。

请问：该合同的变更成立吗？

（二）合同变更的效力

合同的变更是在保持原合同关系的基础上，使合同的内容发生变化，其实质是以变更后的合同代替原合同。因此，合同变更后，将会产生以下效力：

(1)合同的变更不具有溯及力。合同变更后，当事人应当履行变更后的合同，对原合同不再履行。合同变更对于当事人已经按原合同所做的履行不产生效力，即不具有溯及力。

(2)合同的变更不影响当事人要求赔偿损失的权利。

微型案例

某农场与某纺织厂于2017年3月签订了一份供应10吨当年产棉花的合同，约定每吨棉花2万元，共计价款20万元。合同签订后，由于夏季阴雨连绵、积涝成灾，致使农场百余亩棉花基本绝产。为不影响纺织厂的正常生产加工，农场以不可抗力导致棉花绝产为由，立即向纺织厂提出解除购销合同的书面通知。纺织厂接到通知后，不同意解除合同，双方发生了纠纷，起诉至法院。

请问：农场能否单方面解除合同？

二、合同的解除

(一)合同解除的概念与种类

合同解除是指在合同有效成立后而尚未全部履行前，当事人基于协商或法律规定或当事人约定而使合同关系归于消灭的一种法律行为。

合同的解除有协议解除、约定解除和法定解除三种。

1. 协议解除

协议解除是指在合同依法成立后而尚未全部履行前，当事人通过协商而解除合同。

《合同法》第93条规定："当事人协商一致，可以解除合同。"

2. 约定解除

约定解除是指合同依法成立后而尚未全部履行前，当事人基于双方约定的事由行使解除权而解除合同。约定解除属于单方解除。

《合同法》第93条规定："当事人可以约定一方解除合同的条件。解除合同的条件成立时，解除权人可以解除合同。"

3. 法定解除

法定解除是指在合同依法成立后而尚未全部履行前，当事人基于法律规定的事由行使解除权而解除合同。法定解除也是属于单方解除合同的方式。

(二)合同解除的条件

合同解除有3种方式，它们在解除条件上也有所不同。

1. 协议解除的条件

协议解除包括以下两个条件：

(1)协议解除须当事人双方协商一致；

(2)协议解除采取的是合同形式且解除协议还应具备合同的有效要件。

2. 约定解除的条件

约定解除只要不违反法律的强行性规定，当事人可以约定任何会产生解除权的条件。

3. 法定解除的条件

根据《合同法》第94条的规定，法定解除的条件有：

(1)因不可抗力致使不能实现合同目的；

(2)在履行期限届满之前，当事人一方明确表示或者以自己的行为表明不履行主要债务；

(3)当事人一方迟延履行主要债务，经催告后在合理期限内仍未履行；

(4)当事人一方迟延履行债务或者有其他违约行为致使不能实现合同目的；

(5)法律规定的其他情形。

(三)合同解除的程序

合同解除的条件具备时，合同并不当然且自动地解除。欲使合同解除，还必须经过一定的程序。合同解除的程序有两种情形：

(1)协议解除。须双方当事人经过协商达成解除的一致意思。

(2)行使单方面解除权。解除权人主张解除合同，应当通知对方。合同自通知到达对方时解除。对方有异议的，可请求人民法院或者仲裁机构确认合同的效力。法律、行政法规规定解除合同应当办理批准、登记等手续的，依照其规定。

说明

解除权属于形成权，当事人一方做出意思表示即可产生法律效力，但解除权的行使也有限制。根据《合同法》的规定，如果法律规定或者当事人约定解除权行使期限的，当事人在该期限内不行使的，权利消灭；如果法律没有规定或者当事人没有约定行使期限的，经对方催告后在合理期限内不行使的，权利消灭。

(四)合同解除的效力

合同解除的效力就是合同解除后所产生的法律后果。

《合同法》第 97 条规定："合同解除后，尚未履行的，终止履行；已经履行的，根据履行情况和合同性质，当事人可以要求恢复原状、采取其他补救措施，并有权要求赔偿损失。"

第四节　违约责任

一、违约责任的概念和特征

违约责任，又称违反合同的民事责任，是指当事人不履行合同义务或履行合同义务不符合约定而应承担的民事责任。

我国《合同法》第 107 条规定："当事人一方不履行合同义务或者履行合同义务不符合约定的，应当承担继续履行、采取补救措施或者赔偿损失等违约责任。"

违约责任是民事责任，除具有一般民事责任的特征外，还具有以下特征：

(1)违约责任是以有效成立的合同为基础的民事责任。

(2)违约责任是当事人不履行合同债务所产生的民事责任。

(3)违约责任是违约一方向合同相对方承担的民事责任。

(4)违约责任是可以由当事人约定的民事责任。

(5)违约责任是严格责任，不以违约方存在主观过错为条件。

(6)违约责任是一种财产责任。

二、违约行为的形态

违约行为的形态即违约行为的表现形式。根据《民法总则》与《合同法》的规定，违约行为的形态主要有以下几种：

（一）预期违约

预期违约，又称先期违约，是指在合同履行期到来之前，一方当事人向另一方明确表示将不履行合同，或以自己的行为表明将不履行合同的行为。

（二）拒绝履行

拒绝履行是指履行期限到来后，债务人能够履行合同，但无正当理由拒不履行合同的行为。

（三）迟延履行

迟延履行包括给付迟延与受领迟延两种形式。给付迟延是指债务人未能按照合同约定的期限如期履行债务；受领迟延是指债权人对债务人的履行应当受领而不受领所导致的迟延履行。

（四）瑕疵履行

瑕疵履行包括瑕疵给付与加害给付两种形式。瑕疵给付是指债务人虽然履行了合同，但其履行交付的标的物或者提供的服务不符合约定或规定的质量标准，损害了债权人的履行利益；加害给付是指因债务人的瑕疵履行而给债权人造成人身损害或标的物以外的其他财产损害的行为。

三、违约责任的形式

根据我国《民法总则》与《合同法》的规定，违约责任的形式主要有以下几种：

（一）继续履行

继续履行是指当事人一方不履行合同时，另一方当事人有权要求对方承担继续履行合同义务的责任形式。

实践中，适用继续履行责任须具备三个条件：一是有违约行为；二是非违约方要求违约方继续履行；三是违约方能够继续履行合同。根据《合同法》第 110 条规定，下列情形不能适用继续履行责任：(1)法律上或者事实上不能履行；(2)债务的标的不适于强制履行或者履行费用过高；(3)债权人在合理期限内未要求履行。

（二）采取补救措施

采取补救措施是指当事人一方履行合同义务不符合法律规定或者合同约定条件时，对方可以依照法律规定或合同约定，请求违约方采取修理、更换、重做、退货等措施，以防止损失发生或扩大。

（三）支付违约金

违约金是指一方当事人违反合同义务时，根据合同约定或法律规定向对方当事人支付一定数额的金钱的责任。违约金责任是违约责任的基本形式之一。

违约金有法定违约金和约定违约金。由法律规定的违约金为法定违约金；由当事人通过合同约定的违约金为约定违约金。根据《合同法》的规定，适用违约金责任时，要注意以下几点：

(1)在一方违约未给对方造成损失的情况下，按照约定的违约金支付。

(2)当事人就迟延履行约定了违约金,违约方支付违约金后,还应当履行债务。

(3)当事人既约定了违约金,又约定了定金,一方违约时,对方可选择适用。

(4)在一方违约造成对方损失时,确定违约金数额以损失为参考标准。如约定的违约金低于造成的损失的,当事人可以请求人民法院或者仲裁机构予以增加;约定的违约金过分高于造成的损失的,当事人可以请求人民法院或者仲裁机构予以适当减少。

微型案例

甲与乙订立了一份苹果购销合同,约定:甲向乙交付20万公斤苹果,货款为40万元,乙向甲支付定金4万元;如任何一方不履行合同,应支付违约金6万元。后甲因将苹果卖于丙而无法向乙交付苹果。

请问:乙提出何种诉讼请求,既能最大限度保护自己的利益,又能获得法院支持?

(四)赔偿损失

赔偿损失是指合同当事人一方因违约而给对方造成损失,依照合同约定或法律规定应承担的赔偿责任。赔偿责任也是违约责任中最常见的一种形式,既可以单独适用,也可以与其他责任形式合并适用。

我国《合同法》第113条规定:"当事人一方不履行合同义务或者履行合同义务不符合约定,给对方造成损失的,损失赔偿额应当相当于因违约所造成的损失,包括合同履行后可以获得的利益,但不得超过违反合同一方订立合同时预见到或者应当预见到的因违反合同可能造成的损失。"

另外,根据《合同法》第119条规定,当事人一方违约后,对方应当采取适当措施防止损失的扩大;没有采取适当措施致使损失扩大的,不得就扩大的损失要求赔偿。当事人因防止损失扩大而支出的合理费用,由违约方承担。

微型案例

王鹏是一名国内小有名气的专业风光摄影师。2017年4月,知识出版社与王鹏达成协议:王鹏拍摄西藏风光的照片50张,由知识出版社出版,稿酬20万元。为完成拍摄,王鹏向珍珠摄影用品专卖店购买胶卷4个,共花费100元。之后,王鹏乘飞机前往西藏拍摄,其间共花费食宿费、往返机票费2万元。后由于胶卷质量存在问题,王鹏在西藏所拍的风光片全部报废,于是王鹏请求珍珠摄影专卖店赔偿其损失。

请问:专卖店应赔偿王鹏的哪些损失?

第五节　买卖合同

一、买卖合同的概念和特征

买卖合同，是指出卖人交付标的物并转移标的物的所有权于买受人，买受人支付价款的合同。其中，应交付标的物的一方称为出卖人，应支付价款的一方称为买受人。

买卖合同具有以下法律特征：

（一）买卖合同是双务合同

买卖合同的双方当事人在享有合同权利的同时，都负担相应的合同义务，其中，出卖人负有交付标的物并转移其所有权于买受人的义务，买受人负有向出卖人支付价款的义务，因此，买卖合同是典型的双务合同。

（二）买卖合同是有偿合同

买卖合同中，出卖人所负担的交付标的物并转移其所有权于买受人的义务，与买受人所负担的支付价款的义务互为对价，因此，买卖合同是典型的有偿合同。

（三）买卖合同为诺成合同

买卖合同自双方当事人意思表示一致之时起成立，并不以一方当事人标的物的交付作为合同的成立要件，因此，买卖合同为诺成合同。

（四）买卖合同为不要式合同

除非法律或行政法规另有规定，买卖合同不需要采用特定的形式，因此，买卖合同为不要式合同。

二、买卖合同当事人的权利与义务

买卖合同是典型的双务合同，当事人双方在合同中的权利义务是对应的，卖方的权利就是买方的义务，买方的权利就是卖方的义务。基于此，本节仅介绍当事人的义务。

（一）出卖人的义务

1. 交付标的物，并转移标的物的所有权于买受人

出卖人应当按照约定的质量、期限、地点、包装方式等交付标的物。当事人没有约定或约定不明确的，可以协议补充；不能达成补充协议的，按照合同有关条款或者交易习惯确定。

同时，将标的物的所有权转移给买受人。就动产而言，出卖人应办理好交付手续；不动产和法律有特别规定的动产（如车辆、船舶、航空器等），出卖人应办理好所有权的转移登记。

2. 瑕疵担保责任

出卖人的瑕疵担保责任是指出卖人有义务保障标的物的质量和标的物的权利无瑕疵。

标的物的质量瑕疵是指卖方交付的标的物不符合规定的质量要求；标的物的权利瑕疵是指出卖的标的物为第三人所有或者标的物上负担着第三人的合法权利。

《合同法》第150条规定："出卖人就交付的标的物，负有保证第三人不得向买受人主张任何权利的义务，但法律另有规定的除外。"

3. 交付有关单证和资料

出卖人还应当按照约定或者交易习惯向买受人交付提取标的物单证以外的有关单证和资料。该项义务系出卖人在买卖合同中所负担的从合同义务。

(二)买受人的义务

1. 支付价款

买受人应当按照约定的数额、时间、地点支付价款。当事人没有约定或约定不明确的,可以协议补充;不能达成补充协议的,按照合同有关条款或者交易习惯确定。

2. 受领标的物

买受人有依照合同约定或者交易惯例受领标的物的义务,对于出卖人不按合同约定条件交付的标的物的,如多交付、提前交付、交付的标的物有瑕疵等,买受人有权拒绝接受。

3. 及时检验标的物

当事人约定检验期间的,应当在约定期间内检验;没有约定检验期间的,应当及时检验。买受人怠于检验或怠于通知的,视为标的物的数量或质量符合约定。对标的物有质量保证期的,适用质量保证期的规定。

三、标的物所有权转移与风险责任

(一)标的物所有权的转移

关于买卖合同标的物所有权的转移时间,各国规定不一。大陆法系国家普遍规定,动产自所有权从交付起转移,不动产从办理登记时起转移。《合同法》第133条规定:"标的物的所有权自标的物交付时起转移,但法律另有规定或者当事人另有约定的除外。"据此,买卖合同标的物所有权的转移有以下情形:

(1)标的物的所有权自交付时起转移。

(2)当事人有约定的,按约定方式和时间进行标的物的所有权转移。

(3)法律有特别规定的,当事人应按照法律规定的方式进行标的物的转移。如需要办理登记、审批等手续的,办理完该手续即为所有权转移。

微型案例

甲公司意欲出卖一座办公大楼,于2013年3月与乙公司签订了房屋买卖合同,乙公司向甲公司支付了价金。同年5月,丙公司以更高的价金向甲公司提出购买此楼,甲公司遂又将此楼卖给丙公司,双方办理了房屋过户登记手续。后乙公司与丙公司对该楼所有权归属发生争议,乙公司诉到法院。

问:该楼应归谁所有?

(二)标的物的风险责任

买卖合同中的风险是指买卖合同的标的物由于不可归责于买卖合同双方当事人的事由导致意外毁损、灭失所造成的损失。风险负担是指该损失应由谁来承担。根据《合同法》的规定,买卖合同的风险责任负担见表5-2。

表 5—2　　买卖合同的风险责任负担

	标的物毁损、灭失风险责任负担的情形	备注
买受人负担	出卖人将标的物交付之后	买受人承担风险责任的，不影响出卖人承担违约责任
	买受人承担风险责任的，不影响出卖人承担违约责任	
	因买受人原因致使标的物未按约定期交付，自违约之日起承担责任	
	出卖人出卖交由承运人运输的在途标的物(另有约定除外)	
	未约定交付地点(或不明)，标的物需运输，出卖人交之与第一承运人	
	标的物有明确交付地，出卖人按约交付而买受人违约未收取	
出卖人负担	出卖人交付标的物，未交付有关标的物的单证和资料	
	标的物交付之前	
	标的物质量不符合要求，致使不能实现合同目的，买受人拒绝接受人	

微型案例

周某到某家具城购买家具，看中了甲公司生产的一套“352”号红木家具。双方达成协议：价款8 000元，周某预付订金4 000元，甲公司保证 3 天内将货送到周某家。双方在“352”号家具上做了标记。当晚，家具失火，该套家具被焚。

问：该套家具的损失应由谁承担？

四、特种买卖合同

在我国合同法上，特种买卖合同包括分期付款买卖合同、样品买卖合同、试用买卖合同、招标投标买卖合同和拍卖合同等。

(一)分期付款买卖合同

分期付款买卖是指买受人将其应付的总价款按照一定期限分批向出卖人支付的买卖。分期付款买卖在我国常常用于房屋及高档消费品的买卖。

在分期付款买卖中，为保护买受人的利益，只有当买受人未支付到期价款的金额达到全部价款 1/5 时，出卖人方可要求买受人支付全部价款或者解除合同。出卖人解除合同的，可以向买受人要求支付该标的物的使用费。

(二)样品买卖合同

样品买卖是指当事人双方约定一定的样品，出卖人交付的标的物应与样品具有相同品质的买卖。样品买卖除适用普通买卖的规定外，还产生下列效力：

(1)当事人应当封存样品，并且可以对样品质量予以说明。

(2)凭样品买卖的买受人不知道样品有隐蔽瑕疵的，即使交付的标的物与样品相同，出卖人交付的标的物的质量仍然应当符合同种物的通常标准。

(三)试用买卖合同

试用买卖合同是指当事人双方约定，于合同成立时，出卖人将标的物交付买受人试用并以买受人在约定期限内对标的物的认可为生效要件的买卖合同。这种买卖常见于某些新产品的推销销售领域。

试用买卖合同的当事人可以约定标的物的试用期间。买受人在试用期内可以购买标的物,也可以拒绝购买。试用期间届满,买受人对是否购买标的物未做表示的,视为同意购买。

微型案例

甲乙订立微波炉试用买卖合同,约定试用期为3个月,在试用期内,如微波炉出现质量问题,由甲予以更换。5月2日,甲交付微波炉,8月3日,甲要求乙付款,乙称微波炉质量有问题,要求解除试用合同。

问:该案应如何处理?

(四)招标投标买卖合同

招标投标买卖合同是指由招标人向数人或公众发出招标通知或招标公告,在诸多投标中选择自己最满意的投标人并与之订立买卖合同的方式。

招标投标买卖一般分为以下几个阶段:招标、投标、开标、验标、评标与定标、签订合同。其中,招标的法律性质为要约邀请;投标的法律性质为要约;定标的法律性质为承诺。签订合同是对业已成立的合同关系的确认。

(五)拍卖合同

拍卖是指以公开竞价的方法,将标的物的所有权转移给最高应价者的买卖方式。

拍卖一般须经如下程序:拍卖的表示、应买的表示、卖定。其中,拍卖的表示属于要约邀请;竞买人的应价为要约;拍卖人关于卖定的表示应属于承诺。

拍卖经拍板成交后,买受人和拍卖人应当签署成交确认书。签署成交确认书并不是订立合同,而是对经拍卖成立的买卖合同的一种确认。

小 结

关键术语

合同　合同的订立　要约　承诺　合同的生效　合同的变更　合同的解除　违约责任　买卖合同

本章小结

1. 合同是平等主体的自然人、法人、其他组织之间设立、变更、终止民事权利义务关系的协议。

2. 合同订立的过程就是当事人达成意思表示一致的过程,这一过程要经过要约和承诺两个阶段。

3. 要约又称为发盘、出盘、发价等。要约是希望和他人订立合同的意思表示。在要约关系中,发出要约的人称为要约人,接受要约的人则称为受要约人、相对人或承诺人。

4. 承诺是指受要约人向要约人做出的同意要约的意思表示。

5. 合同的生效是指成立的合同生效，即在当事人之间产生法律上的约束力。

6. 合同的变更有广义与狭义之分。广义的合同变更，包括合同内容的变更与合同主体的变更；狭义的合同变更仅指合同内容的变更。合同的变更是指在合同有效成立后，履行完毕前，双方当事人对合同的内容所做出的修改和补充。

7. 合同解除是指在合同有效成立后而尚未全部履行前，当事人基于协商或法律规定或当事人约定而使合同关系归于消灭的一种法律行为。

8. 违约责任又称违反合同的民事责任，是指当事人不履行合同义务或履行合同义务不符合约定而应承担的民事责任。

9. 买卖合同是指出卖人交付标的物并转移标的物的所有权于买受人，买受人支付价款的合同。其中，应交付标的物的一方称为出卖人，应支付价款的一方称为买受人。

知识结构图

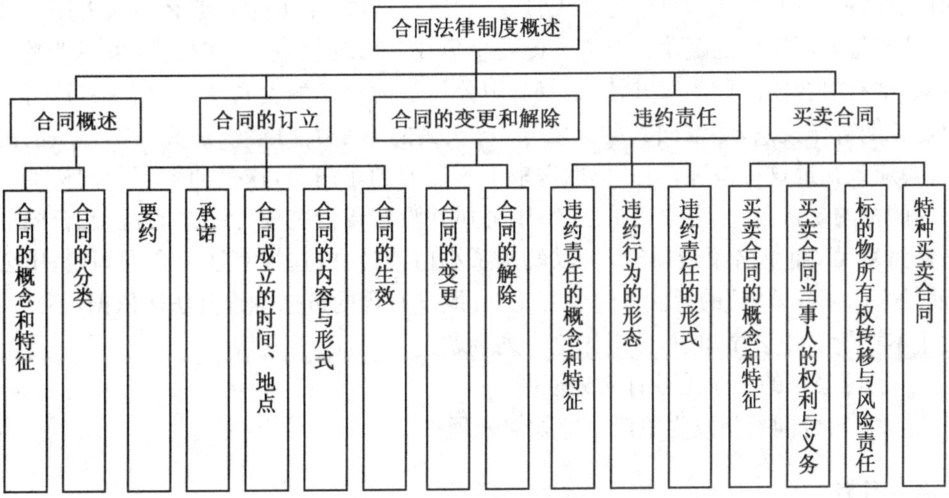

应 用

案例研究

甲公司的要求是否符合《合同法》的规定

甲公司与乙公司签订了一份供货合同，约定由乙公司在一个月内向甲公司提供一级精铝锭100吨，价值130万元，双方约定如果乙公司不能按期供货，每逾期1天须向甲公司支付货款价值0.1%的违约金。由于组织货源的原因，乙公司在两个月后才给甲公司交付了100吨精铝锭，甲公司验货时发现不是一级精铝锭，而是二级精铝锭，就以对方违约为由拒绝付款，要求乙公司支付一个月的违约金39 000元，并且要求乙公司重新提供100吨一级精铝锭。但是乙公司称逾期供货不是自己的过错，而是国家的产业政策调整所然，不应该支付违约金，而且所提供的精铝锭是经过质量检验机构检验合格的产品，甲公司不应当小题大做，且现在精铝锭供应比较紧张，根本不可能重新提供精铝锭。

甲公司坚持乙公司应当支付违约金和按照合同约定的质量标准履行合同。双方为此发生争议，甲公司起诉至法院，要求乙公司支付违约金和重新履行合同。乙公司在答辩状中称，逾期供货不是自己的本意，也不是自己所能控制得了的，不应当支付违约金，即使支付违约金，也不应当支付39 000元之多，这个请求不公平。

请回答下列问题：

1. 甲公司与乙公司之间签订的合同是否有效？
2. 乙公司没有在约定的时间内交付货物是客观原因还是市场原因？
3. 甲公司要求乙公司支付违约金和重新提供一级品标准的说法有无依据？
4. 乙公司主张不能按时供应货物有无依据？
5. 乙公司主张自己不应承担这么多的违约金的说法有无依据？

实验实训

甲公司与乙公司订立一份合同，约定由乙公司在10天内，向甲公司提供新鲜蔬菜6 000公斤，每公斤蔬菜的单价1元。乙公司在规定的时间内，向甲公司提供了小白菜6 000公斤，甲公司拒绝接受这批小白菜，认为自己是职工食堂，炊事员有限，不可能有那么多人力用于洗小白菜，小白菜不是合同所要的蔬菜。双方为此发生争议，争议的焦点不在价格，也不涉及合同的其他条款，唯有对合同的标的双方各执一词，甲公司认为自己的食堂从来没有买过小白菜，与乙公司是长期合作关系，经常向其购买蔬菜，每次买的不是大白菜就是萝卜等容易清洗的蔬菜，乙公司应该知道这种情况，但其仍然送来了不需要的小白菜，这是曲解了合同标的。乙公司称合同的标的是蔬菜，小白菜也是蔬菜，甲公司并没有说清楚要什么样的蔬菜，合同的标的规定是新鲜蔬菜，而小白菜最新鲜，所以就送了小白菜过去，这没有违反合同规定，甲公司称“蔬菜就是大白菜或萝卜”的说法太过牵强附会，既没有合同依据也没有法律依据，不足为凭。

运用本章所学的法律知识，分组讨论下列问题：

1. 甲、乙两公司的主张是否有充分依据？
2. 当事人对合同条款发生争议时应如何处理？

复习思考题

1. 要约的条件是什么？要约与要约邀请有何区别？
2. 什么是承诺？承诺应具备哪些条件？
3. 什么是违约责任？承担违约责任的形式有哪些？
4. 合同法定解除的事由有哪些？
5. 试述买卖合同中出卖人的瑕疵担保责任。

第六章　知识产权法律制度概述

学习目标

通过本章学习，你应能够：

了解知识产权法的基本理论和基本制度。

掌握我国著作权制度、商标权制度、专利权制度的相关法律规定。

学会运用这些基本知识分析实际案例，解决现实中的问题。

引入案例

“乔丹”系列商标行政案

再审申请人迈克尔·杰弗里·乔丹系美国NBA著名篮球明星，其于2012年向商标评审委员会提出申请，请求撤销乔丹体育股份有限公司（以下简称乔丹公司）在多个商品类别上注册的“乔丹”“QIAODAN”等多项商标。商标评审委员会于2014年裁定驳回其申请。再审申请人不服而提起行政诉讼。2015年，再审申请人不服北京市高级人民法院做出的68件商标争议行政纠纷案件的二审判决，向最高人民法院申请再审。2015年12月，最高人民法院依法裁定提审了10件案件。经最高人民法院审判委员会讨论决定，判决认为：

1. 关于涉及“乔丹”商标的（2016）最高法行再15号、26号、27号的三件案件。因争议商标的注册损害了再审申请人对“乔丹”享有的在先姓名权，不符合2001年修订的《中华人民共和国商标法》（下称《商标法》）第三十一条有关“申请商标注册不得损害他人现有的在先权利”的规定，应予撤销，故判决撤销商标评审委员会做出的被诉裁定及一二审判决，判令商标评审委员会针对争议商标重新做出裁定。

2. 关于涉及拼音“QIAODAN”的（2016）最高法行再20号、29号、30号、31号4件案件，以及涉及拼音“qiaodan”与图形组合商标的（2016）最高法行再25号、28号、32号3件案件，共计7件案件，因再审申请人对拼音“QIAODAN”“qiaodan”不享有姓名权，争议商标的注册未损害再审申请人的在先姓名权。争议商标也不属于《商标法》第十条第一款第（八）项规定的“有害于社会主义道德风尚或者有其他不良影响”，以及第四十一条第一款规定的“以欺骗手段或者其他不正当手段取得注册”的情形，故判决维持二审判决，驳回再审申请人的再审申请。

最高人民法院依法公开审理、宣判“乔丹”商标争议行政纠纷系列案件，平等保护中外权利人的合法权益，最高人民法院在判决中所阐述的商标法中关于在先姓名权保护问题的法律适用标准对于此类案件的裁判标准将产生重要影响。

——资料来源：根据人民法院网相关资料整理。

说明

知识产权法律制度从产生至今已有300多年的历史，加强知识产权保护已成为各国的重要战略。我国先后制定了《中华人民共和国专利法》(下称《专利法》)、《中华人民共和国著作权法》(下称《著作权法》)、《中华人民共和国商标法》及相关法律法规。入世后，我国根据WTO规则，参考国际惯例，对现行知识产权法律制度进行了修改和完善，我国知识产权保护制度也因此迈向了新的台阶，成为经济发展的强大"助推器"。

第一节 知识产权的概念和特征

一、知识产权的概念

知识产权是指人们对智力性创造成果所依法享有的权利，包括著作权、专利权、商标权、商业秘密权、植物新品种权等其他知识产权。

二、知识产权的特征

知识产权具有以下特征：

(一)专有性

知识产权的专有性也称独占性、排他性，是指知识产权专为权利人所享有，非经法律特别规定或权利人同意，任何人不得占用、使用和处分。知识产权的无形性决定了所有人很难对其传播进行直接控制，需要法律给予特殊保护。知识产权的专有性主要表现在：权利人依法可以独占其知识产权；任何人未经其许可或法律特殊规定不得行使其知识产权；一项知识产权只能赋予一个专有权；每一项知识产权只能授予一次专有权。

(二)地域性

知识产权的地域性是指按照一国法律获得承认和保护的知识产权，只能在该国发生法律效力，而不具有域外效力。知识产权域外效力的取得，对著作权而言，依赖于国际公约或者双边协定；专利权、商标权则必须由他国行政主管机关的确认，方可产生法律效力。

(三)时间性

知识产权有一定的有效期限，无法永远存续。在法律规定的有效期限内知识产权受到保护，超过法定期间，相关的智力成果就不再是受保护客体，而成为社会的共同财富，为人们自由使用。例如，我国发明专利的保护期为20年，实用新型专利权和外观设计专利权的期限为10年，均自专利申请日起计算；我国公民的作品著作权的保护期为作者终生及其死亡后50年。

第二节 著作权制度

说明

《著作权法》于1990年9月7日第七届全国人民代表大会常务委员会第十五次会议通过，1991年6月1日起施行。2001年10月27日九届全国人大常委会第二十四次会议表决通过了《关于修改〈中华人民共和国著作权法〉的决定》（修正案一）；2010年2月26日第十一届全国人大常委会第十三次会议表决通过了《关于修改〈中华人民共和国著作权法〉的决定》（修正案二）。

一、著作权的概念和特征

著作权，是指作者或者其他著作权人基于文学、艺术和科学作品而依法享有的各项专有权利的总称。

著作权通常有狭义和广义之分。狭义的著作权是指作者依法享有的权利，包括著作人身权和著作财产权；广义的著作权除了包括狭义的著作权以外，还包括作品传播者依法享有的权利，即著作邻接权或与著作权有关的权利，这里的传播者主要是指艺术表演者、录音录像制品制作者和广播电视组织者。著作邻接权也包括人身权与财产权两部分。

著作人身权包括署名权、发表权、修改权和保护作品完整权等；著作财产权，包括复制权、发行权、表演权、播放权、展览权、改编权等权利。

著作权除具有知识产权的一般特征外，还具有以下特征：

（一）无手续性

著作权其权利保护一般实行的是自动保护原则，即著作权是伴随作品的产生而产生的，作品一经产生就能享有法律所规定的权利保护，而不需要经过特定的手续。我国《著作权法》采取的就是自动保护原则。

（二）有限专有性

专有性是知识产权的一般特征，但著作权的专有性弱于工业产权。著作权的效力并不能排斥他人独立完成的相同作品取得同样的权利，如对同一山水进行了完全相同的摄影、摄像所形成的摄影作品和摄像作品，其作者分别能享有各自的著作权。

（三）长时效性

我国《著作权法》所规定的作品著作权保护期限，自然人为作者的，为作者终生及死后50年；单位为作者的，为作品发表之日起50年。而商标权的保护期为10年，专利权中发明专利为20年，实用新型和外观设计专利为10年，著作权的保护期限明显具有长时效性。

二、著作权的客体

（一）作品的概念

著作权是基于在文学、艺术和科学等领域创作的作品依法享有的专有权利。作品是著作权法律关系的客体，它是著作权产生的前提。没有作品，著作权无从产生。著作权法所称作品，指文学、艺术和科学领域内，具有独创性并能以某种有形形式复制的智力创作成果。

根据我国《著作权法》和《著作权法实施条例》的规定，作品应当具备以下几方面的条件：

1. 作品是作者思想或感情的表达

作品来自作者的智力创作，作者创作作品的过程就是对其思想或情感选择一定形式表达的过程，作品就是思想或情感的表达形式。所以，作者的思想或情感是作品产生的基础。

2. 作品具有独创性

作品必须是作者独立创作完成的，具有个性的表达形式，而不是根据既有作品复制的。

3. 作品必须具有客观的表现形式

作品本身就是以文字、语言、符号、声音、色彩、造型、数字等信息符号体系承载和表达作者思想或情感的形式。这些形式都是客观的，通过具体的形式作品得以存在，为人所感知，从而成为著作权的对象。

(二)作品的种类

我国《著作权法》第3条根据作品不同的表现形式，将作品分为以下几类：

1. 文字作品

文字作品是指以文字符号表现的作品，例如小说、诗词、散文、论文等。文字既可以是汉语文字、少数民族文字、盲文，也可以是外国文字。计算机程序是一种以特殊语言表现的作品，属于文字作品。

2. 口述作品

口述作品是指即兴的演说、授课、法庭辩论等以口头语言创作、未以任何物质载体固定的作品。

提醒您

预先写好底稿然后经口头表述，应属于对文字作品的“朗读”或“表演”，不属于口述作品。英美法系国家通常不承认口述作品的存在，大陆法系国家基本上对口述作品持保护态度。

3. 音乐、戏剧、曲艺、舞蹈、杂技艺术作品

此类作品并非指表演者对作品的表演，而是指供表演所用的乐谱、剧本、舞谱、脚本等。

4. 美术、建筑作品

美术作品是指绘画、书法、雕塑、建筑等以线条、色彩或者其他方式构成的有审美意义的平面或者立体的造型艺术作品。

5. 摄影作品

摄影作品是指借助器械，在感光材料上记录客观物体形象的艺术作品。

6. 电影作品和以类似摄制电影的方法创作的作品

此类作品是指摄制在一定物质上，由一系列有伴音或者无伴音的画面组成，并且借助适当装置放映、播放的作品。

7. 工程设计图、产品设计图、地图、示意图等图形作品和模型作品

此类作品是指为施工和生产绘制的工程设计图、产品设计图以及反映地理现象、说明事物原理或者结构的地图、示意图等作品。

8. 计算机软件

计算机软件是指计算机程序及其有关文档。

9. 法律、行政法规规定的其他作品。

这是指除上述作品形式以外的，由法律、行政法规规定的其他作品。

小资料

民间文学艺术作品是由某社会群体在长期的历史过程中创作出来的具有鲜明的民族风格和地方特色，在社会中广泛流传的歌谣、音乐、戏剧、舞蹈、建筑、装饰艺术等文学艺术作品。从1967年突尼斯第一次将民间文学艺术作品列入著作权法保护开始，至今已有40多个国家将其纳入保护范围。我国文化历史悠久，《著作权法》也将其列为保护对象，并明确规定具体保护办法由国务院另行规定。

（三）不予保护的作品

根据《著作权法》第5条的规定，下列作品不予保护：

（1）法律、法规，国家机关的决议、决定、命令和其他具有立法、行政、司法性质的文件，及其官方正式译文；

（2）时事新闻；

（3）历法、通用数表、通用表格和公式。

另外，《著作权法》第4条规定："著作权人行使著作权，不得违反宪法和法律，不得损害公共利益。国家对作品的出版、传播依法进行监督管理。"

三、著作权的主体

著作权的主体即著作权人有两类：一是作者；二是作者以外的人。作者的著作权基于完成创作这一法律事实，作者以外的人则可基于其他法律事实而获得著作权。

（一）作者

1. 自然人

作为创作作品的活动，离不开作者在内心的构思和外在的表达两种活动，也即主观见之于客观的活动。这些活动只有自然人才具备，因而只有自然人才是事实上的真正的作者。

我国《著作权法》第11条第2款规定："创作作品的公民是作者。"

2. 法人或其他组织

法人或其他组织尽管不能直接从事创作，但其具有独立于其成员的意志。法人或其他组织的成员受其安排创作出来的作品并不体现其成员的意志，而是体现该组织的意志。因此，在特定情况下将法人或其他组织视为某些作品的作者，是适宜的。

《著作权法》第11条第3款规定："由法人或者其他组织主持，代表法人或者其他组织意志创作，并由法人或者其他组织承担责任的作品，法人或者其他组织视为作者。"

提醒您

认定作者的身份通常情况下以署名为准。在作品上署名的公民、法人或者非法人单位被推定为作者，无须其他证明。在发生著作权争议时，相对人能提出相反证明的，署名人就有可能不是真实作者。

（二）作者以外的著作权人

除作者以外的其他自然人、法人或社会组织通过继承、遗赠、转让、权利主体变更以及其他法律规定或合同约定的方式依法也可成为著作权的主体。

（三）特殊情形下的著作权归属

1. 演绎作品

基于已有作品进行再创作而产生的新的作品统称为演绎作品。演绎是一种创作方式，具体形式有改编、翻译、整理、注释等。演绎作品主要有改编、译文、注释和整理等。

演绎创作所派生出来的新作品，其著作权由演绎者享有，但行使著作权时，不得侵犯原作品的著作权。

2. 合作作品

两人以上合作创作的作品为合作作品。所谓合作，是指直接产生智力成果的创作活动，而不是其他性质的劳动，如提供咨询意见、物质条件，或者进行其他辅助活动。

合作作品的著作权由合作者共同享有。合作者行使著作权应以协商一致为基础，在意见不一致的情况下，任何一方无正当理由不得阻止他方行使著作权。

3. 汇编作品

汇编作品指对作品、作品的片段或者不构成作品的数据或者其他材料选择、编排体现独创性的新生作品。常见的汇编作品如辞书、选集、期刊、杂志、数据库等。

汇编作品作为一个整体由汇编者享有著作权。汇编人汇编有著作权的作品时应当经过原作品著作权人的授权，并支付报酬。在行使汇编作品著作权时，不得侵犯原作品的著作权。汇编作品中具体作品的著作权仍归其作者享有，作者有权单独行使著作权。

4. 电影类作品

电影作品和以类似摄制电影的方法创作的作品如电视剧等是一种特殊类型的作品，众多创作者都为作品做出了贡献。《著作权法》第 15 条规定电影类作品的著作权由制片人享有和行使。参加作品创作的其他人员，如编剧、导演、作词、作曲等作者享有署名权，并可对各自创作的、可以单独使用的部分单独行使著作权。

5. 职务作品

职务作品是公民为完成所在单位的工作任务而创作的作品。认定职务作品时应考虑的前提条件有两个：一是作者和所在单位存在劳动关系；二是作品的创作属于作者的职责范围。

一般职务作品的著作权由作者享有。单位或其他组织享有在其业务范围内优先使用的权利，期限为两年。单位的优先使用权是专有的，未经单位同意，作者不得许可第三人以与单位使用的相同方式使用该作品。在作品完成两年内，如单位在其业务范围内不使用，作者可以要求单位同意由第三人以与单位使用的相同方式使用，单位没有正当理由不得拒绝。

特殊的职务作品，除署名权以外，著作权的其他权利由单位享有。所谓特殊职务作品是指《著作权法》第 16 条第 2 款所列作品，即工程设计、产品设计图纸、计算机软件、地图等科学技术作品。

6. 委托作品

委托作品是作者基于他人委托而创作的作品。委托作品的特点是受他人支配，必须体现委托人的意志和实现委托人使用作品的目的，不能完全自由地进行表达。

委托创作作品著作权归属由委托人和受托人通过合同约定。合同未做明确约定或者没有订立合同的，著作权属于受托人(即作者)。

7. 原件所有权转移的作品

绘画、书法、雕塑等美术作品原件的转移并不意味着作品的著作权的转移，作品原件所有人只取得原件物的所有权和作品原件的展览权。

微型案例

某画家甲与乙是好友。多年来甲经常送画给乙。后乙从甲送的画中精选30幅以“甲画册”命名出版。甲得知此事后认为，乙的行为侵犯了自己的著作权。乙则认为，这些画是甲所赠，自己对这些画享有所有权，因而可以对其行使处分权，自己的行为是合法的，并无不当。后甲起诉于法院。

问：乙的行为是否侵犯了甲的著作权？

提醒您

就美术等作品而言，它涉及两类权利，一类是作品原件所有人对美术等作品原件的所有权；另一类是美术等作品的创作人对作品的著作权。美术等作品原件所有权的转移，不视为作品著作权的转移，但美术等作品原件的展览权由原件所有人享有。

四、著作权的内容

根据《著作权法》第10条规定，著作权包括人身权和财产权。

(一)人身权

著作人身权是指作者享有的与其作品有关的以人格利益为内容的权利，它包括：

(1)发表权。即决定作品是否公之于众的权利。

(2)署名权。即表明作者身份，在作品上署名的权利。

(3)修改权。即修改或者授权他人修改作品的权利。

(4)保护作品完整权。即保护作品不受歪曲、篡改的权利。

(二)财产权

著作财产权是作者对其作品进行全面支配的权利，包括对作品加以利用和处分其作品的权利。

《著作权法》第10条第5项至16项对财产权进行了列举性规定，指明著作人对其作品具体的使用权包括：复制权、发行权、出租权、展览权、表演权、放映权、广播权、信息网络传播权、摄制权、改编权、翻译权、汇编权。

五、著作权的期限

著作权的期限就是著作权受法律保护的有效期限，是著作权人对作品享有专有权的法定期限。

(1)作者的署名权、修改权、保护作品完整权的保护期不受限制。

(2)公民的作品,其发表权和财产权的保护期为作者终生及其死亡后50年,截止于作者死亡后第50年的12月31日。如果是合作作品,截止于最后死亡的作者死亡后第50年的12月31日。

(3)法人或者其他组织的作品、著作权(署名权除外)由法人或者其他组织享有的职务作品,其发表权和财产权的保护期为50年,截止于作品首次发表后第50年的12月31日,但作品自创作完成后50年内未发表的,不再保护。

(4)电影类作品和摄影作品的保护期与法人作品相同。

微型案例

周某生前与石某创作一部《生物遗传学》,并与春阳出版社签订图书出版合同。石某认为这部著作是他和周某合作作品,著作权应由他俩共同享有,现在周某去世,著作权就应该由其一人享有了。于是,他独得了出书的稿酬。周某的子女得知后,起诉石某侵犯了他们作为周某的继承人所应享有的著作权。

问:周某的子女的起诉理由合理吗?

六、著作权的限制

《著作权法》在保护作者利益的同时,还必须兼顾社会公共利益,防止权利被滥用,从而阻碍科学技术的进步和文化的繁荣。《著作权法》对著作权的限制,主要是对财产权的限制。根据我国《著作权法》的规定,其限制措施主要有合理使用与法定许可两种形式。

(一)合理使用

合理使用是指在法律明文规定的范围内使用作品可以不经著作权人许可,也不必向其支付报酬。合理使用的作品应当是已经发表的且使用目的一般限于非商业性。

根据《著作权法》第22条,下列行为属于合理使用:

(1)为个人学习、研究或者欣赏,使用他人已经发表的作品。

(2)为介绍、评论某一作品或者说明某一问题,在作品中适当引用他人已经发表的作品。

(3)为报道时事新闻,在报纸、期刊、广播电台、电视台等媒体中不可避免地再现或者引用已经发表的作品。

(4)报纸、期刊、广播电台、电视台等媒体刊登或者播放其他报纸、期刊、广播电台、电视台等媒体已经发表的关于政治、经济、宗教问题的时事性文章,但作者声明不许刊登、播放的除外。

(5)报纸、期刊、广播电台、电视台等媒体刊登或者播放在公众集会上发表的讲话,但作者声明不许刊登、播放的除外。

(6)为学校课堂教学或者科学研究,翻译或者少量复制已经发表的作品,供教学或者科研人员使用,但不得出版发行。

(7)国家机关为执行公务在合理范围内使用已经发表的作品。

(8)图书馆、档案馆、纪念馆、博物馆、美术馆等为陈列或者保存版本的需要,复制本馆收藏的作品。

(9)免费表演已经发表的作品,该表演未向公众收取费用,也未向表演者支付报酬。

(10)对设置或者陈列在室外公共场所的艺术作品进行临摹、绘画、摄影、录像。

(11)将中国公民、法人或者其他组织已经发表的以汉语言文字创作的作品翻译成少数民族语言文字作品在国内出版发行。

(12)将已经发表的作品改成盲文出版。

(二)法定许可

法定许可是指依照《著作权法》的规定,使用者在使用他人已经发表的作品时,可以不经著作权人的许可,但应向其支付报酬,并尊重著作权人其他权利的制度。

我国《著作权法》第 23 条、第 33 条、第 40 条、第 43 条、第 44 条共规定了下列 5 种法定许可的情形:

(1)为实施九年制义务教育和国家教育规划而编写出版教科书,除作者事先声明不许使用的外,可以不经著作权人许可,在教科书中汇编已经发表的作品片段或者短小的文字作品、音乐作品或者单幅的美术作品、摄影作品,但应当按照规定支付报酬,指明作者姓名、作品名称,并且不得侵犯著作权人依照本法享有的其他权利。

(2)作品刊登后,除著作权人声明不得转载、摘编的外,其他报刊可以转载或者作为文摘、资料刊登,但应当按照规定向著作权人支付报酬。

(3)录音制作者使用他人已经合法录制为录音制品的音乐作品制作录音制品,可以不经著作权人许可,但应当按照规定支付报酬;著作权人声明不许使用的不得使用。

(4)广播电台、电视台播放他人已发表的作品,可以不经著作权人许可,但应当支付报酬。

(5)广播电台、电视台播放已经出版的录音制品,可以不经著作权人许可,但应当支付报酬。当事人另有约定的除外。

说明

对著作权的限制,除了合理使用与法定许可两种方式以外,还有强制许可使用方式。强制许可是在无法取得著作权人许可的情况下,经申请由政府主管部门授权,即可使用该作品,无需征得著作权人同意,但要支付报酬。我国《著作权法》没有规定强制许可制度,但是我国已经加入《伯尔尼公约》和《世界版权公约》,故公约中有关强制许可的规定也可引用。

第三节　商标权制度

说明

《中华人民共和国商标法》(以下简称《商标法》)于 1982 年 8 月 23 日第五届全国人民代表大会常务委员会第二十四次会议通过,根据 1993 年 2 月 22 日第七届全国人民代表大会常务委员会第三十次会议《关于修改〈中华人民共和国商标法〉的决定》第一次修正,根据 2001 年 10 月 27 日第九届全国人民代表大会常务委员会第二十四次会议《关于修改〈中华人民共和国商标法〉的决定》第二次修正。根据 2013 年 8 月 30 日第十二届全国人民代表大会常务委员会第四次会议《关于修改〈中华人民共和国商标法〉的决定》第三次修正。

一、商标概述

(一)商标的概念与特征

商标是指能够将不同的经营者所提供的商品或者服务区别开来,并可为视觉所感知的标记。如青岛海尔电冰箱有限责任公司使用的注册商标“海尔”,就将该公司生产的电冰箱与其他电冰箱制造商生产的电冰箱区别开来。

商标具有以下特征:

1. 从属性

作为一种标志,商标具有从属于特定商品或服务的特点,亦即有商品、服务才有商标。商标的使用与特定商品或服务密切相关:对商品而言,商标或依附于商品本体,或依附于商品的包装;对服务而言,商标则使用在服务场所、服务设施或服务人员的着装上。

2. 识别性

商标可以把不同的商品生产者或服务提供者的相同或类似的商品或服务区别开来,从而也就把某一商品或服务同一生产经营者或服务提供者联系起来,使该商品或服务在相同或类似商品或服务中特定化,达到了满足消费者识别厂家、认牌购货的目的。

3. 显著性

商标是用来区别来源不同的同种或同类商品与服务的,显著性是商标的本质特征,是其成为商标的基础。商标的显著性大多是自然取得的,是在设计和选择商标时所必须考虑的因素。新颖别致的商标能使商品的功能和作用得到最大限度的体现。

小资料

> 商标与商号不同。商号是企业名称中的字号。商标可以注册也可以不注册,而商号则必须注册后才能使用;商标注册后在全国范围内享有专有权,而商号专有权则只及于登记的行政区划范围之内。两者之间也存在着联系,都可以起到区别商品来源的作用,有一些企业就是用商号来作为商标使用的,如著名的“王致和”商标同时也是企业的商号。

(二)商标的种类

商标根据不同的划分标准,可以分成不同的种类:

1. 平面商标与立体商标

根据商标的结构形态进行划分,商标可分为平面商标与立体商标。

平面商标是指以文字、图形或者文字、图形组合而成的标志。

立体商标是指以商品形状或者其容器、包装的形状构成的三维标志。

2. 注册商标与未注册商标

根据商标是否注册进行划分,商标可分为注册商标与未注册商标。

注册商标是经商标局核准注册的商标。注册商标是《商标法》保护的对象,其所有人享有商标专用权。

未注册商标是未向商标局申请注册的商标。未注册商标可以自行在市场上使用,但其使用人不享有商标专用权,一般情况下,无权禁止他人使用相同商标。

3. 商品商标与服务商标

根据商标的用途进行划分，商标可分为商品商标与服务商标。

商品商标是用于生产销售的商品上的商标。

服务商标是用于服务行业，以便与相同服务行业相区别的商标。

4. 集体商标与证明商标

根据商标的作用进行划分，商标可分为集体商标与证明商标。

集体商标是指以工商业团体、协会或者其他组织名义注册、供该组织成员在工商业活动中使用，以表明使用者在该组织中的成员资格的标志。

证明商标是指由对某个具体商品或者服务有检测和监督能力的组织注册，而由注册人以外的人使用于其商品或者服务，用以证明该商品或者服务的原产地、原料、制造方法、质量或者其他特定品质的标志。

提醒您

> 新《商标法》第8条规定了声音可作为商标申请注册。广大消费者熟知的QQ消息声、英特尔等常见的声音标识可以作为商标申请注册。

二、商标权概述

商标权是商标所有人依法对其商标所享有的专有使用权。由于我国在商标权的取得方面实行的是注册原则，因此，在我国商标权实际上是因商标所有人申请，经政府主管部门确认的专有权利。同时，法律也允许使用未注册商标，但未注册商标不受法律保护。

我国《商标法》第3条第1款规定："经商标局核准注册的商标为注册商标，包括商品商标、服务商标和集体商标、证明商标；商标注册人享有商标专用权，受法律保护。"

（一）商标权的内容

商标权的内容即商标权人所享有的权利。根据我国《商标法》的规定，商标权人主要有以下权利。

1. 使用权

使用权是指注册商标所有人在核定使用的商品上使用核准注册的商标的权利。

商标的使用方式主要是直接使用于商品、商品包装、商品容器，也可以间接地将商标使用于商品交易文书、商品广告宣传、展览及其他业务活动中。使用权的效力范围，以核准注册的商标和核定使用的商品为限。

2. 禁止权

禁止权是指商标所有人禁止任何第三方未经其许可在相同或类似商品上使用与其注册商标相同或近似的商标的权利。

禁止权的效力范围大于使用权的效力范围，不仅包括核准注册的商标、核定使用的商品，还扩张到与注册商标相近似的商标和与核定商品相类似的商品。

3. 许可权

许可权是指注册商标所有人许可他人使用其注册商标的权利。

商标使用许可关系中，许可人应当提供合法的被许可使用的注册商标，监督被许可人使用其注册商标的商品质量。被许可人应在合同约定的范围内使用被许可商标,保证被许可使用商标的商品质量,以及在生产的商品或包装上应标明自己的名称和商品产地。

4. 转让权

转让权是指注册商标所有人将其注册商标转移给他人所有的权利。

提醒您

转让注册商标,除了由双方当事人签订合同之外,转让人和受让人应共同向商标局提出申请,商标局经过审查认为符合转让条件的,发给受让人相应证明,并予以公告。受让人自公告之日起享有商标专用权。商标使用许可合同则无须经商标局核准登记,但应当办理备案手续。

(二)商标权的取得

在我国,取得商标权的原始方式是商标注册。商标注册是指商标使用人为取得商标权,将其使用的商标向国家商标主管机关申请,经商标主管机关审查批准,在商标注册簿上登录,并发给商标注册证,予以公告,授予申请人商标权的法律活动。我国的商标注册制度包括商标注册的原则、商标注册的条件、商标注册的程序等方面的法律规定。

1. 商标注册的原则

(1)自愿注册原则

该原则是指在通常情况下,商标使用人可自行决定其使用的商标是否申请注册,需要取得商标专用权的应将商标申请注册。但不注册的商标可以使用,只是不享有专用权,也不得与他人的注册商标相冲突。

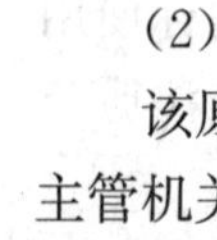

提醒您

目前,我国必须使用注册商标的商品有两类:一是人用药品,包括中成药(含酒精)、化学原料药及其制剂、抗生素、生化药品、放射性药品、血清疫苗、血液制品和诊断药品;二是烟草制品,包括卷烟、雪茄烟和有包装的烟丝。

(2)申请在先原则

该原则是指两个以上申请人在同种或类似商品上以相同或近似的商标申请注册时,商标主管机关根据申请时间的先后,决定商标权的归属。如果两个以上的人同一日申请,根据使用在先的事实决定商标权归属。

申请在先以申请日为标准,“申请日”是商标局收到申请书件的日期。

申请人享有优先权的,其优先权日为申请日。优先权是商标注册申请日的优先,是国际商标注册中给予在某一国已优先申请注册的申请人的一种“特权”。根据我国《商标法》的规定,适用优先权的情形有两种:一是商标注册申请人自其商标在外国第一次提出商标注册申请之日起6个月内,又在中国就相同商品以同一商标提出商标注册申请的,依照该国同中国签订的协议或者共同参加的国际条约,或者按照相互承认优先权的原则,可以享有优先权;二是商标在中国政府主办的或者承认的国际展览会展出的商品上首次使用的,自该商品展出之日起6

个月内，该商标的注册申请人可以享有优先权。

提醒您

> 新《商标法》第7条新增加了市场主体申请注册和使用商标时，应当遵循诚实信用原则，增加该原则的目的在于倡导市场主体从事有关商标的活动时应诚实守信，同时对当前日益猖獗的商标抢注行为予以规制。该条款将在日后的商标确权以及维权案件中作为兜底性条款被大量使用。

2. 商标注册的条件

根据我国《商标法》的规定，并非所有的商标都可获准注册，能够获准注册的商标必须符合法定的条件。

(1)必须具备法定的构成要素

根据《商标法》第8条规定，商标的构成要素应当是文字、图形、字母、数字、三维标志、颜色组合和声音等，以及上述要素的组合。

(2)必须具备显著性或识别性

我国《商标法》第9条第1款规定："申请注册的商标，应当有显著特征，便于识别。"

《商标法》第11条规定，下列标志不得作为商标注册：

①仅有本商品的通用名称、图形、型号的；

②仅仅直接表示商品的质量、主要原料、功能、用途、重量、数量及其他特点的；

③缺乏显著特征的。

但是，前款所列标志经过使用取得显著特征，并便于识别的，也可以作为商标注册。

(3)不得使用禁用标志

《商标法》第10条规定，下列标志不得作为商标使用：

①与中华人民共和国的国家名称、国旗、国徽、国歌、军旗、军徽、军歌、勋章等相同或者近似的，以及与中央国家机关的名称、标志、所在地特定地点的名称或者标志性建筑物的名称、图形相同的；

②与外国的国家名称、国旗、国徽、军旗相同或者近似的，但该国政府同意的除外；

③与政府间国际组织的名称、旗帜、徽记相同或者近似的，但经该组织同意或者不易误导公众的除外；

④与表明实施控制、予以保证的官方标志、检验印记相同或者近似的，但经授权的除外；

⑤与"红十字""红新月"的名称、标志相同或者近似的；

⑥带有民族歧视性的；

⑦带有欺骗性，容易使公众对商品的质量等特点或者产地产生误认的；

⑧有损于社会主义道德风尚或者有其他不良影响的。

县级以上行政区划的地名或者公众知晓的外国地名，不得作为商标。但是，地名具有其他含义或者作为集体商标、证明商标组成部分的除外；已经注册的使用地名的商标继续有效。

微型案例

2013年4月2日，河南郑州市某厂向商标局申请在第29类果脯等商品上注册“同心”商标。商标局经审查，初步审定“同心”商标，并予以公告。公告期间，宁夏某单位对该“同心”商标提出异议，其理由是被异议商标是宁夏回族自治区同心县的行政区划名称，不得作为商标注册。

问：宁夏某单位的异议是否成立？

(4)不得与他人在先权利相冲突

他人在先权利包括他人已经依民法或其他知识产权法享有的以下权利：肖像权、姓名权、著作权、外观设计专利、商号权等。

《商标法》第32条规定：“申请商标注册不得损害他人现有的在先权利，也不得以不正当手段抢先注册他人已经使用并有一定影响的商标。”

微型案例

1986～1987年，上海美影厂根据民间传说创作完成了剪纸动画片《葫芦兄弟》。动画片中的葫芦七兄弟的人物形象的共同特征为：四方的脸型、粗短的眉毛、明亮的大眼、敦实的身体、头顶葫芦冠、颈戴葫芦叶项圈、身穿坎肩短裤、腰围葫芦叶短裙。葫芦七兄弟的服饰颜色则分别为赤、橙、黄、绿、青、蓝、紫。2004年11月30日，汕头市宏裕化妆品有限公司向国家工商行政管理总局商标局(以下简称国家商标局)申请商标注册，该商标的组合内容主要为：上部为汉语拼音与英语“Hulu Brothers”；中部为涉案图案；下部为葫芦兄弟中文文字。2008年3月14日，国家商标局对上述商标予以核准登记注册。2009年9月，上海市高院认定，宏裕公司抄袭了上海美影厂的葫芦兄弟形象，侵犯了上海美影厂对葫芦兄弟形象依法所享有的著作权中的复制权、发行权。

(5)不得与他人的注册商标混同

混同是指商标与他人在同一种商品或类似商品上的注册商标相同或近似。

3. 商标注册的程序

(1)申请

本国申请人可以直接办理，也可以委托商标代理组织办理；外国人或者外国企业在中国申请商标注册或办理其他商标事宜，应当委托国家市场监督管理总局指定的商标代理组织办理。申请商标注册应向商标局提交申请书、商标图样，附送有关证明文件，缴纳申请费用。

提醒您

> 新《商标法》在第 22 条确立了“一标多类”制度，即商标注册申请人可以通过一份申请就多个类别的商品申请注册同一商标。设置这一制度的出发点在于方便申请人针对同一商标在多个类别的商品上进行注册申请。

商标局在收到申请后，要进行形式审查和实质审查。形式审查主要是对申请人是否具有资格、申请文件是否齐全规范、是否缴纳申请费等进行审查。实质审查主要是对商标是否具有显著特征、是否侵犯他人的在先权利、是否与他人的注册商标相混同等进行审查。申请经过实质审查，认为符合《商标法》的有关规定，予以初步审定，并予以公告。

(2)异议

对商标局初步审查后予以公告的商标，自公告之日起 3 个月内，在先权利人、利害关系人认为违反《商标法》第 13 条第 2 款和第 3 款、第 15 条、第 16 条第 1 款、第 30 条、第 31 条、第 32 条规定的，或者任何人认为违反《商标法》第 10 条、第 11 条、第 12 条规定的，可以向商标局提出异议。

提醒您

> 新《商标法》第 33 条将有权依据相对理由提出异议的主体，由原来的“任何人”改为“认为这一商标注册申请侵犯了其在先权利的在先权利人或者利害关系人”。但针对违反禁用和禁注条款的商标，新《商标法》继续保留了“任何人”可以提起异议的规定。

(3)审查

对驳回申请、不予公告的商标，商标局应当书面通知商标注册申请人。商标注册申请人不服的，可以自收到通知之日起 15 日内向商标评审委员会申请复审。商标评审委员会应当自收到申请之日起 9 个月内做出决定，并书面通知申请人。有特殊情况需要延长的，经国家市场监督管理总局批准，可以延长 3 个月。当事人对商标评审委员会的决定不服的，可以自收到通知之日起 30 日内向人民法院起诉。

对初步审定公告的商标提出异议的，商标局应当听取异议人和被异议人陈述事实和理由，经调查核实后，自公告期满之日起 12 个月内做出是否准予注册的决定，并书面通知异议人和被异议人。有特殊情况需要延长的，经国家市场监督管理总局批准，可以延长 6 个月。商标局做出准予注册决定的，发给商标注册证，并予公告。异议人不服的，可以依照《商标法》第 44 条、第 45 条的规定向商标评审委员会请求宣告该注册商标无效。

商标局做出不予注册决定，被异议人不服的，可以自收到通知之日起 15 日内向商标评审委员会申请复审。商标评审委员会应当自收到申请之日起 12 个月内做出复审决定，并书面通知异议人和被异议人。有特殊情况需要延长的，经国家市场监督管理总局批准，可以延长 6 个月。被异议人对商标评审委员会的决定不服的，可以自收到通知之日起 30 日内向人民法院起诉。人民法院应当通知异议人作为第三人参加诉讼。

(4)核准

公告期满无异议的或者异议不成立的，予以核准注册，发给商标注册证，并予公告。

4. 商标权的期限与续展

注册商标的有效期为10年，自核准注册之日起计算。

商标所有人需要继续使用该商标并维持专用权的，可以通过续展注册延长商标权的保护期限。续展注册应当在有效期满前12个月内办理；在此期间未能提出申请的，有6个月的宽展期。宽展期仍未提出申请的，注销其注册商标。每次续展注册的有效期为10年，自该商标上一届有效期满次日起计算。续展注册没有次数的限制。

（三）商标权的保护

1. 商标权的保护范围

《商标法》第56条规定："注册商标的专用权，以核准注册的商标和核定使用的商品为限。"

2. 商标侵权行为的形式

根据《商标法》第57条规定，商标侵权行为有以下形式：

(1)未经商标注册人的许可，在同一种商品上使用与其注册商标相同的商标的；

(2)未经商标注册人的许可，在同一种商品上使用与其注册商标近似的商标，或者在类似商品上使用与其注册商标相同或者近似的商标，容易导致混淆的；

(3)销售侵犯注册商标专用权的商品的；

(4)伪造、擅自制造他人注册商标标识或者销售伪造、擅自制造的注册商标标识的；

(5)未经商标注册人同意，更换其注册商标并将该更换商标的商品又投入市场的；

(6)故意为侵犯他人商标专用权行为提供便利条件，帮助他人实施侵犯商标专用权行为的；

(7)给他人的注册商标专用权造成其他损害的。

3. 商标侵权行为的责任

(1)民事责任

我国《民法总则》第118条规定，公民、法人的商标专用权受到侵害的，有权要求停止侵害，消除影响，赔偿损失。

小资料

新《商标法》在第63条引入了惩罚性赔偿制度，规定对恶意侵犯商标专用权、情节严重的，可以在权利人因侵权受到的损失、侵权人因侵权获得的利益或者注册商标使用许可费的1到3倍的范围内确定赔偿数额。同时，新《商标法》还将在上述三种依据都无法查清的情况下法院可以酌情决定的法定赔偿额上限从50万元提高到300万元。

(2)行政责任

《商标法》第60条规定，工商行政管理机关可以采取下列措施制止侵权行为：

①责令立即停止侵权行为；

②没收、销毁侵权商品和主要用于制造侵权商品、伪造注册商标标识的工具；

③违法经营额5万元以上的，可以处违法经营额5倍以下的罚款，没有违法经营额或者违法经营额不足5万元的，可以处25万元以下的罚款；

④对5年内实施两次以上商标侵权行为或者有其他严重情节的，应当从重处罚。

(3)刑事责任

根据我国《刑法》的规定，商标犯罪行为主要有三种：假冒注册商标罪，销售假冒注册商标的商品罪，非法制造、销售非法制造的注册商标标识罪。

第四节　专利权制度

说明

> 《中华人民共和国专利法》(以下简称《专利法》)于1984年3月12日第六届全国人民代表大会常务委员会第四次会议通过，根据1992年9月4日第七届全国人民代表大会常务委员会第二十七次会议《关于修改〈中华人民共和国专利法〉的决定》第一次修正，根据2000年8月25日第九届全国人民代表大会常务委员会第十七次会议《关于修改〈中华人民共和国专利法〉的决定》第二次修正。根据2008年12月27日第十一届全国人民代表大会常务委员会第六次会议《关于修改〈中华人民共和国专利法〉的决定》第三次修正。《中华人民共和国专利法实施细则》也经过多次修改，最新修订版自2010年2月1日起施行。

一、专利权的概念和特征

"专利"一词来源于英语"patent"，具有公开和垄断的双重意思。

现代汉语将"patent"译为"专利"。"专利"一词在现代使用，主要有三种含义：一是指权利人对某项发明创造所享有的专利权，如人们常说的"申请专利"；二是指被授予专利权的发明创造本身，如人们常说的"专利技术"；三是指记载发明创造内容的专利文献的总称，如人们常说的"查专利"。

专利权是"专利"一词在法律上的含义，也是它的最根本含义。专利权是指法律赋予专利权人对其获得专利的发明创造在一定期限和范围内依法享有的专有权利。

专利权是一种无形财产权，具有以下法律特征：

(一)独占性

专利权人享有垄断性的权利，除法律另有规定外，任何他人不得以营利为目的擅自实施该专利，而且内容相同的发明创造只能授予一项专利。

(二)公开性

一项发明创造向社会公开，是取得专利权的前提条件，申请人必须运用专利申请文件公开表明自己的发明创造。其公开的范围和程度只有达到了《专利法》规定的要求，才能取得专利。

(三)法定授权性

专利权不能自动取得。专利权是基于专利权人依法向国家专利机关提出专利申请并经过审查、批准而取得的。这一特征不同于著作权。

(四)效力的局限性

专利权作为一种法律授予的专有权利，其效力具有一定的局限性，即专利权具有地域限制、时间限制和权限限制等特征。

二、专利权的主体

专利权的主体即专利权人，是指有权提出专利申请和取得专利权，并承担相应义务的人。

我国《专利法》规定，发明人和设计人及其合法受让人、发明人和设计人的工作单位以及外国的单位和个人，都可以成为专利权的主体。

（一）发明人与设计人

发明人与设计人是真正完成发明创造的人，是对发明创造的实质性特点做出创造性贡献的人。在完成发明创造过程中，只负责组织管理工作或者是为物质条件的利用提供方便的人及从事其他辅助工作的人，不是发明人或者设计人。

发明人是指对产品、方法或者其改进提出新技术方案的人。

设计人是指对产品的形状、构造或者其结合提出适于实用的新技术方案的人，或者是对产品的形状、图案或者其结合以及色彩与形状、图案的结合做出富有美感并适于工业应用新设计的人。

发明人或设计人可以就非职务发明创造申请专利，申请被批准后，该发明人或设计人为专利权人。

如果发明创造是由两人或两人以上共同完成的，这些人就是共同发明人或设计人。判断共同发明人或共同设计人的标准是看其是否对发明创造的实质性特点做出了创造性的贡献。共同发明人或共同设计人应当共同享有专利申请权和专利权，当事人另有约定的除外。

个人接受他人或单位委托所完成的发明创造，是委托发明人或者设计人。根据《专利法》的规定，委托发明中，有协议的从协议，没有协议的申请专利的权利属于完成或者共同完成发明创造的人，申请被批准后，申请的个人为专利权人。

提醒您

> 发明人或设计人只能是自然人，不能是法人或其他单位。例如，不能将发明人一栏填写“××研究所”等。法人或其他单位可以成为专利申请人，可以获得专利权，但是不能作为发明人或者设计人。

（二）发明人与设计人的工作单位

发明人与设计人的工作单位行使专利申请权并成为专利权人，主要是存在职务发明创造情形。

职务发明创造是指发明人或设计人执行本单位的任务或者主要利用本单位的物质条件所完成的发明创造。根据《专利法》第 6 条与《专利法实施细则》第 12 条的规定，职务发明创造具有以下情形：

（1）在本职工作中做出的发明创造；

（2）履行本单位交付的本职工作之外的任务所做出的发明创造；

（3）退休、调离原单位后或者劳动、人事关系终止后 1 年内做出的，与其在原单位承担的本职工作或者原单位分配的任务有关的发明创造；

（4）主要利用本单位的物质技术条件所完成的发明创造。

微型案例

许某曾任青山煤矿工程师，负责坑道消烟除尘研究工作，2009 年 10 月退休。2011 年 5 月，许利用过去工作积累的资料，研究出“消烟除尘净化器”，在某铜矿使用效果极佳。2013 年 2 月，许将净化器以个人名义向专利局提出专利申请。2013 年 12 月 9 日，许的专利获得批准并公告。青山煤矿得知消息后，认为许某开发的新技术是使用其工作期间积累的资料完成的，故属于职务发明，于是向专利局提出撤销许专利权的请求。

问：青山煤矿的请求是否能够成立？

小资料

这里的“本单位”，包括临时工作单位；这里的“物质技术条件”，是指本单位的资金、设备、零部件、原材料或者不对外公开的技术资料等。另外，还需注意的是“利用本单位的物质技术条件所完成的发明创造”不属于职务发明创造情形，如果单位和发明人对权利归属做出约定的，从其约定；无约定的，专利申请权归属于单位。

（三）合法受让人

发明人或设计人的合法受让人是指通过转让、继承方式从发明人或设计人处获得专利申请权或者专利权的人。发明创造所获得的专利权利是一种无形财产权，所以，发明人或设计人有权将该权利有偿或无偿地转让给他人。该权利也可以由于发明人或设计人的过世而依继承关系由继承人继承。

《专利法》第 10 条第 1 款规定：“专利申请权和专利权可以转让。”

说明

转让专利申请权或者专利权的，当事人应当订立书面合同，并向国务院专利行政部门登记，由国务院专利行政部门予以公告。专利申请权或者专利权的转让自登记之日起生效。

（四）外国人

外国人在我国可以依法申请取得专利权，成为专利权的主体。这里的外国人包括外国公民、外国企业、外国其他组织。我国《专利法》依照不同的情况对外国人在我国获取专利权做出了相应的规定：

1. 在中国有经常居所或者营业所的外国人

依照《巴黎公约》规定的原则，我国《专利法》对这部分外国人给予国民待遇，即享有与中国的单位和个人完全相同的待遇，不附加任何条件和限制。

2. 在中国没有经常居所或者营业所的外国人

这部分人在中国申请专利的，应当依照其所属国同中国签订的协议或者共同参加的国际条约，或者依照互惠原则，委托国家知识产权局指定的专利代理机构进行。

三、专利权的客体

专利权的客体也称专利法保护的对象，是指可以获得专利法保护的发明创造，具体指发明、实用新型和外观设计。

《专利法》第2条规定："本法所称的发明创造是指发明、实用新型和外观设计。"

(一)发明

《专利法》第2条第2款规定："发明，是指对产品、方法或者其改进所提出的新的技术方案。"

发明可以分为产品发明和方法发明两大类。

(二)实用新型

《专利法》第2条第3款规定："实用新型，是指对产品的形状、构造或者其结合所提出的适于实用的新的技术方案。"

实用新型与发明的主要区别有：在种类和范围上比发明小得多，只限于有形体的产品；在技术水平上低于发明。

(三)外观设计

《专利法》第2条第4款规定："外观设计，是指对产品的形状、图案或者其结合以及色彩与形状、图案的结合所做出的富有美感并适于工业应用的新设计。"

外观设计的特点是：将美术设计与产品相结合，不涉及产品的实用功能，只是起到美化产品的作用。

另外，根据《专利法》第25条规定，下列各项不授予专利权：(1)科学发现；(2)智力活动的规则和方法；(3)疾病的诊断和治疗方法；(4)动物和植物品种；(5)用原子核变换方法获得的物质；(6)对平面印刷品的图案、色彩或者二者的结合做出的主要起标识作用的设计。

对第(4)项所列产品的生产方法，可以依照《专利法》规定授予专利权。

四、专利权的取得

(一)授予专利权的条件

1. 发明和实用新型的授予条件

(1)新颖性

新颖性是指该发明或者实用新型不属于现有技术；也没有任何单位或者个人就同样的发明或者实用新型在申请日以前向国务院专利行政部门提出过申请，并记载在申请日以后公布的专利申请文件或者公告的专利文件中。

《专利法》所称现有技术，是指申请日以前在国内外为公众所知的技术。

提醒您

根据《专利法》第24条规定，申请专利的发明创造在申请日以前6个月内，有下列情况之一的，不丧失新颖性：(1)在中国政府主办或者承认的国际展览会上首次展出的；(2)在规定的学术会议或者技术会议上首次发表的；(3)他人未经申请人同意而泄露其内容的。

微型案例

某厂研制出一种“太阳能多功能电动牙刷”产品。这种产品既可以做微型手电筒，又可以做牙刷，设计独特，结构良好。于是日用品厂向知识产权局提出实用新型专利申请。知识产权局经过审查发现，该产品在国内属首创，但是在日用品厂申请专利以前，该产品在美国、日本等地已经生产、销售，且深受消费者欢迎。

问：某日用品厂的发明创造是否具有新颖性？

(2)创造性

创造性是指与现有技术相比，该发明具有突出的实质性特点和显著的进步，该实用新型具有实质性特点和进步。

(3)实用性

实用性是指该发明或者实用新型能够制造或者使用，并且能够产生积极效果。

2. 外观设计的授予条件

(1)新颖性

新颖性是指该外观设计不属于现有设计；也没有任何单位或者个人就同样的外观设计在申请日以前向国务院专利行政部门提出过申请，并记载在申请日以后公告的专利文件中。

《专利法》所称现有设计，是指申请日以前在国内外为公众所知的设计。

(2)创造性

识别性是指该外观设计与现有设计或者现有设计特征的组合相比，应当具有明显区别。

(3)合法性

合法性是指该外观设计不得与他人在申请日以前已经取得的合法权利相冲突。

说明

修订后的《专利法》将我国的专利新颖性判断标准由“相对新颖性”修改为“绝对新颖性”，它将新颖性标准统一为现有技术或设计。具体而言，申请专利的发明创造在申请日以前不得通过以下任何一种方式在国内或者国外为公众所知：(1)出版物；(2)使用；(3)其他方式。

(二)授予专利的程序

1. 专利申请

申请发明或者实用新型专利的，应当提交请求书、说明书及其摘要和权利要求书等文件；申请外观设计专利的，应当提交请求书、该外观设计的图片或者照片以及对该外观设计的简要说明等文件。

2. 专利申请日

专利申请日是知识产权局收到完整专利申请文件的日期。如果专利申请文件是通过邮局邮寄的，以寄出的邮戳日为申请日，邮戳日不清晰的，除当事人能够提供证明的外，以知识产权局收到专利申请文件的日期为专利申请日。有优先权的，优先权日为申请日。

《专利法》第29条规定："申请人自发明或者实用新型在外国第一次提出专利申请之日起12个月内，或者自外观设计在外国第一次提出专利申请之日起6个月内，又在中国就相同主题提出专利申请的，依照该国同中国签订的协议或者共同参加的国际条约，或者依照相互承认优先权的原则，可以享有优先权。申请人自发明或者实用新型在中国第一次提出专利申请之日起12个月内，又向国务院专利行政部门就相同主题提出专利申请的，可以享有优先权。"

3. 专利申请的审批

(1)发明专利申请的审批

①初步审查

初审的内容，主要审查申请是否符合《专利法》关于申请形式要求的规定。

②早期公开

国务院专利行政部门经初步审查认为符合《专利法》要求的自申请日起满18个月即行公布，也可根据申请人的请求早日公布其申请，目的是征求公众的意见。

③实质审查

发明专利申请自申请日起3年内，国务院专利行政部门可以根据申请人随时提出的请求，对其申请进行实质审查；申请人无正当理由逾期不请求实质审查的，该申请即被视为撤回。国务院专利行政部门认为必要时，可以自行对发明专利申请进行实质审查。

④登记与公告

经实质审查没有发现驳回理由的，由国务院专利行政部门做出授予发明专利权的决定，发给发明专利证书，同时予以登记和公告。发明专利权自公告之日起生效。

(2)实用新型和外观设计申请的审批

实用新型和外观设计专利申请经初步审查没有发现驳回理由的，由国务院专利行政部门做出授予实用新型专利权或者外观设计专利权的决定，发给相应的专利证书，同时予以登记和公告。实用新型专利权和外观设计专利权自公告之日起生效。

4. 专利的复审和无效宣告

专利申请人对国务院专利行政部门驳回申请的决定不服的，可以自收到通知之日起3个月内，向专利复审委员会请求复审。专利申请人对专利复审委员会的复审决定不服的，可以自收到通知之日起3个月内向人民法院起诉。

自国务院专利行政部门公告授予专利权之日起，任何单位或者个人认为该专利权的授予不符合《专利法》有关规定的，可以请求专利复审委员会宣告该专利权无效。对专利复审委员会宣告专利权无效或者维持专利权的决定不服的，可以自收到通知之日起3个月内向人民法院起诉。人民法院应当通知无效宣告请求程序的对方当事人作为第三人参加诉讼。

被宣告无效的专利权视为自始即不存在。但是，在某些特殊情况下宣告无效的决定不具有追溯力：(1)已经做出并已执行的专利侵权判决、裁定和已经履行或者强制执行的专利侵权纠纷处理决定；(2)已经执行了的专利实施许可合同和专利权转让合同。但显失公平的或因专利权人的恶意给他人造成损失的，应当向对方返还使用费或转让费。

五、专利权的内容

专利权的内容是指专利权人的权利和义务。

（一）专利权人的权利

按照我国《专利法》的规定，专利权人享有署名权、独占实施权、许可实施权、转让权与标记权。

1. 署名权

署名权是指发明人或设计人有权在专利申请文件和专利文件中写明自己是发明人或设计人的权利。署名权是发明人或设计人的专利人身权，署名权永远属于发明人或设计人。

2. 独占实施权

专利权人对其专利享有独占权，任何单位或个人未经专利权人许可，都不得实施其专利，即不得为生产经营目的制造、使用、许诺销售、销售、进口其专利产品，或者使用专利方法以及使用、许诺销售、销售、进口依照该专利方法直接获得的产品。外观设计专利权被授予后，任何单位和个人未经专利权人许可，都不得实施其专利，即不得为生产经营目的制造、销售、进口其外观设计专利产品。

3. 实施许可权

实施许可是指专利权人许可他人实施专利并收取专利使用费。许可他人实施专利的，应当订立书面合同。该合同为技术合同，由《合同法》调整。

4. 转让权

转让是指专利权人将其专利权转移给他人所有。转让专利权的，当事人应当订立书面合同，并向国务院专利行政部门登记，由国务院专利行政部门予以公告。专利权的转让自登记之日起生效。

5. 标记权

专利权人有权在其专利产品或该产品的包装上标明专利标记和专利号。

（二）专利权人的义务

1. 缴纳专利年费

《专利法》第43条规定："专利权人应当自被授予专利权当年开始缴纳年费。"若专利权人没有按照规定缴纳年费的，专利权将提前终止。

2. 不得滥用专利权

专利权人必须在法律规定的范围内正确行使专利权，不得利用专利权从事非法垄断技术、妨害技术进步等行为，损害社会利益或他人合法权益。

六、专利权的限制

（一）专利权的期限

发明专利权的期限为20年，实用新型专利权、外观设计专利权的期限为10年，均自申请日起计算。

（二）专利实施的强制许可

强制许可是指国家专利主管机关，根据法定事实，不经专利权人许可，允许他人实施发明或者实用新型专利。《专利法》规定了三种情况下的强制许可：不实施时的强制许可；公共利益目的的强制许可；从属专利的强制许可。

取得实施强制许可的单位或者个人不享有独占的实施权，无权许可他人实施。强制许可实施是有偿的，被许可人应当向专利权人支付合理的使用费，其数额由双方协商，双方不能达成协议的，由国务院专利行政部门裁决。

(三)不视为侵犯专利权的行为

根据《专利法》第69条规定,以下情形不视为侵犯专利权:

(1)专利产品或者依照专利方法直接获得的产品,由专利权人或者经其许可的单位、个人售出后,使用、许诺销售、销售、进口该产品的;

(2)在专利申请日前已经制造相同产品、使用相同方法或者已经做好制造、使用的必要准备,并且仅在原有范围内继续制造、使用的;

(3)临时通过中国领陆、领水、领空的外国运输工具,依照其所属国同中国签订的协议或者共同参加的国际条约,或者依照互惠原则,为运输工具自身需要而在其装置和设备中使用有关专利的;

(4)专为科学研究和实验而使用有关专利的;

(5)为提供行政审批所需要的信息,制造、使用、进口专利药品或者专利医疗器械的,以及专门为其制造、进口专利药品或者专利医疗器械的。

小 结

关键术语

知识产权　著作权　作品　合理使用　法定许可　商标　商标权　专利权　职务发明创造　发明　实用新型　外观设计　新颖性　创造性　实用性　强制许可

本章小结

1. 知识产权是指人们对智力性创造成果所依法享有的权利,包括著作权、专利权、商标权、商业秘密权、植物新品种权等其他知识产权。知识产权具有以下特点:专有性;地域性;时间性。

2. 著作权是指作者或者其他著作权人基于文学、艺术和科学作品而依法享有的各项专有权利的总称,包括著作人身权和著作财产权。著作人身权包括署名权、发表权、修改权和保护作品完整权等;著作财产权,包括复制权、发行权、表演权、播放权、展览权、改编权等权利。

3. 作品是指文学、艺术和科学领域内,具有独创性并能以某种有形形式复制的智力创作成果。作品是著作权法律关系的客体,它是著作权产生的前提。

4. 合理使用是指在法律明文规定的范围内使用作品可以不经著作权人许可,也不必向其支付报酬。合理使用的作品应当是已经发表的,且使用目的一般限于非商业性。

5. 法定许可是指依照《著作权法》的规定,使用者在使用他人已经发表的作品时,可以不经著作权人的许可,但应向其支付报酬,并尊重著作权人其他权利的制度。

6. 商标是指能够将不同的经营者所提供的商品或者服务区别开来,并可为视觉所感知的标记。

7. 商标权是商标所有人依法对其商标所享有的专有使用权。由于我国在商标权的取得方面实行的是注册原则,因此,在我国商标权实际上是因商标所有人申请,经政府主管部门确认的专有权利。

8. 专利权是指法律赋予专利权人对其获得专利的发明创造在一定期限和范围内依法享有的专有权利。专利权是一种无形财产权,具有以下法律特征:独占性、公开性、法定授权性和效力的局限性。

9. 职务发明创造是指发明人或设计人执行本单位的任务或者主要利用本单位的物质条件所完成的发明创造。

10. 发明是指对产品、方法或者其改进所提出的新的技术方案。发明可以分为产品发明和方法发明两大类。

11. 实用新型是指对产品的形状、构造或者其结合所提出的适于实用的新的技术方案。

12. 外观设计是指对产品的形状、图案或者其结合以及色彩与形状、图案的结合所做出的富有美感并适于工业应用的新设计。

13. 新颖性是指该发明或者实用新型不属于现有技术;也没有任何单位或者个人就同样的发明或者实用新型在申请日以前向国务院专利行政部门提出过申请,并记载在申请日以后公布的专利申请文件或者公告的专利文件中。

14. 创造性是指与现有技术相比,该发明具有突出的实质性特点和显著的进步。

15. 实用性是指该发明或者实用新型能够制造或者使用,并且能够产生积极效果。

16. 强制许可是指国家专利主管机关根据法定事实,不经专利权人许可,允许他人实施发明或者实用新型专利。《专利法》规定了三种情况下的强制许可:不实施时的强制许可、公共利益目的的强制许可、从属专利的强制许可。

知识结构图

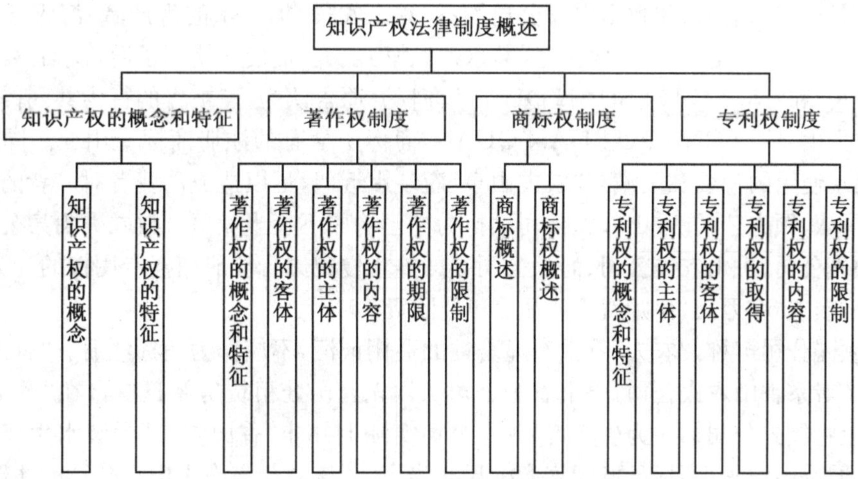

应　用

案例研究

唐家祖传制作一种宫廷风味的烤鸡,味道鲜美、独特,很受人们欢迎。唐甲作为第四代传人,从其父辈那里掌握了该种烤鸡的制作方法,并在实践中进一步加以完善。2008 年 3 月,阳谷县宫廷风味烤鸡厂成立,拟聘一名技师,经与唐甲协商,双方签订了一份书面协议。协议约定：唐甲为烤鸡厂负责技术培训工作和检查产品质量，提供自采的药材和宣传资料；烤鸡厂对唐甲按特级技术师待遇，月工资8 000元，并包吃包住。协议签订后，双方都如约履行了各自的义务。

2009 年 5 月，唐甲作为专利申请人，向中国专利局提出了"一种宫廷风味烤鸡的制作方法"的专利申请。烤鸡厂得知后认为，唐甲是利用烤鸡厂提供的物质条件，发展、完善了"一种宫廷风味烤鸡的制作方法"，该方法应为职务发明，专利申请权应归烤鸡厂。唐甲则辩解道："一种宫廷风味烤鸡的制作方法"，是自家的家传秘方，自己来烤鸡厂之前已经掌握，在烤鸡厂工作期间，烤鸡厂并没有提供发展完善这种制作方法的任何物质条件，是自己在实践中根据经验将原料配方和剂量配比略做了一些改动，完全是自己独立完成的非职务发明，不同意烤鸡厂的说法。为此，双方发生争执。

问题：

这种烤鸡的制作方法是职务发明还是非职务发明，专利权应归认享有？

实验实训

北京市海淀区人民法院审理了原告农夫山泉股份有限公司（以下简称"农夫山泉公司"）诉被告北京领先食品工业公司（以下简称"领先公司"）、北京香山农夫饮品有限公司（以下简称"香山农夫公司"）、北京海天网络科技有限公司（以下简称"海天公司"）侵犯商标专用权及不正当竞争纠纷一案。

原告农夫山泉公司诉称，其对"农夫""农夫山泉""NONG FU SHAN QUAN"商标享有注册商标专用权。领先公司和香山农夫公司均系"香山农夫"桶装水的生产者，海天公司在其经营的"北京水网"网站销售"香山农夫"桶装水。"香山农夫"桶装水使用了原告享有注册商标专用权的"农夫"和"NONG FU SHAN QUAN"商标。原告认为，三被告的行为共同侵犯了其对"农夫""农夫山泉""NONG FU SHAN QUAN"商标所享有的注册商标专用权。同时，"香山农夫"桶装水使用的包装和装潢与"农夫山泉"瓶装水近似，足以造成消费者对二者的生产者产生混淆和误认，领先公司、香山农夫公司之行为亦已构成不正当竞争。故农夫山泉公司诉至法院，要求领先公司、香山农夫公司、海天公司立即停止侵犯原告注册商标专用权的行为，共同赔偿原告经济损失 50 万元、律师费 2.7 万元和公证费3 000元。

被告领先公司辩称，"农夫"系没有显著性的通用词汇，不应作为商标注册。"香山农夫"桶装水的生产者系香山农夫公司，香山农夫公司从领先公司处租赁房屋且擅自在"香山农夫"桶装水包装上将领先公司标注为生产者，领先公司实际上并非"香山农夫"桶装水生产者。香山农夫公司的"香山农夫"商标已经国家商标局初步审定，该商标与农夫山泉公司的注册商标"农夫"存在区别，且消费者对"香山农夫"桶装水与"农夫山泉"瓶装水并不会产生混淆和误认。故不同意农夫山泉公司的全部诉讼请求。被告香山农夫公司辩称，"香山农夫"桶装水系由香山农夫公司委托领先公司生产，领先公司系"香山农夫"桶装水的实际生产者。香山农夫公司在"香山农夫"桶装水包装上使用"香山农夫"文字系对企业名称字号的正当使用，且香山农夫公司的"香山农夫"商标已经国家商标局初步审定，香山农夫公司并未侵犯农夫山泉公司所享有的注册商标专用权。消费者对"香山农夫"桶装水与"农夫山泉"瓶装水并不会产生混淆和误认。香山农夫公司业已停止生产"香山农夫"桶装水，但不同意农夫山泉公司的其他诉讼请求。被告海天公司辩称，香山农夫公司向其提供文字和图片材料，海天公司为香山农夫公司设计制作网站，香山农夫公司通过该网站查询订水信息，且自行安排人员送水和收取价款，海天公司实际上并非“香山农夫”桶装水之销售者。海天公司在为香山农夫公司设计制作网站之前，已对香山农夫公司的营业执照等证照进行审查。消费者对“香山农夫”桶装水与“农夫山泉”瓶装水并不会产生混淆和误认。海天公司不同意农夫山泉公司的全部诉讼请求。

法院审理后确认，农夫山泉公司使用于“农夫山泉”瓶装水上的商标“农夫山泉”和“NONG FU SHAN QUAN”具有很高的市场知名度，且“农夫山泉”瓶装水的瓶贴、瓶盖之结合体可以成为知名商品特有的包装和装潢，“香山农夫”桶装水的桶贴、桶盖较之“农夫山泉”瓶装水的瓶贴、瓶盖显已构成近似，且足以造成消费者对二者产生混淆和误认，认为二者的生产者之间存在某种法律上、经济上或者组织上的联系。

运用本章所学的法律知识，分组讨论下列问题：

1. 三被告的行为是否侵犯了原告的商标专用权及构成不正当竞争？
2. 侵犯商标专用权需要具备哪些条件？

复习思考题

1. 简述知识产权的概念与特征。
2. 简述著作权的概念与特征。
3. 简述专利权的概念与特征。
4. 试述商标权的保护。
5. 试述著作权的合理使用制度。

第七章 反垄断与反不正当竞争法

学习目标

通过本章学习，你应能够：

了解反垄断与反不正当竞争法律制度的基础理论和基本概念。

掌握我国反垄断与反不正当竞争制度的相关法律规定。

学会运用这些基本知识分析实际案例，解决现实中的问题。

引入案例

3Q 垄断案终极 PK

2013 年 11 月 26 日，全民瞩目的奇虎 360 上诉腾讯滥用市场支配地位一案在最高人民法院第一法庭进行终审开庭。一星期后，即 12 月 4 日，腾讯诉 360 扣扣保镖不正当竞争一案的终审同样也在最高人民法院开庭。这一场“3Q 大战”，从战火点燃之初就为中国 6 亿网民所津津乐道。从业务战到诉讼战，历时 4 年之久，影响巨大，被认为是中国互联网史上的经典案例。360 诉腾讯垄断被称为“互联网反垄断第一案”，而腾讯诉 360 不正当竞争则被称为“互联网反不正当竞争第一案”。

在 360 诉腾讯垄断案的庭审中，广东省高级人民法院一审判定腾讯不具有市场支配地位，驳回了 360 的全部诉讼请求。二审中最高人民法院将 360 和腾讯的争议归纳为五个方面共计 22 个具体问题：一是如何界定相关市场；二是腾讯(具体产品即 QQ 即时通信软件)是否具有市场支配地位；三是腾讯(二选一的市场竞争行为)是否构成反垄断法所禁止的滥用市场支配地位行为；四是民事责任如何承担？奇虎 360 提出了 1.5 亿元赔偿请求；五是一审法院(广东省高院)是否程序违法？主要指引入未经质证的证据。2014 年 10 月 16 日，最高人民法院对 360 上诉腾讯滥用市场支配地位一案做出终审判决，法院裁定驳回上诉，维持原判。

在腾讯诉 360 不正当竞争案的庭审中，广东省高级人民法院一审判定 360 行为构成不正当竞争和商业诋毁，判决 360 向腾讯公司赔偿 500 万元经济损失并道歉。这是当时中国互联网行业有史以来最大的赔偿案，也是彼时中国关于不正当竞争最重的判罚。360 不服一审判决，当庭提出上诉。2014 年 2 月 24 日最高人民法院对腾讯诉 360 不正当竞争案做出终审判决，法院裁定，驳回上诉，维持原判。

3Q大战引发了业内外各界对于垄断和竞争问题的探讨。案件的审理也让我们看到了互联网行业和反垄断法的魅力。互联网的发展有赖于自由竞争和科技创新,互联网行业鼓励自由竞争和创新,但这并不等于互联网领域是一个可以为所欲为的法外空间。竞争自由和创新自由必须以不侵犯他人合法权益为边界,互联网的健康发展需要有序的市场环境和明确的市场竞争规则作为保障。资深互联网专家方兴东认为,3Q大战不论官司谁输谁赢,都对中国互联网业意义重大。DCCI互联网研究院院长刘兴亮表示,3Q诉讼对中国互联网产业起到了警示作用,促进了互联网开放平台和有序竞争,以后各厂商在竞争时都会考虑一下各自行为是否得当,这有利于中国互联网的健康发展。

——根据中国反垄断法网、新浪网相关资料整理。

说明

1993年《中华人民共和国反不正当竞争法》(下称《反不正当竞争法》)颁布和实施,其后我国又相继制定了一系列与《反不正当竞争法》相配套的行政法规、地方法规和行政规章,形成了以《反不正当竞争法》为基本法律,有关行政法规、地方法规和行政规章为配套规定的反不正当竞争法律体系。2017年11月4日《反不正当竞争法》修订通过,并自2018年1月1日起施行。

2007年8月30日《中华人民共和国反垄断法》(下称《反垄断法》)公布,并于2008年8月1日开始施行。最高人民法院于2012年5月8日发布了《关于审理因垄断行为引发的民事纠纷案件应用法律若干问题的规定》,并于2012年6月1日起正式施行,这是最高人民法院在反垄断审判领域出台的第一部司法解释。

第一节　反垄断法概述

一、反垄断法概述

(一)垄断的含义和分类

"垄断"一词在经济学上的含义是"独占",即一个企业在一个市场或者一个经济部门占100%的份额。反垄断法中的垄断比经济学意义上的垄断范围要宽,是指特定的经济主体,为了实现其特定的目的,在其目标市场范围内进行的排他性经营活动。"特定的经济主体"既包括大企业,也包括小企业和政府。"特定的目的"既包含利润最大化目的,也包含扩大市场占有率、维持市场地位等其他企业目的或者是政府的社会福利目的。"目标市场"是指垄断企业或政府所控制的市场范围,这个市场既可以是全国范围内的大市场,也可以是一个居住小区这样的小市场。"排他性经营活动"是指垄断企业为了维持其垄断地位,通过控制技术、价格或生产来限制其他竞争企业的进入。

垄断可分为合法垄断和非法垄断两类。

1. 合法垄断

合法垄断是指国家为了保护整个国民经济的健康发展,在《反垄断法》中明确规定的不适用反垄断法的垄断行为。例如，特定的经济部门、知识产权领域、对外贸易领域等垄断行为。

2. 非法垄断

非法垄断是指违反法律、法规和社会公共利益，通过协议、安排或协同行为，或者滥用经济优势地位，排斥或控制其他经营者正当的经营活动，在某一生产领域或流通领域实质上限制竞争的行为。在我国，非法垄断包括垄断协议，滥用市场支配地位，具有或者可能具有排除、限制竞争效果的经营者集中和行政性垄断四类。

（二）反垄断法

反垄断法是调整垄断及其他限制竞争行为的法律规范的总称。反垄断法在市场经济国家有着极其重要的地位，被称为“经济宪法”。市场经济本质上是一种竞争型经济。反垄断法是保护市场竞争，维护市场竞争秩序，充分发挥市场配置资源基础性作用的重要法律制度，也是市场经济国家调控经济的重要政策工具，是一国经济法的核心。

《中华人民共和国反垄断法》(以下简称《反垄断法》)于 2007 年 8 月 30 日第十届全国人民代表大会常务委员会通过，分为 8 章(见表 7—1)，共 57 条，自 2008 年 8 月 1 日起施行。

表 7—1　《反垄断法》目录

第一章　总则	第五章　滥用行政权力排除、限制竞争
第二章　垄断协议	第六章　对涉嫌垄断行为的调查
第三章　滥用市场支配地位	第七章　法律责任
第四章　经营者集中	第八章　附则

《反垄断法》不是我国第一部竞争法规范，但却是我国第一部系统地规范垄断及其他限制竞争行为的法律。在这之前，1993 年我国颁布实施的《反不正当竞争法》针对四种限制竞争行为做出了相关规定。2001 年通过的《国务院关于禁止在市场经济活动中实行地区封锁的规定》，针对滥用行政权力排除、限制竞争的行为(亦称“行政性垄断”)做出了规范。2003 年颁布了《外国投资者并购境内企业暂行规定》(2006 年修订为《关于外国投资者并购境内企业的规定》)，其中，反垄断审查方面的条款初步确立了我国企业合并控制制度，即我国现行《反垄断法》中经营者集中规则的雏形。2007 年与我国《反垄断法》同一时间公布的配套实施细则，是国务院颁布的《关于经营者集中申报标准的规定》。2009 年 6 月，国家工商行政管理总局公布了《工商行政管理机关查处垄断协议、滥用市场支配地位案件程序规定》《工商行政管理机关制止滥用行政权力排除、限制竞争行为程序规定》两个配套规章，并于 2009 年 7 月 1 日起施行。这两个规章对反垄断执法程序做出了一些特殊规定，有利于工商管理部门有效地开展反垄断执法。为指导人民法院正确适用《反垄断法》，依法制止垄断行为，保护和促进市场公平竞争，2012 年 5 月 8 日最高人民法院发布了《关于审理因垄断行为引发的民事纠纷案件应用法律若干问题的规定》，这是最高人民法院在反垄断审判领域出台的第一部司法解释，于 2012 年 6 月 1 日起正式施行。以上规范性法律文件与《反垄断法》一起构成我国的反垄断法律制度。

小资料

> 反不正当竞争法与反垄断法同属竞争法的范畴，都以竞争行为或者竞争关系为调整对象，都是出于规范市场竞争秩序、推动和保护竞争之目的，二者在制度方面也是相互配合、互为补充的关系。但另一方面，二者又有差异，在维护市场竞争秩序方面起着不同的作用。反不正当竞争法与反垄断法的差异主要在于二者立法目的不同。反不正当竞争法主要是关注市场上的不正当竞争行为，目的是维护公平的竞争秩序，保护合法经营者和消费者的利益，因此又被称为公平竞争法；反垄断法关注的则是竞争者之间的协调行为、限制或排除竞争的行为，目的是使市场保持一种竞争的态势，保证市场上有足够的竞争者，保障企业在市场上自由参与竞争的权利，保证消费者有选择商品的权利，因此又被称为自由竞争法。此外，反不正当竞争法与反垄断法的执法程序和执法机关也不同。

（三）反垄断法的调整对象及特征

反垄断法的调整对象，是指在反对垄断行为和限制竞争行为的过程中产生的社会经济关系。从各国立法看，反垄断法调整企业和企业联合组织之间的特定的竞争关系以及国家对这些特定竞争关系的管理关系。

反垄断法的调整对象具有以下三个特征：

(1)反垄断法调整的竞争关系只限于市场竞争关系，是各个主体为争夺市场权力而发生的互相排斥的关系，而不包括为其他目的而发生的竞争关系。

(2)反垄断法只调整一部分市场竞争关系，即围绕垄断和限制竞争行为而发生的关系。其他的市场竞争关系由反不正当竞争法调整。反垄断法与反不正当竞争法同属竞争法的范畴。

(3)反垄断法除调整市场竞争关系之外，还调整国家在管理市场竞争中发生的关系，即与垄断相关的竞争管理关系。各国反垄断法中都无一例外地规定专门的垄断执法机关、执法程序，包含了大量的行政性规范和程序性规范，这说明反垄断法的调整对象包括特定的竞争管理关系。

二、非法垄断行为

（一）垄断协议

垄断协议又称限制竞争协议（在国外也被称为“卡特尔行为”），是指排除、限制竞争的协议、决定或者其他协同行为。协议的双方当事人可以是具有竞争关系的经营者；也可以一方为经营者，另一方为交易相对人。因此，反垄断法禁止的垄断协议有两类：一类是在具有竞争关系的经营者之间达成的；另一类是由经营者与交易相对人达成的。

1. 垄断协议的类型

垄断协议有横向垄断协议和纵向垄断协议。

(1)横向垄断协议，是指具有竞争关系的经营者达成的协议，包括：①固定或者变更商品价格；②限制商品的生产数量或者销售数量；③分割销售市场或者原材料采购市场；④限制购买新技术、新设备或者限制开发新技术、新产品；⑤联合抵制交易；⑥国务院反垄断执法机构认定的其他垄断协议。

微型案例

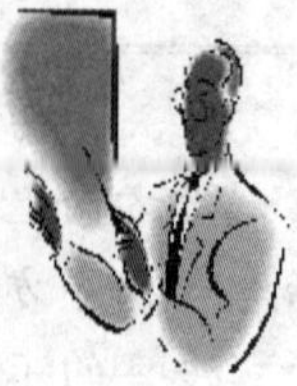

2017年初，国家发改委接到举报，反映部分聚氯乙烯树脂（英文简称PVC）经营者实施价格垄断，联合推高PVC销售价格。接到举报后，国家发改委随即开展了反垄断调查。调查发现，18家涉案企业在2016年销售PVC产品的过程中通过微信群达成了13次价格垄断协议，共同联手推高了PVC售价。其中湖北宜化集团有限责任公司、中盐吉兰泰盐化集团有限公司分别作为“秘书长单位”和“理事长单位”，先后牵头组织了“西北氯碱联合体”的6次会议，并通过微信群多次主动提议涨价，在案件中起了主导作用。其他16家涉案企业参加了“西北氯碱联合体”会议，并在微信群中响应、支持上述两家牵头单位发出的涨价提议。在实际销售过程中，所有涉案企业均实施了达成的垄断协议。本案中，涉案企业的违法行为对市场竞争秩序、下游经营者和消费者权益均造成了损害。一是排除限制了市场竞争。违法行为严重排除、限制了PVC市场的竞争秩序，也不利于通过市场化、法治化手段推进行业改革。二是加重了下游企业成本负担。违法行为推高了PVC售价，加重了以其为原材料的相关企业成本负担。三是损害了消费者合法权益。PVC售价快速上涨，导致下游家具建材、家用电器、建筑型材等产品的价格上涨，增加了消费者的负担，损害了消费者的合法权益。涉案企业的上述行为已违反反垄断法，2017年9月国家发改委依法对18家涉案企业处以2016年度相关市场销售额1%～2%的罚款，共计4.57亿元，这是反垄断法实施以来执法部门对国内企业开出的最大一笔罚单。

(2)纵向垄断协议，是指经营者与交易相对人达成的协议，包括：①固定向第三人转售商品的价格；②限定向第三人转售商品的最低价格；③国务院反垄断执法机构认定的其他垄断协议。

微型案例

2008年1月，北京锐邦涌和科贸有限公司与强生公司签订经销合同，强生公司授权锐邦公司在其指定的区域内经销产品，但是销售价格不得低于强生公司规定的产品价格。2008年7月1日，强生公司以锐邦公司在2008年3月北京人民医院的竞标中，通过私自降低销售价格、获取非授权区域的缝线经销权为理由，扣除了锐邦公司的保证金并取消其在北京阜外医院的销售。锐邦公司迅即向强生公司各相关部门反映，但均没有结果。2008年8月15日，锐邦公司向强生公司发出订单要求发货，但强生公司一直没有给锐邦公司发货，直至合同期满。强生公司所谓的种种“惩罚措施”让锐邦公司在经济上遭受了上千万元人民币的损失。锐邦公司遂向法院提起诉讼。2012年2月3日上海市第一中级人民法院开题审理了锐邦公司诉强生公司价格垄断一案。这是我国实施反垄断法以来，法院审理的首例纵向垄断协议民事诉讼案。一审法院经审理认为，由于锐邦公司未能提交证据证明经销合同项下产品在相关市场所占份额、相关市场的竞争水平、产品供应和价格的变化等情况，相反强生公司提供证据表明上游存在多家同类产品的供应商，因此本案确定存在垄断行为的依据尚不充分。法院最终认定垄断行为不成立,驳回原告诉请。锐邦公司遂上诉至上海市高级人民法院。2013 年 8 月 1 日,上海市高级人民法院做出撤销原判的终审判决,认定被告强生公司的行为构成纵向垄断协议,赔偿原告损失 53 万元。本案被称为中国第一起纵向垄断协议纠纷案,本案判决无论对于纵向垄断协议的执法,还是对于反垄断民事诉讼的发展,都具有里程碑式的意义。

2. 垄断协议的豁免

根据《反垄断法》第 15 条规定,经营者能够证明所达成的协议属于下列情形之一的,不属于垄断协议:

(1)为改进技术、研究开发新产品的;

(2)为提高产品质量、降低成本、增进效率,统一产品规格、标准或者实行专业化分工的;为提高中小经营者经营效率,增强中小经营者竞争力的;

(3)为实现节约能源、保护环境、救灾救助等社会公共利益的;

(4)因经济不景气,为缓解销售量严重下降或者生产明显过剩的;

(5)为保障对外贸易和对外经济合作中的正当利益的;

(6)法律和国务院规定的其他情形。

3. 实施垄断协议的法律责任

《反垄断法》第 46 条规定,经营者违反本法规定,达成并实施垄断协议的,由反垄断执法机构责令停止违法行为,没收违法所得,并处上一年度销售额 1%以上 10%以下的罚款;尚未实施所达成的垄断协议的,可以处 50 万元以下的罚款。经营者主动向反垄断执法机构报告达成垄断协议的有关情况并提供重要证据的,反垄断执法机构可以酌情减轻或者免除对该经营者的处罚。行业协会违反本法规定,组织本行业的经营者达成垄断协议的,反垄断执法机构可以处 50 万元以下的罚款;情节严重的,社会团体登记管理机关可以依法撤销登记。

(二)滥用市场支配地位

市场支配地位,是指经营者在相关市场内具有能够控制商品价格、数量或者其他交易条件,或者能够阻碍、影响其他经营者进入相关市场能力的市场地位。

1. 市场支配地位的认定

认定经营者具有市场支配地位,应当依据下列因素:

(1)该经营者在相关市场的市场份额,以及相关市场的竞争状况;

(2)该经营者控制销售市场或者原材料采购市场的能力;

(3)该经营者的财力和技术条件;

(4)其他经营者对该经营者在交易上的依赖程度;

(5)其他经营者进入相关市场的难易程度;

(6)与认定该经营者市场支配地位有关的其他因素。

有下列情形之一的,可以推定经营者具有市场支配地位:

(1)一个经营者在相关市场的市场份额达到 1/2 的;

(2)两个经营者在相关市场的市场份额合计达到 2/3 的;

(3)三个经营者在相关市场的市场份额合计达到 3/4 的。

2. 滥用市场支配地位的表现形式

(1)以不公平的高价销售商品或者以不公平的低价购买商品;

(2)没有正当理由,以低于成本的价格销售商品;

(3)没有正当理由,拒绝与交易相对人进行交易;

(4)没有正当理由,限定交易相对人只能与其进行交易或者只能与其指定的经营者进行交易;

(5)没有正当理由搭售商品,或者在交易时附加其他不合理的交易条件;

(6)没有正当理由,对条件相同的交易相对人在交易价格等交易条件上实行差别待遇;

(7)国务院反垄断执法机构认定的其他滥用市场支配地位的行为。

3. 滥用市场支配地位的法律责任

《反垄断法》第47条规定,经营者违反本法规定,滥用市场支配地位的,由反垄断执法机构责令停止违法行为,没收违法所得,并处上一年度销售额1%以上10%以下的罚款。

本章引入案例中所述的360诉腾讯垄断案的庭审中,广东省高级人民法院即是根据我国反垄断法中的相关规定做出了腾讯不具有市场支配地位,驳回360全部诉讼请求的判定。

微型案例

2011年11月9日国家发改委反垄断局证实,根据反垄断法相关规定,已着手对中国电信和中国联通进行反垄断调查。据悉,相关部门自上半年就已经展开调查取证,有关部委与中国电信就进行了多轮沟通取证,还向联通、铁通等多家接入企业、研究机构及多位专家进行了求证。其主要调查内容是中国电信在宽带接入及网间结算领域,是否利用自身具有的市场支配地位,阻碍影响其他经营者进入市场等行为。若事实成立,两公司将被处以反垄断巨额罚款。发改委公布了调查消息后,引起了两家公司的高度重视,他们提出了中止调查的申请,承诺进行整改,包括实现充分的互联互通,加强专线接入费的管理,解决ISP的价格问题。2014年2月19日在国家发改委召开的价格监管与反垄断工作新闻发布会上,国家发改委价格监督和反垄断局局长许昆林表示,按照发改委的要求,中国电信和中国联通分别在2012年和2013年把整改情况做了报告,最近的一次报告是2013年12月23日中国联通、2014年1月7日中国电信向发改委进行的报告。从报告和了解的情况看,互联互通质量有较大幅度提高,中国电信和中国联通的宽带扩容已由原定的10G扩大到100G,"对消费者来说,最重要的是提升消费者上网速率,降低收费标准,消除涉嫌垄断行为",发改委一直并且将继续督促中国电信和中国联通整改宽带接入领域垄断问题,整改的期限为3~5年。对此,中国电信表示将认真对有关问题进行整改,进一步规范互联网专线接入资费管理,适当降低资费标准,承诺5年内公众用户上网单位带宽价格下降35%左右。中国联通也表示将认真对有关问题进行整改,未来将持续加大宽带网络建设投入,大幅提升光纤接入普及率和宽带接入速率,同时进一步下调公众用户上网单位带宽资费水平。

(三)具有或者可能具有排除、限制竞争效果的经营者集中

经营者集中是指下列情形:

(1)经营者合并;

(2)经营者通过取得股权或者资产的方式取得对其他经营者的控制权;

(3)经营者通过合同等方式取得对其他经营者的控制权或者能够对其他经营者施加决定

性影响。

1. 经营者集中的申报

经营者集中达到国务院规定的申报标准的，经营者应当事先向国务院反垄断执法机构申报，并提交相关文件和资料，未申报的不得实施集中。

但是，经营者集中有下列情形之一的，可以不向国务院反垄断执法机构申报：

（1）参与集中的一个经营者拥有其他每个经营者50%以上有表决权的股份或者资产的；

（2）参与集中的每个经营者50%以上有表决权的股份或者资产被同一个未参与集中的经营者拥有的。

2. 对经营者集中的审查决定

国务院反垄断执法机构对经营者提交的文件和资料进行审查，认为经营者集中具有或者可能具有排除、限制竞争效果的，应当做出禁止经营者集中的决定。但是，经营者能够证明该集中对竞争产生的有利影响明显大于不利影响，或者符合社会公共利益的，国务院反垄断执法机构可以做出对经营者集中不予禁止的决定。

微型案例

泛林半导体设备公司（以下简称泛林）和科天公司（以下简称科天）分别为全球第二和第五大半导体制造设备企业。2015年泛林宣布收购科天，并于2015年12月23日向商务部提交该交易的经营者集中申报。2016年4月21日商务部立案审查。经审查，泛林作为全球第二大半导体制造设备企业，收购第五大半导体制造设备企业（科天）后将成为全球第一。商务部认为该项集中可能具有排除、限制竞争效果，并向当事方提出了竞争关注，要求其予以解决。自立案审查以来，该案一直处于审查延长阶段。审查过程中，商务部与美国、韩国等反垄断执法机构进行了密切合作，多次就审查进展、竞争关注等交换意见。2016年10月5日，泛林宣布放弃收购科天，并于10月8日向商务部申请撤回经营者集中申报。

3. 违法集中的法律责任

《反垄断法》第48条规定，经营者违反本法规定实施集中的，由国务院反垄断执法机构责令停止实施集中、限期处分股份或者资产、限期转让营业以及采取其他必要措施恢复到集中前的状态，可以处50万元以下的罚款。

（四）行政性垄断

行政性垄断是行政机关或法律、行政法规授权的组织滥用行政权力，排除、限制竞争的行为。反垄断法的任务是维护市场自由和公平竞争的秩序，因此，如果政府的一项行政行为明显导致对市场参与者的不公平待遇，或者是对某些企业、某些行业或者某些地区的歧视，一般应被认定为是滥用行政权力限制竞争。

1. 行政性垄断行为的表现方式

（1）行政强制交易：限定或者变相限定单位或者个人经营、购买、使用其指定的经营者提供的商品；

（2）地区封锁：妨碍商品在地区之间的自由流通；

（3）行政限制招投标：以设定歧视性资质要求、评审标准或者不依法发布信息等方式，排斥或者限制外地经营者参加本地的招标投标活动；

(4)行政限制跨地区投资：采取与本地经营者不平等待遇等方式，排斥或者限制外地经营者在本地投资或者设立分支机构；

(5)行政强制限制竞争：强制经营者从事本法规定的垄断行为；

(6)抽象行政垄断行为，如制定含有排除、限制竞争内容的规定。

2. 行政性垄断行为的法律责任

《反垄断法》第51条规定，行政机关和法律、法规授权的具有管理公共事务职能的组织滥用行政权力，实施排除、限制竞争行为的，由上级机关责令改正；对直接负责的主管人员和其他直接责任人员依法给予处分。反垄断执法机构可以向有关上级机关提出依法处理的建议。法律、行政法规对行政机关和法律、法规授权的具有管理公共事务职能的组织滥用行政权力实施排除、限制竞争行为的处理另有规定的，依照其规定。

微型案例

在2014年全国职业院校技能大赛广东省选拔赛“工程造价基本技能赛项”比赛中，广东省教育厅指定广联达股份软件有限公司(以下简称广联达)软件为独家参赛软件。2014年4月22日，深圳市斯维尔科技有限公司(以下简称斯维尔)向广州市中级人民法院提起行政诉讼，认为广东省教育厅的作法滥用行政权力排除竞争，请求确认该行为违法。广联达被列为此次诉讼的第三人。2015年2月2日，广州中院做出一审判决，认定省教育厅在省赛中指定广联达软件为独家参赛软件的行为违反了反垄断法规定。一审宣判后，省教育厅和第三人广联达双双提出上诉。2015年5月28日，该案在广东省高级人民法院进行二审公开审理。2017年8月，广东高院对该案做出判决，认定广东省教育厅指定广联达软件为独家参赛软件的行为，属于滥用行政权力，产生了排除、限制竞争的效果，违反了反垄断法规定，为此驳回省教育厅和广联达的所有上诉请求，维持一审判决。这起历经3年多时间、反垄断法颁布实施以来首个行政垄断诉讼案件，以民赢官输而尘埃落定。广东高院在终审判决中指出，省教育厅应对其在涉案赛项中指定独家使用广联达公司软件的合法性负举证责任，如举证不能就应该承担败诉责任。省教育厅在法律未有明确规定其指定行为应遵循何种法定程序的情况下，应当经过公开、公平的竞争性选择程序，来决定使用相关商家免费提供的软件，否则属于滥用行政权力。

三、反垄断法执行机构

在我国，国务院反垄断委员会和国务院反垄断执法机构共同承担反垄断职责。

(一)国务院反垄断委员

国务院反垄断委员是反垄断法议事协调机构。《反垄断法》第9条规定，国务院设立反垄断委员会，负责组织、协调、指导反垄断工作。

(二)国务院反垄断执法机构

国务院反垄断执法机构是承担反垄断执法职责的机构。《反垄断法》第10条规定，国务院规定的承担反垄断执法职责的机构(以下统称“国务院反垄断执法机构”)依照本法规定，负责反垄断执法工作。

国务院规定，由国家市场监督管理总局负责反垄断法的具体执法工作。

四、非法垄断行为的法律责任

我国《反垄断法》第 7 章规定的法律责任可分为三类：一是经营者实施了垄断行为的法律责任，二是经营者妨碍反垄断执法的法律责任，三是反垄断执法人员执法过程中违法行为的法律责任。我国反垄断法的主要执法机构是行政机构，违反反垄断法的主要法律责任是行政责任。另一方面，我国反垄断法作为保护经营者和消费者的重要法律制度，也有民事责任的规定。

微型案例

2013 年 8 月 7 日国家发展和改革委员会（下称国家发改委）郑重公布，合生元因严重违法、不积极整改被处上年销售额 6%的罚款，约 1.6 亿元。美赞臣被处上年销售额 4%，约 2 亿元罚款。多美滋、雅培、富仕兰、恒天然均处上年销售额 3%罚款，金额为 0.04 亿元～1.7 亿元。六家公司面临国家发改委开出的 6.7 亿元的巨额罚款。这是国家发改委当年在反垄断执法领域继对包括三星在内的六家液晶面板制造商处以总计达 3.53 亿元的罚款，及随后对五粮液和茅台两家生产高端白酒的国有企业分别处以 2.02 亿元和 2.47 亿元罚款之后，开出的第三笔天价罚单。惠氏、贝因美、明治因配合调查、提供重要证据，并积极主动整改被免除处罚。

其实，大约一个月前，国家发改委就已经对国内若干销售排名前列的奶粉品牌的定价行为发起反垄断调查，认为其存在固定经销商的最低转售价格行为，涉嫌违反《反垄断法》第 14 条有关纵向垄断协议的规定。一个月后，巨额罚单在反垄断法刚刚度过其 5 周年生日之际如期而至。自国家发改委开展调查以来，奶粉企业纷纷降价，部分企业甚至对主要产品进行优惠回馈活动，这对于老百姓来说无疑是一个利好消息。但同时，国产奶粉也将不得不面对洋奶粉降价销售的竞争挑战。

1. 行政责任

反垄断法中的行政责任有多种形式，包括责令停止违法行为，没收违法所得，依据情节处以行政罚款，此外，《反垄断法》第 48 条还规定了对违法的经营者集中可采取拆分企业的措施。

2. 民事责任

《反垄断法》第 50 条规定，经营者实施垄断行为，给他人造成损失的，依法承担民事责任。反垄断法的民事责任主要是排除侵害和损害赔偿。

3. 刑事责任

《反垄断法》第 52 条规定，对反垄断执法机构依法实施的审查和调查，拒绝提供有关材料、信息，提供虚假材料、信息，隐匿、销毁、转移证据，或者有其他拒绝、阻碍调查行为，构成犯罪的，依法追究刑事责任。第 54 条规定，反垄断执法机构工作人员滥用职权、玩忽职守、徇私舞弊或者泄露执法过程中知悉的商业秘密，构成犯罪的，依法追究刑事责任。

第二节　反不正当竞争法概述

一、竞争与不正当竞争

市场经济的竞争是指商品经济条件下两个或两个以上商品经营者为自己的利益在特定的市场上通过提供商品或服务，为争夺市场地位或顾客而做的较量，并产生优胜劣汰的结果。竞争有正当竞争、不正当竞争之分。不正当竞争是指经营者在市场竞争中，采取非法的或者有悖于公认的商业道德的手段与方式，与其他经营者相竞争的行为。我国《反不正当竞争法》第2条第2款规定："本法所称的不正当竞争行为，是指经营者在生产经营活动中，违反本法规定，扰乱市场竞争秩序，损害其他经营者或者消费者的合法权益的行为。"

不正当竞争行为的主体是经营者，不正当竞争行为是一种违法行为，不正当竞争行为侵犯的客体是其他经营者和消费者的合法权益和正常的社会经济秩序。

提醒您

我国《反不正当竞争法》第2条第3款规定："本法所称的经营者，是指从事商品生产、经营或者提供服务(以下所称商品包括服务)的自然人、法人和非法人组织。"非经营者不是竞争行为主体，一般情况下不能成为不正当竞争行为的主体。但是在有些情况下，非经营者的某些行为，比如政府及其所属部门滥用行政权力，也会妨害经营者的正当经营活动，侵害经营者的合法权益，这种行为也是反不正当竞争法的规范对象。

二、反不正当竞争法

反不正当竞争法是调整在制止不正当竞争过程中发生的社会关系的法律规范的总称。《中华人民共和国反不正当竞争法》(以下简称《反不正当竞争法》)于1993年9月2日由第八届全国人民代表大会常务委员会通过，分为5章，共33条，自1993年12月1日起施行。2017年11月4日《中华人民共和国反不正当竞争法》由全国人民代表大会常务委员会第三十次会议修订通过，修订通过后的《反不正当竞争法》，分为五章(见表7—2)，共32条，自2018年1月1日起施行。

表7—2　《反不正当竞争法》目录

第一章　总则	第四章　法律责任
第二章　不正当竞争行为	第五章　附　则
第三章　对涉嫌不正当竞争行为的调查	

此外，自1993年以来，国家工商行政管理局先后颁布了《关于禁止有奖销售活动中不正当竞争行为的若干规定》《关于禁止公用企业限制竞争行为的若干规定》《关于禁止仿冒知名商品特有的名称、包装、装潢的不正当竞争行为的若干规定》《关于禁止侵犯商业秘密行为的若干规定》《关于禁止商业贿赂行为的暂行规定》《关于禁止串通招标投标行为的暂行规定》等。2007

年1月20日，最高人民法院公布《关于审理不正当竞争民事案件应用法律若干问题的解释》(法释〔2007〕2号)，自2007年2月1日起施行。这些规范性法律文件与反不正当竞争法一起构成我国的反不正当竞争法律制度。

小资料

2018年1月1日起施行的新反不正当竞争法主要在以下方面进行了修改完善：

(1)与其他有关法律进行分割、有机衔接。与反垄断法进行分割，删除了有关公用事业单位限制竞争、行政垄断、低于成本价销售、搭售的规定。与招标投标法进行分割，删除旧法里涉及招标投标条款。与商标法相衔接，删除了有关商标侵权的规定，对《商标法》第58条规定的将他人注册商标、未注册的驰名商标作为企业名称中的字号使用，误导公众，构成不正当竞争的情形，增加相应规制条款。与广告法相衔接，对经营者违反《反不正当竞争法》第8条进行虚假宣传，属于发布虚假广告的，依照广告法处罚。

(2)完善了“经营者”的定义。新法删除了“营利性”要求，与反垄断法对“经营者”的规定基本一致，扩大了反不正当竞争法的适用对象。

(3)新增对互联网领域利用技术手段实施不正当竞争行为的条款。新法规定“经营者利用网络从事生产经营活动，应当遵守本法的各项规定”，以立法的形式明确了反不正当竞争法对互联网经营活动的规制。

(4)增加禁止“组织虚假交易”的规定。今后，帮助他人刷单炒信、删除差评、虚构交易、开展虚假荣誉评比等行为，将受到查处。

(5)修订完善了关于仿冒、混淆行为的规定。对仿冒他人有一定影响的商品名称、包装、装潢、企业名称、字号、商业活动的标识行为，均做了规定，对打击仿冒混淆的规定更为全面和完善。

(6)更加合理界定商业贿赂行为。明确了商业贿赂中争取交易机会和竞争优势的目的性，限定了受贿人范围，对员工商业贿赂行为做出特别规定。厘清了商业贿赂与正常市场竞争行为的界限，有助于促进市场竞争的活跃。

(7)完善法律责任规定，加大了对不正当竞争行为的处罚力度。新法罗列的不正当竞争行为都有相对应的法律责任规定。对拒绝、妨碍调查的，明确了法律责任。此外，创新性地将企业信用信息公示系统运用到商标和企业名称权利冲突的法律责任中。

三、反不正当竞争法的调整对象及特征

经营者在市场交易中，应当遵循自愿、平等、公平、诚实信用的原则，遵守公认的商业道德。我国反不正当竞争法的调整对象即在反对制止不正当竞争过程中产生的社会经济关系，主要包括：

第一，因为不正当竞争行为而在经营者之间形成的不正当竞争关系。这类不正当竞争行

为主要有:引人误认为是他人商品或者与他人存在特定联系的仿冒混淆行为、商业贿赂行为、商业诋毁行为以及利用技术手段,通过影响用户选择或其他方式,妨碍、破坏其他经营者合法提供网络产品或服务的行为。

第二,因为不正当竞争行为而在经营者和消费者之间形成的权益关系。这类不正当竞争行为主要有侵犯商业秘密、引人误解的虚假宣传,违反规定的有奖销售等。

微型案例

2008年3月,北京开心人信息技术有限公司创立"开心网",网络域名为www.kaixin001.com。由于"开心网"创意独特,开通后立即受到用户的认可,注册用户数量逐月激增,并迅速成为中国最受网民喜爱的社交网站(SNS)。2008年10月,千橡互联科技发展有限公司购得"www.kaixin.com"域名,并开通了同样名为"开心网"的网站。两个"开心网"同时存在,造成了网络用户的混淆和不便。由于网民"难分真假",因此很多用户和网民把"千橡版开心网"的某些做法当成是开心网所为,致使开心网和开心人公司的合法权益遭受巨大损害。2009年5月20日开心网(www.kaixin001.com)的所有者开心人公司至北京市第二中级人民法院起诉,认为千橡公司在网站名称、网络域名的主要部分、网站的服务功能、服务对象、服务内容均与"开心网"基本相同,而且其首页的设计风格也与原告的"开心网"极其相似,这种做法已经构成不正当竞争。对此,要求千橡公司停止使用"开心网"及与"开心网"近似的名称作为网站名称,并公开赔礼道歉、赔偿损失。经过审理,2010年10月26日北京市二中院对"真假开心网案"做出判决,认定千橡公司的开心网(kaixin.com)与另一个开心网(kaixin001.com)构成不正当竞争,但不构成侵害商标权,判决千橡赔偿开心网(kaixin001.com)40万元,并停用开心网名称。最终,域名为kaixin001.com的开心网战胜了域名为kaixin.com的开心网。

我国反不正当竞争法的调整对象具有以下三个特征:

第一,反不正当竞争法调整的是市场交易活动中的经济关系,也就是说反不正当竞争法不是调整所有的市场经济关系,而是调整它所属的特定的经济关系,即规范主体在市场交易活动中的权利义务关系。

第二,反不正当竞争法调整的是市场交易活动中的经济竞争关系。人们在社会生活中的关系并不都是竞争关系。且虽然社会生活中发生竞争关系的时机和场合非常多,但只有市场交易中的竞争关系才由反不正当竞争法调整。

第三,反不正当竞争法调整的是由不正当竞争行为而引发的各种社会关系,经营者在市场交易中的竞争关系,既有因正当竞争所形成的竞争关系,又有因不正当竞争行为所形成的竞争关系。因此,没有不正当竞争行为,也就没有由此而产生的关系,反不正当竞争法调整的是由竞争行为而引发的各种社会关系。

第三节 不正当竞争行为

不当的市场竞争行为包括不正当竞争行为、限制竞争行为和垄断行为。限制竞争行为与不正当竞争行为的本质区别在于前者是一种反竞争、阻碍竞争的行为,而后者是一种过度竞争、不道德的竞争行为。同时限制竞争行为与垄断行为存在交叉，自身处于绝对优势地位者采取限制竞争行为时一般被视为垄断行为。我国原有《反不正当竞争法》以列举的方式规定了11种不正当竞争行为，其中包括了具有垄断行为性质的限制竞争行为。新修订的《反不正当竞争法》对于不正当竞争行为的规定，由原来的11条行为变为现在的7条行为。涉及公有企业排除竞争、滥用行政权力排除限制竞争、倾销和搭售的，适用反垄断法；涉及招标投标的，适用招标投标法；涉及虚假广告、假冒注册商标的，广告法、商标法已经做了规制的，新法不再做规制。

新修订的《反不正当竞争法》规定的不正当竞争行为包括：

一、仿冒、混淆行为

经营者不得实施下列混淆行为，引人误认为是他人商品或者与他人存在特定联系：

1. 擅自使用与他人有一定影响的商品名称、包装、装潢等相同或者近似的标识；

2. 擅自使用他人有一定影响的企业名称（包括简称、字号等）、社会组织名称（包括简称等）、姓名（包括笔名、艺名、译名等）；

3. 擅自使用他人有一定影响的域名主体部分、网站名称、网页等；

4. 其他足以引人误认为是他人商品或者与他人存在特定联系的混淆行为。

新修订的《反不正当竞争法》对"傍名牌"等混淆行为的概念做了明确规定：一是商业标识的范围更加广泛；二是对"混淆行为"的界定更加合理，除了包括引人误认为是他人商品，还包括误认为与他人存在特定联系；三是衔接了《商标法》，对"将他人注册商标、未注册驰名商标作为企业名称中的字号使用，误导公众构成不正当竞争的，适用《反不正当竞争法》的规定处理"这一情形，在新《反不正当竞争法》中予以规制。

对于一些先注册的商标被他人作为企业字号登记注册为企业名称，在实际使用中，销售相同或者类似商品，在销售渠道、消费群体等方面相同或者相近，导致消费者会认为是同一家公司的产品或者同一个生产者，由此产生市场混淆。新修订的《反不正当竞争法》对这种利用不同类别的商业标识制造市场混淆的行为做出规定，对于任何擅自使用他人具有一定影响的商业标识而产生的市场混淆行为，都将受到《反不正当竞争法》的规制。

微型案例

可口可乐公司从2004年开始生产销售"美汁源果粒橙"（橙汁饮料），在橙汁饮料市场有一定的占有率，该产品的包装、装潢具有显著特征。"美汁源"于2005年被核准为注册商标，而"果粒橙"不是相关国家标准中果汁饮料的通用名称，也不是果粒果汁饮料的通用名称。国家工商总局颁布的"类似商品和服务区分表"中，未将"果粒橙"作为果汁及果汁饮料的通用名称。因此，"果粒橙"是美汁源果粒橙产品的特有名称。2013年5月3日至2013年7月28日，广东省佛山市南海××饮料有限公司以每个0.5元的价格购进500ml塑料瓶23 010个，以每张0.05元的价格购进"浩溢果粒橙"字样的橙粒水果饮料瓶贴23 210张，以每个1元的价格购进外包装纸箱1 544个，利用上述包装生产、销售"浩溢果粒橙"橙粒水果饮料。该饮料与可口可乐公司生产销售的"美汁源果粒橙"（橙汁饮料）中特有的"果粒橙"名称相同，整个商品名称相似，造成与“美汁源果粒橙”(橙汁饮料)相混淆,使购买者误以为是该知名商品。此外,佛山市南海××饮料有限公司自2013年4月2日至2013年6月19日以每张0.05元的价格购进“椰树下火”清凉饮料瓶贴15 650张,以每个1元的价格购进外包装纸箱1 040个,并使用上述包装、装潢生产“椰树下火”清凉饮料。该饮料与绍兴椰树饮料有限公司生产的“椰树下火”清凉茶饮料的包装、装潢主要部分和整体印象高度近似,并且两者均为凉茶饮料,易引发消费者混淆误认。佛山市工商局认为,佛山市南海××饮料有限公司的上述行为构成《反不正当竞争法》第5条所指的使用与知名商品近似的包装、装潢,造成和他人的知名商品相混淆,使购买者误以为是该知名商品的不正当竞争行为。根据佛山市南海××饮料有限公司产品的销售和获利情况,佛山市工商局对其做出责令停止违法行为、没收违法所得7 002元、罚款1.42万元的处罚。

对于仿冒、混淆行为,新修订的《反不正当竞争法》第18条做出了相应的处罚规定:由监督检查部门责令停止违法行为,没收违法商品。违法经营额达5万元以上的,可以并处违法经营额5倍以下的罚款;没有违法经营额或者违法经营额不足5万元的,可以并处25万元以下的罚款。情节严重的,吊销营业执照。经营者登记的企业名称违反规定的,应当及时办理名称变更登记;名称变更前,由原企业登记机关以统一社会信用代码代替其名称。

二、商业贿赂行为

商业贿赂,是指经营者为争取交易机会,暗中给予交易对方单位或有关人员或能够影响交易的其他相关人员以财物或其他好处的行为。商业贿赂多以回扣的形式出现。

新修订的《反不正当竞争法》规定,经营者不得采用财物或者其他手段贿赂下列单位或者个人,以谋取交易机会或者竞争优势:(1)交易相对方的工作人员;(2)受交易相对方委托办理相关事务的单位或者个人;(3)利用职权或者影响力影响交易的单位或者个人。

经营者在交易活动中,可以以明示方式向交易相对方支付折扣,或者向中间人支付佣金。经营者向交易相对方支付折扣、向中间人支付佣金的,应当如实入账。接受折扣、佣金的经营者也应当如实入账。

经营者的工作人员进行贿赂的,应当认定为经营者的行为;但是,经营者有证据证明该工作人员的行为与为经营者谋取交易机会或者竞争优势无关的除外。

根据以上规定,商业贿赂的对象包括三类,分别是交易相对方的工作人员,受交易相对方委托办理相关事务的单位及个人,利用职权或者影响力影响交易的单位或者个人。需要注意的是,经营者员工贿赂应当认定为经营者行为,即经营者的工作人员进行贿赂,应当认定为经营者的行为,除非经营者有证据证明员工的行为与为经营者谋取交易机会或者竞争优势无关。

对于违反规定贿赂他人的,新修订的《反不正当竞争法》第19条做出了相应的处罚规定:由监督检查部门没收违法所得,处10万元以上300万元以下的罚款。情节严重的,吊销营业执照。

三、虚假宣传行为

虚假宣传,是指在市场交易中,经营者利用广告或其他方法对商品或服务的质量、制作成分、性能、用途、生产者、有效期限、产地等做出与实际情况不符的公开宣传,导致或足以导致购买者对商品或服务产生错误认识的不正当竞争行为。

新修订的《反不正当竞争法》规定，经营者不得对其商品的性能、功能、质量、销售状况、用户评价、曾获荣誉等做虚假或者引人误解的商业宣传，欺骗、误导消费者。经营者不得通过组织虚假交易等方式，帮助其他经营者进行虚假或者引人误解的商业宣传。

对虚假宣传行为的认定，第一，行为的主体是商业经营者。第二，上述主体在客观上对其商品或服务做虚假或者引人误解的商业宣传。第三，上述虚假或者引人误解的商业宣传达到了引人误解的程度，因而具有社会危害性。第四，主观方面，经营者在明知或应知情况下，方对虚假宣传负法律责任。

新修订的《反不正当竞争法》规制了目前电子商务领域的虚假宣传行为，明确经营者除不得对自己产品进行虚假宣传外，帮助他人刷单炒信、删除差评、虚构交易等行为，也将受到查处，由此，网络"水军"、职业差评师等不法经营者将受到处罚。

对于违反规定进行虚假或者引人误解的商业宣传的，新《反不正当竞争法》第20条做出了相应的处罚规定：由监督检查部门责令停止违法行为，处20万元以上100万元以下的罚款；情节严重的，处100万元以上200万元以下的罚款，可以吊销营业执照。违反规定发布虚假广告的，依照《中华人民共和国广告法》的规定处罚。

微型案例

2017年11月，李某在泸州市注册成立"泸州某网络科技有限公司"。为了让消费者和客户觉得公司很有来头，增强商誉，李某自行虚构了"国资委商业发展中心大数据研究与应用中心电商支付系统大数据研究所泸州实验基地"的名称，并委托他人制作牌匾悬挂于经营场所。2018年1月2日，江阳区工商局接到群众举报，之后迅速展开调查。经过调查，认定该公司的行为涉嫌违反刚刚实施的新《反不正当竞争法》第8条"经营者不得对其商品的性能、功能、质量、销售状况、用户评价、曾获荣誉等做虚假或者引人误解的商业宣传，欺骗、误导消费者"之规定，构成了虚假宣传行为。鉴于当事人在调查期间积极配合，如实陈述问题，有主动改正情节，愿主动接受行政处罚，且违法行为持续时间较短，宣传受众较少等情况，工商执法人员责令该公司立即改正违法行为并处罚款10万元。

四、侵犯商业秘密行为

商业秘密，是指不为公众所知悉，能为权利人带来经济利益，具有实用性并经权利人采取保密措施的技术信息和经营信息，包括设计、程序、产品配方、制作工艺、制作方法、管理诀窍、客户名单、货源情报、产销策略、招投标中的标底及标书内容等信息。侵犯商业秘密行为，是指以不当手段获取、披露、使用他人商业秘密的行为。

新修订的《反不正当竞争法》第9条规定，经营者不得实施下列侵犯商业秘密的行为：

(1)以盗窃、贿赂、欺诈、胁迫或者其他不正当手段获取权利人的商业秘密；

(2)披露、使用或者允许他人使用以前项手段获取的权利人的商业秘密；

(3)违反约定或者违反权利人有关保守商业秘密的要求，披露、使用或者允许他人使用其所掌握的商业秘密。

第三人明知或者应知商业秘密权利人的员工、前员工或者其他单位、个人实施前款所列违法行为，仍获取、披露、使用或者允许他人使用该商业秘密的，视为侵犯商业秘密。

反不正当竞争法所称的商业秘密，是指不为公众所知悉、具有商业价值并经权利人采取相应保密措施的技术信息和经营信息。

认定侵犯商业秘密行为，第一，依法确认商业秘密确实存在；第二，侵权行为主体可以是经营者，也可以是其他人，包括商业秘密权利人的员工、前员工或者其他单位、个人；第三，行为人客观上实施了侵犯他人商业秘密的行为；第四，这种行为已经或将要给权利人带来损害的后果。

新修订的《反不正当竞争法》对商业秘密保护条款做了进一步完善。比如，完善了商业秘密的概念，删除了"营利性"要求，使得失败的实验数据成为商业秘密保护的客体，扩大了对知识产权的保护范围；对不正当获取商业秘密的手段增加了"欺诈"的内容；加强商业秘密保护，加大了对侵犯商业秘密行为的行政处罚力度，新增规定要求监督检查部门及其工作人员对调查过程中知悉的商业秘密负有保密义务。

对于侵犯商业秘密行为，新《反不正当竞争法》第 21 条做出了相应的处罚规定：由监督检查部门责令停止违法行为，处 10 万元以上 50 万元以下的罚款；情节严重的，处 50 万元以上 300 万元以下的罚款。此外，我国《刑法》第 229 条规定了侵犯商业秘密罪。

微型案例

陈某于 2014 年 5 月 1 日入职甲公司，主要工作职责是对公司客户信息收集整理、交流和接收订单。甲公司与陈某签订了《承诺保密协议书》，明确要求陈某对甲公司的商业秘密包括公司所有客户的信息及资料不得传授于无关人员，不得带出本公司外工作范围；在劳动关系解除后不得把资料带出公司，并在解除劳动合同后两年内做好保密工作，否则视为泄密。2016 年 8 月陈某从甲公司离职，并进入有竞争关系的乙公司任职。在任职期间，陈某利用掌握的原甲公司客户名单谈成 5 笔合同，销售额合计20 639.64美元。而乙公司明知陈某利用甲公司的客户名单开展业务，仍然完成上述交易。陈某和乙公司的行为违反了当时《反不正当竞争法》第 10 条第 2 款之规定，属于侵犯商业秘密行为，根据当时《反不正当竞争法》第 25 条规定，市场监管部门对两当事人处以责令停止违法行为、罚款 1.5 万元的行政处罚。

五、不正当有奖销售行为

不正当有奖销售行为，是指经营者在销售商品或提供服务时，以欺骗或其他不正当手段，附带提供给用户和消费者金钱、实物或其他好处，引诱购买者与之交易，排挤竞争对手的不正当竞争行为。

新修订的《反不正当竞争法》第 10 条规定，经营者进行有奖销售不得存在下列情形：

(1)所设奖的种类、兑奖条件、奖金金额或者奖品等有奖销售信息不明确，影响兑奖；

(2)采用谎称有奖或者故意让内定人员中奖的欺骗方式进行有奖销售；

(3)抽奖式的有奖销售，最高奖的金额超过 5 万元。

新修订的《反不正当竞争法》较之旧法，明确了有奖销售的信息应该明确、不影响兑奖，不能使用谎称有奖或故意让内定人员中奖的欺骗方式;抽奖式有奖销售的抽奖奖金则从原来规定的5 000元增加到5万元。

对于违反规定进行有奖销售的,新《反不正当竞争法》第22条做出了相应的处罚规定:由监督检查部门责令停止违法行为,处5万元以上50万元以下的罚款。

六、商业诋毁行为

商业诋毁行为,又称为商业诽谤行为,是指经营者自己或利用他人,捏造、散布虚假事实,贬低、损毁竞争对手的商业信誉、商品声誉,从而削弱其市场竞争力,为自己取得竞争优势的行为。

新修订的《反不正当竞争法》第11条规定,经营者不得编造、传播虚假信息或者误导性信息,损害竞争对手的商业信誉、商品声誉。

对商业诋毁行为的认定,第一,行为主体是从事商品经营或者提供服务的经营者,可以是经营者本人实施对竞争对手的商业诽谤行为,也可以是自己不实施而利用他人实施此种行为;第二,行为人主观故意,而非过失,因过失造成对竞争对手商业信誉或商品声誉的损害,虽要承担相应的损害赔偿责任,但其性质不属于不正当竞争;第三,侵害对象是竞争对手的商业信誉、商品声誉;第四,行为在客观上表现为编造、传播虚假信息或者误导性信息,对竞争对手的商业信誉、商品声誉进行贬低、损毁,给其造成或可能造成一定的损害后果。

新修订的《反不正当竞争法》将原来规定的"捏造、散布虚伪事实"改为"编造、传播虚假信息或者误导性信息"。需要注意的是,商业诋毁和虚假宣传都是虚假信息,但虚假宣传是宣传自己的产品,商业诋毁则是针对竞争对手的产品。

对于商业诋毁行为,新《反不正当竞争法》第23条做出了相应的处罚规定:由监督检查部门责令停止违法行为、消除影响,处10万元以上50万元以下的罚款;情节严重的,处50万元以上300万元以下的罚款。

微型案例

爱奇艺自制的嘻哈选秀节目《中国有嘻哈》于2017年6月24日正式登陆爱奇艺,首期上线4小时点击量破亿,随着节目的深入,《中国有嘻哈》的热度和关注度也在持续上升,但随之而来的,还有节目版权以及节目赛制等各方面的争议与质疑之声。在《中国有嘻哈》热播期间,乐视网运营的"乐视视频"公众号向用户推送主标题为"和原版相比,《中国有嘻哈》简直就是中国小西瓜"、副标题为"中国有嘻哈,不在《中国有嘻哈》"的文章,并用"喜欢看的各位,你们接着看吧,《中国有黑幕》我是看不下去了"等指示性词语结语,还在文章末尾设置了同类型境外节目视频节目Show Me the Money(以下简称SMTM)的快捷链接,引导用户使用乐视视频观看SMTM节目。爱奇艺方面认为,这一行为已经对《中国有嘻哈》这档节目的市场份额、广告招商、节目品牌等造成严重的负面影响,并使爱奇艺的商誉受到严重损害,爱奇艺与乐视网同属互联网视频行业,乐视网的行为已经构成不正当竞争,故而将乐视网诉至法院,要求乐视网停止侵权、消除影响、赔礼道歉并赔偿经济损失500万元。目前,本案正在进一步审理中。

七、利用技术手段妨碍、破坏网络产品或者服务正常运行的行为

新修订的《反不正当竞争法》对利用软件等技术手段在互联网领域干扰、限制、影响其他经营者及用户的行为做了规定，增加了对于利用互联网技术实施不正当竞争的规制。这也是新《反不正当竞争法》最大的亮点之一。

互联网领域的不正当竞争行为包括两大类：一类是传统的不正当竞争在自然领域里的延伸，实际上属于传统的不正当竞争行为；另一类是互联网领域特有的不正当竞争行为，包括利用技术垄断市场、通过影响用户选择或者其他方式来进行以及妨碍、破坏其他经营者合法的产品正常运行三个要素。

新修订的《反不正当竞争法》第12条规定，经营者利用网络从事生产经营活动，应当遵守本法的各项规定。经营者不得利用技术手段，通过影响用户选择或者其他方式，实施下列妨碍、破坏其他经营者合法提供的网络产品或者服务正常运行的行为：

(1)未经其他经营者同意，在其合法提供的网络产品或者服务中，插入链接、强制进行目标跳转；

(2)误导、欺骗、强迫用户修改、关闭、卸载其他经营者合法提供的网络产品或者服务；

(3)恶意对其他经营者合法提供的网络产品或者服务实施不兼容；

(4)其他妨碍、破坏其他经营者合法提供的网络产品或者服务正常运行的行为。

根据反不正当竞争法规定，恶意干扰用户终端上其他互联网信息服务提供者的服务，恶意干扰与互联网信息服务相关的软件等产品的下载、安装、运行、升级，不兼容其他网络信息服务商提供的服务或产品，恶意修改或者影响用户修改其他互联网信息服务提供者的服务或者产品参数等违法行为，将依法受到惩处。

对于妨碍、破坏其他经营者合法提供的网络产品或者服务正常运行的，新《反不正当竞争法》第24条做出了相应的处罚规定：由监督检查部门责令停止违法行为，处10万元以上50万元以下的罚款；情节严重的，处50万元以上300万元以下的罚款。

第四节　不正当竞争行为的监督检查及法律责任

一、监督管理部门

《反不正当竞争法》第3条规定："国务院建立反不正当竞争工作协调机制，研究决定反不正当竞争重大政策，协调处理维护市场竞争秩序的重大问题。"《反不正当竞争法》第4条规定："县级以上人民政府履行工商行政管理职责的部门对不正当竞争行为进行查处；法律、行政法规规定由其他部门查处的，依照其规定。"可见，我国对不正当竞争行为进行监督检查的部门主要是县级以上的工商行政管理部门。此外，也包括法律、行政法规规定的有权进行监督检查的其他部门。例如，商务部有权对国内贸易和涉外贸易中的不正当竞争行为进行监督；国家市场监督管理总局有权对有关质量的不正当竞争行为进行监督；国家知识产权局和中宣部有权对与专利和出版业有关的不正当竞争行为进行监督；国家监察委员会、公安部、住房和城乡建设部、文化和旅游部等部、委依法也有权对与其职能、行业相关的不正当竞争行为进行监督。值得注意的是，依据我国反不正当竞争法的最新规定，只有县级以上的监督检查部门才可以对不正当竞争行为进行查处；国务院建立反不正当竞争工作协调机制，研究决定反不正当竞争重大

政策，协调处理维护市场竞争秩序的重大问题。

二、监督检查部门的职权

监督检查部门在对涉嫌不正当竞争行为的调查时，享有四种职权，即询问权、查询复制权、检查扣押权和处罚权。

(1)询问权。监督检查部门有权按照规定程序询问被检查的经营者、利害关系人、证明人，并要求其提供证明材料或者与不正当竞争行为有关的其他材料，被询问人必须如实提供。

(2)查询、复制权。监督检查部门在监督检查不正当竞争行为时，可以查询、复制与不正当竞争行为有关的协议、账册、单据、文件、记录、业务函电和其他资料，可以查询涉嫌不正当竞争行为的经营者的银行账户。

(3)检查、扣押权。监督检查部门调查涉嫌不正当竞争行为，可以进入涉嫌不正当竞争行为的经营场所进行检查，可以查封、扣押与涉嫌不正当竞争行为有关的财物。

(4)处罚权。监督检查部门有权对不正当竞争行为进行处罚，处罚的具体形式包括责令停止违法行为、消除影响、没收违法所得、吊销营业执照、处以罚款。

三、不正当竞争行为的法律责任

(一)民事责任

主要包括停止侵害和赔偿损失。

(1)停止侵害。根据反不正当竞争法的规定，反假冒其他企业的注册商标，擅自使用知名商品持有的名称、包装、装潢等，以排挤竞争对手为目的以低于成本的价格销售商品，侵犯他人商业秘密等行为，均得责令其停止侵害他人的不正当竞争行为，并给被侵害人消除影响、恢复名誉。

(2)赔偿损失。行为人的不正当竞争行为给他人造成经济损失的，行为人应当给予经济赔偿。赔偿的数额，按照其因被侵权所受到的实际损失确定。如果损失难以计算，则赔偿额为侵权人在侵权期间因侵权所获得的利益。针对仿冒混淆行为、侵犯商业秘密行为，权利人因被侵权所受到的实际损失、侵权人因侵权所获得的利益难以确定的，由人民法院根据侵权行为的情节判决给予权利人 300 万元以下的赔偿。除此之外，侵害人还应当承担被侵害的经营者为制止侵权行为所支付的合理开支。

(二)行政责任

不正当竞争行为的行政责任主要包括：

(1)强制行为人停止不正当竞争行为。比如，对商品做虚假或者引人误解的商业宣传，或者通过组织虚假交易等方式帮助其他经营者进行虚假或者引人误解的商业宣传的；不正当有奖销售的；损害竞争对手商业信誉、商品声誉的；妨碍、破坏其他经营者合法提供的网络产品或者服务正常运行的等。经营者登记的企业名称涉及仿冒混淆的，应当及时办理名称变更登记；名称变更前，由原企业登记机关以统一社会信用代码代替其名称。

(2)没收违法商品。对实施混淆行为的依法没收违法商品，对贿赂他人的依法没收违法所得。

(3)处以罚款。对实施混淆行为、贿赂他人、不正当有奖销售、损害竞争对手商业信誉商品声誉、妨碍破坏其他经营者合法提供的网络产品或者服务正常运行等不正当竞争行为，给予金额不等的罚款。

(4)吊销营业执照。不正当竞争行为情节严重的,可以吊销其营业执照。

经营者违反规定从事不正当竞争,有主动消除或者减轻违法行为危害后果等法定情形的,依法从轻或者减轻行政处罚;违法行为轻微并及时纠正,没有造成危害后果的,不予行政处罚。此外,经营者违反反不正当竞争法规定从事不正当竞争,受到行政处罚的,由监督检查部门记入信用记录,并依照有关法律、行政法规的规定予以公示。

(三)刑事责任

不正当竞争行为构成犯罪的,应当承担刑事责任。反不正当竞争法中规定,销售伪劣商品,采用贿赂手段以销售或购买商品,情节严重,构成犯罪的,依法追究刑事责任。监督检查部门工作人员,滥用职权,玩忽职守和徇私舞弊,故意包庇犯罪行为人不受追诉,构成犯罪的依法追究其刑事责任。我国刑法中还规定了侵害他人商业信誉、商品声誉罪、虚假广告罪、侵犯商业秘密罪等。这些是对反不正当竞争法刑事责任的补充。

微型案例

2014年5月,上海市工商局接上海交通大学医学院附属第九人民医院(以下简称九院)投诉,反映上海玫瑰医疗美容医院有限公司(以下简称玫瑰医院)假冒九院网站诱导患者前往就诊,严重侵害了九院的声誉和利益,希望上海市工商局对玫瑰医院进行查处。接报后,上海市工商局立即对该医院涉嫌违法行为进行调查,执法人员通过电子取证等手段及时确定其违法事实,并举一反三,对另外7家民营医院利用互联网假冒知名医院的虚假宣传行为进行了查处,罚没款共计113万元。九院作为全国极为知名的整形、口腔医院,具有超高知名度和很大门诊量。从2014年4月至被查处,玫瑰医院未经九院许可,利用百度竞价排名设置了"九院官网""九院整形"等关键词,并将搜索结果链接到其制作的虚假网站。玫瑰医院将网页标题设置为"上海第九人民医院",并在网页醒目位置发布"上海九院特需门诊""九院挂号名额已满""上海第九人民医院——快速预约绿色通道"等虚假内容,网页上还设有数个QQ弹窗以"九院专家"名义接受患者咨询和预约,误导患者去玫瑰医院诊治,严重侵犯了九院和患者的合法权益,扰乱了医疗市场秩序。经过全面调查和取证,上海市工商局最终认定玫瑰医院的上述行为构成《反不正当竞争法》第9条第1款所指的做引人误解虚假宣传的违法行为,玫瑰医院在证据面前对违法事实供认不讳,并当即修改违法网页,接受了行政处罚。

小　结

关键术语

非法垄断行为　不正当竞争行为　监督检查　法律责任

本章小结

1. 反垄断法是调整垄断及其他限制竞争行为的法律规范的总称。

2. 在我国非法垄断包括垄断协议、滥用市场支配地位、具有或者可能具有排除、限制竞争效果的经营者集中和行政性垄断四类。

3. 国务院反垄断执法机构负责我国反垄断执法工作。

4. 不正当竞争是指经营者在市场竞争中，采取非法的或者有悖于公认的商业道德的手段与方式，与其他经营者相竞争的行为。反不正当竞争法是调整在制止不正当竞争过程中发生的社会关系的法律规范的总称。

5. 我国对不正当竞争行为进行监督检查的部门主要是县级以上的工商行政管理部门。此外，也包括法律、行政法规规定的有权进行监督检查的其他部门。

6. 不正当竞争行为的法律责任主要包括民事责任、行政责任和刑事法律责任。

知识结构图

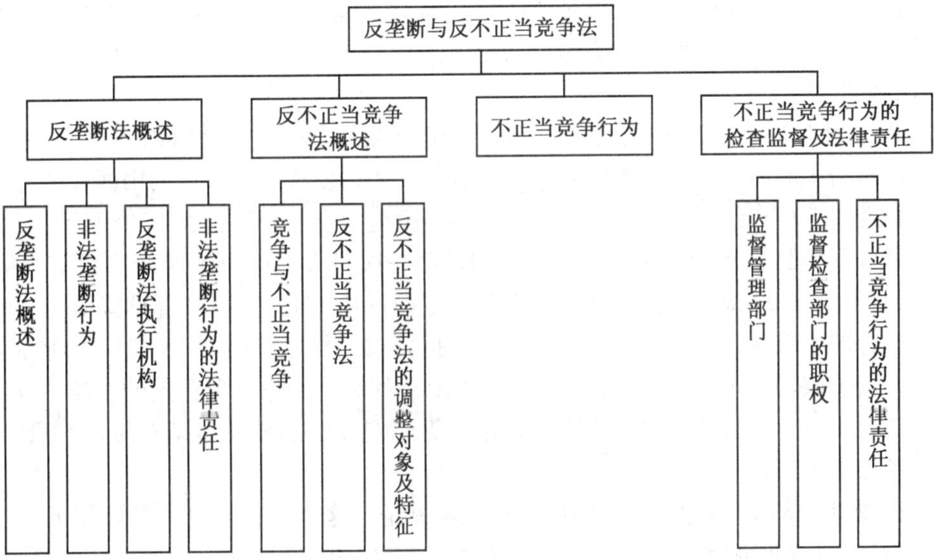

应　用

案例研究

电力反垄断第一案：山西电价格垄断案尘埃落定

2016 年 1 月 29 日，全国 12358 价格监管平台和山西省政府有关部门接到举报，反映山西省电力行业协会组织部分火电企业召开大用户直供座谈会，签署《山西省火电企业防止恶意竞争 保障行业健康可持续发展公约》，涉嫌非法垄断直供电价格。

接到举报后，国家发改委迅即开展了反垄断调查。调查发现，2016 年 1 月 14 日，山西省电力行业协会召集央企发电集团山西公司、省属发电集团以及发电厂，在太原市召开“火电企业大用户直供座谈会”，并于座谈会期间签署通过了《山西省火电企业防止恶意竞争 保障行业健康可持续发展公约》（以下简称《公约》）。《公约》第 5 条规定：“根据市场情况，各大发电集团及发电企业，按照成本加微利的原则，测算大用户最低交易报价。由省电力行业协会加权平均后公布执行。”根据该条款，会议期间山西省电力行业协会组织具有竞争关系的发电企业达成了山西省2016年第二批直供电最低交易报价让利幅度，即与标杆电价相比，让利幅度不高于0.02元/千瓦时。

经过近一年的调查取证，2017年2月21日，山西省价格检查与反垄断局转达国家发改委关于对山西省电力行业协会进行处罚的意见；2017年3月20日，山西省电力行业协会提出《关于对价格垄断处罚的申述意见》；3月29日，国家发改委价监局就山西电价垄断案件约谈山西省电力行业协会相关人员。2017年4月6日山西省电力行业协会发出《关于电价垄断的自查报告》，表明了山西省电力行业协会当时对案件的态度：“约谈后，我会领导高度重视，及时召开领导班子专题会议，统一思想、统一认识，会上传达了国家反垄断局对山西电价垄断案件处理意见和有关领导的指示，大家通过学习讨论一致认为：我们过去对价格垄断案件的认识不够全面，对反垄断法相关条款的理解和国家反垄断局的认识存在偏差，作为行业协会仅考虑了行业的权益和行业的困难……在发电企业经营困难，共同制定《公约》加强自律时，将各发电企业在市场竞争中不低于成本竞争认为是合法竞争。从而导致在引导企业竞争中，违反了相关的法律、法规。”

2017年8月3日，国家发改委对外发布有关山西省电力行业协会组织23家企业达成并实施直供电价格垄断协议的处罚决定——对达成垄断协议发挥组织作用的山西省电力行业协会从重顶格罚款50万元，对包括6家央企在内的涉案电力企业合计罚款7 338万元。这是《中华人民共和国反垄断法》公布10年、实施9年来，第一次对大型电力企业开出罚单。从2016年1月14日下午3:00太原市西山酒店三楼会议室那场热闹的“大用户直供座谈会”开始，到今天这起案件的尘埃落定，历时568天。“过程曲折，历尽艰难。”具有8年多反垄断办案经验的国家发改委价监局反垄断二处处长用三个“没想到”回顾了这场印象深刻的交锋：“没想到我们的国有企业和行业协会的竞争法律意识如此淡薄，没想到案件推进这般艰难，没想到大用户直供电改革颇为不易。”

本案接受处罚的23家涉案企业中，涉及6家央企。这个处罚在电力领域创下了三个第一：第一次对电力行业协会进行处罚，第一次对电力市场中的价格垄断行为进行处罚，第一次对国有企业的价格垄断行为进行处罚。国家发改委价监局表示，反垄断没有“法外之地”，无论是谁，违反了反垄断法，妨碍限制了公平竞争，都将受到处罚。然而，比处罚更让人值得关注的是，国家发改委此举传递出的信号：国家以市场化手段来形成电力价格的决心没有变。“本案是我国执法机构将反垄断基本原则和具体规则适用于电力国企的最新实践。”中国社会科学院美国研究所副研究员苏华提醒，反垄断法对国有企业未提供任何概括豁免。“在我国国有企业越来越深入参与国际竞争的今天，无视反垄断法或想当然地认为反垄断法对其不适用的侥幸心理是非常危险的，一旦涉嫌垄断行为，卷入国内或国外反垄断调查，将难逃严苛的法律责任。”

问题：

阅读案例，请指出本案山西电力企业被查处的是反垄断法所禁止的哪一垄断行为。

实验实训

关于行政性垄断行为的调查研究

【实训内容】

学生以组为单位，调查经济活动中的行政性垄断行为并拟订解决方案。

【实训要求】

掌握我国反垄断法关于禁止行政性垄断的具体规定，调查在社会经济活动中存在哪些行政性垄断行为，分析这些行政性垄断行为的社会危害并找出消除这些行政性垄断行为的方法。

复习思考题

1. 非法垄断行为有哪些种类？
2. 不正当竞争行为有哪些种类？
3. 不正当竞争行为的监督管理部门有哪些？
4. 不正当竞争行为的法律责任有哪些？

第八章　产品质量法

学习目标

通过本章学习，你应能够：

了解产品质量法的适用范围，明确法律责任。

了解我国产品质量监督管理机构，掌握产品质量监督管理制度的内容。

掌握生产者、销售者的产品质量责任与义务。

引入案例

福喜过期肉事件

2014年7月20日，上海电视台曝光了上海福喜食品有限公司使用过期变质肉类加工快餐原材料。福喜公司无视鸡肉等产品的保质期，将大量过期的鸡肉、鸡皮等原料重新返工，经过绞碎、裹粉和油炸等工艺后，制成麦乐鸡等产品重新出售。同时，该企业还将霉变、发绿、过期7个多月的牛肉再切片使用。福喜公司主要存在三大问题：违规篡改生产日期（多的延期达1年）、将过期或变质原料回炉后再生产，以及将次品混入合格产品中出售。当晚，上海食药监局会同公安部门前往福喜位于嘉定的工厂。经一个小时僵持后，食药监部门工作人员得以进入福喜工厂，并当晚查封该工厂。2014年7月22日，上海食药监局查实，涉案产品共5 108箱，涉及下游企业22家，同时封存相关产品总计约100吨。2014年7月23日，上海福喜公司负责人、产品经理等5人被刑拘，高管胡骏等6人被上海市人民检察院第二分院依法批准逮捕。

2016年2月2日，上海市嘉定区人民法院依法对上海福喜食品有限公司、福喜食品有限公司、被告人杨立群、贺业政等犯生产、销售伪劣产品罪一案进行了一审公开宣判。法院以生产、销售伪劣产品罪分别判处两家福喜公司罚金人民币120万元；澳籍被告人杨立群等10人均被判有期徒刑。其中杨立群被判处有期徒刑3年，并处罚金人民币10万元，驱逐出境。贺业政等9人被判2年8个月至1年7个月不等，并处罚金8万至3万元不等。

——资料来源：新华网。

说明

> 《中华人民共和国产品质量法》(简称《产品质量法》)颁布于1993年,并分别于2000年、2009年进行了两次修订。2011年2月国家质量监督检验检疫总局修订了《关于实施〈中华人民共和国产品质量法〉若干问题的意见》。此外,我国还对一些特殊的产品专门制定了相关法律法规,如2009年2月28日,通过了修订之后的《中华人民共和国食品安全法》(以下简称《食品安全法》)。2013年12月,最高人民法院公布了《关于审理食品药品纠纷案件适用法律若干问题的规定》。相关法律法规的制定及修订进一步完善了我国产品质量管理的法律体系。

第一节　产品质量法概述

一、产品与产品质量

(一)产品

我国《产品质量法》规定,产品是指经过加工、制作,用于销售的产品。产品质量法调整以销售为目的,通过工业加工、手工制作等生产方式所获得的具有特定物理、化学性能的物品,包括食品、烟草、化妆品、农药等。产品形态不限于有形的物品,无形电流、煤气、天然气也属于产品。建设工程不适用产品质量法的规定,但建设工程所使用的建筑材料、建筑构配件和设备,属于法律规定的产品范围的,适用于产品质量法的规定。未经加工的天然形成的产品,如原油、原煤以及农、林、牧、渔等初级农产品不适用产品质量法的规定。

小资料

> 经济学上的产品有广义和狭义之分。广义的产品包括天然产品、工业产品、建筑产品以及服务产品等;狭义的产品仅指经过加工、制作,用于销售的产品及服务产品。

(二)产品质量

产品质量是指在正常使用条件下,产品所具有的能满足使用者合理需求的物质、技术、心理和社会特征的总和,包括产品的适用性、可靠性、安全性、经济性、美学性和可维修性。[①] 尤为重要的是,产品必须具有合理的安全,倘若产品不能提供人们有权合理期望的安全或者存在着不合理的危险,则该产品存在缺陷。我国《产品质量法》规定:"本法所称缺陷,是指产品存在危及人身、他人财产安全的不合理的危险;产品有保障人体健康,人身、财产安全的国家标准、行业标准的,是指不符合该标准"。

二、产品质量法

20世纪以来,科学技术的进步使现代社会产品的生产出现了前所未有的变化,从根本上

① 周晓存主编:《经济法概论》,机械工业出版社2005年版,第153页。

改变了人们在过去几个世纪积累起来的有关物质、时间、空间和能量的知识。产品制造过程技术化、产品功能复杂化、产品销售方式多样化、产品经营广告化和产品流转的国际化，使产品质量管理面临更多挑战，产品损害事故的发生成为经常性的社会问题。[①] 法律的发展以经济发展为基础，而经济进一步发展所产生的强制力又经常摧毁原有的法律体系，并使其陷入新的矛盾。[②] 产品质量法的产生与发展同样遵守这一规律。

我国《产品质量法》将其自身立法目的界定为“加强对产品质量的监督管理，明确产品质量责任，保护消费者的合法权益，维护社会经济秩序”，通过系统的制度设计，强化技术监督管理，提高产品质量，解决生产者、销售者和消费者之间经济不平等而造成的失衡，维护社会公平。

20 世纪 80 年代以来，我国颁布了大量有关产品质量管理的法律法规，1993 年 2 月 22 日第七届全国人民代表大会常务委员会第三次会议通过的《中华人民共和国产品质量法》是中国产品质量管理的基本法。该法共 6 章 51 条，其内容与结构为：第一章为总则，主要规定产品质量立法的宗旨、产品的法定意义、产品质量管理的基本政策和管理体制；第二章为产品质量的监督管理，主要规定产品的标准化管理、企业质量体系认证制度、产品质量认证制度等；第三章为生产者与销售者的产品质量责任和义务；第四章为损害赔偿；第五章为罚则，规定违背质量管理法的行政责任与刑事责任；第六章为附则。2000 年 7 月 8 日，第九届全国人大常委会对《产品质量法》做了修改，修订后的《产品质量法》共 6 章 74 条，相对于 1993 年的《产品质量管理法》，增加了 23 条，大大增强了可操作性。2009 年 8 月 27 日第十一届全国人大常委会对《产品质量法》进行了第二次修订，为了正确贯彻实施《产品质量法》，2011 年 2 月国家质量监督检验检疫总局修订了《关于实施〈中华人民共和国产品质量法〉若干问题的意见》。除了《产品质量法》以外，我国还对一些特殊的产品专门制定了相关法律法规，如 2009 年 2 月 28 日，十一届全国人大常委会通过了修订之后的《中华人民共和国食品安全法》（以下简称《食品安全法》），这部法律是为了从制度上解决现实生活中存在的食品安全问题，更好地保证食品安全而制定的。2013 年 12 月，最高人民法院公布了《关于审理食品药品纠纷案件适用法律若干问题的规定》，为食品药品纠纷案件的审理确定了指导方向。相关法律法规的制定及修订进一步完善了我国产品质量管理的法律体系。

2017 年 9 月 5 日，《中共中央、国务院关于开展质量提升行动的指导意见》（以下简称《指导意见》）印发，提出要下最大气力全面提高质量，推动我国经济发展进入质量时代。这是党中央、国务院首次出台质量工作的纲领性文件，在我国质量发展史上尚属首次。《指导意见》从开展质量提升行动的总体要求到全面提升产品、工程和服务质量，破除质量提升瓶颈，夯实国家质量基础设施，改革完善质量发展政策和制度，切实加强组织领导，向全党全国做出了最有力、最集中的质量动员。在中国共产党第十九次全国代表大会上，习近平总书记的报告在部署“贯彻新发展理念，建设现代化经济体系”时，明确提及“质量第一”和“质量强国”，充分体现出党对质量工作的高度重视。党的十九大报告中还做出了“我国经济已由高速增长阶段转向高质量发展阶段”的重要论述，指出必须坚持质量第一、效益优先。

2017 年 11 月 4 日十二届全国人大常委会第三十次会议表决通过了新修订的《中华人民共和国标准化法》（以下简称《标准化法》）。新修订的《标准化法》于 2018 年 1 月 1 日开始施行，对于提升产品和服务质量，促进科学技术进步，提高经济社会发展水平意义重大。《标准化

① 漆多俊主编：《经济法学》，武汉大学出版社 2004 年版，第 212 页。

② 马克思、恩格斯：《马克思恩格斯选集》（第 4 卷），人民出版社 1972 年版，第 506 页。

法》颁布于1988年,已施行近30年。新修订的《标准化法》对标准的制定、实施和监督管理做了全方位、全过程的规定。

说明

全国首部宏观质量地方法规在深圳诞生

2017年5月9日,深圳市人大常委会正式发布了《深圳经济特区质量条例》(以下简称《质量条例》)。作为国内首部宏观层面的地方质量立法,《质量条例》的出台标志着深圳经济特区推进供给侧结构性改革、实施创新驱动发展战略进入新阶段,打造深圳质量、建设质量强市迈上新征程,实现全面质量发展走进新时代。此前,为构建质量型增长、内涵式发展新格局,实现从"深圳速度"向"深圳质量"跨越,从2010年起,深圳在全国率先提出"深圳质量"新理念,主动探索质量型发展道路。

第二节　产品质量的监督管理

一、产品质量管理制度

(一)产品质量标准化制度

标准(含标准样品)是指农业、工业、服务业以及社会事业等领域需要统一的技术要求。标准包括国家标准、行业标准、地方标准和企业标准。国家标准分为强制性标准、推荐性标准,行业标准、地方标准是推荐性标准。强制性标准必须执行。国家鼓励采用推荐性标准。标准化,是指在经济、技术、科学及管理等社会实践中,对重复性事物通过制定、实施标准,达到统一,以获得最佳秩序和社会效益的过程。产品质量标准化制度工作的主要内容是制定标准,组织实施标准和对标准的实施进行监督。制定标准应当在科学技术研究成果和社会实践经验的基础上,深入调查论证,广泛征求意见,保证标准的科学性、规范性、时效性,提高标准质量。

小资料

国际通用的"质量管理和质量保证"企业管理体系系列标准,是指国际标准化组织(ISO)1987年3月发布的ISO900系列国际标准,该标准已被世界公认为通向国际市场的"通行证"。1993年1月,我国产品质量监督管理部门正式将ISO900等同采用我国国家标准CB/T1900—ISO900,建立了符合国际惯例的认证制度。国际标准化组织(ISO)所属的质量管理和质量保证技术委员会质量体系分技术委员会(ISO/TC176/SC2)于2000年12月15日正式颁布了ISO9001:2000标准,是ISO9000族标准所包括的一组质量管理体系核心标准之一,用于证实组织具有提供满足顾客要求和适用法规要求的产品的能力,目的在于提高顾客满意度。

对保障人身健康和生命财产安全、国家安全、生态环境安全以及满足经济社会管理基本需要的技术要求，应当制定强制性国家标准；对没有推荐性国家标准、需要在全国某个行业范围内统一的技术要求，可以制定行业标准。为满足地方自然条件、风俗习惯等特殊技术要求，可以制定地方标准。企业可以根据需要自行制定企业标准，或者与其他企业联合制定企业标准。不符合强制性标准的产品、服务，不得生产、销售、进口或者提供。未制定国家标准、行业标准的，必须符合保障人体健康和人身、财产安全的要求。禁止生产、销售不符合保障人体健康和人身、财产安全的标准和要求的工业产品。禁止在生产、销售的产品中掺杂、掺假，以假充真，以次充好。国家鼓励企业制定严于国家标准或者行业标准的企业标准，在企业内部适用。对产品质量管理先进和产品质量达到国际先进水平、成绩显著的单位和个人，给予奖励。

说明

新《标准化法》修订内容

2017 年 11 月 4 日表决通过新修订的《标准化法》中，主要变化有：标准制定范围从工业领域扩大到农业、工业、服务业以及社会事业等领域。关于标准分类方面，从制定主体角度将标准分为国家标准、行业标准、地方标准和企业标准四类；从标准的效力角度又将标准分为强制性标准和推荐性标准两类。

（二）企业质量体系认证制度

国家根据国际通用的质量管理标准，推行企业质量体系认证制度。企业质量体系认证是指依据国际通用的“质量管理和质量保证”系列标准，经专门的认证机构审核企业的质量体系，以颁发认证证书的形式，证明企业的质量保证能力符合要求的活动。企业根据自愿原则可以向国务院产品质量监督部门认可的或者国务院产品质量监督部门授权的部门认可的认证机构申请企业质量体系认证。经认证合格的，由认证机构颁发企业质量体系认证证书。企业质量体系的认证有利于加强企业内部质量管理，提高企业在市场竞争中的信誉度。

（二）产品质量认证制度

国家参照国际先进的产品标准和技术要求，推行产品质量认证制度。产品质量认证是依据具有国际水平的国家标准、行业标准和相应技术要求，经认证机构确认并通过颁发认证证书和认证标志，来证明某一产品符合相应标准和相应技术要求的活动。2001 年 12 月，国家质检总局发布了《强制性产品认证管理规定》，以强制性产品认证制度替代原来的进口商品安全质量许可制度和电工产品安全认证制度。2003 年 8 月 20 日，国务院第 18 次常务会议通过《中华人民共和国认证认可条例》，自 2003 年 11 月 1 日起施行。我国的产品认证制度是遵循国际通用准则建立的强制性产品认证和自愿性产品认证相结合的制度。

中国强制性产品认证，简称 CCC 认证（China compulsory certification）或 3C 认证，它是中国政府为保护消费者人身安全和国家安全、加强产品质量管理、依照法律法规实施的一种产品合格评定制度。其采用的是国际通行的产品质量认证的方式，通过强制性产品认证的产品目录和实施强制性产品认证程序，对列入“实施强制性产品认证的产品目录”中的产品实施强制性的检测和审核。凡列入强制性产品认证目录内的产品，没有获得指定机构的认证证书，没有按照规定加施认证标志，一律不得进口，不得出厂销售和经营服务机构使用。列入“实施强制性产品认证的产品目录”中的产品包括家用电器、汽车、安全玻璃、医疗器械、电线电缆、玩具等产品。我国强制规定各类产品进出口、出厂、销售和使用必须取得认证，只有通过认证的产品才能被认为在安全、电磁兼容性(EMC)、环保等方面符合强制要求。

自愿认证是企业根据自愿原则向国务院产品质量监督管理部门或者国务院产品质量监督管理部门授权的部门认可的认证机构申请产品质量认证，经认证合格的，由认证机构颁发产品质量认证证书，准许企业在产品或其包装上使用产品质量认证标志。法律、行政法规以及标准化主管部门制定的行政规章规定，不经认证不得销售、使用的产品必须办理认证。企业获得产品质量认证标志有利于增强产品的竞争能力。CQC标志认证是中国质量认证中心开展的自愿性产品认证业务之一，重点关注安全、电磁兼容、性能、有害物质限量(RoHS)等直接反映产品质量和影响消费者人身和财产安全的指标，旨在维护消费者利益，促进提高产品质量，增强国内企业的国际竞争力。

二、产品质量监督管理的途径与方式

对产品质量实行监督，既是政府的职责，也是社会和消费者应有的权利。完善产品质量监督机制，是实现产品质量管理立法目的的有力保障。

(一)抽查与检验制度

《产品质量法》第15条规定："国家对产品质量实行以抽查为主要方式的监督检查制度，对可能危及人体健康和人身、财产安全的产品，影响国计民生的重要工业产品以及消费者、有关组织反映有质量问题的产品进行抽查。"

监督抽查工作由国务院产品质量监督管理部门规划和组织，县级以上地方产品质量监督部门在本行政区域内也可以组织监督抽查。全国性抽查计划，由国家市场监督管理总局统一组织协调。抽查的样品应当在市场上或者企业成品仓库内的待销产品中随机抽取，样品由被检查者无偿提供。国家监督抽查的产品，地方不得另行重复抽查；上级监督抽查的产品，下级不得另行重复抽查。产品质量抽查的结果应当公布。

根据监督抽查的需要，可以对产品进行检验，检验抽取样品的数量不得超过检验的合理需要，不得向企业收取抽查检验费用。法律规定，检验机构必须具备相应的检测条件和能力，经省级以上人民政府产品质量监督管理部门或者其授权的部门考核合格后，方可从事产品质量检验工作。检验合格的样品除因检验造成破坏或损耗之外，在检验工作结束且无异议后一个季度内必须返还。

经抽查产品质量不合格的，由实施监督抽查的产品质量监督部门责令其生产者、销售者限期改正。逾期不改正的，由省级以上人民政府产品质量监督部门予以公告；公告后经复查仍不合格的，责令停业，限期整顿；整顿期满后复查产品质量仍不合格的，吊销营业执照。

(二)社会团体与舆论监督

保护消费者权益的社会组织，如消费者保护协会，可以就消费者反映的产品质量问题建议有关部门进行处理，支持消费者对因产品质量造成的损害向人民法院起诉。

社会舆论监督是指通过网络、报刊、广播等各种媒介，对产品质量问题进行报道，通过发布产品质量信息，鼓励、支持企业重视产品质量，实行产品质量的社会监督。产品质量法规定，国务院和各省、自治区、直辖市人民政府的产品质量监督部门应当定期发布其质量监督抽查的产品的质量状况公告，接受社会舆论监督。

第三节 生产者、销售者的产品责任和义务

一、生产者的产品责任和义务

产品质量责任主体包括产品生产者和销售者，各国立法通常把重点放在生产者，这是因为产品的设计、制造是导致产品质量责任产生的重要环节。实践证明，许多质量责任的发生都源于产品设计、制造缺陷。

（一）生产者对产品内在质量的责任义务

生产者应当对其生产的产品质量负责，保证产品质量是生产者的首要义务。产品质量法对生产者保证产品质量规定了三项要求：

(1)不存在危及人身、财产安全的不合理的危险。有保障人体健康和人身、财产安全的国家标准、行业标准的，应当符合该标准。

(2)具备产品应当具备的使用性能，但是对产品存在使用性能的瑕疵做出说明的除外。

(3)符合在产品或者其包装上注明采用的产品标准，符合以产品说明、实物样品等方式表明的质量状况。

（二）生产者对产品标识及产品包装的责任义务

1. 对产品标识的要求

产品标识是指用于识别产品或者其特征、特性所做的各种表示的统称。产品标识可以用文字、符号、数字、图案等表示。根据不同产品的特点和使用要求，产品标识可以标注在产品上，也可以标注在产品包装上。产品标识应当符合下列要求：

(1)有产品质量检验合格证明。

(2)有中文表明的产品名称、生产厂厂名和厂址。

(3)根据产品的特点和使用要求，需要表明产品规格、等级、所含主要成分的名称和含量的，应用中文予以标明；需要事先让消费者知晓的，应当在外包装上标明，或者预先向消费者提供相关资料。

(4)限期使用的产品，应当在显著位置清晰地标明生产日期和安全使用日期或者失效日期。

(5)使用不当，容易造成产品本身损坏或者可能危及人身、财产安全的产品，应用警示标志或者中文警示说明。

裸装的食品和其他根据产品的特点难以附加标识的裸装产品，可以不附加产品标识。

微型案例

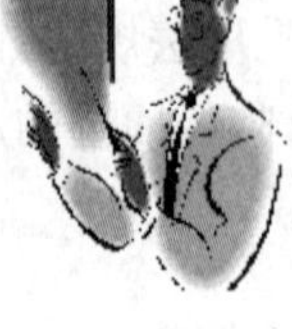

2017年8月28日，李华在当地一家商场购买了一台新款节能冰箱。运回家后，李华发现该冰箱只有产品质量检验报告，且受检单位、委托单位、生产单位均为同一厂家，并没有产品合格证，遂找到商场要求退货。因协商未果，李华向法院提起诉讼。

问：商场是否应接受退货？

2. 对产品包装的要求

生产者的产品包装义务，主要由生产者和其他相关当事人在合同中加以规定，法律不过多地加以干涉。但是，法律对特殊产品的包装义务进行了规定，其目的是要保证人身、财产安全，并防止产品损坏。易碎、易燃、易爆、有毒、有腐蚀性、有放射性等危险物品以及储运中不能倒置和其他有特殊要求的产品，其包装质量必须符合相应的要求，依照国家有关规定做出警示标志或者中文警示说明，标明储运注意事项。

(三)对生产者的禁止性规定

对生产者的禁止性规定包括：不得生产国家明令淘汰的产品，不得伪造产地，不得伪造或者冒用他人的厂名、厂址；不得伪造或者冒用认证标志、名优标志等质量标志，不得在生产的产品中掺杂、掺假，以假充真、以次充好，不得以不合格产品冒充合格产品。

微型案例

2012 年 1 月 19 日，某市质量技术监督部门行政执法人员对该市民生食醋厂监督检查时，发现该厂卫生条件极差，制作设备非常简陋。执法人员在现场发现用于勾兑食醋用的冰醋酸 78 公斤，焦糖色素 63 公斤。经调查，该厂使用"凉开水＋冰醋酸＋焦糖色素＋防腐剂＋香精"制作食醋。经对该批产品抽样检验，该产品为不合格产品，调查确认该厂共生产不合格食醋3 500公斤，已销售2 800公斤。

问：作为产品的生产者，民生食醋厂违反了何种法律义务？

二、销售者的产品责任和义务

销售者是联系生产者与消费者的纽带，它是生产者的客户，消费者的供货商。消费者相对于生产者和销售者来说，人力、物力和财力都处于弱势地位，为了保护消费者的权益，销售者首先对消费者承担保证产品质量的责任。

(一)销售者进货检查验收义务

销售者必须建立并执行进货检查验收制度，审验供货商的经营资格，验明产品合格证明和产品标识，并建立产品进货台账，如实记录产品名称、规格、数量、供货商及其联系方式、进货时间等内容。这也是区分销售者与生产者责任的重要手段。销售者查验产品质量的标准一般是合同当事人约定的标准，如该产品涉及国家强制性标准，必须执行强制标准。销售者在发现产品不合格时，应拒绝接收货物，防止不合格产品、伪劣产品进入市场。如果销售者不执行进货检查验收或者明知产品不合格仍接受货物并进行销售，应当依法承担相应的法律责任。

(二)销售者储运、保管义务

销售者在进货后至向顾客售出产品之间，存在产品的储运、保管环节，应当根据产品的特点，采取必要的防雨、防晒、防霉变等措施，保持产品进货时的质量。如果因为销售者对产品的保管不善，致使产品质量下降，造成对消费者人身权和财产权的损害，销售者应当承担相应的责任。

(三)对销售者的禁止性规定

产品质量法规定：(1)销售者销售产品时，不得掺杂、掺假，以假充真、以次充好，及以不合格产品冒充合格产品。(2)不得销售国家明令淘汰并停止销售的产品和失效、变质的产品。(3)不得伪造产地,不得伪造或者冒用他人的厂名、厂址。(4)不得伪造或者冒用认证标志、名优标志等质量标志。

第四节 违反产品质量法的法律责任

产品质量责任是指当产品质量不合格造成他人人身、财产损害,产品的生产者和销售者应当承担的责任。

一、民事责任

(一)因产品缺陷引起的侵权责任

1. 产品缺陷

产品质量法规定,所谓产品缺陷,是指产品存在危及人身、他人财产安全的不合理的危险;产品有保障人体健康、人身、财产安全的国家标准、行业标准的,是指不符合该标准。这一规定包括以下两方面含义:

首先,产品存在危及人身、他人财产安全的不合理危险。"不合理危险"是指为社会公众所公认的不应当存在的并可能危害人身、财产安全的情况,包括设计上的不合理危险、制造上的不合理危险以及告知上的不合理危险。

其次,产品有保障人体健康、人身、财产安全的国家标准、行业标准的,是指不符合该标准。产品不符合强制性标准的,即为违法产品。违法产品一旦进入市场,就可能给消费者造成损失。即使产品的各项性能都能符合该产品的现行强制性的标准,也不能判定该产品不存在缺陷,只要该产品存在危及人身、财产安全的不合理危险,就要承担产品缺陷引起的侵权责任。

小技巧

下列产品中存在产品质量法所称的"缺陷"的是________。

A. 致人中毒的假酒

B. 口感不佳的便宜酒

C. 易醉人的高度酒

D. 突然爆炸炸坏家具的汽酒(爆炸原因为气压过高)

2. 产品缺陷侵权责任的承担

因产品缺陷造成人身、缺陷产品以外的其他财产损害的,生产者、销售者应当承担连带赔偿责任。缺陷产品造成损害后,消费者既可以向产品的生产者要求赔偿,也可以向产品的销售者要求赔偿。属于产品生产者的责任而由产品的销售者赔偿的,产品的销售者有权向产品的生产者追偿。

承担产品缺陷责任的构成要件包括三项:产品存在缺陷;有损害事实,造成人身伤害或者财产损失;产品缺陷与损害事实之间存在因果关系。产品缺陷与损害结果存在因果关系,是指产品缺陷是引起消费者财产或人身损害的原因,损害是产品缺陷造成的结果。在一件产品责任案件中,作为原告的用户或消费者必须证明产品缺陷是引起其财产或人身损害的主要原因。

如果损害的发生是由原告自己的行为引起，生产者和销售者则因此免责。

提醒您

生产者能够证明有以下情形之一的，不承担赔偿责任：
(1)未将产品投入流通的；
(2)产品投入流通时，引起损害的缺陷尚不存在的；
(3)将产品投入流通时的科学技术水平尚不能发现缺陷的存在的。

因产品存在缺陷造成受害人人身伤害的，侵害人应当赔偿医疗费、治疗期间的护理费、因误工减少的收入等费用；造成残疾的，还应当支付残疾者生活自助具费、生活补助费、残疾赔偿金以及由其抚养的人所必需的生活费等费用；造成受害人死亡的，并应当支付丧葬费、死亡赔偿金以及由死者生前抚养的人所必需的生活费等费用。因产品存在缺陷造成受害人财产损失的，侵害人应当恢复原状或者折价赔偿。受害人因此遭受其他重大损失的，侵害人应当赔偿损失。

因产品缺陷造成损害要求赔偿的诉讼时效期间为 2 年，自当事人知道或应当知道其权益受到损害时起计算。

因产品缺陷造成损害要求赔偿的请求权，在造成损害的缺陷产品交付最初消费者满 10 年丧失。但是尚未超过明示的安全使用期的除外。

根据 2009 年通过的《食品安全法》的规定，生产不符合食品安全标准的食品或者销售明知是不符合食品安全标准的食品，消费者除要求赔偿损失外，还可以向生产者或者销售者要求支付价款 10 倍的赔偿金。

微型案例

李女士在某超市购买 4 瓶通化葡萄酒股份有限公司生产的 1959 国宴特制山葡萄酒，花费 672 元。当天李女士饮用 50 毫升该葡萄酒后，身体出现不适，经医院经诊断为胃肠炎，共花去医药费 131.2 元。之后李女士将其购买的葡萄酒送往国家食品质量监督检验中心进行检验，支付鉴定费 210 元，经检验该葡萄酒的铁含量超标。李女士将通化葡萄酒股份有限公司和某超市告上法院，要求通化葡萄酒股份有限公司支付 10 倍赔偿金6 930元，要求超市退还价款 672 元，并要求二被告共同赔偿医疗费 131.2 元及 1 元精神损害赔偿。

问：李女士能否向生产者或销售者提出 10 倍赔偿的请求？

(二)因产品质量问题引起的违约责任

1. 产品质量违约责任

产品质量违约责任是指产品的销售者不履行或不适当履行产品质量义务而应承担的责任。售出的产品有下列行为之一的，销售者应当承担产品质量责任：(1)不具备产品应当具备的使用性能而事先未做说明的；(2)不符合在产品或者其包装上注明采用的产品标准的；(3)不符合以产品说明、实物样品等方式表明的质量状况的。

提醒您

> 因产品缺陷引起消费者人身或财产利益的损害而产生的侵权责任往往会与因产品质量问题引起的违约责任发生竞合。此时，消费者可以自由选择要求生产者或销售者承担侵权责任或者违约责任。

2. 产品质量违约责任的承担

销售者承担产品质量违约责任的方式有：(1)修理、更换、退货。产品不符合质量要求的，销售者应酌情采取修理或更换措施，经修理达不到质量要求或影响产品性能、价值的，或消费者要求更换的，销售者应当更换。对不符合质量要求的，消费者还可以要求销售者退货。(2)赔偿损失。销售者售出的商品质量不能满足消费者的需要，给用户、消费者造成损失的，消费者有权要求销售者赔偿损失。

二、行政责任

(一)生产者、销售者的行政责任

(1)责令停止生产、停止销售。主要适用以下情况：生产、销售不符合保障人体健康和人身、财产安全的国家标准、行业标准的产品的；生产者、销售者在产品中掺杂、掺假，以假充真、以次充好，或者以不合格产品冒充合格产品的；生产、销售国家明令淘汰产品的；销售失效、变质的产品的；商品包装不符合产品质量标识制度的规定，情节严重的。

(2)没收违法产品和违法所得。主要适用以下情况：受到责令停止生产或停止销售处罚的违法行为，应并处没收违法产品和违法所得的；生产者、消费者伪造产品产地的，伪造或者冒用他人厂名、厂址的，伪造或者冒用认证标志等质量标志的。

(3)罚款。主要适用以下情况：生产、销售不符合保障人体健康和人身、财产安全的国家标准、行业标准的产品的，并处违法生产、销售产品货值金额等值以上3倍以下的罚款；在产品中掺杂、掺假，以假充真、以次充好，或者以不合格产品冒充合格产品的，并处违法生产、销售产品货值金额50%以上3倍以下罚款；生产国家明令淘汰并停止销售的产品的，并处违法生产、销售产品货值金额等值以下的罚款；销售失效、变质的产品的，并处违法销售产品货值金额2倍以下的罚款；伪造产品产地的，伪造或者冒用他人厂名、厂址的，伪造或者冒用认证标志等质量标志的，并处违法生产、销售产品货值金额等值以下的罚款；产品标识不符合《产品质量法》第27条规定的，并处违法生产、销售产品货值金额30%以下的罚款。

(二)行政机关工作人员的行政责任

产品质量法规定，各级人民政府工作人员和其他国家机关工作人员有下列情形之一的，依法给予行政处分：

(1)包庇、放纵产品生产、销售中违反本法规定行为的。

(2)向从事违反本法规定的生产、销售活动的当事人通风报信，帮助其逃避查处的。

(3)阻挠、干预产品质量监督部门或者工商行政管理部门依法对产品生产、销售中违反本法规定的行为进行查处，造成严重后果的。

三、刑事责任

根据产品质量法的规定，下列行为可以追究刑事责任：

(1)生产、销售不符合保障人体健康和人身、财产安全的国家标准、行业标准的产品，构成犯罪的。

(2)生产者、销售者在产品中掺杂、掺假的行为(在产品中掺入杂质或者异物，致使产品质量不符合国家法律、法规或者产品明示质量标准规定的质量要求，降低、失去应有使用性能)；以假充真的行为(以不具有某种使用性能的产品冒充具有该种使用性能的产品)；以次充好的行为(以低等级、低档次产品冒充高等级、高档次产品，或者以残次、废旧零配件组合、拼装后冒充正品或者新产品)；以不合格产品冒充合格产品的行为构成犯罪的。

(3)销售失效、变质的产品，构成犯罪的。

(4)产品质量检验机构、认证机构伪造检验结果或者出具虚假证明构成犯罪的。

(5)知道或者应当知道属于产品质量法规定禁止生产、销售的产品而为其提供运输、保管、仓储等便利条件的，或者为以假充真的产品提供制假生产技术，构成犯罪的。

(6)国家工作人员有包庇、放纵产品生产、销售中违反产品质量法规定行为的，或有向从事违反产品质量法规定的生产、销售活动的当事人通风报信，帮助其逃避查处的，或有阻挠、干预产品质量监督部门或者工商行政管理部门依法对产品生产、销售中违反产品质量法规定的行为进行查处，造成严重后果构成犯罪的。

(7)从事产品质量监督管理的国家工作人员滥用职权、玩忽职守、徇私舞弊，构成犯罪的。

(8)以暴力、威胁方法阻碍从事产品质量监督管理的国家工作人员依法执行职务的，对责任人依法追究刑事责任。

小 结

关键术语

产品　产品质量法　产品质量监督管理　产品质量责任义务　法律责任形式

本章小结

1. 我国《产品质量法》规定，产品是指经过加工、制作，用于销售的产品。

2. 产品质量管理制度包括：产品质量标准化制度、产品质量认证制度、企业质量体系认证制度。

3. 违反产品质量法的法律责任包括民事责任、行政责任和刑事责任。

知识结构图

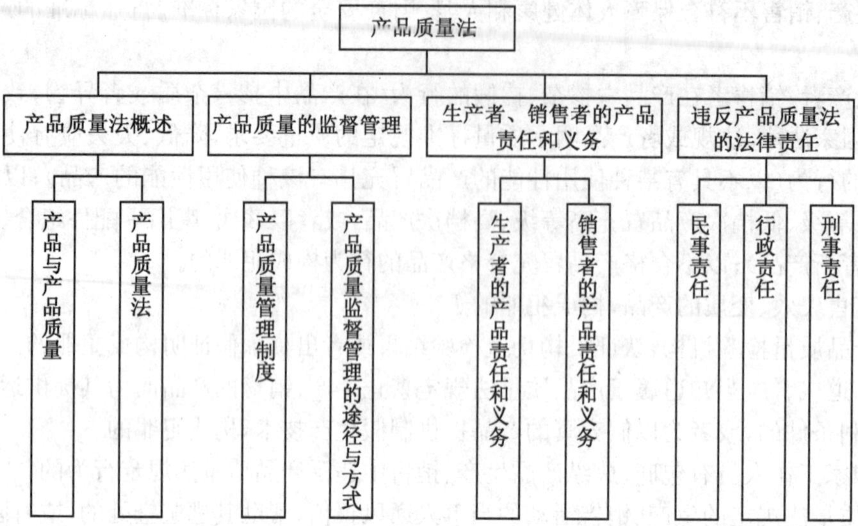

应　用

案例研究

苹果手机异常关机案例

2016年12月1日，上海市消保委发布了苹果手机消费者投诉报告，首次披露2016年以来接到有关苹果手机的投诉总共2 763件。仅10月和11月两个月的投诉就达1 221件，同比激增近6倍，其中有860余件是投诉手机异常关机问题：使用不到1年或刚满1年的iPhone6、6s以及6s Plus，时常会出现电量还有20%、30%，甚至一半，连接充电器才能开机。苹果公司客服开始否认是电池问题，表示系统没升级、电池芯片老化、气温比较低都可能是手机异常关机的原因，并建议消费者刷机或返厂维修，维修费用在2 000～3 000元。此后，在中国有关部门的强硬表态下，苹果公司启动调查。2016年12月2日，苹果公司终于公布了自动关机的原因，其官网发布的《有关iPhone意外关机的信息》显示，自动关机的原因是由于某项电池元件被装进电池包之前在受控环境空气中暴露时间过长，使电池电量消耗速度快于正常水平，导致意外关机，并最终同意为消费者免费更换电池。不少消费者前往苹果公司零售店或售后服务维修点时，被告知电池缺货，而且在苹果公司网站预约维修，能约上的时段特别少，跑了3趟都没换成电池。消费者认为，苹果公司以模糊的生产时间为界限，排除对计划外的产品问题，这无疑是一种推卸。根据我国《消费者权益保护法》规定，消费者对商品或服务质量、使用方法等提出询问的，经营者应当做出真实明确答复。

之后，苹果公司在海外市场宣布召回，却并不包括中国市场，引发了中国消费者的不满。这已经不是苹果公司第一次区别对待中国消费者。

问题：

1. 苹果手机出现异常关机现象是否符合我国《产品质量法》对产品质量的要求?
2. 如果评价苹果公司对中国市场的区别对待行为?

实验实训

2012 年 5 月 1 日,原告孙某在被告南京欧尚超市有限公司江宁店(简称欧尚超市江宁店)购买"玉兔牌"香肠 15 包,其中价值 558.6 元的 14 包香肠已过保质期。孙某到收银台结账后,即径直到服务台索赔,后因协商未果诉至法院,要求欧尚超市江宁店支付 14 包香肠售价 10 倍的赔偿金5 586元。

被告欧尚超市江宁店辩称:孙某购买香肠时明知其已超过保质期仍旧购买,并且在购买后提出 10 倍赔偿的请求属于"买假索赔",是为了利用超市的错误而为自己谋取利益,不属于为了生活消费而购买商品,因此不属于消费者。

运用本章的知识分组讨论分析下列问题:

1. 被告的观点是否成立? 说明法律依据。
2. 被告是否应承担 10 倍的赔偿金? 为什么?

复习思考题

1. 简述生产者的产品责任和义务。
2. 试述产品缺陷侵权责任的承担。
3. 简述食品安全法中 10 倍惩罚性赔偿制度的适用条件。

第九章　消费者权益保护法

学习目标

通过本章学习，你应能够：

了解消费者权益保护法的概念、特征、调整对象、调整范围。

掌握消费者的权利和经营者的义务。

学会运用这些基本知识分析实际案例，解决现实中的问题。

引入案例

"豪车翻新"退一赔三案

2015年3月，原告黄某在温州某汽车销售公司购买了一辆路虎揽胜，车价是1 048 000元，但到2015年5月期间，车辆发生过4次在待起步时挂D档踩油门无法前进，或启动后加油却只能够以十几码的速度前进，此后要重新挂挡才能正常行驶的故障现象。

2015年6月，原告到4S店做车辆保养，在查找相关资料时，他突然看到这辆车竟然有领料单、施工单等材料。原来，这辆车在3月因排挡杆破裂被更换过排挡杆、变速箱模块和排挡杆周边线束。也就是说，在他购买前，这辆车就已经被维修过，原告觉得自己被销售商欺骗了，在双方协商无果的情况下，将温州的这家汽车销售公司告上法庭。

法庭上，原告称，在售车和交车过程中，被告对车辆排挡杆破裂被维修一事均未做任何告知和说明，被告隐瞒了更换配件的事实，构成了销售欺诈，根据《消费者权益保护法》的规定，被告应承担"退一赔三"的法律责任。

被告公司认为，更换排挡杆行为属于正当的PDI(pre-delivery inspection，出厂前检查)程序检查。被告公司在交车前对该车辆启动PDI程序，并于当月29日发现变速箱控制模块中的排挡杆破裂，经厂家授权后于4月1日更换配件。整个过程如同车辆生产过程中对零部件进行更换一样。而原告把正常的修补和换配件行为误认为销售前隐瞒质量缺陷是不合理的。

温州市龙湾区人民法院审理后认为，原告购买汽车的行为属于生活消费，应适用《消费者权益保护法》。法院认为，对消费者的消费抉择和公平交易产生重大影响的商品信息，销售者应如实告知消费者。而被告更换变速箱控制模块所形成的信息会对原告的消费抉择产生重大影响，在被告明确承诺销售新车的情况下，被告应主动将上述信息如实告知原告。被告明知自己隐瞒真实情况的行为会使原告陷入错误认识与其订立合同,仍希望或放任这种结果的发生即有欺诈的故意。根据相关法规,被告汽车销售公司的行为构成销售欺诈。

法院最终判处原告、被告双方的汽车买卖合同撤销,原告退还涉案车,被告退还原告扣除车辆折旧费之后的购车款;另外,被告还需赔偿原告3倍购车款共计3 144 000元。

——资料来源:根据人民法院网相关资料整理。

说明

《中华人民共和国消费者权益保护法》(以下简称《消费者权益保护法》)于1993年10月31日第八届全国人民代表大会常务委员会第四次会议通过,根据2009年8月27日第十一届全国人民代表大会常务委员会第十次会议《关于修改部分法律的决定》第一次修正,根据2013年10月25日第十二届全国人民代表大会常务委员会第五次会议《关于修改〈中华人民共和国消费者权益保护法〉的决定》第二次修正。2014年3月15日,新版《消费者权益保护法》正式实施。

第一节　消费者与消费者权益保护法

一、消费者

根据我国《消费者权益保护法》规定,消费者是指为生活消费需要而购买、使用商品或者接受服务的个人。对这一概念,可从几个方面来理解。

(一)消费者是个人

消费者是个人,包括我国境内的所有的人,既包括一切公民,也包括居住、生活在我国的外国人、无国籍人。

(二)消费者是从事生活消费的主体

消费者要取得的是生活资料,而不是生产资料。消费者获取生活资料是为了满足自身的生活消费需要。

(三)消费者是与经营者相对应的主体

经营者是指以营利为目的,向消费者提供其生产、销售的商品或提供服务的法人、其他经济组织和个人。经营者所提供的,正是消费者生活所需要的。经营者与消费者是市场条件下,既对立又相互联系的两个市场主体。

需要注意的是,根据《消费者权益保护法》第62条规定,农民购买、使用直接用于农业生产的生产资料,参照《消费者权益保护法》执行。

微型案例

某县农民江某、李某、王某等在2013年春向县种子站购买了玉米种子准备春播。种子种下后发现秧苗出土寥寥无几,而且异常弱小,遭受很大损失。后经查明,江某等人向县种子站购买的该批种子乃过时多年不能用的种子。

问:江某等农户可否依消费者权益保护法状告县种子站?

二、消费者权益保护法

消费者权益保护法是指调整以保护消费者权益为中心而形成的社会关系的法律规范的总称。

消费者权益保护法有广义、狭义之分。广义的消费者权益保护法是指所有有关保护消费者权益的法律、法规,包括消费者权益保护法的基本法、产品质量法、价格法、反垄断法等;狭义的消费者权益保护法即是2014年3月15日起施行的《消费者权益保护法》。

(一)原则

1. 特别保护原则

特别保护原则是指国家给予经济上处于弱者地位的消费者以特别保护的原则。虽然消费者在法律地位上与经营者是平等的,但在经济、知识、能力上等许多方面都难以与经营者相比。这种经济上的不平等单靠传统民商法律的平等、公平等原则是解决不了的,需要通过消费者权益保护法予以特别保护。

2. 补偿与惩罚相结合原则

在经营者的违法经营造成消费者的损害时,首先应当要求经营者赔偿消费者的损失,体现民事赔偿的补偿性特征;其次,还要对违法经营者的行为根据其情节轻重,分别追究行政责任乃至刑事责任;最后,对于在经营中有欺诈行为的,还要经营者承担"退一赔三"的惩罚性民事赔偿责任。

3. 国家支持原则

国家支持原则是指国家支持、援助消费者以实现其权益保护的原则。

《消费者权益保护法》第5条规定:"国家保护消费者的合法权益不受侵害。国家采取措施保障消费者依法行使权利,维护消费者的合法权益。"

4. 社会监督原则

消费者保护不是消费者个人的问题,所有社会成员和组织,均可对侵害消费者权益行为进行揭发、控告、监督,消费者保护组织对此负有更大的责任。

《消费者权益保护法》第6条规定:"保护消费者的合法权益是全社会的共同责任。国家鼓励、支持一切组织和个人对损害消费者合法权益的行为进行社会监督。大众传播媒介应当做好维护消费者合法权益的宣传,对损害消费者合法权益的行为进行舆论监督。"

(二)调整对象

1. 消费者与经营者之间的关系

消费者与经营者之间的关系是一种平等主体间的民事关系,主要表现为双方之间的买卖关系和服务与被服务的关系。经营者因违法行为给消费者造成损害,双方基于损害赔偿而产生的社会关系，是消费者权益保护法所调整的主要社会关系。

2. 国家与消费者之间的关系

国家与消费者之间的关系，主要是有关国家机关在为消费者提供指导、服务与保护过程中所形成的社会关系。根据消费者权益保护法的规定，各级人民政府应当加强领导，组织、协调、督促有关行政部门做好保护消费者合法权益的工作。各级人民政府应当加强监督，预防危害消费者人身、财产安全行为的发生，及时制止危害消费者人身、财产安全的行为。有关国家机关应当依照法律、法规的规定，惩处经营者在提供商品和服务中侵害消费者合法权益的违法犯罪行为。人民法院应当采取措施，方便消费者提起诉讼。

3. 国家与经营者之间的关系

国家与经营者之间的关系是一种管理与被管理的关系，主要是国家有关管理部门在对经营者的生产、销售、服务活动进行监督管理以及对侵害消费者合法权益的行为予以查处过程中所发生的社会关系。

第二节　消费者的权利

小资料

> 1962 年 3 月 15 日，美国总统肯尼迪在其向国会提出的“关于保护消费者利益的总统特别国情咨文”中第一次提出消费者权利的概念，其中包括四项权利：获得安全商品的权利；正确了解商品的权利；自由选择商品的权利；就与消费者有关事务提出意见和建议的权利。正因为如此，1984 年“国际消费者组织联盟”做出决定，将每年的 3 月 15 日作为“消费者权益日”。

消费者权利的概念随着消费者运动的发展而产生，后来得到法律的承认，其内容经历了由简到繁、由低到高的不断丰富发展的过程。消费者权利是指由国家法律规定或确认的，消费者为生活消费而购买、使用商品或接受服务过程中所享有的各项权利。

我国《消费者权益保护法》规定了消费者共享有 9 项基本权利。

一、保障安全权

保障安全权，又称“安全权”，是指消费者在购买、使用商品和接受服务时享有人身、财产安全不受损害的权利，包括人身安全和财产安全。保障安全权是消费者最基本的权利，也是《消费者权益保护法》所强调的首要的权利。

《消费者权益保护法》第 7 条规定：“消费者在购买、使用商品和接受服务时享有人身、财产安全不受损害的权利。消费者有权要求经营者提供的商品和服务，符合保障人身、财产安全的要求。”

微型案例

2013年10月24日，严某叫了几个朋友一起到某家新开的火锅店涮火锅席间。席间严某突然捂住嘴叫起来。原来，严某在涮火锅时，吃下混在食物中的异物，异物卡在喉咙处，痛苦不堪。同行的朋友赶紧将严某送到医院，进行检查。医生从严某下咽部取出近2厘米的钢丝。为此，严某花了31元钱的医疗费。第二天，在消协工作人员的调解下，双方达成协议：火锅店老板向严某赔礼道歉，报销31元医疗费，免去当晚就餐费39元，并且火锅店老板向严某赔偿500元精神损失费。

二、知悉真情权

知悉真情权又称“知情权”，是指消费者享有的知悉其购买、使用的商品或者接受服务的真实情况的权利。知悉真情权是消费者与经营者交易时首先要行使的权利，这项权利的落实情况如何，直接影响商品出售后消费者其他权利的行使。

《消费者权益保护法》第8条规定：“消费者享有知悉其购买、使用的商品或者接受的服务的真实情况的权利。消费者有权根据商品或者服务的不同情况，要求经营者提供商品的价格、产地、生产者、用途、性能、规格、等级、主要成分、生产日期、有效期限、检验合格证明、使用方法说明书、售后服务，或者服务的内容、规格、费用等有关情况。”

微型案例

A男士在某商店见一双某名牌男皮鞋，式样新颖，便有意购买。商店售货员见状迎上来极力推销此商品，并说：“因这双皮鞋盒丢了，价格下降50元！”双方成交。售货员在开具发票时，在发票上写上“处理”二字。A男士不解其意，售货员解释说，因为降价又没有鞋盒，这样写只为商店结算方便。A男士遂未在意。A男士回去穿上此鞋10天后，鞋底就掉了。A男士持鞋找到商店负责人，对方答称：“此鞋为处理品，一旦售出概不负责。”A男士起诉到法院。

问：A男士购鞋时，是否有权了解该鞋的情况？此案如何处理？

三、自主选择权

自主选择权又称为“选择权”，是指消费者享有的自主选择商品和服务的权利。消费者的自主选择权是消费者权利的核心，是消费者独立的市场主体地位的直接体现。

《消费者权益保护法》第9条规定：“消费者享有自主选择商品或者服务的权利。消费者有权自主选择提供商品或者服务的经营者，自主选择商品品种或者服务方式，自主决定购买或者不购买任何一种商品、接受或者不接受任何一项服务。消费者在自主选择商品或者服务时，有权进行比较、鉴别和挑选。”

四、公平交易权

公平交易权，是指消费者在购买商品或者接受服务时所享有的获得质量保障、价格合理、计量正确等公平交易条件的权利。其中，价格合理，要求商品或服务的价格与其价值相符；质量保障，要求商品或服务的质量必须符合国家相关质量标准的要求；计量准确，要求经营者必须科学计量其提供给消费者的商品或服务。

《消费者权益保护法》第 10 条规定："消费者享有公平交易的权利。消费者在购买商品或者接受服务时，有权获得质量保障、价格合理、计量正确等公平交易条件，有权拒绝经营者的强制交易行为。"

微型案例

家住上海的周某喜欢吃螃蟹，平时喜欢亲自去菜市场选购螃蟹。2016 年 7 月的一天，周某买回螃蟹开始烹调时，他的妻子发现旁边有一堆草绳，很是诧异，疑惑地说："两只螃蟹需要这么多草绳吗?"周某这才意识到自己长时间买回来的螃蟹，都是缺斤少两的。

请问：周某的何种权益受到侵害?

五、获得赔偿权

获得赔偿权，是指消费者因购买、使用商品或者接受服务受到人身、财产损害的，享有依法获得赔偿的权利。赔偿的种类包括：财产损失赔偿和人身损害赔偿。获得赔偿权是弥补消费者所受损害的重要救济权利，享有这项权利的消费者包括商品的购买者、使用者、服务接受者和受损害的第三人。

《消费者权益保护法》第 11 条规定："消费者因购买、使用商品或者接受服务受到人身、财产损害的，享有依法获得赔偿的权利。"

六、依法结社权

依法结社权，是指消费者享有依法成立维护自身合法权益的社会团体的权利。消费者协会和其他消费者组织是依法成立的对商品和服务进行社会监督的保护消费者合法权益的重要组织。消费者通过结社权的行使，使其从分散、弱小走向强大，从而以集体的力量与有组织的、实力强大的经营者抗衡，最大限度地实现消费者的各种权利。

《消费者权益保护法》第 12 条规定："消费者享有依法成立维护自身合法权益的社会组织的权利。"

小资料

我国1983年5月成立的第一个农村消费者组织是河北省新乐县的消费者协会。1984年9月成立的第一个城市消费者组织是广州市消费者委员会。1984年12月成立了全国性的消费者组织，即中国消费者协会。现在，全国县以上的行政地域都成立了消费者协会或者消费者权益委员会。在1987年9月召开的国际消费者联盟第12届大会上，中国消费者协会被接纳为该联盟的正式会员。

七、受教育权

知识获取权，是指消费者享有获得有关消费和消费者权益保护方面的知识的权利。受教育权应包括以下几方面的内容：(1)从国民教育中获取消费者权益保护的基本教育；(2)在消费过程中获得与商品、服务密切相关的知识与信息；(3)在维护自己权利的过程中，获得有关消费者权益保护方面的法律知识；(4)在处理消费问题时，获得有关的消费咨询与服务。

《消费者权益保护法》第13条规定："消费者享有获得有关消费和消费者权益保护方面的知识的权利。消费者应当努力掌握所需商品或者服务的知识和使用技能，正确使用商品，提高自我保护意识。"

八、获得尊重权

获得尊重权，是指消费者在购买、使用商品和接受服务时，享有其人格尊严、民族风俗习惯得到尊重的权利。尊重消费者的人格尊严和民族习俗，是社会文明、进步的重要表现，也是尊重和保障人权的重要内容。消费者在生活消费过程中遭受辱骂、搜身、殴打或其他非法待遇时，可依此权利进行救济。

《消费者权益保护法》第14条规定："消费者在购买、使用商品和接受服务时，享有人格尊严、民族风俗习惯得到尊重的权利，享有个人信息依法得到保护的权利。"

微型案例

2015年7月8日，钱某携侄子去逛超市，买完东西，当其经过东门时，警报器突然响起，超市员工闻声而来。超市以需仔细检查为由，要求对钱某进行检查。钱某提出反对，但是被超市里的保安人员强行在众多群众的围观下带入地下商场的办公室内。最终一无所获，超市不得不放钱某离去。钱某要求超市当场赔礼道歉，为自己消除影响，却遭到了超市的拒绝。

问：经营者有权搜身吗？该事应如何处理？

九、批评监督权

批评监督权，是指消费者享有对商品和服务以及保护消费者权益工作进行监督的权利。消费者的监督权包括两个方面：一是对商品和服务进行监督；二是对于消费者保护工作进行监督，主要是对国家机关及其工作人员的违法失职行为进行监督。

《消费者权益保护法》第 15 条规定："消费者享有对商品和服务以及保护消费者权益工作进行监督的权利。消费者有权检举、控告侵害消费者权益的行为和国家机关及其工作人员在保护消费者权益工作中的违法失职行为，有权对保护消费者权益工作提出批评、建议。"

第三节　经营者的义务

消费者权益保护法上所说的经营者，是指以营利为目的，向消费者提供其生产、销售的商品或提供服务的法人、其他经济组织和个人。

在消费者权益保护法中，法律规定消费者享有的绝大部分权利，是需要通过经营者履行相应的义务来保证实现的。因此，要有效地保护消费者的权利，就必须使经营者能够全面地履行其相应的义务。通过规范经营者的行为来保护消费者的权益，是消费者权益保护法的核心内容之一。规范经营者的经营行为主要包括两个方面：一是法律明确规定经营者的义务；二是通过有效措施督促、保证经营者履行义务。我国《消费者权益保护法》在第 16 条至第 29 条对经营者的具体义务做了列举式规定，主要包括以下 9 项义务。

一、履行法定和约定的义务

经营者应依照法律、法规的规定或依照合同的约定履行义务。

《消费者权益保护法》第 16 条规定："经营者向消费者提供商品或者服务，应当依照本法和其他有关法律、法规的规定履行义务。经营者和消费者有约定的，应当按照约定履行义务，但双方的约定不得违背法律、法规的规定。经营者向消费者提供商品或者服务，应当恪守社会公德，诚信经营，保障消费者的合法权益；不得设定不公平、不合理的交易条件，不得强制交易。"

微型案例

许某的防盗安全门是 2012 年 10 月 7 日购买的。据许某说，当时是因为厂家在广告中称其为购买安全门的用户投保 2 万元，觉得还不错才购买的。谁知 2013 年 4 月 30 日，他家的安全门被人撬开了。公安机关经现场勘察，认定窃贼系撬开安全门入室盗窃，共盗走皮衣等价值20 800元的物品。后来厂家为许某更换了同规格安全门。但是，当许某提出给付保险金时，厂家却予以拒绝。

问：厂家是否履行了自己向消费者承诺的义务？

二、接受消费者监督的义务

消费者是商品和服务最好的评判者。经营者接受消费者的监督，首先，应当允许消费者对其商品或服务提出不同的意见和看法，经营者应虚心接受消费者的批评和建议；其次，经营者应当正确对待消费者的意见和建议，及时改进商品质量和服务质量。

《消费者权益保护法》第 17 条规定："经营者应当听取消费者对其提供的商品或者服务的意见，接受消费者的监督。"

三、保障人身和财产安全的义务

经营者应保证其商品和服务对于消费者人身和财产具有安全性。

《消费者权益保护法》第18条规定："经营者应当保证其提供的商品或者服务符合保障人身、财产安全的要求。对可能危及人身、财产安全的商品和服务，应当向消费者做出真实的说明和明确的警示，并说明和标明正确使用商品或者接受服务的方法以及防止危害发生的方法。经营者发现其提供的商品或者服务存在严重缺陷，即使正确使用商品或者接受服务仍然可能对人身、财产安全造成危害的，应当立即向有关行政部门报告和告知消费者，并采取防止危害发生的措施。"

提醒您

新《消费者权益保护法》在第19条新增了经营者的主动报告、告知和召回等制度，"经营者发现其提供的商品或者服务存在缺陷，有危及人身、财产安全危险的，应当立即向有关行政部门报告和告知消费者，并采取停止销售、警示、召回、无害化处理、销毁、停止生产或者服务等措施。采取召回措施的，经营者应当承担消费者因商品被召回而支出的必要费用。"

四、提供真实信息的义务

消费者对于商品或者服务的正确判断、评价、选择、使用和消费，都依赖于经营者提供必要的信息，因而，经营者必须承担提供商品和服务真实信息的义务。

《消费者权益保护法》第20条规定："经营者向消费者提供有关商品或者服务的质量、性能、用途、有效期限等信息，应当真实、全面，不得做虚假或者引人误解的宣传。经营者对消费者就其提供的商品或者服务的质量和使用方法等问题提出的询问，应当做出真实、明确的答复。经营者提供商品或者服务应当明码标价。"第21条规定："经营者应当标明其真实名称和标记。租赁他人柜台或者场地的经营者，应当标明其真实名称和标记。"

五、出具凭证和单据的义务

购货凭证或服务单据，一般指发票、收据、保修单等，它们都是经营者与消费者之间发生合同关系的书面证明，也是日后消费者要求经营者履行"三包"等义务和发生纠纷后要求索赔的有力证据。

《消费者权益保护法》第22条规定："经营者提供商品或服务，应当按照国家有关规定或者商业惯例向消费者出具发票等购货凭证或服务单据；消费者索要发票等购货凭证或者服务单据的，经营者必须出具。"

微型案例

上海市民王某在一家餐馆用餐后向餐馆老板索要发票，工作人员告诉他："你只消费了一盘10元钱的扬州炒饭，按规定，由于你的消费额太少，本店不能开发票。"王某觉得很不合理，但考虑到还有其他事情要办，便付款离开。

问：王某是否有权要求饭店开具发票？

六、提供符合要求的商品和服务的义务

该义务与经营者的安全保证义务不同，它是规定经营者的商品和服务的一般性质量义务，即对消费者在正常合理使用的情况下，商品和服务所应具有的质量义务。

《消费者权益保护法》第23条规定："经营者应当保证在正常使用商品或者接受服务的情况下其提供的商品或者服务应当具有的质量、性能、用途和有效期限；但消费者在购买该商品或者接受该服务前已经知道其存在瑕疵，且存在该瑕疵不违反法律强制性规定的除外。经营者以广告、产品说明、实物样品或者其他方式表明商品或者服务的质量状况的，应当保证其提供的商品或者服务的实际质量与表明的质量状况相符。经营者提供的机动车、计算机、电视机、电冰箱、空调器、洗衣机等耐用商品或者装饰装修等服务，消费者自接受商品或者服务之日起6个月内发现瑕疵，发生争议的，由经营者承担有关瑕疵的举证责任。"

微型案例

2016年3月18日，张先生在某商场促销活动中购买了一台迷你小冰箱，可使用一个月后，小冰箱内壁便出现了裂痕。张先生拿着发票找到商场，但商场认为小冰箱系张先生人为损坏，不同意帮张先生免费修理。张先生将商场告上了法庭。

问：此案该如何处理？

七、承担"三包"和其他责任的义务

该义务属于经营者售后服务义务。有关售后服务问题，一般是由当事人通过契约的方式自由约定，但对于一些结构复杂、技术性较强的商品，需要通过法律进行强制性的规定。

《消费者权益保护法》第24条规定："经营者提供的商品或者服务不符合质量要求的，消费者可以依照国家规定、当事人约定退货，或者要求经营者履行更换、修理等义务。没有国家规定和当事人约定的，消费者可以自收到商品之日起7日内退货；7日后符合法定解除合同条件的，消费者可以及时退货，不符合法定解除合同条件的，可以要求经营者履行更换、修理等义务。依照前款规定进行退货、更换、修理的，经营者应当承担运输等必要费用。"

提醒您

新《消费者权益保护法》在第25条新增了消费者非现场购物的7日反悔权,“经营者采用网络、电视、电话、邮购等方式销售商品,消费者有权自收到商品之日起7日内退货,且无需说明理由”,但同时该条也规定经营者销售鲜活易腐等商品的例外情形。

微型案例

2016年4月25日,王小姐在某大型购物网站上看到一双高跟鞋,款式新颖,价格也很便宜,王小姐毫不犹豫点击了购买,并支付了货款。收到货后,王小姐觉得这双高跟鞋虽然新颖,但颜色跟网页上的图片出入很大,于是便联系上网店店主要求退货,并愿意承担来往的运费,但遭到店主的拒绝。问:王小姐能否要求退货?

八、不得从事不公平、不合理交易的义务

该义务与消费者的公平交易权相呼应,但内容并不对应。它不是从质量保障、价格合理、计量正确等方面规定的,而是要求经营者不能以单方面意思表示的形式做出对消费者不公平、不合理的规定,不得以此来减免自己的责任和侵犯消费者的权益。

《消费者权益保护法》第26条规定:“经营者在经营活动中使用格式条款的,应当以显著方式提请消费者注意商品或者服务的数量和质量、价款或者费用、履行期限和方式、安全注意事项和风险警示、售后服务、民事责任等与消费者有重大利害关系的内容,并按照消费者的要求予以说明。经营者不得以格式条款、通知、声明、店堂告示等方式,做出排除或者限制消费者权利、减轻或者免除经营者责任、加重消费者责任等对消费者不公平、不合理的规定,不得利用格式条款并借助技术手段强制交易。格式条款、通知、声明、店堂告示等含有前款所列内容的,其内容无效。”

九、不得侵害消费者人身权的义务

消费者的人身自由、人格尊严受法律保护。

《消费者权益保护法》第27条规定:“经营者不得对消费者进行侮辱、诽谤,不得搜查消费者的身体及其携带的物品,不得侵犯消费者的人身自由。”

提醒您

新《消费者权益保护法》在第28条新增了网络等非现场购物信息披露制度,该制度的核心是保障消费者的知情权,“采用网络、电视、电话、邮购等方式提供商品或者服务的经营者,以及提供证券、保险、银行等金融服务的经营者,应当向消费者提供经营地址、联系方式、商品或者服务的数量和质量、价款或者费用、履行期限和方式、安全注意事项和风险警示、售后服务、民事责任等信息”。

微型案例

2014 年 4 月，吴先生在某大酒店预订了婚宴，并留了电话。可是不久，婚庆、旅游等公司的电话便接踵而至，吴先生不堪其扰。吴先生发觉，在婚礼操办过程中，唯一留号码的就是在订酒席环节。于是他找到酒店，但酒店告诉他，打电话的婚庆公司都是酒店的合作方，这是酒店为方便新人而免费提供的一项增值服务，新人在这些公司可以享受到相应的折扣优惠。

问：酒店的做法是否正确？

提醒您

新《消费者权益保护法》在第 29 条新增了消费者个人信息保护制度，“经营者收集、使用消费者个人信息，应当遵循合法、正当、必要的原则，明示收集、使用信息的目的、方式和范围，并经消费者同意。经营者收集、使用消费者个人信息，应当公开其收集、使用规则，不得违反法律、法规的规定和双方的约定收集、使用信息。经营者及其工作人员对收集的消费者个人信息必须严格保密，不得泄露、出售或者非法向他人提供。经营者应当采取技术措施和其他必要措施，确保信息安全，防止消费者个人信息泄露、丢失。在发生或者可能发生信息泄露、丢失的情况时，应当立即采取补救措施”。

第四节　消费者权益争议的解决和法律责任

一、消费者权益争议

消费者权益争议，是指消费者与经营者之间在买卖和使用商品、接受和提供服务过程中发生的有关双方的权利义务的争议。

消费者在购买、使用商品或接受服务过程中，当其合法权益受到侵害时，必然要同经营者发生争议。在消费者多为受害方的情况下，如果争议得不到解决，消费者的权利就无法实现。因此，依法合理解决消费者权益争议就成了保护消费者合法权益的必要保障。

二、解决争议的途径

根据《消费者权益保护法》第 39 条规定，消费者和经营者发生消费者权益争议的，可以通过下列途径解决：

（一）协商和解

消费者和经营者可以在互谅互让的基础上，根据法律、法规的具体规定或双方的约定，结合争议形成的原因、事实、后果等因素，通过协商方式，使双方就争议达成和解。协商和解的方法具有成本低、解决问题快、有利于继续合作等优点。

（二）消费者协会调解

消费者与经营者发生争议而又不能自行解决时，可以请求消费者协会从中调解。消费者和经营者在消费者协会的主持下，遵循自愿与合法的原则，根据事实和法律，分清责任，互谅互让，最后达成解决争议的协议。消费者协会的调解属于民间调解，双方达成的调解协议不具有强制执行的效力。

消费者协会是依法成立的对商品和服务进行社会监督的保护消费者合法权益的社会团体。按照《消费者权益保护法》第37条规定，消费者协会应履行下列公益性职责：

(1)向消费者提供消费信息和咨询服务，提高消费者维护自身合法权益的能力，引导文明、健康、节约资源和保护环境的消费方式；

(2)参与制定有关消费者权益的法律、法规、规章和强制性标准；

(3)参与有关行政部门对商品和服务的监督、检查；

(4)就有关消费者合法权益的问题，向有关部门反映、查询，提出建议；

(5)受理消费者的投诉，并对投诉事项进行调查、调解；

(6)投诉事项涉及商品和服务质量问题的，可以委托具备资格的鉴定人鉴定，鉴定人应当告知鉴定意见；

(7)就损害消费者合法权益的行为，支持受损害的消费者提起诉讼或者依照本法提起诉讼；

(8)对损害消费者合法权益的行为，通过大众传播媒介予以揭露、批评。

提醒您

鉴于我国近年来不断发生的侵犯消费者权益的群体性消费事件，如三鹿奶粉、问题胶囊等事件，消费者往往势单力薄，举证困难，消费者维权常常陷入尴尬境地。为了帮助众多的处于弱势地位的消费者，新《消费者权益保护法》在第37条新增了消费者协会可起诉的公益诉讼制度。

（三）向有关行政部门申诉

向有关行政部门申诉是指消费者向工商行政管理部门、技术监督部门及各有关专业部门申诉。有关行政部门对消费者的申诉，应予接受、即时答复和处理。有关行政部门对消费者的申诉及其与经营者的争议，也可以依法进行调解；可以依法律规定和自己的职权，做出处理决定；对有违法行为的经营者，可以依法进行行政处罚。

（四）提请仲裁

提起仲裁是指消费者和经营者将其争议提交仲裁机构，该机构以第三者的身份对争议进行裁决的活动。仲裁的前提是消费者与经营者之间必有仲裁协议，否则就不能选择仲裁。实践中，因为消费者与经营者之间很少有事先达成仲裁协议的情况，所以，他们之间的争议通过仲裁解决的不多。仲裁较诉讼相比具有程序简单，解决问题迅速，可以秘密审理，为当事人保密的特点。

（五）提起诉讼

向人民法院起诉是指消费者将其与经营者之间的争议提交人民法院，由法院进行审理和判决的一种途径。《消费者权益保护法》第35条规定，人民法院应当采取措施，方便消费者提起诉讼。对符合《中华人民共和国民事诉讼法》起诉条件的消费者权益争议，必须受理，及时审理。向人民法院起诉是解决消费者争议的最后手段，也是权威手段。

三、赔偿责任主体

为了保护消费者的合法权益，《消费者权益保护法》第40～45条明确了消费者权益受到侵害时有义务对受害者进行损害赔偿的责任主体。主要包括以下情况：

（一）经营者

《消费者权益保护法》第40条规定："消费者因购买、使用商品或者接受服务时，其合法权益受到损害的，可以向商品销售者、服务提供者要求赔偿。销售者赔偿后，属于生产者的责任或者属于向销售者提供商品的其他销售者的责任的，销售者有权向生产者或者其他销售者追偿。消费者或者其他受害人因商品缺陷造成人身、财产损害的，可以向销售者要求赔偿，也可以向生产者要求赔偿。属于生产者责任的，销售者赔偿后，有权向生产者追偿。属于销售者责任的，生产者赔偿后，有权向销售者追偿。消费者在接受服务时，其合法权益受到损害的，可以向服务者要求赔偿。"

微型案例

某超市销售受污染的面包，吴某购买食用后，即上吐下泻，住院治疗一周后痊愈，用去治疗费、住院费等800元，误工损失300元。吴某向超市要求赔偿，超市称该面包是从厂家进的货，该向厂家要求赔偿。

问：吴某该向谁要求赔偿？

（二）承受原企业权利义务的企业

《消费者权益保护法》第41条规定："消费者在购买、使用商品或者接受服务时，其合法权益受到损害，因原企业分立、合并的，可以向变更后承受其权利义务的企业要求赔偿。"

（三）营业执照的持有人

《消费者权益保护法》第42条规定："使用他人营业执照的违法经营者提供商品或者服务，损害消费者合法权益的，消费者可以向其要求赔偿，也可以向营业执照的持有人要求赔偿。"

（四）展销会举办者及柜台出租者

《消费者权益保护法》第43条规定："消费者在展销会、租赁柜台购买商品或者接受服务，其合法权益受到损害的，可以向销售者或者服务者要求赔偿。展销会结束或者柜台租赁期满后，也可以向展销会的举办者、柜台的出租者要求赔偿。展销会的举办者、柜台的出租者赔偿后，有权向销售者或者服务者追偿。"

微型案例

2013年9月15日，罗某在某大型展销会上买了一套价值8 000元的书桌，表明为红木。但是，使用不到半年，桌子便开始出现裂痕，罗某只好送去质检，经鉴定发现书桌根本不是红木。但此时，展销会早已结束，销售商也不知所踪。

问：罗某该如何维护自己的权益？

（五）网络交易平台提供者

《消费者权益保护法》第 44 条规定："消费者通过网络交易平台购买商品或者接受服务，其合法权益受到损害的，可以向销售者或者服务者要求赔偿。网络交易平台提供者不能提供销售者或者服务者的真实名称、地址和有效联系方式的，消费者也可以向网络交易平台提供者要求赔偿；网络交易平台提供者做出更有利于消费者的承诺的，应当履行承诺。网络交易平台提供者赔偿后，有权向销售者或者服务者追偿。网络交易平台提供者明知或者应知销售者或者服务者利用其平台侵害消费者合法权益，未采取必要措施的，依法与该销售者或者服务者承担连带责任。"

微型案例

2015 年 4 月，吴女士在某大型网购平台上的一家手表网店中购买了一款某知名进口品牌手表。实际收到货后，吴女士发现自己购买的手表并非正品。于是便联系卖家退货，但通过网店中所留的电话、邮件等均无法联系上。吴女士向网购平台工作人员反映，他们在核实后表示，对方当时提供验证的身份证件系假冒，目前他们做的只能是将这家网店关闭。

问：吴女士该如何维护自己的权益？

（六）广告经营者、发布者及商品和服务的推荐者

《消费者权益保护法》第 45 条规定："消费者因经营者利用虚假广告或者其他虚假宣传方式提供商品或者服务，其合法权益受到损害的，可以向经营者要求赔偿。广告经营者、发布者发布虚假广告的，消费者可以请求行政主管部门予以惩处。广告经营者、发布者不能提供经营者的真实名称、地址和有效联系方式的，应当承担赔偿责任。广告经营者、发布者设计、制作、发布关系消费者生命健康商品或者服务的虚假广告，造成消费者损害的，应当与提供该商品或者服务的经营者承担连带责任。社会团体或者其他组织、个人在关系消费者生命健康商品或者服务的虚假广告或者其他虚假宣传中向消费者推荐商品或者服务，造成消费者损害的，应当与提供该商品或者服务的经营者承担连带责任。"

四、法律责任形式

根据消费者权益保护法的规定，因侵犯消费者合法权益的行为的性质、情节以及程度的不同，所应承担的法律责任包括民事责任、行政责任，甚至是刑事责任。

（一）民事责任

1. 依照其他有关法律法规承担民事责任

《消费者权益保护法》第 48 条规定，经营者提供商品或者服务有下列情形之一的，除本法另有规定外，应当依照其他有关法律、法规的规定，承担民事责任：

(1)商品或者服务存在缺陷的；

(2)不具备商品应当具备的使用性能而出售时未做说明的；

(3)不符合在商品或者其包装上注明采用的商品标准的；

(4)不符合商品说明、实物样品等方式表明的质量状况的；

(5)生产国家明令淘汰的商品或者销售失效、变质的商品的；

(6)销售的商品数量不足的;

(7)服务的内容和费用违反约定的;

(8)对消费者提出的修理、重做、更换、退货、补足商品数量、退还货款和服务费用或者赔偿损失的要求,故意拖延或者无理拒绝的;

(9)法律、法规规定的其他损害消费者权益的情形。

2. 致人伤害的民事责任

《消费者权益保护法》第 49 条规定,经营者提供商品或者服务,造成消费者或者其他受害人人身伤害的,应当赔偿医疗费、护理费、交通费等为治疗和康复支出的合理费用,以及因误工减少的收入。造成残疾的,还应当赔偿残疾生活辅助具费和残疾赔偿金。造成死亡的,还应当赔偿丧葬费和死亡赔偿金。

3. 侵犯人身权的民事责任

《消费者权益保护法》第 50、51 条规定,经营者侵害消费者的人格尊严、侵犯消费者人身自由或者侵害消费者个人信息依法得到保护的权利的,应当停止侵害、恢复名誉、消除影响、赔礼道歉,并赔偿损失。经营者存在侮辱诽谤、搜查身体、侵犯人身自由等侵害消费者或者其他受害人人身权益的行为,造成严重精神损害的,受害人可以要求精神损害赔偿。

4. 造成财产损害的民事责任

《消费者权益保护法》第 52 条规定,经营者提供商品或者服务,造成消费者财产损害的,应当依照法律规定或者当事人约定承担修理、重做、更换、退货、补足商品数量、退还货款和服务费用或者赔偿损失等民事责任。

5. 违反"三包"的民事责任

《消费者权益保护法》第 24 条规定,经营者提供的商品或者服务不符合质量要求的,消费者可以依照国家规定、当事人约定退货,或者要求经营者履行更换、修理等义务。没有国家规定和当事人约定的,消费者可以自收到商品之日起 7 日内退货;7 日后符合法定解除合同条件的,消费者可以及时退货,不符合法定解除合同条件的,可以要求经营者履行更换、修理等义务。消费者进行退货、更换、修理的,经营者应当承担运输等必要费用。

6. 违反预收款方式的民事责任

《消费者权益保护法》第 53 条规定,经营者以预收款方式提供商品或者服务的,应当按照约定提供。未按照约定提供的,应当按照消费者的要求履行约定或者退回预付款;并应当承担预付款的利息、消费者必须支付的合理费用。

7. 不合格商品的责任

《消费者权益保护法》第 54 条规定,依法经有关行政部门认定为不合格的商品,消费者要求退货的,经营者应当负责退货。

8. 欺诈行为的民事责任

《消费者权益保护法》第 55 条规定,经营者提供商品或者服务有欺诈行为的,应当按照消费者的要求增加赔偿其受到的损失,增加赔偿的金额为消费者购买商品的价款或者接受服务的费用的 3 倍;增加赔偿的金额不足 500 元的,为 500 元。法律另有规定的,依照其规定。经营者明知商品或者服务存在缺陷,仍然向消费者提供,造成消费者或者其他受害人死亡或者健康严重损害的,受害人有权要求经营者依照《消费者保护》第 49 条、第 51 条等法律规定赔偿损失,并有权要求所受损失 2 倍以下的惩罚性赔偿。

微型案例

2014年4月,孙小姐在某超市购物时,看到一款促销的泰国大米原价10.5元/公斤,促销价6.2元/公斤。孙小姐觉得挺便宜,便买了5公斤。后孙小姐又买了1公斤苹果,苹果原价15 .5元/公斤,促销价10.1元/公斤。结账回家后,孙小姐发现超市在结账时,均是按大米和苹果的原价进行结算的,于是她找到超市要求赔偿。

问:该案应如何处理?

(二)行政责任

根据《消费者权益保护法》第56条、第59条规定,经营者有下列情形之一,除承担相应的民事责任外,其他有关法律、法规对处罚机关和处罚方式有规定的,依照法律、法规的规定执行;法律、法规未做规定的,由工商行政管理部门或者其他有关行政部门责令改正,可以根据情节单处或者并处警告、没收违法所得、处以违法所得1倍以上10倍以下的罚款,没有违法所得的,处以50万元以下的罚款;情节严重的,责令停业整顿、吊销营业执照:

(1)提供的商品或者服务不符合保障人身、财产安全要求的;

(2)在商品中掺杂、掺假,以假充真,以次充好,或者以不合格商品冒充合格商品的;

(3)生产国家明令淘汰的商品或者销售失效、变质的商品的;

(4)伪造商品的产地,伪造或者冒用他人的厂名、厂址,篡改生产日期,伪造或者冒用认证标志等质量标志的;

(5)销售的商品应当检验、检疫而未检验、检疫或者伪造检验、检疫结果的;

(6)对商品或者服务做虚假或者引人误解的宣传的;

(7)拒绝或者拖延有关行政部门责令对缺陷商品或者服务采取停止销售、警示、召回、无害化处理、销毁、停止生产或者服务等措施的;

(8)对消费者提出的修理、重做、更换、退货、补足商品数量、退还货款和服务费用或者赔偿损失的要求,故意拖延或者无理拒绝的;

(9)侵害消费者人格尊严、侵犯消费者人身自由或者侵害消费者个人信息依法得到保护的权利的;

(10)法律、法规规定的对损害消费者权益应当予以处罚的其他情形。

经营者对行政处罚决定不服的,可以依法申请行政复议或者提起行政诉讼。

(三)刑事责任

经营者侵犯消费者和受害人合法权益,构成犯罪的,承担刑事责任。主要有下列情况:

(1)经营者提供商品或者服务,造成消费者或者其他受害人人身伤害,构成犯罪的;

(2)经营者提供商品或者服务,造成消费者或者其他受害人人身死亡,构成犯罪的;

(3)以暴力、威胁等方法阻碍有关行政部门工作人员依法执行职务的,构成犯罪的。

另外,《消费者权益保护法》第61条规定:"国家机关工作人员玩忽职守或者包庇经营者侵害消费者合法权益的行为的,由其所在单位或者上级机关给予行政处分;情节严重,构成犯罪的,依法追究刑事责任。"

小 结

关键术语

消费者 经营者 消费者权益保护法 消费者权利 经营者义务 “三包” 消费者权益争议 消费者协会

本章小结

1. 消费者是指为生活消费需要而购买、使用商品或者接受服务的个人。消费者是个人，包括我国境内的所有的人，既包括一切公民，也包括居住、生活在我国的外国人、无国籍人。

2. 经营者是指以营利为目的，向消费者提供其生产、销售的商品或提供服务的法人、其他经济组织和个人。

3. 消费者权益保护法是指调整以保护消费者权益为中心而形成的社会关系的法律规范的总称。消费者权益保护法有广义、狭义之分。广义的消费者权益保护法是指所有有关保护消费者权益的法律、法规，包括消费者权益保护法的基本法、产品质量法、价格法、反垄断法等；狭义的消费者权益保护法即《消费者权益保护法》。

4. 消费者权利是指由国家法律规定或确认的，消费者为生活消费而购买、使用商品或接受服务过程中所享有的各项权利。我国消费者权益保护法规定了消费者共享有 9 项基本权利，即保障安全权、知悉真情权、自主选择权、公平交易权、获得赔偿权、依法结社权、知识获取权、获得尊重权、批评监督权。

5. 经营者义务在我国《消费者权益保护法》第 16 条至 25 条做了具体规定，主要包括 9 项义务：履行法定和约定的义务、接受消费者监督的义务、保障人身和财产安全的义务、提供真实信息的义务、出具凭证和单据的义务、提供符合要求的商品和服务的义务、承担“三包”和其他责任的义务、不得从事不公平、不合理交易的义务、不得侵害消费者人身权的义务。

6.“三包”是指根据国家规定或者经营者与消费者约定，当消费者购买的商品出现质量问题时，经营者应当承担的包修、包换、包退责任。

7. 消费者权益争议是指消费者与经营者之间在买卖和使用商品、接受和提供服务过程中发生的有关双方的权利义务的争议。

8. 消费者协会是依法成立的对商品和服务进行社会监督的保护消费者合法权益的社会团体。

知识结构图

- 消费者权益保护法
  - 消费者与消费者权益保护法
    - 消费者
    - 消费者权益保护法
  - 消费者的权利
    - 保障安全权
    - 知悉真情权
    - 自主选择权
    - 公平交易权
    - 获得赔偿权
    - 依法结社权
    - 受教育权
    - 获得尊重权
    - 批评监督权
  - 经营者的义务
    - 履行法定和约定的义务
    - 接受消费者监督的义务
    - 保障人身和财产安全的义务
    - 提供真实信息的义务
    - 出具凭证和单据的义务
    - 提供符合要求的商品和服务的义务
    - 承担"三包"和其他责任的义务
    - 不得从事不公平、不合理交易的义务
    - 不得侵害消费者人身权的义务
  - 消费者权益争议的解决和法律责任
    - 消费者权益争议
    - 解决争议的途径
    - 赔偿责任主体
    - 法律责任形式

应　用

案例研究

该开瓶费该不该收

广州市民曲某有一瓶珍藏了16年的杜康酒。他表示,如果北京申奥成功,他一定会亲手开启杜康酒以示庆贺。2003年7月15日晚,曲某和朋友到广州下塘西路的某酒楼举行"申奥庆宴"。宴会开始,曲某拿出杜康酒时,酒楼服务员不失礼貌地告诉他们,自带酒水要收开瓶费。众人对此不解,服务员解释说是酒楼的规定。于是,曲某提出买酒楼的杜康酒。服务员表示,酒楼没有这样的酒卖,但如果他们要喝自己带来的酒,还是要收开瓶费,这也是酒楼的"规定"。为了不因开瓶费而扫兴,曲某告诉服务员,中国消费者协会前不久刚发布了一个通知,说酒楼向自带酒水的顾客收取开瓶费是不合法的。对此,服务员仍坚持要收开瓶费,并叫来了酒楼的一名部长再次重申酒楼的"规定"。曲某坚持自己动手开启酒瓶,但结账时,酒楼廖部长却认为,即使如此,也要照收开瓶费。最后,曲某要求酒楼出具开瓶费发票,酒楼只得在一张百元定额发票上注明"其中开瓶费20元"的字样。曲某与律师进行磋商后,于次日一早就将起诉状送交广州市白云区人民法院,要求被告返还开瓶费20元并赔偿20元,同时要求被告向原告道歉,赔偿精神损失费1元。

问:

1. 本案中酒楼能否收取原告的开瓶费?
2. 该酒楼侵犯了原告的何种权利?
3. 此案人民法院应如何处理?

实验实训

手机的吸费软件如何维权

据中国之声《全国新闻联播》2013 年 12 月 30 日 18:49 报道，连日来，手机内置低俗软件、滥设吸费陷阱的现象备受关注。广东中山的黄先生说，他所使用的金鹏手机在今年 5 月突然欠费停机了，他在查询话费清单时发现有几十元的 SP 扣费，但在要求中国移动中山分公司解释并退费时却遭到拒绝。在检查手机时，他发现这款金鹏手机内置的浏览器能直接链接到低俗甚至是色情信息。黄先生："里面全都是那些诱导的信息，比如少妇脱光衣服全过程之类，都是诱导消费的。"据黄先生介绍，几个月前，他在中山市的移动营业厅当着值班经理的面对涉黄情况进行现场测试，营业厅经理为他出具了盖有移动公司公章的测试证明。之后，黄先生向中山市第一法院提起诉讼，将中国移动中山分公司和 SP 天夏科技公司告上法庭，要求两被告承担涉黄的责任。但开庭时，移动公司却将责任推给了 SP 天厦科技公司和手机生产商金鹏公司。黄先生说："移动这边除了推卸责任，他们还说手机内置业务应该找手机生产厂家。但是如果你在酒店踩了一块西瓜皮，不可能去找种西瓜的人吧。"

数以亿计的手机消费者在面对强大的渔利者时，有多少人能做到明白消费，又有多少人在掉入吸费陷阱后能讨到说法呢？

运用本章所学的法律知识，分组讨论下列问题：

1. 原告黄先生的权利有没有受到侵害，哪些权利受到了侵害？
2. 你作为一名消费者，在生活中遇到哪些权利被侵害情形？
3. 该案人民法院应如何处理？

复习思考题

1. 消费者在消费过程中所享有的基本权利有哪些？
2. 经营者在经营过程中所负担的基本义务有哪些？
3. 试述消费者权益保护法的调整对象与调整范围。
4. 试述消费者权益争议的解决途径。

第十章　证券与金融法律制度

学习目标

通过本章学习，你应能够：

了解我国证券与金融法律制度的基本内容。

掌握证券发行的条件、程序、交易与中国人民银行、商业银行的业务。

学会运用证券与金融法律制度分析实际案例，解决实际问题。

引入案例

宝利国际违规披露案

2017年，证监会调查发现，江苏宝利国际投资股份有限公司（以下简称宝利国际，股票代码300135）在2015年1～8月连续发布5项对外投资公告，而宝利国际在主动披露上述事项后，后续并未就上述投资公告事宜签订具体协议，在相关业务明确终止的情况下未依法披露重大进展。证监会据此认定，宝利国际滥用自愿披露方式做选择性披露，隐瞒负面信息，营造公司积极拓展海外业务且捷报频传的假象，严重误导投资者。

2017年6月，证监会依法对宝利国际及相关责任人员予以处罚。自愿性信息披露可能触发后续的强制披露义务，信息披露义务人应当确保信息披露的真实、准确、完整。

本案系证监会对上市公司自愿性信息披露过程中涉嫌违法违规进行处罚的首起案件。

——资料来源：和讯网。

说明

1998年12月29日第九届全国人民代表大会第六次会议以高票通过了《中华人民共和国证券法》（下称《证券法》）。它历时7年，数易其稿，是我国审议次数最多的法律之一。该法自1999年7月1日起正式实施，并在2004年、2005年、2013年、2014年分别进行了修订或修正，是我国第一部调整证券发行与交易行为的法律。

第一节　证券法律制度

一、证券与证券法概述

(一)证券概述

1. 证券的概念

证券是各类财产所有权或债权凭证的通称，是用来证明证券持有人有权依票面所载内容，取得相关权益的凭证。

广义的证券包括货币证券、商品证券和资本证券。货币证券是指本身能使持券人或第三者取得货币索取权的有价证券，货币证券包括商业证券和银行证券两大类。商业证券包括商业汇票、商业本票；银行证券包括银行汇票、银行本票、支票等。商品证券是指能够证明持券人拥有商品所有权或使用权的凭证，如提货单、运货单、仓库栈单等。资本证券是指由金融投资或与金融投资有直接联系的活动而产生的，持券人对发行人有一定的收入要求权的证券，如股票、债券及其衍生品种。

狭义的证券仅指资本证券。本章所指证券为狭义概念。

2. 证券的特征

(1)收益性。证券的收益性是指持有证券本身可以获得一定数额的收益，这是投资者转让资本所有权或使用权的回报。证券代表的是对以一定数额的某种特定资产的所有权或债权，投资者持有证券也就同时拥有这部分资产增值收益的权利，因而证券本身具有收益性。

(2)流动性。证券的流动性事指证券持有人在不造成资金损失的前提下以证券换取现金的特性。证券的流动可通过到期兑、承兑、贴现、转让等方式实现。不同证券的流动性是不同的。

(3)风险性。证券的风险性是指持有者面临着预期投资收益不能实现，甚至连本金也受到损失的可能。从整体上说，证券的风险与收益成正比。通常情况下，风险越大的证券，投资者要求的预期收益越高；风险越小的证券，投资者要求的预期收益越低。

(4)期限性。债券一般有明确的还本付息期限，以满足不同筹资者和投资者对金融期限以及与此相关的收益率需求。债券的期限具有法律约束力，是对融资双方权益的保护。股票没有期限，可以视为无期证券。

3. 证券市场

证券市场是各种有价证券发行和流通的场所，是现代金融市场的重要组成部分。发行市场，又称一级市场、初级市场，是证券发行人发行证券以筹集资金的市场。流通市场，又称二级市场、交易市场，是对已发行的证券进行交易的市场。而新三板市场，即全国中小企业股份转让系统是经国务院批准，依据证券法设立的全国性证券交易场所，在场所性质和法律定位上，新三板与证券交易所是相同的，都是多层次资本市场体系的重要组成部分。

提醒您

我国的证券市场是随着"改革、开放"政策的推进而逐步发展起来的。1981年，我国恢复国库券发行。1987年深圳成立了第一家证券公司。1990年12月和1991年7月，上海证券交易所和深圳证券交易所分别成立。1992年，B股在上海证券交易所上市。1992年10月，国务院决定成立国务院证券委员会（1998年撤销）和中国证券监督管理委员会。

全国中小企业股份转让系统2012年9月正式注册成立，是继上海证券交易所、深圳证券交易所之后第三家全国性证券交易场所。

（二）证券法概述

广义的证券法是指调整证券发行、交易过程中以及国家在管理证券机构和管理证券发行、交易过程中，所发生的社会关系的法律规范的总称。狭义的证券法是指证券法典，在我国是指《中华人民共和国证券法》。

我国自发展证券市场伊始，就注重对其进行统一管理，通过一系列措施，包括立法，引导其健康成长。

二、证券发行

证券发行是指公司为筹措资金而向投资者出售股票、公司债券以及国务院认定的其他证券的活动。根据发行价格与票面面额的关系，证券发行可分为溢价发行、平价发行和折价发行三种形式。按照发行对象的不同，证券发行可分为私募与公募两种方式。按照是否需要承销机构，证券发行可分为直接发行与间接发行。

（一）证券发行的条件

公开发行证券，必须符合法律、行政法规规定的条件，并依法报经国务院证券监督管理机构或者国务院授权的部门核准；未经依法核准，任何单位和个人不得公开发行证券。

1. 公开发行新股

根据《证券法》第13条规定，股份有限公司公开发行新股应当符合下列条件：

(1)具备健全且运行良好的组织机构；

(2)具有持续盈利能力，财务状况良好；

(3)最近3年财务会计文件无虚假记载，无其他重大违法行为；

(4)经国务院批准的国务院证券监督管理机构所规定的其他条件。

上市公司非公开发行新股，应当符合国务院证券监督管理机构规定的条件，并报国务院证券监督管理机构核准。

提醒您

公司对公开发行股票所募集资金，必须按照招股说明书所列资金用途使用。改变招股说明书所列资金用途，必须经股东大会做出决议。擅自改变用途而未做纠正的，或者未经股东大会认可的，不得公开发行新股，上市公司也不得非公开发行新股。

2. 公开发行公司债券

公开发行公司债券，应当符合下列条件：

(1)股份有限公司的净资产不低于人民币3 000万元，有限责任公司的净资产不低于人民币6 000万元；

(2)累计债券余额不超过公司净资产的40%；

(3)最近3年平均可分配利润足以支付公司债券1年的利息；

(4)筹集的资金投向符合国家产业政策；

(5)债券的利率不超过国务院限定的利率水平；

(6)国务院规定的其他条件。

资信状况符合以下标准的公司债券可以向公众投资者公开发行，也可以自主选择仅面向合格投资者公开发行：

(1)发行人最近3年无债务违约或者迟延支付本息的事实；

(2)发行人最近3个会计年度实现的年均可分配利润不少于债券1年利息的1.5倍；

(3)债券信用评级达到AAA级；

(4)中国证监会根据投资者保护的需要规定的其他条件。

未达到前款规定标准的公司债券公开发行应当面向合格投资者。仅面向合格投资者公开发行的，中国证监会简化核准程序。公开发行公司债券，募集资金应当用于核准的用途。

而非公开发行的公司债券则应当向合格投资者发行，不得采用广告、公开劝诱和变相公开方式，每次发行对象不得超过200人。非公开发行公司债券，募集资金应当用于约定的用途。除金融类企业外，募集资金不得转借他人。

微型案例

2017年，经中国证监会(证监许可[2017]16号文)核准，中国邮政集团公司获准在中国境内向合格投资者公开发行面值总额不超过200亿元的公司债券。中国邮政集团公司发布了募集说明书，说明书的主要内容有：

一、本期债券的主要条款

1. 发行主体：中国邮政集团公司。

2. 债券名称：中国邮政集团公司2017年公司债券(第二期)。

3. 发行总额及发行期次安排：本次债券发行总额不超过200亿元(含200亿元)，计划采用分期发行方式，其中本期债券的基础发行规模不超过10亿元，可超额配售不超过30亿元。

4. 票面金额及发行价格：本期债券票面金额为100元，按面值平价发行。

5. 债券期限：本期债券的期限为5年，附第3年末公司调整票面利率选择权、赎回选择权及投资者回售选择权。

6. 发行规模：本期债券基础发行规模为10亿元，可超额配售不超过30亿元。

二、本期债券发行时间安排

发行公告刊登日期：2017年4月10日。

发行首日：2017年4月12日。

网下发行期限：2017年4月12日至2017年4月13日。

(二)证券发行的程序

1. 申请

设立股份有限公司公开发行股票,应当向国务院证券监督管理机构报送募股申请和有关文件。申请公开发行公司债券,应当向国务院授权的部门或者国务院证券监督管理机构报送公司营业执照、公司章程、公司债券募集办法、资产评估报告和验资报告以及国务院授权的部门或者国务院证券监督管理机构规定的其他文件。

报送的证券发行申请文件,必须真实、准确、完整。

2. 核准

上市公司发行股票,以及公司公开发行公司债券需要经过证券监督管理机构核准。核准程序应当公开,依法接受监督。应当自受理证券发行申请文件之日起3个月内,依照法定条件和法定程序做出予以核准或者不予核准的决定;不予核准的,应当说明理由。非公开发行公司债券只需至证券监督管理机构备案即可,无需经过核准程序。

3. 发行

证券发行申请经核准,发行人应当依照法律、行政法规的规定,在证券公开发行前,公告公开发行募集文件,并将该文件置备于指定场所供公众查阅。

4. 承销

发行人向不特定对象公开发行的证券,法律、行政法规规定应当由证券公司承销的,发行人应当同证券公司签订承销协议。证券承销业务采取代销或者包销方式。证券代销是指证券公司代发行人发售证券,在承销期结束时,将未售出的证券全部退还给发行人的承销方式;证券包销是指证券公司将发行人的证券按照协议全部购入或者在承销期结束时将售后剩余证券全部自行购入的承销方式。

向不特定对象公开发行的证券票面总值超过人民币5 000万元的,应当由承销团承销。承销团应当由主承销和参与承销的证券公司组成。证券的代销、包销期限最长不得超过90日。证券公司在代销、包销期内,对所代销、包销的证券应当保证先行出售给认购人,证券公司不得为本公司预留所代销的证券和预先购入并留存所包销的证券。

股票发行采用代销方式,代销期限届满,向投资者出售的股票数量未达到拟公开发行股票数量70%的,为发行失败。发行人应当按照发行价并加算银行同期存款利息返还给股票认购人。

三、证券交易

证券交易是指证券持有人依照交易规则,将证券转让给其他投资者的行为。证券交易一般分为两种形式:(1)上市交易,是指证券在证券交易所集中交易挂牌买卖。凡经批准在证券交易所内登记买卖的证券称为上市证券;其证券能在证券交易所上市交易的公司,称为上市公司。(2)上柜交易,是指公开发行但未达上市标准的证券在证券柜台交易市场买卖。

早期证券交易主要采取现货交易方式,但随着商品经济及资本市场的发展,证券交易形式呈现出由低级向高级、由简单向复杂、由单一向复合的发展趋势。各国证券交易方式的分类标准出现多元化趋势,既可按单一标准分类,也可兼采多种标准分类,并形成了现货交易、信用交易、期货交易和期权交易等并存的交易形式。

(一)证券上市

证券上市是指已经公开发行的证券按照法定的条件和程序取得在证券交易所公开挂牌交

易资格的行为。证券上市是连接证券发行与证券场内交易的桥梁。

我国证券法规定，股份有限公司申请股票上市，应当符合下列条件：

(1)股票经国务院证券监督管理机构核准已公开发行；

(2)公司股本总额不少于人民币 3 000 万元；

(3)公开发行的股份达到公司股份总数的 25%以上；公司股本总额超过人民币 4 亿元的，公开发行股份的比例为 10%以上；

(4)公司最近 3 年无重大违法行为，财务会计报告无虚假记载。

证券交易所可以规定高于前款规定的上市条件，并报国务院证券监督管理机构批准。

公司申请公司债券上市交易，应当符合下列条件：

(1)公司债券的期限为 1 年以上；

(2)公司债券实际发行额不少于人民币 5 000 万元；

(3)公司申请债券上市时仍符合法定的公司债券发行条件。

(二)证券的暂停、强制终止上市

《上海证券交易所股票上市规则》2014 年修订版、《深圳证券交易所股票上市规则》2014 年修订版同时规定，上市公司出现下列情形之一的，证券交易所有权决定暂停其股票上市：

(1)因最近两个会计年度的净利润触及规定的标准，其股票被实施退市风险警示后，公司披露的最近一个会计年度经审计的净利润继续为负值；

(2)因最近一个会计年度的净资产触及规定的标准，其股票被实施退市风险警示后，公司披露的最近一个会计年度经审计的期末净资产继续为负值；

(3)因最近一个会计年度的营业收入触及规定的标准，其股票被实施退市风险警示后，公司披露的最近一个会计年度经审计的营业收入继续低于1 000万元；

(4)因最近一个会计年度的审计意见类型触及规定的标准，其股票被实施退市风险警示后，公司披露的最近一个会计年度的财务会计报告被会计师事务所出具无法表示意见或者否定意见的审计报告；

(5)因未在规定期限内改正财务会计报告中的重大差错或者虚假记载触及规定的标准，其股票被实施退市风险警示后，公司在两个月内仍未按要求改正财务会计报告；

(6)因未在法定期限内披露年度报告或者中期报告触及规定的标准，其股票被实施退市风险警示后，公司在两个月内仍未披露应披露的年度报告或者中期报告；

(7)公司股本总额发生变化，不具备上市条件；

(8)因股权分布发生变化不具备上市条件，其股票被实施停牌后，未在停牌后 1 个月内向本所提交解决股权分布问题的方案，或者提交了方案但未获本所同意，或者因股权分布发生变化不具备上市条件触及规定的标准，其股票被实施退市风险警示后，公司在 6 个月内其股权分布仍不具备上市条件；

(9)因出现规定的欺诈发行情形，其股票被实施退市风险警示后交易满 30 个交易日；

(10)因出现规定的重大信息披露违法情形，其股票被实施退市风险警示后交易满 30 个交易日；

(11)交易所认定的其他情形。

由交易所决定终止其股票上市的情形比较多，本节节选如下几种情形：

(1)因净利润、净资产、营业收入或者审计意见类型触及规定的标准，其股票被暂停上市后，公司披露的最近一个会计年度经审计的财务会计报告存在扣除非经常性损益前后的净利润孰低者为负值、期末净资产为负值、营业收入低于1 000万元或者被会计师事务所出具保留意见、无法表示意见、否定意见的审计报告等四种情形之一；

(2)因净利润、净资产、营业收入或者审计意见类型触及规定的标准，其股票被暂停上市后，公司未能在法定期限内披露最近1年的年度报告；

(3)因未在规定期限内按要求改正财务会计报告中的重大差错或者虚假记载触及规定的标准，其股票被暂停上市后，公司在两个月内仍未按要求改正财务会计报告；

(4)因未在规定期限内披露年度报告或者中期报告触及规定的标准，其股票被暂停上市后，公司在两个月内仍未按要求披露相关定期报告；

(5)在本所仅发行A股股票的上市公司，通过本所交易系统连续120个交易日(不包含公司股票停牌日)实现的累计股票成交量低于500万股，或者连续20个交易日(不包含公司股票停牌日)的每日股票收盘价均低于股票面值。

提醒您

2014年，上海和深圳证券交易所分别修改《股票上市规则》，在《证券法》之外补充规定了一些新的暂停和终止上市条件，并建立了恢复上市制度。主要包括退市风险警示、暂停上市和终止上市的条件等。

(三)禁止的交易行为

1. 内幕交易行为

内幕交易行为是指证券交易内幕信息的知情人和非法获取内幕信息的人利用内幕信息从事证券交易活动。而所谓的内幕信息，是指证券交易活动中，涉及公司的经营、财务或者对该公司证券的市场价格有重大影响的、尚未公开的信息。

微型案例

证监会2017年度案件办理情况通报：并购重组是内幕交易重灾区

2017年内幕交易平均案值超过3 000万元，7%的案件涉案金额突破亿元，超过70%的内幕交易获利，最高收益达4 000余万元。

从内幕信息看，并购重组仍是内幕交易重灾区，利用高送转、重大亏损等业绩类信息从事非法交易案件多发。

从涉案主体看，法定内幕信息知情人直接交易仍占40%；内幕信息泄露范围进一步扩大，包括知情人子女就读学校校长、银行审贷人员、市场掮客、开办企业所在地党政干部等。

从传递方式看，网络社交工具的普及客观上为内幕信息在亲属圈、朋友圈、同事圈等多种熟人圈内多层、多级、多向传递提供了便利，形成一批窝案串案。统计显示，超过25%的案件涉案主体在3人以上，最多7人同时被查。

2. 操纵市场行为

操纵证券市场行为主要包括：

(1)单独或者通过合谋，集中资金优势、持股优势或者利用信息优势联合或者连续买卖，操纵证券交易价格或者证券交易量；

(2)与他人串通，以事先约定的时间、价格和方式相互进行证券交易，影响证券交易价格或者证券交易量；

(3)在自己实际控制的账户之间进行证券交易，影响证券交易价格或者证券交易量；

(4)以其他手段操纵证券市场。

操纵证券市场行为给投资者造成损失的，行为人应当依法承担赔偿责任。

微型案例

马永威等人操纵福达股份(603166)案，是证监会2017年第二批专项执法案件当中的第一起“快进快出”股票操纵案。

作为一只长期不受关注的小盘股，福达股份2016年7月狠狠地刷了一回“存在感”。7月5日，福达股份启动上涨，随后福达股份连续多个交易日快速上涨，且换手率极高。7月11日、12日，福达股份连续拉出两个涨停板。7月14日，福达股份因连续6个交易日异常上涨再发风险提示，累计涨幅达到52.28%，7日、8日、11日、12日四个交易日换手率均超过25%，公司股票动态市盈率已达到354.59倍，明显高于同行业同类上市公司的平均水平。

异常交易受到上海证券交易所关注，福达股份宣布13日起停牌。7月15日，公司自查后再次申明，公司股价已经偏离大盘水平，偏离公司基本面，请投资者谨慎参与投资，且公司不存在未披露重大信息。

盘面背后，是马永威、曹勇等人的疯狂操纵获利。据证监会调查，马永威、曹勇等团伙控制使用38个证券账户，在2016年7月5日至7月18日期间涉嫌操纵福达股份股票，投入资金量高达2.9亿元，获利超过2 289万。马永威等人采用“底部吸筹、边建仓边拉升”的手法，引诱不明真相的投资者参与交易，3～5个涨停之后，“一字断魂刀”式大规模出货，在跌停板上“绞杀”投资者，造成个股暴涨暴跌。

微型案例

证监会2017年度案件办理情况通报：操纵市场立案数量明显下降，但团伙化、职业化特征明显，“短线坐庄”情况突出

2017年操纵市场立案38件，同比下降17%。

一是涉案主体呈现团伙化、职业化特征，单位有组织违法比重上升。部分涉案主体以投资公司名义成立专门交易团队，在资金、设备、操作、决策端专人专岗，频繁开立和注销账户，单案平均涉及证券账户达95个。

二是个股价量异常波动引发快进快出负面效应。部分涉案主体集中快速拉抬股价，导致部分次新股价格非理性上涨，引发市场对板块概念跟风炒作，对其他投资者产生负面效仿现象，操纵手法快速扩散，积聚较大风险。有的通过配资账户引入大量民间资金，加大杠杆反复炒作,放大市场风险,影响市场稳定。

三是操纵手法糅杂多样,"短线坐庄"趋势明显。有些实际控制人或与知名私募配合,假借市值管理名义操控信息发布节奏操纵股价,或与市场"牛散"联手,配合二级市场资金连续操纵。有的综合使用虚假申报、盘中拉抬、尾市封涨停等多种手法,短时间轮番炒作多只股票,短线操纵和"坐庄"交织。

四是嫁接互联互通、期现联动,隐蔽性更强。有的通过内地与香港股票市场互联互通机制,采用多种异常交易手法跨境操纵股票。有的同时大量做多或做空期现两市,配合发布合约标的利好或利空消息,甚至编造传播不实信息,引诱投资者跟风后平仓获利上亿元。

3. 制造虚假信息行为

制造虚假信息行为主要包括:

(1)国家工作人员、传播媒介从业人员和有关人员编造、传播虚假信息,扰乱证券市场;

(2)证券交易所、证券公司、证券登记结算机构、证券服务机构及其从业人员,证券业协会、证券监督管理机构及其工作人员,在证券交易活动中做出虚假陈述或者信息误导;

(3)各种传播媒介传播证券市场虚假信息的行为。

微型案例

证监会2017年度案件办理情况通报:借助互联网和自媒体编造传播虚假信息,严重扰乱证券期货市场秩序,影响恶劣

2017年新增编造传播虚假信息案件调查7起,同比增长40%,全年已做出行政处罚1起,处罚事先告知1起,移交公安机关治安处罚和通报线索各1起。

一是互联网和自媒体成为主要传播途径。虚假信息由"广场式"公开散布转变为"茶坊式"社交网络集聚后多向、网状传播,扩散速度快,引发股价大幅波动,危害后果加深加剧。

二是违法手法和形式多样化。案发领域由证券市场向期货市场蔓延,信息种类由个股信息向监管政策蔓延。有的财经网站(博客、微博)过度依赖自动抓取软件,在信息审核方面严重失职。有的知名机构从业人员背离基本事实,发布夸大估值的研究报告,严重误导投资者决策判断。

三是行为目的复杂化。有的编造传播虚假信息意图影响市场价格,有的恶意丑化监管形象以获取网民注册信息,有的自媒体造谣传谣以扩大自身市场影响。

4. 欺诈客户行为

欺诈客户行为主要包括:

(1)违背客户的委托为其买卖证券;

(2)不在规定时间内向客户提供交易的书面确认文件;

(3)挪用客户所委托买卖的证券或者客户账户上的资金;未经客户委托,擅自为客户买卖证券,或者假借客户的名义买卖证券;

(4)为牟取佣金收入,诱使客户进行不必要的证券买卖;

(5)利用传播媒介或者通过其他方式提供、传播虚假或者误导投资者的信息；

(6)其他违背客户真实意思表示，损害客户利益的行为。

5. 其他禁止的行为

(1)禁止法人非法利用他人账户从事证券交易；禁止法人出借自己或者他人的证券账户；

(2)禁止资金违规流入股市；

(3)禁止任何人挪用公款买卖证券。

(四)上市公司的收购制度

上市公司收购是指投资者依法定程序公开收购目标公司已经发行上市的股份，以达到对该公司控股或兼并目的的行为。上市公司收购有要约收购和协议收购两种方式。所谓要约收购，是指收购人通过向被收购公司的所有股东发出购买其所持该公司股份的书面意思表示，并按照其依法公告的收购要约中所规定的收购条件、收购价格、收购期限以及其他规定事项收购目标公司股份的收购方式。所谓协议收购，是指收购人通过与目标公司管理层或股东反复磋商，达成书面转让股权的协议，并按照协议所规定的收购条件、收购价格、收购期限以及其他规定事项，收购目标公司股份的收购方式。

微型案例

"男人的衣柜"海澜之家，于2017年10月10日公告，其全资子公司海澜投资拟以自有资金6.6亿元受让新余云开等股东持有的英氏婴童约44%股权。

海澜之家称，为了把握婴童市场快速增长的发展机遇，增加新的利润增长点，其决定参股投资英氏婴童，交易完成后，海澜投资将成为英氏婴童的第二大股东。英氏的品牌在年轻妈妈中知名度较高，其业绩也比较良好。2016年，英氏婴童实现营业收入7.22亿元，净利润3 634.75万元，按照6.6亿元，44%的股权比例，英氏婴童的估值达15亿元。英氏给出了2018～2020年的盈利预测，预计英氏婴童未来3年净利润分别不低于1.2亿元、1.44亿元和1.728亿元。

该股权收购无疑可以为海澜之家拓展新领域市场打通一个快捷通道。

通过证券交易所的证券交易，投资者持有或者通过协议、其他安排与他人共同持有一家上市公司已发行的股份达到5%时，应当在该事实发生之日起3日内，向国务院证券监督管理机构、证券交易所做出书面报告，通知该上市公司，并予公告；在上述期限内，不得再行买卖该上市公司的股票。

投资者持有或者通过协议、其他安排与他人共同持有一家上市公司已发行的股份达到5%后，其所持该上市公司已发行的股份比例每增加或者减少5%，应当依照前款规定进行报告和公告。在报告期限内和做出报告、公告后2日内，不得再行买卖该上市公司的股票。

通过证券交易所的证券交易，投资者持有或者通过协议、其他安排与他人共同持有一家上市公司已发行的股份达到30%，继续进行收购的，应当依法向该上市公司所有股东发出收购上市公司全部或者部分股份的要约。

微型案例

A公司一直在悄悄收购B公司的股票，9月26日已经持有B公司10.6%的股份。由此，B的股票价格从9月13日的9.23元涨至12.05元。9月30日，A继续增持B公司的股票，持股比例达到15.98%。至此A公司才公告宣称持有B公司5%以上的股票。

试分析A公司的收购行为有无违法之处。

四、主要证券机构

(一)证券交易所

证券交易所是依据国家有关法律，经政府证券主管机关批准设立的集中进行证券交易的有形场所。我国的证券交易所是会员制的、不以营利为目的的法人。

(二)证券公司

证券公司是指依照公司法和证券法的规定设立的，并经国务院证券监督管理机构审查批准而成立的专门经营证券业务，具有独立法人地位的有限责任公司或者股份有限公司。广义的证券公司分为证券经营公司和证券登记公司。狭义的证券公司是指证券经营公司，是经主管机关批准并到有关工商行政管理机构领取营业执照后专门经营证券业务的机构。它具有证券交易所的会员资格，可以承销发行、自营买卖或自营兼代理买卖证券。普通投资人的证券投资都要通过证券公司来进行。

(三)证券监督管理机构

我国的证券监督管理机构是中国证券监督管理委员会，是国务院直属事业单位，是全国证券期货市场的主管部门。在1992年以前，我国的证券市场监督管理职责由中国人民银行承担。1992年10月，国务院成立了国务院证券委员会和中国证券监督管理委员会，1998年，国务院决定保留设置中国证券监督管理委员会，将原国务院证券委员会的职能和中国人民银行履行的证券业务监管职能都划入中国证券监督管理委员会，建立起全国统一的证券监督管理机构。

(四)证券业协会

证券业协会是证券业的自律性组织，是社会团体法人。协会的宗旨是根据发展社会主义市场经济的要求，贯彻执行国家有关方针、政策和法规，发挥政府与证券经营机构之间的桥梁和纽带作用，促进证券业的开拓发展，加强证券业的自律管理，维护会员的合法权益，建立和完善具有中国特色的证券市场体系。中国证券业协会于1991年8月28日成立，总部设在北京。

提醒您

目前我国大陆地区的证券交易所有两个，分别在上海与深圳。

上海证券交易所是我国目前最大的证券交易中心，成立于1990年11月26日，注册人民币1 000万元。深圳证券交易所是我国第二家证券交易所，筹建于1989年，于 1991 年 7 月经中国人民银行批准正式营业。这两个交易所开业以来,不断改进市场运作,逐步实现了交易的电脑化、网络化及股票的无纸化操作。

2014 年 4 月 10 日,中国证监会正式批复开展沪港通试点。2014 年 11 月 17 日,沪港通正式开通。2016 年 12 月 5 日,深港通正式启动。

五、期货法律监管制度

我国现阶段的期货市场法律体系主要由国务院颁布的行政法规和中国证券监督管理委员会颁布的部门规章组成:2007 年 2 月 7 日国务院第 168 次常务会议通过,并于 2007 年 4 月 15 日开始施行《期货交易管理条例》,该条例于 2012、2013、2016、2017 年分别做了修订;2007 年 3 月 28 日由中国证券监督管理委员会第 203 次主席办公会议审议通过,自 2007 年 4 月 15 日起施行《期货交易所管理办法》;还有《期货公司管理办法》,《期货公司监督管理办法》(自 2014 年 8 月 21 日起施行),及《期货公司风险监管指标管理办法》(自 2017 年 10 月 1 日起施行)等。

同时,最高人民法院的司法解释《关于审理期货纠纷案件若干问题的规定》也对期货纠纷案件的审理提供了相应的法律依据。

综观世界发达国家或地区的期货市场,其发展均离不开当地的基本法律。如美国的商品交易法;日本的商品交易所法、证券交易法(分别调整商品期货与金融期货);新加坡的证券及期货法等。我国开展期货交易的立法工作起步较早,1995 年全国人大就进行了相关调研并形成了征求意见稿。2006 年 3 月成立了《期货交易法》起草小组,重新启动《期货交易法》立法工作,但至今尚未取得实质性进展。我国缺乏期货市场基本法的现状将会制约期货市场的更深层次发展,因此,应当加快制定《期货交易法》的步伐。

第二节 金融法律制度

小资料

美国次贷危机引发的全球金融危机是过去半个多世纪以来国际金融市场首次出现的银行系统与资本市场一起发生的危机,为了应对这场百年一遇的金融危机,美国政府对于金融企业的干预程度达到了空前规模。虽然关于政府干预市场的争论始终没有停止,但是美国政府在市场机制休克状态下的果断做法在很大程度上缓解了金融危机对全球金融体系的冲击。曾经是世界上最大保险公司的美国国际集团以及两大房贷企业房地美和房利美先后被美国政府接管,美国政府对花旗集团的救助最终也使得政府成为花旗最大的股东。为了防止金融危机再次重演,美国政府计划强化监管,扩大美联储的权力,保护投资者的利益,强化信息披露。这次全球金融危机波及面之广,对世界经济的影响之巨,再一次引起了人们对金融监管问题的重视。

一、金融与金融法概述

金融就是资金的融通。金融是货币流通和信用活动以及与之相联系的经济活动的总称，广义的金融泛指一切与信用货币的发行、保管、兑换、结算，融通有关的经济活动，甚至包括金银的买卖。狭义的金融专指信用货币的融通。

金融法是调整金融关系的法律总称。金融关系包括金融监管关系与金融交易关系。所谓金融监管关系，主要是指政府金融主管机关对金融机构、金融市场、金融产品及金融交易的监督管理的关系。所谓金融交易关系，主要是指在货币市场、证券市场、保险市场和外汇市场等各种金融市场与金融机构之间，金融机构与大众之间，大众之间进行的各种金融交易的关系。

二、中国人民银行法

（一）中国人民银行与中国人民银行法概述

中国人民银行是国家银行体系的核心机构。为了确立中国人民银行的地位和职责，1995年3月18日，第八届全国人民代表大会第三次会议通过了《中华人民共和国中国人民银行法》（下称《中国人民银行法》）。2003年12月27日的第十届全国人民代表大会常务委员会第六次会议对其进行了修订。《中国人民银行法》对中国人民银行的性质、地位、职能、组织体系和业务范围等做了详细规定。

（二）中央人民银行的性质、地位与职责

1. 中国人民银行的性质

中国人民银行是中华人民共和国的中央银行。中央银行代表国家进行金融调控与管理，是具有国家机构性质的特殊金融机构，在国务院领导下，制定和执行货币政策，防范和化解金融风险，维护金融稳定。

2. 中国人民银行的地位

中国人民银行具有两重属性：一方面它是一个特殊的金融机构，另一方面它又是一个特殊的国家机构，是国家行政机关的组成部分。中国人民银行在国务院领导下依法独立执行货币政策，履行职责，开展业务，不受地方政府、各级政府部门、社会团体和个人的干涉。它的全部资本由国家出资，属于国家所有。

3. 中国人民银行的职责与业务

中国人民银行的职责有：发布和履行与其职责有关的命令和规章；依法制定和执行货币政策；发行人民币，管理人民币流通；监督管理银行间同业拆借市场和银行间债券市场；实施外汇管理，监督管理银行间外汇市场；监督管理黄金市场；持有、管理、经营国家外汇储备、黄金储备；经理国库；维护支付、清算系统的正常运行；指导、部署金融业反洗钱工作，负责反洗钱的资金监测；负责金融业的统计、调查、分析和预测；作为国家的中央银行，从事有关的国际金融活动以及国务院规定的其他职责。

提醒您

> 自2013年7月20日起,中国人民银行决定全面放开金融机构贷款利率管制。
>
> 自2015年5月11日起,中国人民银行决定将金融机构存款利率浮动区间的上限由存款基准利率的1.3倍调整为1.5倍。
>
> 自2015年8月26日起,中国人民银行决定放开1年期以上(不含1年期)定期存款的利率浮动上限,标志着中国利率市场化改革又向前迈出了重要一步。
>
> 自2015年10月24日起,中国人民银行决定对商业银行和农村合作金融机构等不再设置存款利率浮动上限。

中国人民银行根据执行货币政策的需要,可以决定对商业银行贷款的数额、期限、利率和方式,但贷款的期限不得超过1年;不得对政府财政透支,不得直接认购、包销国债和其他政府债券;不得向地方政府、各级政府部门提供贷款,不得向非银行金融机构以及其他单位和个人提供贷款,但国务院决定中国人民银行可以向特定的非银行金融机构提供贷款的除外;不得向任何单位和个人提供担保。

提醒您

> 中国人民银行作为国家管理金融业的特殊金融机构,其业务范围与商业银行及其他金融机构的业务相比具有两个明显不同的特点:一是不以营利为目的;二是不经营一般银行业务。中国人民银行根据法律规定,在金融活动中享有各种特权,如果允许其以营利为目的,从事一般银行业务,参与竞争,不仅存在法律上的不公平,而且将使中央银行丧失权威。

(三)中国人民银行的组织机构

(1)中国人民银行设行长一人,副行长若干人,实行行长负责制,行长领导中国人民银行的工作,副行长协助行长工作。行长由国务院总理提名,全国人民代表大会决定,全国人民代表大会闭会期间,由全国人民代表大会常务委员会决定,由中华人民共和国主席任免,副行长由国务院总理任免。

(2)中国人民银行设立货币政策委员会。货币政策委员会的职责、组成和工作程序,由国务院规定,报全国人民代表大会常务委员会备案。委员会应当在国家宏观调控、货币政策制定和调整中,发挥重要作用。

(3)中国人民银行根据履行职责的需要设立分支机构,作为中国人民银行的派出机构。中国人民银行对分支机构实行统一领导和管理。中国人民银行的分支机构根据中国人民银行的授权,维护本辖区的金融稳定,承办有关业务。

三、商业银行法

小资料

> 世界上最早成立而具一定规模的银行是1171年成立的威尼斯银行，这是一家公立银行，设立的目的是为便利应付战争筹款及公债发行。其次为1609年在荷兰成立的阿姆斯特丹银行，由市政府设立，目的是统一币制，便利荷兰东印度公司的对外掠夺及商人银钱交易、货币成色的鉴别。早期的商业银行是专门融通短期性商业资金的银行，后来随着经济和金融业的发展，其业务范围不断拓展，逐步发展成为一种综合性、多功能的全能银行。

(一)商业银行与商业银行法概述

我国的商业银行是依照《中华人民共和国商业银行法》和《中华人民共和国公司法》设立的吸收公众存款、发放贷款、办理结算等业务的企业法人。它是以金融资产和负债为经营对象，以利润最大化或股东收益最大化为主要目标，提供多样化服务的综合信用中介机构。

小资料

> 中国关于银行业的较早记载，是南北朝时的寺庙典当业。到了唐代，出现了类似汇票的“飞钱”，这是我国最早的汇兑业务。北宋真宗时，由四川富商发行的交子，成为我国早期的纸币。到了明清以后，当铺是中国主要的信用机构。明末，一些较大的经营银钱兑换业的钱铺发展成为银庄。银庄产生初期，除兑换银钱外，还从事贷放，到了清代，才逐渐开办存款、汇兑业务，但最终在清政府的限制和外国银行的压迫下，走向衰落。
>
> 我国近代银行业，是在19世纪中叶外国资本主义银行入侵之后才兴起的。最早的在华外国银行是英商东方银行，其后各资本主义国家纷纷来华设立银行。这些外国银行虽给中国国民经济带来巨大破坏，但客观上也对我国银行业的发展起了一定的刺激作用。为摆脱外国银行支配，清政府于1897年在上海成立了中国通商银行，标志着中国现代银行的产生。此后，浙江兴业、交通银行相继产生。
>
> ——资料来源：庄毓敏著：《商业银行业务与经营》，中国人民大学出版社2002年版。

商业银行法是调整商业银行的组织及其业务经营的法律规范的总称，有广义和狭义之分。广义的商业银行法是指一切关于商业银行的组织及其业务经营的法律、法规、行政规章的总称，除商业银行法外，尚包括其他法律、法规、规章中涉及商业银行的组织及其业务经营的规定。狭义的商业银行法指1995年5月10日第八届全国人民代表大会常务委员会第十三次会议通过的《中华人民共和国商业银行法》(以下简称《商业银行法》)。2015年8月29日第十二届全国人民代表大会常务委员会第十六次会议对该法进行了第二次修订。

(二)商业银行的职能

(1)信用中介职能。信用中介职能是商业银行最本质、最基本的职能。这一职能的实质，是通过银行的负债业务，主要是吸收存款，把社会上闲散的各种货币资本集中到银行里来，再通过银行的资产业务，如放款和投资等投向经济各部门。在此过程中，商业银行作为货币资本的贷入者和贷出者的中介人，来实现资本的融通，并从吸收资金的成本和发放贷款的利息收入、投资收益的差额中获取收入，形成银行利润。

(2)支付中介职能。商业银行通过客户在银行开立的存款账户，代理客户办理货币兑换、货币结算、货币收付等业务，成为工商企业、团体和个人的货币保管者、出纳者和收付代理人。商业银行支付中介职能的发挥，使现金的使用大为减少，节约了社会流通费用，加速了资金结算和货币资本的周转。

(3)信用创造职能。商业银行在信用中介职能和支付中介职能的基础上，产生了信用创造职能。即商业银行通过自己的信贷活动，创造和收缩活期存款，把自己的负债作为货币来流通，这是其显著区别于专业银行和其他金融机构的职能。

提醒您

信用创造是指在整个银行系统内利用超额准备金进行贷款或投资的过程中，活期存款的扩大所引起的货币供应量的增加，又称“货币制造”。

信用创造的过程如下：商业银行按照中央银行规定的法定存款准备金率将法定存款准备金存入中央银行，再将剩下的部分投放货币市场。假设法定存款准备率为10%。甲公司将1 000万元现金存入A银行，A银行留下10%的法定准备金，其余款项贷给乙公司；乙公司得到900万元贷款后向丙公司支付货款，丙公司将900万元货款存入B银行；B银行留下法定准备金后，其余全部贷给丁公司；丁公司得到810万元贷款后，支付给戊公司；戊公司将810万元又存入C银行……

由此可见，商业银行每发放一次贷款，存款货币就扩大一次，商业银行就是以这种存款—贷款—再存款—再贷款的方式“创造”了货币。

(4)金融服务功能。随着经济的发展，各个经济单位之间的联系更加复杂，各金融中介机构之间的竞争日益激烈，人们对财富的管理要求也相应提高。商业银行根据客户的要求不断拓展自己的金融服务领域，如信托、租赁、咨询、经纪人业务及国际业务等。这些业务在商业银行经营中占据越来越重要的地位。现代化的社会生活，从多方面给商业银行提出了创新金融服务的要求。如何保持竞争优势，借鉴和吸收国际经验，不断开发新的业务领域和业务品种，是各国商业银行面临的一个新的艰巨任务。

微型案例

随着中国工商银行、中国建设银行、招商银行等金融机构组建的金融租赁公司纷纷投入运营，金融租赁业务为企业低成本融资提供了更多的选择，从单纯的贷款转变到由“融物”满足“融资”需求的新模式。

金融租赁业务的开办，既是推动我国银行业综合化经营的必然要求，也是提升商业银行核心竞争力的重要途径。按融资租赁协议，银行拥有租赁物的所有权，加上承租方融资时提供的抵押和担保，增强了租赁资产的风险保障系数。如果企业破产，银行可以直接收回或者变卖租赁资产，在增加获利机会的同时降低投资损失。在国家不断加大对中小企业支持力度的背景下，金融租赁业务更面临着巨大的商机。

(三)商业银行的设立

设立商业银行，应当经国务院银行业监督管理机构审查批准。未经国务院银行业监督管理机构批准，任何单位和个人不得从事吸收公众存款等商业银行业务，任何单位不得在名称中使用"银行"字样。设立商业银行，应当具备下列条件：

(1)有符合商业银行法和公司法规定的章程。

(2)有符合商业银行法规定的注册资本最低限额。设立全国性商业银行的注册资本最低限额为10亿元人民币。设立城市商业银行的注册资本最低限额为1亿元人民币，设立农村商业银行的注册资本最低限额为5 000万元人民币。注册资本应当是实缴资本。国务院银行业监督管理机构根据审慎监管的要求可以调整注册资本最低限额，但不得少于前款规定的限额。

(3)有具备任职专业知识和业务工作经验的董事、高级管理人员。具下列情形之一的，不得担任商业银行的董事、高级管理人员：因犯有贪污、贿赂、侵占财产、挪用财产罪或者破坏社会经济秩序罪，被判处刑罚，或者因犯罪被剥夺政治权利的；担任因经营不善破产清算的公司、企业的董事或者厂长、经理，并对该公司、企业的破产负有个人责任的；担任因违法被吊销营业执照的公司、企业的法定代表人，并负有个人责任的；个人所负数额较大的债务到期未清偿的。

(4)有健全的组织机构和管理制度。

(5)有符合要求的营业场所、安全防范措施和与业务有关的其他设施。

(6)其他审慎性条件。

提醒您

我国四大国有银行

中华人民共和国成立初的银行是国家行政机关，行使为国家理财的基本职能。

1983年9月，国务院颁布《关于中国人民银行专门行使中央银行职能的决定》，规定中国人民银行专门行使中央银行职能，分设中国工商银行、中国人民建设银行、中国银行与中国农业银行等专业银行。中国工商银行主要办理工商信贷业务；中国人民建设银行(1996年3月26日更名为中国建设银行)以基本建设投资为主要业务；中国银行以涉外信贷为主；中国农业银行主要服务于农业开发和建设。由此逐步形成了以中央银行为核心，以专业银行为主体的银行体系。

而后的十几年中，随着经济体制改革的深入，各专业银行的业务界限逐步被打破，几家专业银行均在"专业"业务的基础上，开设了其他各种金融业务，逐渐形成了在各有侧重的基础上又相互交叉的局面。

(四)商业银行的业务范围

根据我国商业银行法的规定，商业银行可以经营下列部分或者全部业务：吸收公众存款；发放短期、中期和长期贷款；办理国内外结算；办理票据承兑与贴现；发行金融债券；代理发行、代理兑付、承销政府债券；买卖政府债券、金融债券；从事同业拆借；买卖、代理买卖外汇；从事银行卡业务；提供信用证服务及担保；代理收付款项及代理保险业务；提供保管箱服务；经国务院银行业监督管理机构批准的其他业务。

商业银行的经营范围由其章程规定，报国务院银行业监督管理机构批准。商业银行经中国人民银行批准，可以经营结汇、售汇业务。

小　结

关键术语

证券法　中央银行　商业银行

本章小结

1. 广义的证券包括货币证券、商品证券和资本证券。货币证券是指本身能使持券人或第三者取得货币索取权的有价证券，货币证券包括商业证券和银行证券两大类。狭义的证券仅指资本证券。

2. 广义的证券法是指调整证券发行、交易过程中以及国家在管理证券机构和管理证券发行、交易过程中，所发生的社会关系的法律规范的总称。狭义的证券法是指证券法典，在我国是指证券法。

3. 证券发行是指公司为筹措资金而向投资者出售股票、公司债券以及国务院认定的其他证券的活动。

4. 证券上市是指已经公开发行的证券按照法定的条件和程序取得在证券交易所公开挂牌交易资格的行为。证券上市是连接证券发行与证券场内交易的桥梁。

5. 上市公司收购是指投资者依法定程序公开收购目标公司已经发行上市的股份，已达到对该公司控股或兼并目的的行为。上市公司收购有要约收购和协议收购两种方式。

6. 金融就是资金的融通。金融是货币流通和信用活动以及与之相联系的经济活动的总称，广义的金融泛指一切与信用货币的发行、保管、兑换、结算，融通有关的经济活动，甚至包括金银的买卖。狭义的金融专指信用货币的融通。

7. 金融法是调整金融关系的法律总称。金融关系包括金融监管关系与金融交易关系。

8. 中国人民银行是中华人民共和国的中央银行。中央银行代表国家进行金融调控与管理，是具有国家机构性质的特殊金融机构，在国务院领导下，制定和执行货币政策，防范和化解金融风险，维护金融稳定。

9. 我国的商业银行是依照商业银行法和公司法设立的吸收公众存款、发放贷款、办理结算等业务的企业法人。它是以金融资产和负债为经营对象，以利润最大化或股东收益最大化为主要目标，提供多样化服务的综合信用中介机构。

10. 商业银行法是调整商业银行的组织及其业务经营的法律规范的总称。有广义和狭义之分。广义的商业银行法是指一切关于商业银行的组织及其业务经营的法律、法规、行政规章的总称，除商业银行法外，尚包括其他法律、法规、规章中涉及商业银行的组织及其业务经营的规定。狭义的商业银行法指 1995 年 5 月 10 日第八届全国人民代表大会常务委员会第十三次会议通过的《中华人民共和国商业银行法》。

知识结构图

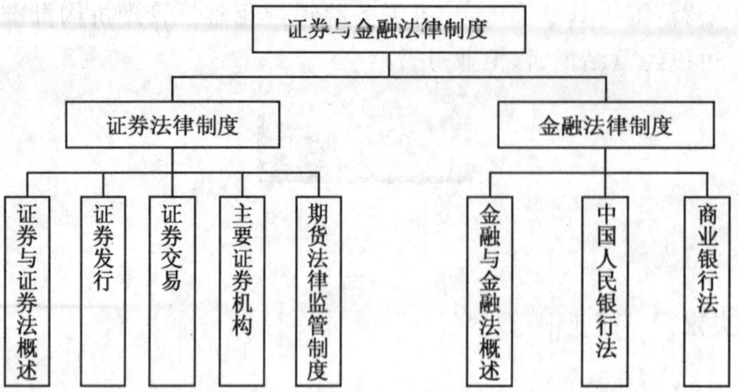

应　用

案例研究

弘高创意实际控制人甄建涛违规交易本公司股票案

2018 年 1 月，证监会公布了 2017 年稽查的 20 起典型违法案例。其中就包括北京弘高创意建筑设计股份有限公司(简称弘高创意)实际控制人违规交易本公司股票一案。

2016 年 2 月弘高创意公告“高送转”内幕信息前，公司实际控制人甄建涛授意员工使用保洁员等 4 人名义新开立账户，突击转入资金买入本公司股票，并在上述信息公开、股价连涨 4 个交易日后随即卖出，获利 670 余万元。

2017 年 3 月，证监会将本案依法移送公安机关追究刑事责任。上市公司利润分配方案容易异化为公司内部人制造题材推高股价，通过违法交易牟取私利的工具，本案就是一起典型的上市公司实际控制人利用“高送转”信息从事内幕交易的案件。

这也是证监会专门部署 2017 年专项执法行动中稽查的第三批案件，重点就在于打击利用“高送转”信息实施内幕交易等市场乱象。

问题：

试用证券法相关知识，综合分析禁止的交易行为种类和证监会的职责。

实验实训

查阅美国次贷危机以来各主要国家和我国中央银行的举措，并对比分析我国中央银行的职能。

建议团队分工合作，提交书面分析报告。

复习思考题

1. 简述证券发行的条件。
2. 简述证券上市的条件。

3. 简述证券市场的禁止交易行为。
4. 简述中国人民银行的性质、地位和职责。
5. 简述我国商业银行的职能。

第十一章　税法制度概述

学习目标

通过本章学习，你应能够：

了解有关税收的基本法律制度和我国的税收征收管理制度。

掌握我国的税法体系，特别是流转税和所得税制度。

学会运用这些基本知识分析实际案例，解决现实中的问题。

引入案例

计算应缴纳的增值税

某液晶电视生产厂为增值税一般纳税人，其2017年10月的业务如下：

(1)为庆祝国庆节，采取以旧换新方式销售200台液晶电视给消费者，每台旧电视折价400元，实际取得含税收入85.6万；

(2)去养老院看望孤寡老人，捐赠自产电视机10台，每台计税价5 000元。

(3)当月购进一批生产用显示屏，取得增值税专用发票上注明的税款为4.45万。

(4)当月购进一批生产用电缆，取得普通发票上注明的价款为1.17万。

(5)当月进口一批生产用零部件，关税完税价为20万，关税税率为10%，已在海关缴纳进口增值税，并取得海关进口增值税专用缴款书。

计算该电视生产厂当月应向税务机关缴纳的增值税。

——资料来源：根据中华考试网资料整理。

小资料

我国现行税收法律制度散见于各类规范性文件，主要包括：《中华人民共和国企业所得税法》《中华人民共和国个人所得税法》《中华人民共和国增值税暂行条例》《中华人民共和国消费税暂行条例》《中华人民共和国进出口关税条例》《中华人民共和国个人所得税法实施条例》《中华人民共和国房产税暂行条例》《中华人民共和国印花税暂行条例》《中华人民共和国税收征收管理法》《中华人民共和国税收征收管理法实施细则》等。

2012 年 1 月 1 日，率先在上海实施交通运输业以及部分现代服务业进行营改增试点。其间经过多次修改，自 2016 年 5 月 1 日，将建筑业、房地产业、金融业、生活服务业纳入试点范围，自此营业税退出历史舞台。此次试点还将所有企业新增不动产所含增值税纳入抵扣范围，实行消费型增值税。

2018 年 8 月 31 日颁布新修订的《中华人民共和国个人所得税法》，自 2019 年 1 月 1 日起施行。对个人所得税进行重大调整，本章根据新法进行了相应的调整。

第一节　税法概述

一、税收的概念和特征

税收是指以国家为主体，为实现国家职能，凭借政治权力，按照法定标准，无偿取得财政收入的一种特定分配形式。税收的特征主要体现在以下几个方面：

(1)强制性。税收即国家凭借政权力量，通过法律制度，采取强制性手段，迫使纳税主体履行其纳税义务。纳税人必须无条件地履行纳税义务，否则将受到法律制裁。

(2)无偿性。国家取得税收收入既不须偿还，也不必对纳税人付出任何代价。

(3)固定性。国家征税必须以法律形式预先规定征税范围和征收比例，便于征纳双方共同遵守，也即国家不得随意向纳税人进行征税。

二、税法的构成要素

税法是调整税收关系的法律规范的总称。税法构成要素是指税法不可缺少的内容或者要件。主要包括：征税主体、纳税主体、征税对象、税目和计税依据、税率、纳税环节、纳税期限、纳税地点、税收特别措施、罚则等。

(1)征税主体，是指依据税法行使征税权的国家机关，包括国家的各级税务机关、海关以及其他财政机关。

(2)纳税主体又称纳税人，是指税法规定的负有纳税义务的法人、自然人以及其他组织。

(3)征税对象又称征税客体，是指国家对什么进行征税，也是国家划分税源的标志。依性质不同，征税对象可分为流转额、所得额、财产、行为及其他五类。据此，国家税收种类分为流转税、所得税、财产税、行为税以及其他实体税，这也被称为税种。

(4)税目和计税依据，是指各税种所规定的具体征税项目，反映了具体的征税对象，如我国现行消费税中规定了烟、酒、化妆品、小汽车等税目。税目反映了计税的广度，是“质”的方面的要求。计税依据是指计算应纳税额的依据或标准，即根据什么来计算纳税人应缴纳的税款，一般包括从价税和从量税两种，前者以金额和价款作为征税标准，后者以征税对象的数量或者物理量作为征税标准。计税标准反映了征税对象的“量”的要求。

(5)税率，是指应纳税额与计税基础之间的数量关系或者比率，是衡量税负高低的重要指标，是税法结构中的核心要素。我国现行税率有三种：比例税率、累进税率和定额税率。

①比例税率是指对同一课税对象，不论数额大小，均按同一比例征税的税率。我国的增值税、营业税、企业所得税等采用的是比例税率。

②累进税率是指根据课税对象数额的大小，规定不同等级的税率。累进税率又分为全额累进税率、超额累进税率和超率累进税率三种。

全额累进税率是按课税对象金额的多少划分若干等级，并按其达到的等级的不同规定不同的税率。达到一个等级，全部按照相应的税率计征税款。目前我国已不采用。

超额累进税率是将课税对象的数额划分为不同的部分，按不同的部分规定不同的税率，对每个等级分别计算税额。我国个人所得税等采用这种税率。

超率累进税率是按课税对象某种比例来划分不同的部分，并规定相应的税率，对每一等级分别计算税额。我国的土地增值税采用这种税率。

③定额税率又称固定税率，是指按课税对象的一定单位直接规定固定的税额，而不采取百分比的形式。我国的资源税、车船使用税等采用这种税率。

(6)纳税环节是指商品流转过程的各个环节，包括工业生产、农业生产、货物进出口、商业批发、商业零售等各个环节在内，具体确定在哪个环节缴纳税款，该被确定的环节，就叫纳税环节。

(7)纳税期限和纳税地点。纳税期限是指税法种对纳税人交税时间的限制。纳税地点是指纳税人依据税法的规定向征税机关申报纳税的具体地点。

(8)税收特别措施包括税收优惠措施和税收重课措施。税法中的税收优惠措施较为普遍，如减免税、税收抵免、亏损结转等。

(9)罚则也即法律责任是指税法中依照法定程序对违法的企业或者个人进行处罚的规定。

三、我国的税法体系

根据课税对象的性质，我国税收分为流转税、所得税、资源税、财产税和行为税(见表11—1)。

表11—1　　我国的税法体系

税收分类	具体税种
流转税	增值税、消费税、关税
所得税	企业所得税、个人所得税
资源税	资源税、土地增值税、城镇土地使用税、耕地占用税
财产税	房产税、车船使用税税、契税
行为税	印花税、车辆购置税、城市维护建设税

第二节　流转税和所得税法律制度

一、流转税法律制度

流转税法是指调整以流转额为征税对象的税收关系的法律、法规的总称。流转税是对商品生产、流通和提供劳务的销售额征收的各个税种的统称。流转税是我国最重要的税制，在我国税收总收入中大约占到60%的比重。流转税在税种上主要包括增值税、消费税和关税，其中增值税是主要税种。

（一）增值税

增值税是指对在我国境内销售货物、服务、无形资产或者不动产、提供应税劳务以及进口货物的单位和个人，以其增值额为课税对象征收的一种税。[①] 这里的增值额是指企业在生产经营活动中新创造的价值，即企业的商品销售收入，扣除其耗用的外购商品和劳务后的余额。增值税可避免重复征税，且税率基本一致，税负平均分配于商品价格，给商品生产者以平等竞争的环境。

1. 增值税的纳税主体

增值税的纳税主体是在我国境内销售货物、服务、无形资产或者不动产，提供应税劳务以及进口货物的单位和个人。按经营规模及会计核算健全与否，可将纳税人划分为一般纳税人和小规模纳税人。

小规模纳税人标准为年应征增值税销售额500万元及以下。此外，年应税销售额超过小规模纳税人标准的个人、非企业性单位、不经常发生应税行为的企业，视为小规模纳税人。对于应税服务年销售额超过规定标准但不经常提供应税服务的单位和个体工商户，可以选择按照小规模纳税人纳税。小规模纳税人的确认由主管税务机关认定。

小规模纳税人不能领购和使用增值税专用发票，按简易办法计算缴纳增值税。小规模纳税人发生应税行为，购买方索取增值税专用发票的，可以向主管税务机关申请代开。

一般纳税人是指年应税销售额超过小规模纳税人标准的企业和企业性单位。一般纳税人可以使用增值税专用发票，用“抵扣法”进行税款抵扣。

2. 增值税税率

（1）基本税率。一般情况下销售货物、进口货物或者提供修理修配劳务的税率一律为16%。

（2）低税率。销售或者进口下列货物，按10%的低税率计征增值税：①食、食用植物油；②自来水、暖气、冷气、热水、煤气、石油液化气、天然气、沼气、居民用煤气用品；③图书、报纸、杂志；④饲料、化肥、农药、农机、农膜；⑤国务院及其有关部门规定的其他货物，包括农产品、录像制品、电子出版物、二甲醚、食用盐等。其中，农产品是指种植业、养殖业、林业、牧业、水产业生产的各种植物、动物的初级产品。

（3）零税率。纳税人出口货物，税率为零，但国务院另有规定的除外。

（4）销售服务、无形资产或者不动产的税率如下：

①提供交通运输、邮政、基础电信、建筑、不动产租赁服务，销售不动产，转让土地使用权，

① 左卫青主编：《税法》，高等教育出版社2016版，第19页。

税率为10%。

②提供有形动产租赁服务，税率为16%。

③境内单位和个人发生财政部和国家税务总局规定范围内的跨境应税行为，税率为零。

④除了以上三种情形外，纳税人发生的其他销售服务、无形资产的应税行为，税率为6%。

(5)小规模纳税人的税率。小规模纳税人按照简易办法征收增值税。一般情况下的征收率为3%。

3. 增值税的减免

根据增值税暂行条例规定下列项目免征增值税：(1)农业生产者销售的自产农业产品；(2)避孕药品和用具；(3)古旧图书；(4)直接用于科学研究、科学试验和教学的进口仪器、设备；(5)外国政府、国际组织无偿援助的进口物资和设备；(6)来料加工、来件装配和补偿贸易所需进口的设备；(7)由残疾人组织直接进口供残疾人专用的物品；(8)销售的自己使用过的物品。除前款规定外，增值税的免税、减税项目由国务院规定。任何地区、部门均不得规定免税、减税项目。

(二)消费税

消费税是对特定的消费品和消费行为征收的一种流转税。它只是选择部分消费品或消费行为征税，只在生产、流通或消费的某一环节征收，并且根据不同消费品的种类、档次、结构、功能等情况制定不同的税率。

1. 消费税的征税对象

消费税的征税对象是指在我国境内生产、委托加工、零售和进口的应税消费品。包括：(1)过度消费会对人类健康、社会秩序、生态环境等方面造成危害的消费品，如烟、酒及酒精、鞭炮和烟火；(2)奢侈品和非生活必需品，如贵重首饰及珠宝玉石、化妆品等；(3)高能耗品及高档消费品，如小汽车、摩托车等；(4)不能再生和不可替代的石油类消费品，如汽油、柴油等。

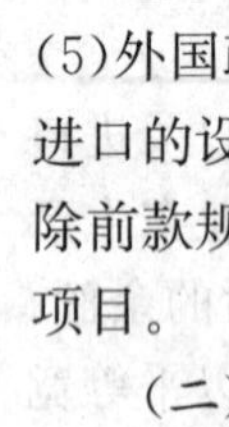

提醒您

2014年，取消汽车轮胎税目。2015年，增加电池、涂料税目，征收范围变为15类消费品。

2. 消费税的纳税人

在我国境内生产、委托加工、零售和进口应税消费品的单位和个人。

3. 消费税的税率

消费税的税率采用比例税率、定额税率和复合税率三种形式。对一些供求平衡、价格差异不大、计量单位规范的消费品，采用定额税率，如啤酒、成品油等。对于一些价格差异大、计量单位不规范的消费品，采用比例税率，且税率范围跨度较大，最高为56%，最低为1%。另外对卷烟、白酒采用了复合税率，即比例税率和定额税率双重征收的形式。

增值税与消费税的区别见表11－2。

表11－2 增值税与消费税的区别

	增值税	消费税
征收对象	绝大多数商品或者服务	选择部分消费品或消费行为

续表

	增值税	消费税
征收环节	多环节征收	一般只在一个环节征收(卷烟除外)
税率	相对单一,基本一致	根据不同消费品的种类、档次、结构、功能等情况制定不同的税率

注:卷烟除了在生产环节需要缴纳消费税外,在批发环节也要缴纳消费税。

二、所得税法律制度

所得税是以纳税人所得为征税对象的税种。所得税分为个人所得税和企业所得税。

(一)企业所得税

企业所得税是指在中华人民共和国境内,企业和其他取得收入的组织(以下统称企业)为企业所得税的纳税人,依照中华人民共和国企业所得税法的规定缴纳的税种。个人独资企业、合伙企业不适用《中华人民共和国企业所得税法》。

1. 企业所得税的纳税主体

企业所得税的纳税人是指在中华人民共和国境内的企业和其他取得收入的组织,分为居民企业和非居民企业。

居民企业,是指依法在中国境内成立,或者依照外国(地区)法律成立但实际管理机构在中国境内的企业。居民企业应当就其来源于中国境内、境外的所得缴纳企业所得税。

非居民企业,是指依照外国(地区)法律成立且实际管理机构不在中国境内,但在中国境内设立机构、场所的,或者在中国境内未设立机构、场所,但有来源于中国境内所得的企业。

非居民企业在中国境内设立机构、场所的,应当就其所设机构、场所取得的来源于中国境内的所得,以及发生在中国境外但与其所设机构、场所有实际联系的所得,缴纳企业所得税。

非居民企业在中国境内未设立机构、场所的,或者虽设立机构、场所但取得的所得与其所设机构、场所没有实际联系的,应当就其来源于中国境内的所得缴纳企业所得税。

提醒您

企业所得税法取消了内资企业和外资企业在缴纳企业所得税方面的差别。只要是在我国境内的企业和其他取得收入的组织,无论是内资企业还是外资企业,都一律按照法律缴纳企业所得税。

2. 企业所得税的征税对象

纳税人从中国境内外取得的生产、经营所得和其他所得。其他所得包括纳税人的股息、利息、租金、转让各类资产、特许权使用费以及营业外收益等所得。企业所得税的计税依据为纳税人每一年度的收入总额减去准予扣除的成本、费用和损失后的余额。

3. 企业所得税的税率

企业所得税采用比例税率,税率为25%。非居民企业在中国境内未设立机构、场所的,或者虽设立机构、场所但取得的所得与其所设机构、场所没有实际联系的,就其来源于中国境内的所得缴纳企业所得税,适用税率为20%,实际征收时减按10%的税率征收。国家重点扶持的高新技术企业,减按15%的税率征收。

(三)个人所得税

个人所得税是就个人所得额征收的一种税。

1. 个人所得税的纳税义务人

个人所得税的纳税义务人包括中国公民、个体工商户、个人独资企业、合伙企业投资者以及在中国境内有所得的外籍人员(包括无国籍人员,下同)和我国香港、澳门、台湾同胞。个人所得税的纳税义务人分为居民纳税人和非居民纳税人。

居民纳税人是指在中国境内有住所,或者无住所而一个纳税年度内在中国境内居住累计满 183 天的个人。居民个人从中国境内和境外取得的所得,依照规定缴纳个人所得税。

非居民纳税人是指在中国境内无住所又不居住,或者无住所而一个纳税年度内在中国境内居住累计不满 183 天的个人。非居民个人从中国境内取得的所得,依照规定缴纳个人所得税。

2.个人所得税的征收对象

个人所得包括:(1)工资、薪金所得;(2)劳务报酬所得;(3)稿酬所得;(4)特许权使用费所得;(5)经营所得;(6)利息、股息、红利所得;(7)财产租赁所得;(8)财产转让所得;(9)偶然所得。

居民个人取得前款第一项至第四项所得(以下称综合所得),按纳税年度合并计算个人所得税;非居民个人取得前款第一项至第四项所得,按月或者按次分项计算个人所得税。纳税人取得前款第五项至第九项所得,依照规定分别计算个人所得税。

个人所得税的计税依据是应纳税所得额是个人取得的收入扣除法定的扣除项目或金额后的余额。具体规定有:应纳税所得额的计算:(1)居民个人的综合所得,以每一纳税年度的收入额减除费用 6 万元以及专项扣除、专项附加扣除和依法确定的其他扣除后的余额,为应纳税所得额。(2)非居民个人的工资、薪金所得,以每月收入额减除费用5 000元后的余额为应纳税所得额;劳务报酬所得、稿酬所得、特许权使用费所得,以每次收入额为应纳税所得额。(3)经营所得,以每一纳税年度的收入总额减除成本、费用以及损失后的余额,为应纳税所得额。(4)财产租赁所得,每次收入不超过4 000元的,减除费用 800 元;4 000元以上的,减除 20%的费用,其余额为应纳税所得额。(5)财产转让所得,以转让财产的收入额减除财产原值和合理费用后的余额,为应纳税所得额。(6)利息、股息、红利所得和偶然所得,以每次收入额为应纳税所得额。

劳务报酬所得、稿酬所得、特许权使用费所得以收入减除 20%的费用后的余额为收入额。稿酬所得的收入额减按 70%计算。

个人将其所得对教育、扶贫、济困等公益慈善事业进行捐赠,捐赠额未超过纳税人申报的应纳税所得额 30%的部分,可以从其应纳税所得额中扣除;国务院规定对公益慈善事业捐赠实行全额税前扣除的,从其规定。

上述所称的专项扣除,包括居民个人按照国家规定的范围和标准缴纳的基本养老保险、基本医疗保险、失业保险等社会保险费和住房公积金等;专项附加扣除,包括子女教育、继续教育、大病医疗、住房贷款利息或者住房租金、赡养老人等支出,具体范围、标准和实施步骤由国务院确定,并报全国人民代表大会常务委员会备案。

3. 个人所得税的税率

(1)综合所得,适用 3%~45%的超额累进税率(见表 11—3);

表 11－3　　个人所得税税率表一(综合所得适用)

级数	全年应纳税所得额	税率(%)
1	不超过 36 000 元的	3
2	超过 36 000 元至 144 000 元的部分	10
3	超过 144 000 元至 300 000 元的部分	20
4	超过 300 000 元至 420 000 元的部分	25
5	超过 420 000 元至 660 000 元的部分	30
6	超过 660 000 元至 960 000 元的部分	35
7	超过 960 000 元的部分	45

注 1:本表所称全年应纳税所得额是指依照《中华人民共和国个人所得税法》第 6 条的规定,居民个人取得综合所得以每一纳税年度收入额减除费用 6 万元以及专项扣除、专项附加扣除和依法确定的其他扣除后的余额。

注 2:非居民个人取得工资、薪金所得,劳务报酬所得,稿酬所得和特许权使用费所得,依照本表按月换算后计算应纳税额。

(2)经营所得,适用 5%～35%的超额累进税率(见表 11－4);

表 11－4　　个人所得税税率表二(经营所得适用)

级数	全年应纳税所得额	税率(%)
1	不超过 30 000 元的	5
2	超过 30 000 元至 90 000 元的部分	10
3	超过 90 000 元至 300 000 元的部分	20
4	超过 300 000 元至 500 000 元的部分	30
5	超过 500 000 元的部分	35

注:本表所称全年应纳税所得额是指依照《中华人民共和国个人所得税》第 6 条的规定,以每一纳税年度的收入总额减除成本、费用以及损失后的余额。

(3)利息、股息、红利所得,财产租赁所得,财产转让所得和偶然所得,适用比例税率,税率为 20%。

4. 个人所得税的减免

下列各项免征个人所得税:省级人民政府、国务院部委和中国人民解放军军以上单位,以及外国组织、国际组织颁发的科学、教育、技术、文化、卫生、体育、环境保护等方面的奖金;国债和国家发行的金融债券利息;按照国家统一规定发给的补贴、津贴;福利费、抚恤金、救济金;保险赔款;军人的转业费、复员费、退役金;按照国家统一规定发给干部、职工的安家费、退职费、基本养老金或者退休费、离休费、离休生活补助费;依照有关法律规定应予免税的各国驻华使馆、领事馆的外交代表、领事官员和其他人员的所得;中国政府参加的国际公约、签订的协议中规定免税的所得;国务院规定的其他免税所得。

有下列情形之一的,可以减征个人所得税,具体幅度和期限,由省、自治区、直辖市人民政府规定,并报同级人民代表大会常务委员会备案:(1)残疾、孤老人员和烈属的所得;(2)因自然灾害遭受重大损失的。国务院可以规定其他减税情形，报全国人民代表大会常务委员会备案。

小资料

> 自2018年10月1日至2018年12月31日，纳税人的工资、薪金所得，先行以每月收入额减除费用5 000元以及专项扣除和依法确定的其他扣除后的余额为应纳税所得额，依照个人所得税税率表一（综合所得适用）按月换算后计算缴纳税款，并不再扣除附加减除费用；个体工商户的生产、经营所得，对企事业单位的承包经营、承租经营所得，先行依照个人所得税税率表二（经营所得适用）计算缴纳税款。

第三节 税收征收管理法

税收征收管理法是指国家税务机关进行税收征收管理和纳税人纳税程序方面的法律、法规的总称，主要包括税务管理、税款征收、税务检查以及纳税人和税务人员违反税法的法律责任。

小资料

> 1992年9月4日通过《中华人民共和国税收征收管理法》（下称《税收征收管理法》）。2001年进行第一次修订。2013年进行第二次修订。2015年又进行了第三次修订。

一、税务管理

（一）税务登记

企业，企业在外地设立的分支机构和从事生产、经营的场所，个体工商户和从事生产、经营的事业单位（以下统称从事生产、经营的纳税人）自领取营业执照之日起30日内，持有关证件，向税务机关申报办理税务登记。税务机关应当于收到申报的当日办理登记并发给税务登记证件。

小资料

> 2013年11月8日新修订的《税收征收管理法》施行之前，税务机关应当于收到申报之日起30日内办理登记并发给税务登记证件。

（二）账簿、凭证管理

纳税人、扣缴义务人按照有关法律、行政法规和国务院财政、税务主管部门的规定设置账簿，根据合法、有效凭证记账，进行核算。从事生产、经营的纳税人、扣缴义务人必须按照国务院财政、税务主管部门规定的保管期限保管账簿、记账凭证、完税凭证及其他有关资料。账簿、记账凭证、完税凭证及其他有关资料不得伪造、变造或者擅自损毁。

（三）纳税申报

纳税人、扣缴义务人必须依照法律规定确定的申报期限、申报内容如实办理纳税申报，报送纳税申报表、财务会计报表以及税务机关根据实际需要要求纳税人报送的其他纳税资料。

二、税款征收

税款征收是税务机关依照税收法律法规规定，将纳税人依法应纳的税款以及扣缴义务人代扣代缴、代收代缴的税款，通过不同的方式组织征收入库的活动。

税收的开征、停征以及减税、免税、退税、补税，依照法律的规定执行。任何机关、单位和个人不得违反法律、行政法规的规定，擅自做出税收开征、停征以及减税、免税、退税、补税和其他同税收法律、行政法规相抵触的决定。

2001 年修订的《税收征收管理法》赋予税务机关诸多行政执法权，包括征收滞纳金、采取保全措施、强制执行措施、阻止出境以及税务机关代位权和撤销权等。

（一）征收滞纳金

纳税人未按照规定期限缴纳税款的，扣缴义务人未按照规定期限解缴税款的，税务机关除责令限期缴纳外，从滞纳税款之日起，按日加收滞纳税款 0.05%的滞纳金。

（二）税收保全措施

税务机关有根据认为从事生产、经营的纳税人有逃避纳税义务行为的，可以在规定的纳税期之前，责令限期缴纳应纳税款；在限期内发现纳税人有明显的转移、隐匿其应纳税的商品、货物以及其他财产或者应纳税的收入的迹象的，税务机关可以责成纳税人提供纳税担保。如果纳税人不能提供纳税担保，经县以上税务局（分局）局长批准，税务机关可以采取下列税收保全措施：

（1）书面通知纳税人开户银行或其他金融机构冻结纳税人的金额相当于应纳税款的存款；

（2）扣押、查封纳税人的价值相当于应纳税款的商品、货物或者其他财产。

纳税人在前款规定的限期内缴纳税款的，税务机关必须立即解除税收保全措施；限期期满仍未缴纳税款的，经县以上税务局（分局）局长批准，税务机关可以书面通知纳税人开户银行或者其他金融机构从其冻结的存款中扣缴税款，或者依法拍卖或者变卖所扣押、查封的商品、货物或者其他财产，以拍卖或者变卖所得抵缴税款。个人及其所抚养家属维持生活必需的住房和用品，不在税收保全措施的范围之内。

（三）税收强制执行措施

从事生产、经营的纳税人、扣缴义务人未按照规定的期限缴纳或者解缴税款，纳税担保人未按照规定的期限缴纳所担保的税款，由税务机关责令限期缴纳，逾期仍未缴纳的，经县以上税务局（分局）局长批准，税务机关可以采取下列强制执行措施：

（1）书面通知其开户银行或者其他金融机构从其存款中扣缴税款；

（2）扣押、查封、依法拍卖或者变卖其价值相当于应纳税款的商品、货物或者其他财产，以拍卖或者变卖所得抵缴税款。

税务机关采取强制执行措施时，对前款所列纳税人、扣缴义务人、纳税担保人未缴纳的滞纳金同时强制执行。个人及其所抚养家属维持生活必需的住房和用品，不在强制执行措施的范围之内。

微型案例

税务机关在实行税收保全措施和强制执行措施时，下列________项财产或者物品不在此类措施范围之内。

A. 纳税人甲个人仅有的一套住房

B. 纳税人乙个人所有的金银首饰

C. 纳税人丙自用的私人汽车

D. 纳税人丁所有的单价在5 000元以下的生活用品

（四）阻止出境

欠缴税款的纳税人或者他的法定代表人需要出境的，应当在出境前向税务机关结清应纳税款、滞纳金或者提供担保。未结清税款、滞纳金，又不提供担保的，税务机关可以通知出境管理机关阻止其出境。

（五）代位权和撤销权

欠缴税款的纳税人因怠于行使到期债权，放弃到期债权，或无偿转让财产，抑或以明显不合理的低价转让财产而受让人知道该情形，对国家税收造成损害的，税务机关可以行使代位权、撤销权。税务机关依照前款规定行使代位权、撤销权的，不免除欠缴税款的纳税人尚未履行的纳税义务和应承担的法律责任。

（六）税款的退还、补缴和追征

纳税人超过应纳税额缴纳的税款，税务机关发现后应当立即退还；纳税人自结算缴纳税款之日起3年内发现的，可以向税务机关要求退还多缴的税款并加算银行同期存款利息，税务机关及时查实后应当立即退还。因税务机关的责任，致使纳税人、扣缴义务人未缴或者少缴税款的，税务机关在3年内可以要求纳税人、扣缴义务人补缴税款，但是不得加收滞纳金。因纳税人、扣缴义务人计算错误等失误，未缴或者少缴税款的，税务机关在3年内可以追征税款、滞纳金；有特殊情况的，追征期可以延长到5年。对偷税、抗税、骗税的，税务机关追征其未缴或者少缴的税款、滞纳金或者所骗取的税款，追征期是无限的。

三、税收争议

税收争议分为纳税上的争议和处罚上的争议两类，这两类争议在解决方法上不尽相同。

（1）纳税人、扣缴义务人、纳税担保人同税务机关在纳税上发生争议时，必须先依照税务机关的纳税决定缴纳或者解缴税款及滞纳金或者提供相应的担保，然后可以依法申请行政复议；对行政复议决定不服的，可以依法向人民法院起诉。

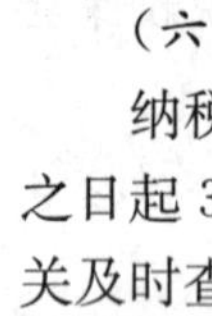

提醒您

纳税上的争议必须先纳税，再复议，对复议不服的再进行诉讼。若不纳税，纳税上的争议不予解决。

（2）当事人对税务机关的处罚决定、强制执行措施或者税收保全措施不服的，可以依法申请行政复议，也可以依法向人民法院起诉。

当事人对税务机关的处罚决定逾期不申请行政复议也不向人民法院起诉、又不履行的，做出处罚决定的税务机关可以采取《税收征收管理法》第40条规定的强制执行措施，或者申请人民法院强制执行。

提醒您

这里的复议不是必经程序，当事人有选择权。

四、税务检查

税务机关有权进行下列税务检查：

1. 检查纳税人的账簿、记账凭证、报表和有关资料，检查扣缴义务人代扣代缴、代收代缴税款账簿、记账凭证和有关资料。

2. 到纳税人的生产、经营场所和货物存放地检查纳税人应纳税的商品、货物或者其他财产，检查扣缴义务人与代扣代缴、代收代缴税款有关的经营情况。

3. 责成纳税人、扣缴义务人提供与纳税或者代扣代缴、代收代缴税款有关的文件、证明材料和有关资料。

4. 询问纳税人、扣缴义务人与纳税或者代扣代缴、代收代缴税款有关的问题和情况。

5. 到车站、码头、机场、邮政企业及其分支机构检查纳税人托运、邮寄应纳税商品、货物或者其他财产的有关单据、凭证和有关资料。

6. 经县以上税务局（分局）局长批准，凭全国统一格式的检查存款账户许可证明，查询从事生产、经营的纳税人、扣缴义务人在银行或者其他金融机构的存款账户。税务机关在调查税收违法案件时，经设区的市、自治州以上税务局（分局）局长批准，可以查询案件涉嫌人员的储蓄存款。税务机关查询所获得的资料，不得用于税收以外的用途。

五、违反税法的法律责任

税法中的法律责任主要包括行政法律责任和刑事法律责任。纳税人的法律责任可分为税务管理的法律责任和违反税款征收的法律责任。后者表现为偷税、欠税、骗取出口退税和抗税等行为。

纳税人伪造、变造、隐匿、擅自销毁账簿、记账凭证，或者在账簿上多列支出或者不列、少列收入，抑或经税务机关通知申报而拒不申报或者进行虚假的纳税申报，不缴或者少缴应纳税款的，是偷税。以暴力、威胁方法拒不缴纳税款的，是抗税。

小 结

关键术语

税收　增值税　企业所得税　个人所得税　税收征收管理

本章小结

1. 税收是指以国家为主体，为实现国家职能，凭借政治权力，按照法定标准，无偿取得财政收入的一种特定分配形式。税收具有强制性、无偿性和固定性。

2. 税法构成要素是指税法不可缺少的内容或者要件。主要包括：征税主体、纳税主体、征税对象、税目和计税依据、税率、纳税环节、纳税期限、纳税地点、税收特别措施等。

3. 增值税是以商品或者服务的增值额为计税依据而征收的一种流转税。消费税是对特定的消费品和消费行为征收的一种流转税。

4. 企业所得税是指在我国境内内资企业，就其生产、经营所得包括来源于我国境内和境外的所得征收的一种税。个人所得税是就个人所得额征收的一种税。

5. 税收征收管理法是指国家税务机关进行税收征收管理和纳税人纳税程序方面的法律、法规的总称，主要包括税务管理、税款征收、税务检查以及纳税人和税务人员违反税法的法律责任。

知识结构图

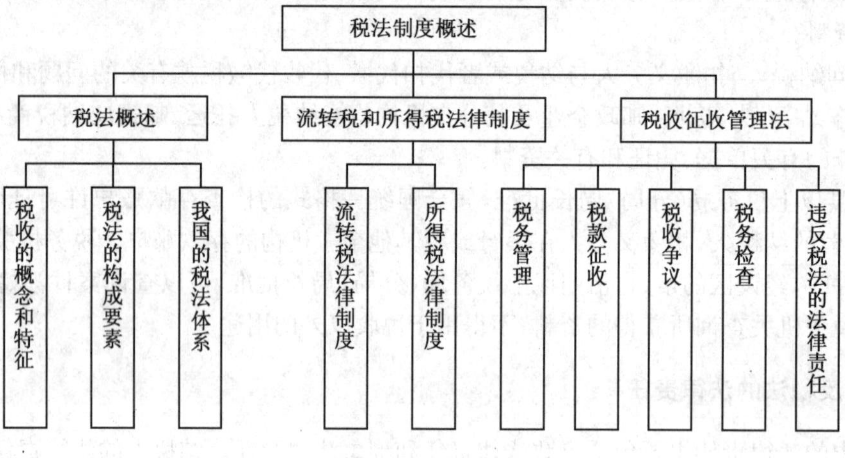

应　用

案例研究

某企业2016年应缴纳多少企业所得税

某居民企业2016年度财务数据如下：

1. 产品销售收入1 000万元，国债利息收入30万元。
2. 生产成本300万元，其中工资薪金总额支出200万元。
3. 销售费用支出220万元，其中包括广告宣传费190万元。
4. 管理费用支出60万元，其中包括业务招待费25万元。
5. 职工福利费，职工教育经费，工会经费分别支出30万元、3万元、2万元。
6. 新产品新技术研发费支出30万元。

7. 营业外支出 80 万元，其中公益性捐赠支出 50 万元。

计算该企业 2016 年度应纳企业所得税。

问题：

计算该纳税人 2016 年应缴纳的企业所得税税额。

解析：

会计利润＝1 000＋30－300－220－60－35－30－80＝305(万元)

应纳税所得额：

(1)国债利息免征税，故应在利润基础上调低 30 万元；

(2)广告宣传费可扣除额度为 1000×15%＝150(万元)，故应在利润基础上调高 40 万元；

(3)业务招待费可扣除额度为 25×60%＝15(万元)，1 000×5‰＝5(万元)，可扣除额度为 5 万元，故应在利润基础上调高 20 万元；

(4)三费支出扣除额度分别为 200×14%＝28(万元)，200×8%＝16(万元)，200×2%＝4(万元)，所以应在利润基础上调高 2 万元。

(5)新产品新技术研发费可扣除额度为 30×150%＝45(万元)，所以应在利润基础上调减 15 万元。

(6)公益性捐赠可扣除额度为 305×12%＝36.6(万元)，故应在利润基础上调高 50－36.6＝13.4 万元。

所以，应纳税所得额为:305－30＋40＋20＋2－15＋13.4＝335.4(万元)。

企业应纳所得税为 335.4×25%＝83.85(万元)。

实验实训

我国税法修订的目的及意义

2008 年 1 月 1 日起施行的《企业所得税法》将内外资企业的所得税统一调整为 25%，外资企业不再享有企业所得税优惠政策。加之 2008 年 1 月 1 日起施行的《中华人民共和国劳动合同法》使得企业用工成本大幅增加。外资企业在华投资环境大大改变，很多外资企业投资纷纷撤离我国。

2011 年制定了《营业税改征增值税试点方案》(财税[2011]110 号)选择上海的交通运输业以及部分现代服务业于 2012 年 1 月 1 日开始试点改革。2012 年 7 月 31 日《财政部国家税务总局关于在北京等 8 省市开展交通运输业和部分现代服务业营业税改征增值税试点的通知》将范围扩大至北京市、天津市、江苏省、浙江省(含宁波市)、安徽省、福建省(含厦门市)、湖北省、广东省(含深圳市)8 个省(直辖市)。2013 年 12 月 30 日《财政部国家税务总局关于铁路运输和邮政业营业税改征增值税试点有关政策的补充通知》(财税[2013]121 号)又将征税范围扩大到铁路运输和邮政业。2013 年 8 月 1 日，试点推向全国，同时将广播影视服务纳入试点范围。2014 年 1 月 1 日，将征税范围扩大到铁路运输和邮政业。2014 年 6 月 1 日，电信业在全国范围内试点。2016 年 5 月 1 日，将建筑业、房地产业、金融业、生活服务业纳入试点范围，自此营业税退出历史舞台。此次试点还将所有企业新增不动产所含增值税纳入抵扣范围，实行消费性增值税。

运用掌握的税收法律制度，结合实际分组讨论分析我国税法修订的目的及意义。

复习思考题

1. 简述我国的税收法律体系。

2. 运用本章的基本税收法律制度,思考我国未来税制改革的方向,包括税种、税目和税率等。

第十二章　劳动法制度概述

学习目标

通过本章学习，你应能够：

了解劳动法的基本概念及劳动者的主要权利与义务。

掌握我国劳动合同法律制度的主要规定，劳动合同的订立、履行及终止。

掌握劳动争议处理的主要机构、方式及程序；重点掌握劳动争议仲裁的程序及特征。

掌握社会保险的种类、缴纳方式及享受条件。

学会运用劳动法律制度分析实际案例，解决实际问题。

引入案例

劳动者提前离职需要付违约金吗？

2017年1月，小夏进入一家科技公司工作，公司提出因公司业务需要长期发展，劳动合同期限为5年，小夏要保证5年之内不离开公司，如提前离职，需向公司支付违约金1万元整。小夏觉得该公司发展前景良好，且待遇不错，故同意了该条款。双方签订了书面的劳动合同。

1年后小夏深感工作压力太大，且不太认同公司的企业文化，故向公司递交了辞职信。公司坚持要求小夏交付违约金后才给办理离职手续。小夏不同意，双方遂起纠纷。

根据相关法律条款，试分析该案应该如何处理，小夏该如何维权。

说明

《中华人民共和国劳动法》(下称《劳动法》)自1995年1月1日起施行以来,劳资关系发生了巨大变化,特别是有关劳动合同方面的问题尤显突出,为此,第十届全国人民代表大会常务委员会第二十八次会议于2007年6月29日通过了《中华人民共和国劳动合同法》(下称《劳动合同法》),并于2008年1月1日起施行;2012年12月28日,第十一届全国人大常委会第三十次会议表决通过《关于修改〈劳动合同法〉的决定》,修改后的《劳动合同法》于2013年7月1日起施行。这部法律的颁布对确定维护和发展用人单位与劳动者之间稳定和谐的劳动关系,促进经济发展和社会进步具有重要的意义。

为了配合相关程序的执行,2007年5月1日又实施了《中华人民共和国劳动争议调解仲裁法》,我国在劳动社会保障制度立法方面逐渐完善。

社会保险法律制度方面有2011年7月1日实施的《中华人民共和国社会保险法》以及国务院、人力资源和社会保障部发布的一系列单行条例。

第一节 劳动法概述

一、劳动法的概念和适用范围

(一)劳动法的概念及我国的立法现状

广义的劳动法是指调整劳动关系以及与劳动关系密切联系的社会关系的法律规范总称,是我国法律体系中的一个独立、重要的法律部门。目前我国的劳动法律制度主要包括以下部分:全国人大及其常委会颁布的劳动法律;国务院颁布的劳动行政法规;人力资源和社会保障部颁布的配套规章以及省、直辖市、自治区制定的地方性法规和地方政府规章等。

狭义的劳动法是指第八届全国人民代表大会常务委员会第八次会议于1994年7月5日通过,自1995年1月1日起施行的《中华人民共和国劳动法》(以下简称《劳动法》)。该法的主要内容包括:劳动者的主要权利和义务;劳动合同的订立、变更与解除程序的规定;工作时间与休息时间制度;劳动报酬制度;女职工与未成年工的特殊保护办法;劳动争议的解决程序以及违反劳动法的法律责任等。此外,还包括工会参加协调劳动关系的职权的规定。

(二)劳动法的适用范围

劳动法调整的是劳动关系及与劳动关系密切联系的其他社会关系。劳动关系即劳动者与用人单位在劳动过程中发生的社会关系。如我国境内的企业、个体经济组织、民办非企业单位和与之形成劳动关系的劳动者;国家机关、事业组织、社会团体和与之建立劳动合同关系的劳动者以及按照规定应当建立劳动合同关系的等。

劳动关系密切联系的其他社会关系主要包括劳动行政关系、劳动服务关系、处理劳动争议处理关系、劳动法律监督检查关系等。

劳动法不适用公务员和比照实行公务员制度的事业组织和社会团体的工作人员,以及非农场的农业劳动者、现役军人和家庭保姆等。

二、劳动者的权利与义务

（一）劳动者权利

1. 劳动者享有平等就业和选择职业的权利

平等就业权，指劳动者平等地获得就业机会的权利，劳动者不因性别、年龄、种族等人的自然差别而受歧视，就业机会面前一律平等。《中华人民共和国就业促进法》（下称《就业促进法》）明文规定，用人单位招用人员，除国家规定的不适合妇女的工种或者岗位外，不得以性别为由拒绝录用妇女或者提高对妇女的录用标准。用人单位录用女职工，不得在劳动合同中规定限制女职工结婚、生育的内容。农村劳动者进城就业享有与城镇劳动者平等的劳动权利，不得对农村劳动者进城就业设置歧视性限制。

在劳动力市场供求矛盾日益突出的今天，求职者受歧视的事情时有发生，遇到的就业门槛各式各样，有时甚至荒唐可笑。特别是面临就业的应届大学毕业生，他们由于经验、社会关系等各方面的不足，在选择就业的过程中更是受到了用人单位形形色色、名目繁多的歧视。除了一些对劳动者有特别要求的行业外，如果用人单位把与工作无关的要素作为招聘条件，如企业招聘员工时，把相貌、性别、年龄甚至户口、民族、婚育等作为必要条件，从而使就业者不能平等就业，就是就业歧视。

劳动者选择职业的权利，是指劳动者根据自己意愿选择适合自己才能、爱好的职业。劳动者拥有自由选择职业的权利，有利于劳动者充分发挥个人的特长，促进社会生产力的发展。在劳动力市场上，劳动者作为就业主体，具有支配自身劳动力的权利，可根据自身素质、意愿和市场价格信号，选择用人单位。选择职业的权利是劳动者劳动权利和社会进步的体现。

微型案例

2017 年 10 月，小轩在智联招聘上发现了“广州某有限公司销售职位”的招聘广告。她正兴奋地发现专业对口，却看到招聘广告中赫然写着“只招男性”。

小轩觉得自己专业对口，大学时也从事过相关的销售兼职工作，完全可以胜任，于是投递了简历，但企业始终没有回复，于是她拨通了该公司人事部的电话，虽然一再向对方解释，对方仍旧坚持只招男生。

她的遭遇并不是个别案例，但维权行动却不多见。中山大学性别教育论坛负责人柯倩婷教授认为，是“维权成本高，多数被歧视女性收入微薄”限制了她们参与维权。“打一场官司，需要耗费许多时间、精力、金钱。到最后不仅很难胜诉，找工作、正常生活都被耽误了。司法实践里，多以被歧视者损失的程度作为是否立案及判决的标准，但损失程度究竟为何，很难量化。”她说，这是司法实践中的难点。

但小轩越过了艰难的“走司法程序”，找到了一条新路径。2017 年 11 月她来到人力资源和社会保障局，向他们投诉了企业的性别歧视行为。接到投诉后，人力资源和社会保障局劳动监察大队展开了调查。最终，在人力资源和社会保障局劳动监察大队的调解下，广州某有限公司和小轩达成了最终协议，公司在其网站首页和智联招聘网上向小轩刊登道歉信，支付小轩在投诉过程中所花费用共 600 元，并赔偿精神损失费 1 元。

在采访中，学者专家均坦承，要改变我国用人单位“男性优先”的惯性思维，还有很长的一段路要走。

2. 取得劳动报酬的权利

取得劳动报酬是公民的一项重要劳动权利，我国给予劳动者的劳动权利以法律保障。宪法中规定的各尽所能、按劳分配的原则，是我国经济制度的重要组成部分。劳动报酬是劳动者与用人单位签订劳动合同的必备条款。及时足额地支付劳动报酬是用人单位的义务，如用人单位违反该义务，劳动者可以依法要求有关部门追究其责任。

提醒您

用人单位应当按月向劳动者支付劳动报酬，且必须以货币方式直接支付，不可以实物或者其他有价证券代替货币支付。用人单位不得克扣或者无故拖欠劳动者的工资。

《劳动合同法》第85条规定，用人单位有下列情形之一的，由劳动行政部门责令限期支付劳动报酬、加班费或者经济补偿；劳动报酬低于当地最低工资标准的，应当支付其差额部分；逾期不支付的，责令用人单位按应付金额50%以上100%以下的标准向劳动者加付赔偿金：

1. 未按照劳动合同的约定或者国家规定及时足额支付劳动者劳动报酬的；
2. 低于当地最低工资标准支付劳动者工资的；
3. 安排加班不支付加班费的；
4. 解除或者终止劳动合同，未依照本法规定向劳动者支付经济补偿的。

微型案例

2017年6月，某建筑工地工人秦某等26名工人到劳动保障监察大队集体投诉，反映建筑工地“包工头”赵某拖欠工资17万余元。劳动保障监察大队依法立案调查。

该区人民法院于2017年12月对此案开庭审理，认定赵某以逃匿方式拒绝支付工人工资，涉及人数多，数额较大，社会危害大，其行为构成拒不支付劳动报酬罪，应予重惩；鉴于其归案后有悔罪表现，积极付清工人工资，依法判处赵某有期徒刑1年，缓刑1年6个月，并处罚金5 000元。

我国劳动法明确要求工资分配应当遵循按劳分配原则，实行同工同酬，即在同一分配单位，从事同种类工作、同样熟练程度的劳动者，不分性别、民族、种族，只要付出同等劳动，就应当领取同等报酬。我国宪法也明文规定，“实行男女同工同酬”。

小资料

2012年12月28日修改后的《劳动合同法》规定被派遣劳动者享有与用工单位的劳动者同工同酬的权利。用工单位应当按照同工同酬原则，对被派遣劳动者与本单位同类岗位的劳动者实行相同的劳动报酬分配办法。

劳动合同用工是我国的企业基本用工形式。劳务派遣用工是补充形式，只能在临时性、辅助性或者替代性的工作岗位上实施。同时规定，用工单位应当严格控制劳务派遣用工数量，不得超过其用工总量的一定比例，具体比例由人力资源和社会保障部规定。

3. 休息休假的权利

休息休假是指依照法律规定，劳动者在劳动关系存续期间，不必从事生产工作，可以自行安排支配的时间。我国宪法规定，劳动者有休息的权利，国家发展劳动者休息和休养的设施，规定职工的工作时间和休假制度。我国劳动法规定的休息时间包括工作间歇、两个工作日之间的休息时间、公休日、法定节假日以及年休假、探亲假、婚丧假、事假、生育假、病假等。休息休假的法律规定既是实现劳动者休息权的重要保障，又是对劳动者进行劳动保护的一个方面。劳动法规定，用人单位不得任意延长劳动时间。

我国实行劳动者每日工作时间不超过8小时、平均每周工作时间不超过40小时的工时制度。用人单位应当保证劳动者每周至少休息1日。企业因生产特点不能实行上述关于工作时间和休息休假规定的，经劳动行政部门批准，可以实行其他工作和休息办法。用人单位由于生产经营需要，经与工会和劳动者协商后可以延长工作时间，一般每日不得超过1小时；因特殊原因需要延长工作时间的，在保障劳动者身体健康的条件下延长工作时间每日不得超过3小时，但是每月不得超过36小时。

（1）工作日内的间歇时间。用人单位应当在每个工作日都给予劳动者休息和用膳的时间。

（2）两个工作日间的休息时间。用人单位应当保证劳动者在一个工作日结束后至下一个工作日开始之前有休息的时间。我国目前实行的是8小时工作制，所以劳动者的休息时间基本可以得到保障。

（3）公休假日。用人单位应当保证劳动者至少每周休息1日。一般安排在周六、周日休息，用人单位也可根据本单位的特点灵活安排。

（4）法定假日。用人单位应当在元旦、春节、国际劳动节、国庆节等节日依法安排劳动者休息休假。

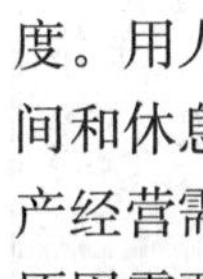

提醒您

目前，属于全体公民放假的节日有：元旦放假1天、春节放假3天、清明节放假1天、国际劳动节放假1天、端午节放假1天、中秋节放假1天、国庆节放假3天。

属于部分公民放假的节日有：妇女节，妇女放假半天；青年节，14周岁以上的青年放假半天；儿童节，不满14周岁的少年儿童放假1天；建军节，现役军人放假半天。少数民族习惯的节日，由少数民族聚居地区人民政府按照各民族习惯，规定放假日期。

提醒您

《劳动法》第44条规定,有下列情形之一的,用人单位应当按照下列标准支付高于劳动者正常工作时间工资的工资报酬:

(1)安排劳动者延长时间的,支付不低于工资的150%的工资报酬;

(2)休息日安排劳动者工作又不能安排补休的,支付不低于工资的200%的工资报酬;

(3)法定休假日安排劳动者工作的,支付不低于工资的300%的工资报酬。

(5)带薪年休假。

带薪年休假是指劳动者在工作满一定年限后,每年享有的带薪连续休息的时间。我国《劳动法》第45条规定:"劳动者连续工作1年以上的,享受带薪年休假。具体办法由国务院规定。"

提醒您

2008年1月1日开始施行的《职工带薪年休假条例》规定:机关、团体、企业、事业单位、民办非企业单位、有雇工的个体工商户等单位的职工连续工作1年以上的,享受带薪年休假。职工在年休假期间享受与正常工作期间相同的工资收入。

职工累计工作已满1年不满10年的,年休假5天;已满10年不满20年的,年休假10天;已满20年的,年休假15天。国家法定休假日、休息日不计入年休假的假期。

(6)其他休息休假规定。如女职工生育享受的产假;公有单位职工的探亲假规定等。

提醒您

《女职工劳动保护规定》是中国政府为维护女职工的合法权益,减少和解决女职工在劳动和工作中因生理特点造成的特殊困难,保护其健康而制定的法规。2013年适用的《女职工劳动保护特别规定》经2012年4月18日国务院第200次常务会议通过,2012年4月28日中华人民共和国国务院令第619号公布。

其第7条规定,女职工生育享受98天产假,其中产前可以休假15天;难产的,增加产假15天;生育多胞胎的,每多生育1个婴儿,增加产假15天。女职工怀孕未满4个月流产的,享受15天产假;怀孕满4个月流产的,享受42天产假。

4. 获得劳动安全卫生保护的权利

该项权利旨在保护劳动者的生命安全和身体健康,是对享受劳动权利的主体切身利益最直接的保护。我国劳动法规定,用人单位必须建立、健全劳动安全卫生制度,严格执行国家安全卫生规程和标准,为劳动者提供符合国家规定的劳动安全制度,严格执行国家安全卫生规程和标准,为劳动者提供符合国家规定的劳动安全卫生条件和必要的劳动防护用品,对从事特种作业的人员进行专门培训，防止劳动过程中的事故，减少职业危害。但现在仍有不少用人单位对劳动安全保护的重要性认识不足，以致发生恶性事故，导致劳动者生命健康权受损。

微型案例

张某在某有限公司上班，先后从事杂工、破碎、开压力机等有害工种，不幸得上尘肺病，但企业却拒绝为其提供相关资料，在向上级主管部门多次投诉后，他取得了去做正式鉴定的机会，最终确定了尘肺病病情并拿到了工伤补偿金。之后他拿出自己所获工伤补偿金1万元，捐献给中国煤矿尘肺病治疗基金会，并呼吁社会各界和工矿企业更多地关注农民工尘肺职业病患者健康。

5. 接受职业技能培训的权利

职业技能培训是指以培养劳动者基本职业技能或提高其职业技能为目的而进行的技术业务知识和实际操作技能教育和训练。我国劳动法及就业促进法均规定，用人单位应当建立职业培训制度，按照国家规定提取和使用职业培训、教育经费，根据本单位实际，有计划地对劳动者进行职业技能培训和继续教育培训。

6. 享受社会保险和福利的权利

社会保险是指国家通过立法，强制性征集基金，用于保障劳动者在暂时或永久丧失劳动能力以及失业期间的基本生活需要的一种社会保障制度。社会保险具有强制性、互济性等特点。《劳动法》规定："国家发展社会保险事业，建立社会保险制度，设立社会保险基金，使劳动者在年老、患病、工伤、失业、生育等情况下获得帮助和补偿。"我国社会保险制度自建立以来不断完善，对解除劳动者后顾之忧和调动劳动者生产积极性发挥了重要作用。

7. 提请劳动争议处理的权利

劳动争议指劳动关系当事人因执行劳动法或履行劳动合同引起的争议。解决劳动争议，应当根据合法、公正、及时处理的原则，依法维护劳动争议当事人的合法权益。在用人单位内，可以设立劳动争议调解委员会。劳动争议调解委员会由职工代表、用人单位代表和工会代表组成。劳动争议调解委员会主任由工会代表担任。劳动争议发生后，当事人可以向本单位劳动争议调解委员会申请调解；调解不成，当事人一方要求仲裁的，可以向劳动争议仲裁委员会申请仲裁。当事人一方也可以直接向劳动争议仲裁委员会申请仲裁。对仲裁裁决不服的，可以向人民法院提起诉讼。

8. 其他权利。

其他权利如女职工和未成年工享有的受劳动法特殊保护的权利。

提醒您

禁止安排女职工从事的劳动有：矿山井下作业；森林业伐木、归楞及流放作业；第四级体力劳动强度的作业；建筑业脚手架的组装和拆除作业；电力、电信行业的高处架线作业；连续负重每次超过20公斤、间断负重每次超过25公斤的作业。

禁止安排未成年工从事的劳动有：矿山井下作业；有毒有害作业；第四级体力劳动强度的作业和其他禁忌从事的劳动。

(二)劳动者义务

我国《劳动法》第 3 条规定的劳动者义务主要有:完成劳动任务;提高职业技能;执行劳动安全卫生规程以及遵守劳动纪律和职业道德。

劳动者的权利和义务是相互依存、不可分离的,只有坚持权利与义务的统一,才能体现劳动者的主人翁地位。

第二节　劳动合同

一、劳动合同法的适用范围

我国境内的企业、个体经济组织、民办非企业单位等组织(以下称用人单位)与劳动者建立劳动关系,订立、履行、变更、解除或者终止劳动合同,适用劳动合同法。

二、劳动合同的种类和形式

劳动合同分为固定期限劳动合同、无固定期限劳动合同和以完成一定工作任务为期限的劳动合同。

(1)固定期限劳动合同,是指用人单位与劳动者约定合同终止时间的劳动合同。用人单位与劳动者协商一致,可以订立固定期限劳动合同。

(2)无固定期限劳动合同,是指用人单位与劳动者约定无确定终止时间的劳动合同。用人单位与劳动者协商一致,可以订立无固定期限劳动合同。有下列情形之一,劳动者提出或者同意续订、订立劳动合同的,除劳动者提出订立固定期限劳动合同外,应当订立无固定期限劳动合同:

①劳动者在该用人单位连续工作满 10 年的;

②用人单位初次实行劳动合同制度或者国有企业改制重新订立劳动合同时,劳动者在该用人单位连续工作满 10 年且距法定退休年龄不足 10 年的;

③连续订立 2 次固定期限劳动合同,且劳动者没有《劳动合同法》第 39 条和第 40 条第一项、第二项规定的情形,续订劳动合同的。

提醒您

无固定期限劳动合同不等于终身制的"铁饭碗"。在履行过程中,任何一方提出解除劳动合同,双方只要达成一致即可解除合同。同时,劳动者如有《劳动合同法》第 39 条规定的情形之一,用人单位就可以解除劳动合同。该法第 40 条则规定:"因为三种特殊情况致使劳动合同不能履行的,用人单位可以单方解除劳动合同。"第 41 条规定在四种情形下企业可以裁减人员。

用人单位自用工之日起满 1 年不与劳动者订立书面劳动合同的,视为用人单位与劳动者已订立无固定期限劳动合同。

提醒您

> 《劳动合同法》第82条规定，用人单位自用工之日起超过1个月不满1年未与劳动者订立书面劳动合同的，应当向劳动者每月支付2倍的工资。
>
> 用人单位违反本法规定不与劳动者订立无固定期限劳动合同的，自应当订立无固定期限劳动合同之日起，向劳动者每月支付2倍的工资。

(3)以完成一定工作任务为期限的劳动合同，是指用人单位与劳动者约定以某项工作的完成为合同期限的劳动合同。用人单位与劳动者协商一致，可以订立以完成一定工作任务为期限的劳动合同。

劳动合同由用人单位与劳动者协商一致，并经用人单位与劳动者在劳动合同文本上签字或者盖章生效。

建立劳动关系，应当订立书面劳动合同。已建立劳动关系，未同时订立书面劳动合同的，应当自用工之日起1个月内订立书面劳动合同。用人单位与劳动者在用工前订立劳动合同的，劳动关系自用工之日起建立。

三、劳动合同的订立

订立劳动合同，应当遵循合法、公平、平等自愿、协商一致、诚实信用的原则。

(1)劳动合同的当事人必须具备合法资格，必须年满16周岁，身体健康，具有劳动权利能力和劳动行为能力的人。用人单位应依法成立或核准登记的企业、个体经济组织、国家机关、事业单位、社会团体，具有用人的权利能力和行为能力。

提醒您

> 《劳动合同法》第10条规定，建立劳动关系，应当订立书面劳动合同。已建立劳动关系，未同时订立书面劳动合同的，应当自用工之日起1个月内订立书面劳动合同。
>
> 《劳动合同法实施条例》第5条规定，自用工之日起1个月内，经用人单位书面通知后，劳动者不与用人单位订立书面劳动合同的，用人单位应当书面通知劳动者终止劳动关系，无需向劳动者支付经济补偿，但是应当依法向劳动者支付其实际工作时间的劳动报酬。

(2)劳动合同应当以书面形式订立，并应具备以下条款：①用人单位的名称、住所和法定代表人或者主要负责人；②劳动者的姓名、住址和居民身份证或者其他有效身份证件号码；③劳动合同期限；④工作内容和工作地点；⑤工作时间和休息休假；⑥劳动报酬；⑦社会保险；⑧劳动保护、劳动条件和职业危害防护；⑨法律、法规规定应当纳入劳动合同的其他事项。

劳动合同除前款规定的必备条款外，用人单位与劳动者可以约定试用期、培训、保守秘密、补充保险和福利待遇等其他事项。

(3)试用期的有关规定。除劳动者有《劳动合同法》第39条和第40条第一项、第二项规定的情形外,用人单位在试用期内不得解除劳动合同。用人单位在试用期解除劳动合同的,应当向劳动者说明理由。劳动者在试用期解除劳动合同,只需提前3日通知用人单位。

试用期期限的限制见表12—1。

表12—1　　试用期期限的限制

劳动合同期限	试用期
不满3个月	不得约定试用期
3个月以上不满1年	不得超过1个月
1年以上不满3年	不得超过2个月
3年以上和无固定期限	不得超过6个月

同一用人单位与同一劳动者只能约定一次试用期。以完成一定工作任务为期限的劳动合同或者劳动合同期限不满3个月的,不得约定试用期。

试用期包含在劳动合同期限内。劳动合同仅约定试用期的,试用期不成立,该期限为劳动合同期限。

劳动者在试用期的工资不得低于本单位相同岗位最低档工资或者劳动合同约定工资的80%,并不得低于用人单位所在地的最低工资标准。

用人单位违反劳动合同法的规定与劳动者约定试用期的,由劳动行政部门责令改正;违法约定的试用期已经履行的,由用人单位以劳动者试用期满月工资为标准,按已经履行的超过法定试用期的期间向劳动者支付赔偿金。

微型案例

2018年2月,某食品有限公司经过面试、口试、笔试后,决定招用陈女士。公司负责人对陈女士说,凡是新招用的职工要先签订3个月的试用合同,每月工资1 500元。待试用合格以后再按劳动合同法的规定与员工签订正式的劳动合同并缴纳社保。

问:该食品公司的做法合法吗?

四、劳动合同的效力

劳动合同依法订立即具有法律约束力,当事人必须履行劳动合同规定的义务。下列劳动合同无效或者部分无效:

(1)以欺诈、胁迫的手段或者乘人之危,使对方在违背真实意思的情况下订立或者变更劳动合同的;

(2)用人单位免除自己的法定责任、排除劳动者权利的;

(3)违反法律、行政法规强制性规定的。

对劳动合同的无效或者部分无效有争议的,由劳动争议仲裁机构或者人民法院确认。劳动合同部分无效,不影响其他部分效力的,其他部分仍然有效。

微型案例

程某于2018年1月应聘进入上海某室内设计装饰有限公司，双方签订了为期1年的劳动合同，合同约定程某担任公司总报价师，并约定了其月工资、奖金、保密补贴等。3月份，公司查出程某作为应聘资质的国外某知名大学学历及曾在国外某装潢公司任职的工作经历为伪造。

问：该室内设计公司可不可以主张与程某的劳动合同无效？

五、劳动合同的变更、解除和终止

(一)劳动合同的变更

用人单位与劳动者协商一致，可以变更劳动合同约定的内容。变更劳动合同，应当采用书面形式。变更后的劳动合同文本由用人单位和劳动者各执一份。

(二)劳动合同的解除

1. 协商解除

《劳动合同法》第36条规定，用人单位与劳动者协商一致，可以解除劳动合同。

2. 劳动者解除劳动合同

《劳动合同法》第37条规定，劳动者提前30日以书面形式通知用人单位，可以解除劳动合同。劳动者在试用期内提前3日通知用人单位，可以解除劳动合同。

《劳动合同法》第38条规定，用人单位有下列情形之一的，劳动者可以解除劳动合同：

(1)未按照劳动合同约定提供劳动保护或者劳动条件的；

(2)未及时足额支付劳动报酬的；

(3)未依法为劳动者缴纳社会保险费的；

(4)用人单位的规章制度违反法律、法规的规定，损害劳动者权益的；

(5)因《劳动合同法》第26条第一款规定的情形致使劳动合同无效的；

(6)法律、行政法规规定劳动者可以解除劳动合同的其他情形。

用人单位以暴力、威胁或者非法限制人身自由的手段强迫劳动者劳动的，或者用人单位违章指挥、强令冒险作业危及劳动者人身安全的，劳动者可以立即解除劳动合同，无需事先告知用人单位。

微型案例

杨小洋大学毕业后应聘到一家公司工作，签订了一份为期3年的劳动合同。为了防止职工随意跳槽，公司特意与杨小洋约定了违约赔偿，即若职工提前辞职，每提前1年，需要支付违约金1万元并赔偿给单位的生产经营造成的经济损失。试用期满后，杨小洋觉得公司条件不理想，同时另一家研究机构表示愿意接收她。于是杨小洋向单位辞职。单位表示同意，但要求她按照合同约定支付违约金2.7万元，并赔偿给单位生产带来的经济损失5万元。杨小洋认为，自己刚过试用期即离开，根本不会给单位生产造成损失，因此拒绝赔偿，双方发生争议。

问：本案该如何处理？

3. 用人单位解除劳动合同

《劳动合同法》第39条规定，劳动者有下列情形之一的，用人单位可以解除劳动合同：

(1)在试用期间被证明不符合录用条件的；

(2)严重违反用人单位的规章制度的；

(3)严重失职、营私舞弊，给用人单位造成重大损害的；

(4)劳动者同时与其他用人单位建立劳动关系，对完成本单位的工作任务造成严重影响，或者经用人单位提出，拒不改正的；

(5)因《劳动合同法》第26条第一款第一项规定的情形致使劳动合同无效的；

(6)被依法追究刑事责任的。

《劳动合同法》第40条规定，有下列情形之一的，用人单位提前30日以书面形式通知劳动者本人或者额外支付劳动者1个月工资后，可以解除劳动合同：

(1)劳动者患病或者非因工负伤，在规定的医疗期满后不能从事原工作，也不能从事由用人单位另行安排的工作的；

(2)劳动者不能胜任工作，经过培训或者调整工作岗位，仍不能胜任工作的；

(3)劳动合同订立时所依据的客观情况发生重大变化，致使劳动合同无法履行，经用人单位与劳动者协商，未能就变更劳动合同内容达成协议的。

微型案例

2017年1月董某与某保险跟公司签订为期1年的劳动合同，合同约定董某每个季度必须完成一定数额的销售任务，个人收入则主要是销售提成。尽管董某对保险推销工作满怀热情，但第一个季度下来，所签保险单寥寥无几，远远没有完成公司的销售额。公司销售主管提醒董某说，若第二季度仍完不成任务，他就将面临被解聘的可能。

为了保住工作，董某更加努力，第二季度的销售业绩比头一季度有所提高，但比公司的定额还是差了不少，于是公司销售主管口头通知他说，鉴于他连续半年都不能完成公司的任务，公司认为他不能胜任保险销售工作，因此决定解除与他的劳动合同，请他在3天内办好离职手续。董某的万般请求被拒绝后，又提出自己的劳动合同期限是1年，公司提前解除劳动合同，应该支付经济补偿金。但公司销售主管以解除合同是因为董某自己不能胜任工作为由，拒绝了董某支付经济补偿金的要求，双方遂发生争议。

问：该保险公司做法合法吗？

《劳动合同法》第41条规定，有下列情形之一，需要裁减人员20人以上或者裁减不足20人但占企业职工总数10%以上的，用人单位提前30日向工会或者全体职工说明情况，听取工会或者职工的意见后，裁减人员方案经向劳动行政部门报告，可以裁减人员：

(1)依照《中华人民共和国企业破产法》规定进行重整的；

(2)生产经营发生严重困难的；

(3)企业转产、重大技术革新或者经营方式调整，经变更劳动合同后，仍需裁减人员的；

(4)其他因劳动合同订立时所依据的客观经济情况发生重大变化，致使劳动合同无法履行的。

裁减人员时，应当优先留用下列人员：与本单位订立较长期限的固定期限劳动合同的；与本单位订立无固定期限劳动合同的；家庭无其他就业人员，有需要抚养的老人或者未成年人的。用人单位在6个月内重新招用人员的，应当通知被裁减的人员，并在同等条件下优先招用被裁减的人员。

《劳动合同法》第42条规定，劳动者有下列情形之一的，用人单位不得依照《劳动合同法》第40条、第41条的规定解除劳动合同：

(1)从事接触职业病危害作业的劳动者未进行离岗前职业健康检查，或者疑似职业病病人在诊断或者医学观察期间的；

(2)在本单位患职业病或者因工负伤并被确认为丧失或者部分丧失劳动能力的；

(3)患病或者非因工负伤，在规定的医疗期内的；

(4)女职工在孕期、产期、哺乳期的；

(5)在本单位连续工作满15年，且距法定退休年龄不足5年的；

(6)法律、行政法规规定的其他情形。

(三)劳动合同的终止

《劳动合同法》第44条规定，有下列情形之一的，劳动合同终止：

(1)劳动合同期满的；

(2)劳动者开始依法享受基本养老保险待遇的；

(3)劳动者死亡，或者被人民法院宣告死亡或者宣告失踪的；

(4)用人单位被依法宣告破产的；

(5)用人单位被吊销营业执照、责令关闭、撤销或者用人单位决定提前解散的；

(6)法律、行政法规规定的其他情形。

《劳动合同法》第45条规定，劳动合同期满，有《劳动合同法》第42条规定情形之一的，劳动合同应当续延至相应的情形消失时终止。但是，《劳动合同法》第42条第二项规定丧失或者部分丧失劳动能力劳动者的劳动合同的终止，按照国家有关工伤保险的规定执行。

微型案例

宏达公司与李某签订了2年劳动合同，试用期为6个月，合同约定，试用合格后，公司开始为李某缴纳社会保险。李某参加工作3个月后，恰巧销售旺季，李某作为技术主管，每天只得加班，李某向公司要求发放加班费，但公司说本公司从不发放加班费，这是不成文的规定。

不久，李某由于感冒住院，查出患有传染性肝炎，李某只好住院休养，1个月后病情好转，李某回到公司却收到了公司的解除合同通知。

问：本案中有哪些地方违反了劳动合同法，请指出并说明原因。

(四)经济补偿金的支付

《劳动合同法》第46条规定，有下列情形之一的，用人单位应当向劳动者支付经济补偿：

(1)劳动者依照《劳动合同法》第38条规定解除劳动合同的；

(2)用人单位依照《劳动合同法》第36条规定向劳动者提出解除劳动合同并与劳动者协商一致解除劳动合同的；

(3)用人单位依照《劳动合同法》第40条规定解除劳动合同的；

(4)用人单位依照《劳动合同法》第41条第一款规定解除劳动合同的；

(5)除用人单位维持或者提高劳动合同约定条件续订劳动合同，劳动者不同意续订的情形外，依照《劳动合同法》第44条第一项规定终止固定期限劳动合同的；

(6)依照《劳动合同法》第44条第四项、第五项规定终止劳动合同的；

(7)法律、行政法规规定的其他情形。

提醒您

《劳动合同法》第47条规定：经济补偿按劳动者在本单位工作的年限，每满1年支付1个月工资的标准向劳动者支付。6个月以上不满1年的，按1年计算；不满6个月的，向劳动者支付半个月工资的经济补偿。

劳动者月工资高于用人单位所在直辖市、设区的市级人民政府公布的本地区上年度职工月平均工资3倍的，向其支付经济补偿的标准按职工月平均工资3倍的数额支付，向其支付经济补偿的年限最高不超过12年。

本条所称月工资是指劳动者在劳动合同解除或者终止前12个月的平均工资。

六、劳务派遣与非全日制用工

(一)劳务派遣

劳务派遣，是指依法设立的劳务派遣单位与具备劳动条件的被派遣劳动者订立劳动合同，劳务派遣单位根据依法设立的用工单位的要求，与用工单位签订劳务派遣协议，征得被派遣劳动者同意后，将被派遣劳动者派往用工单位，派遣劳动者在用工单位的指挥和管理下提供阶段性劳动，被派遣劳动者的工资、福利、社会保险费等项待遇由用工单位提供给劳务派遣单位，再由劳务派遣单位支付给被派遣劳动者，劳务派遣单位为被派遣劳动者办理社会保险登记和缴费等项事务，用工单位向劳务派遣单位就其提供的服务支付劳务费的劳动关系。

劳动合同用工是我国的企业基本用工形式。劳务派遣用工是补充形式，只能在临时性、辅助性或者替代性的工作岗位上实施。

(1)劳务派遣单位是用人单位，应当履行用人单位对劳动者的义务。劳务派遣单位应当与被派遣劳动者订立两年以上的固定期限劳动合同，按月支付劳动报酬；被派遣劳动者在无工作期间，劳务派遣单位应当按照所在地人民政府规定的最低工资标准，向其按月支付报酬。

(2)用工单位即劳动者实际提供劳务的企业，应当履行下列义务：

①执行国家劳动标准，提供相应的劳动条件和劳动保护；

②告知被派遣劳动者的工作要求和劳动报酬；

③支付加班费、绩效奖金，提供与工作岗位相关的福利待遇；

④对在岗被派遣劳动者进行工作岗位所必需的培训；

⑤连续用工的，实行正常的工资调整机制。

用工单位不得将被派遣劳动者再派遣到其他用人单位。

(3)被派遣劳动者享有与用工单位的劳动者同工同酬的权利。用工单位应当按照同工同酬原则，对被派遣劳动者与本单位同类岗位的劳动者实行相同的劳动报酬分配办法。用工单位无同类岗位劳动者的，参照用工单位所在地相同或者相近岗位劳动者的劳动报酬确定。

（二）非全日制用工

非全日制用工是指以小时计酬为主，劳动者在同一用人单位一般平均每日工作时间不超过4小时，每周工作时间累计不超过24小时的用工形式。非全日制用工是相对于全日制用工而言的，我国主要体现为"小时工"或"钟点工"。

与全日制用工相比，非全日制用工具有以下特点：

（1）双方当事人可以订立口头协议。

（2）劳动者可以与一个或者一个以上用人单位订立劳动合同；但是，后订立的劳动合同不得影响先订立的劳动合同的履行。

（3）双方当事人不得约定试用期。

（4）双方当事人任何一方都可以随时通知对方终止用工。终止用工，用人单位不向劳动者支付经济补偿。

（5）以小时计酬，标准不得低于用人单位所在地人民政府规定的最低小时工资标准。

（6）劳动报酬结算支付周期最长不得超过15日。

第三节　劳动争议

劳动争议也称劳动纠纷，是指劳动关系双方当事人因实现劳动权利和履行劳动义务而发生的纠纷。劳动争议的一方当事人是用人单位，另一方是与之建立劳动关系的劳动者。

目前我国调整劳动争议的法律是于2007年12月29日第十届全国人民代表大会常务委员会第31次会通过，自2008年5月1日起施行的《中华人民共和国劳动争议调解仲裁法》（下称《劳动争议调解仲裁法》）。

一、劳动争议的处理机构

劳动争议处理机制即当事人为解决劳动争议而应当采取的程序，包括通过什么途径、由哪些机构、用哪些方式处理。发生劳动争议，劳动者可以与用人单位协商，也可以请工会或者第三方共同与用人单位协商，达成和解协议。当事人不愿协商、协商不成或者达成和解协议后不履行的，可以向调解组织申请调解；不愿调解、调解不成或者达成调解协议后不履行的，可以向劳动争议仲裁委员会申请仲裁；对仲裁裁决不服的，除法律另有规定的外，可以向人民法院提起诉讼。

（一）劳动争议调解组织

目前我国处理劳动争议的机构有三种：劳动争议调解组织、劳动争议仲裁委员会和人民法院。

发生劳动争议，当事人可以到下列调解组织申请调解：

（1）企业劳动争议调解委员会。企业劳动争议调解委员会由职工代表和企业代表组成。职工代表由工会成员担任或者由全体职工推举产生，企业代表由企业负责人指定。企业劳动争议调解委员会主任由工会成员或者双方推举的人员担任。

（2）依法设立的基层人民调解组织。

（3）在乡镇、街道设立的具有劳动争议调解职能的组织。

劳动争议调解组织的调解员应当由公道正派、热心调解工作，并具有一定法律知识、政策水平和文化水平的成年公民担任。

（二）劳动争议仲裁委员会

劳动争议仲裁委员会按照统筹规划、合理布局和适应实际需要的原则设立，不按行政区划层层设立。劳动争议仲裁委员会由劳动行政部门代表、工会代表和企业方面代表组成。省、自治区、直辖市人民政府劳动行政部门对本行政区域的劳动争议仲裁工作进行指导。

（三）人民法院

人民法院是国家的审判机关，也担负着处理劳动争议的任务。劳动争议当事人对仲裁委员会的裁决不服，除劳动争议调解仲裁法另有规定的外，当事人均可进行起诉，由人民法院受理，实行两审终审。

二、劳动争议的处理程序

（一）劳动争议协商

劳动者与用人单位双方通过协商方式自行寻找解决纠纷的具体方案，这是当事人应首先争取的解决争议的途径。当然协商解决是以双方自愿为基础的，如不愿协商或者经过协商不能达成一致，当事人可以选择调解程序或仲裁程序。

（二）劳动争议调解

当事人申请劳动争议调解可以书面申请，也可以口头申请。调解组织调解劳动争议，应当充分听取双方当事人对事实和理由的陈述，耐心疏导，帮助双方当事人达成协议，经调解达成协议的，应当制作调解协议书。调解协议书对双方当事人具有约束力，当事人应当履行。

自调解组织收到调解申请之日起15日内未达成调解协议的，当事人可以依法申请仲裁。达成调解协议后，一方当事人在协议约定期限内不履行调解协议的，另一方当事人可以依法申请仲裁。

因支付拖欠劳动报酬、工伤医疗费、经济补偿或者赔偿金事项达成调解协议，用人单位在协议约定期限内不履行的，劳动者可以持调解协议书依法向人民法院申请支付令。人民法院应当依法发出支付令。

（三）劳动争议仲裁程序

劳动争议仲裁是劳动争议仲裁委员会对用人单位和劳动者之间发生的争议，在查明事实、明确是非、分清责任的基础上，依法做出裁决的行为。劳动争议仲裁委员会不是简单的民间组织，它是由劳动行政部门代表、工会代表和企业方面代表组成的，组成人员应当是单数，具有半官方机构的性质。仲裁申请可以由任何一方当事人提起，无需双方当事人都同意。

1. 仲裁员的选定

劳动争议仲裁委员会应当设仲裁员名册。仲裁员应当公道正派，并符合下列条件之一：(1)曾任审判员；(2)从事法律研究、教学工作并具有中级以上职称的；(3)具有法律知识、从事人力资源管理或者工会等专业工作满5年的；(4)律师执业满3年的。

2. 仲裁案件的管辖

劳动争议由劳动合同履行地或者用人单位所在地的劳动争议仲裁委员会管辖。双方当事人分别向劳动合同履行地和用人单位所在地的劳动争议仲裁委员会申请仲裁的，由劳动合同履行地的劳动争议仲裁委员会管辖。

3. 申请仲裁的时效

劳动争议申请仲裁的时效期间为1年，从当事人知道或者应当知道其权利被侵害之日起计算。仲裁时效，因当事人一方向对方当事人主张权利，或者向有关部门请求权利救济，或者对方当事人同意履行义务而中断。从中断时起，仲裁时效期间重新计算。

因不可抗力或者有其他正当理由，当事人不能在规定的仲裁时效期间申请仲裁的，仲裁时效中止。从中止时效的原因消除之日起，仲裁时效期间继续计算。

劳动关系存续期间因拖欠劳动报酬发生争议的，劳动者申请仲裁不受上述 1 年仲裁时效期间的限制；但劳动关系终止的，应当自劳动关系终止之日起 1 年内提出。

4. 仲裁的申请

申请人申请仲裁应当提交书面仲裁申请，并按照被申请人人数提交副本。

仲裁申请书应当载明下列事项：(1)劳动者的姓名、性别、年龄、职业、工作单位和住所，用人单位的名称、住所和法定代表人或者主要负责人的姓名、职务；(2)仲裁请求和所根据的事实、理由；(3)证据和证据来源、证人姓名和住所。

书写仲裁申请确有困难的，可以口头申请，由劳动争议仲裁委员会记入笔录，并告知对方当事人。

5. 仲裁的受理

劳动争议仲裁委员会收到仲裁申请之日起 5 日内，认为符合受理条件的，应当受理，并通知申请人；认为不符合受理条件的，应当书面通知申请人不予受理，并说明理由。对劳动争议仲裁委员会不予受理或者逾期未做出决定的，申请人可以就该劳动争议事项向人民法院提起诉讼。

劳动争议仲裁委员会受理仲裁申请后，应当在 5 日内将仲裁申请书副本送达被申请人。

6. 仲裁的审理

劳动争议仲裁委员会裁决劳动争议案件实行仲裁庭制。仲裁庭由 3 名仲裁员组成，设首席仲裁员。简单劳动争议案件可以由 1 名仲裁员独任仲裁。仲裁庭应当在开庭 5 日前，将开庭日期、地点书面通知双方当事人。当事人有正当理由的，可以在开庭 3 日前请求延期开庭。是否延期，由劳动争议仲裁委员会决定。

申请人收到书面通知，无正当理由拒不到庭或者未经仲裁庭同意中途退庭的，可以视为撤回仲裁申请。被申请人收到书面通知，无正当理由拒不到庭或者未经仲裁庭同意中途退庭的，可以缺席裁决。

提醒您

如劳动者无法提供由用人单位掌握管理的与仲裁请求有关的证据，仲裁庭可以要求用人单位在指定期限内提供。用人单位在指定期限内不提供的，应当承担不利后果。

7. 仲裁的审理期限

仲裁庭裁决劳动争议案件，应当自劳动争议仲裁委员会受理仲裁申请之日起 45 日内结束。案情复杂需要延期的，经劳动争议仲裁委员会主任批准，可以延期并书面通知当事人，但延长期限不得超过 15 日。逾期未做出仲裁裁决的，当事人可以就该劳动争议事项向人民法院提起诉讼。

8. 仲裁裁决

仲裁庭在做出裁决前，应当先行调解。调解达成协议的，仲裁庭应当制作调解书。调解书经双方当事人签收后，发生法律效力。调解不成或者调解书送达前，一方当事人反悔的，仲裁庭应当及时做出裁决。

裁决应当按照多数仲裁员的意见做出，少数仲裁员的不同意见应当记入笔录。仲裁庭不能形成多数意见时，裁决应当按照首席仲裁员的意见做出。

裁决书由仲裁员签名，加盖劳动争议仲裁委员会印章。对裁决持不同意见的仲裁员，可以签名，也可以不签名。

微型案例

从2017年1月以来，张某等人先后被某公司聘为保安，负责公司的安全保卫工作。当事人双方口头约定，张某等人的月工资为1 200元至1 500元不等，双方当事人并没有签订书面劳动合同。

在用工期间，用工单位以保安服装担保金为名，将张某等人的第一个月工资扣除。2018年1月，双方解除劳动关系后，公司一直未将扣除的一个月工资支付给张某等人，为此，当事人之间就有关工资支付问题产生争议。后来，张某等人向劳动争议仲裁机构申请劳动争议仲裁，要求用人单位依法支付其第一个月工资。

根据上述情况，试分析：

(1)该劳动纠纷属于劳动争议仲裁委员会管辖范围吗？张某等人可否直接将该纠纷提交到人民法院？

(2)张某应在最长多长时间之内，将该纠纷提交仲裁？

(3)你认为张某的请求会不会得到支持。

9. 裁决的效力

我国《劳动争议调解仲裁法》第47条规定，下列劳动争议，除本法另有规定的外，仲裁裁决为终局裁决，裁决书自做出之日起发生法律效力：

(1)追索劳动报酬、工伤医疗费、经济补偿或者赔偿金，不超过当地月最低工资标准12个月金额的争议；

(2)因执行国家的劳动标准在工作时间、休息休假、社会保险等方面发生的争议。

劳动者对上述两种情形的仲裁裁决不服，可以自收到仲裁裁决书之日起15日内向人民法院提起诉讼。

提醒您

用人单位有证据证明上述两种情形的仲裁裁决有下列情形之一，可以自收到仲裁裁决书之日起30日内向，劳动争议仲裁委员会所在地的中级人民法院申请撤销裁决：

(1)适用法律、法规确有错误的。

(2)劳动争议仲裁委员会无管辖权的。

(3)违反法定程序的。

(4)裁决所根据的证据是伪造的。

(5)对方当事人隐瞒了足以影响公正裁决的证据的。

(6)仲裁员在仲裁该案时有索贿受贿、徇私舞弊、枉法裁决行为的。

(四)劳动争议诉讼程序

劳动争议诉讼程序是指劳动争议当事人依照法律，在规定的期限内向人民法院起诉，人民法院依法受理后，依法对劳动争议案件进行审理的活动。目前法院是由民事审判庭依民事诉讼程序对劳动争议案件进行审理，实行两审终审制。

可以向人民法院提起劳动争议的情形包括：

(1)对劳动争议仲裁委员会不予受理或者逾期未做出决定的。

(2)劳动争议仲裁委员会逾期未做出仲裁裁决。

(3)劳动者对追索劳动报酬、工伤医疗费、经济补偿或者赔偿金，不超过当地月最低工资标准12个月金额的争议和因执行国家的劳动标准在工作时间、休息休假、社会保险等方面发生的争议的仲裁裁决不服的，可以自收到仲裁裁决书之日起15日内向人民法院提起诉讼。

(4)除上述争议外，劳动争议双方不服仲裁委员会做出的仲裁裁决，可以自收到仲裁裁决书之日起15日内向人民法院提起诉讼。

我国在处理劳动争议诉讼时，采取"裁审衔接"制度，即劳动争议发生后，双方当事人均不可直接向人民法院提起诉讼，必须先向劳动争议仲裁委员会申请仲裁。当事人收到仲裁裁决后，在法定期限内不起诉，仲裁裁决即生效，当事人必须履行，一方当事人不履行的，另一方当事人可以申请人民法院强制执行。

劳动仲裁与劳动诉讼的时效与审限见表12－2。

表12－2　劳动仲裁与劳动诉讼的时效与审限

劳动争议解决机制	时　效	审　限
劳动争议仲裁	1年。	(1)45日。 (2)如案情复杂则为60日。
劳动争议诉讼一审	(1)劳动争议仲裁委员会不予受理或者逾期未做出决定的；逾期未做出仲裁裁决的，时效为2年。 (2)劳动者对《调解仲裁法》第47条规定的仲裁裁决不服的；劳动争议双方对47条规定之外的仲裁裁决不服的，时效为收到仲裁裁决书之日起15日。	(1)简易程序3个月。 (2)普通程序6个月；特殊情况可延长6个月。
劳动争议诉讼二审	(1)判决书送达之日起15日内。 (2)裁定书送达之日起10日内。	(1)3个月。 (2)裁定的上诉案件，为30日。

第四节　社会保险

一、社会保险与社会保险法概述

社会保险是指国家依法建立的，由国家、用人单位和个人共同筹集资金、建立基金，使劳动者在遭遇年老、疾病、工伤、失业和生育风险而暂时或永久性失去劳动能力而不能获得劳动报酬时，获得物质帮助和补偿的一种社会保障制度。社会保险具有国家性、强制性、普遍性、福利性、基本保障性、互济性等显著特征。

2010年10月28日第十一届全国人民代表大会常务委员会第十七次会议审议通过《中华人民共和国保险法》，该法于2011年7月1日正式实施。国务院、人力资源和社会保障部发布了一系列单行条例和规定，如1999年国务院发布的《失业保险条例》、2003年国务院发布、2010年修订的《工伤保险条例》，2011年人力资源和社会保障部发布的《实施〈中华人民共和国社会保险法〉若干规定》。2017年1月19日，国务院办公厅印发了《生育保险和职工基本医疗保险合并实施试点方案》，在2017年6月底前启动生育保险和职工基本医疗保险合并实施试点工作。

公务员和参照公务员管理的工作人员养老办法由国务院规定，国务院于2015年发布了《关于机关事业单位工作人员养老保险制度改革的决定》（以下简称《决定》），改革现行机关事业单位工作人员退休保障制度，实行社会统筹与个人账户相结合的基本养老保险制度，由单位和个人共同缴费，该《决定》同时要求机关事业单位在参加基本养老保险的基础上，应当为其工作人员建立职业年金制度。

2017年12月人力资源和社会保障部、财政部联合印发了《企业年金办法》（以下简称《办法》），对2004年出台的《企业年金试行办法》进行修订，《办法》于2018年2月1日起施行。企业年金是企业及其职工在依法参加基本养老保险的基础上，通过集体协商自主建立的补充养老保险制度。新办法较原试行办法，将企业"自愿建立"改为"自主建立"，体现了国家鼓励建立企业年金制度的态度。企业建立企业年金，有利于完善职工薪酬体系，增强人才吸引力、稳定职工队伍。

小资料

> 公元前4000多年古埃及修建金字塔时，石匠们就自发组织互助会，共同缴纳会费，用以支付会员死亡的善后费用。在13～16世纪，流行于欧洲的基尔特(Guild，行会)，是基于业缘的劳动者组成的互助组织。其职责一是维护会员职业上的利益，二是对会员的死亡、火灾、疾病、失窃等风险事故进行补偿。17～18世纪在英国出现的友谊社、德国的互助金库是在基尔特的基础上发展起来的互助组织。友谊社是由产业工人自愿组织起来的，成员缴纳一定数额得到互助金，在遭遇疾病、年老和死亡风险时就能得到一笔津贴。
>
> 在我国明清时期，随着资本主义的萌芽与发展，在全国特别是江南地区商人们基于业缘建立的行会、基于地缘建立的会馆等，也具有同样的功能。这些都是社会保险的初始化状态，尽管它的覆盖面很小，保障能力也很有限，但它们是与当时的生产力发展水平相适应的，并且对现代社会保险制度的形成产生过巨大的影响。
>
> ——资料来源：冯英、聂文倩编著：《外国的医疗保障》，中国社会科学出版社2008年版。

二、基本养老保险

（一）基本养老保险概念与覆盖范围

基本养老保险是国家根据法律、法规的规定，强制建立和实施的一种社会保险制度。在这一制度下，用人单位和劳动者必须依法缴纳养老保险费，在缴费达到法定年限并且劳动者达到国家规定的退休年龄或因其他原因而退出劳动岗位后，国家依法向其支付养老金等待遇，从而保障其基本生活的制度。

基本养老保险由两部分组成：职工基本养老保险制度与城乡居民基本养老保险。2014年起，新型农村社会养老保险制度和城镇居民社会养老保险制度合并实施，在全国范围内建立统一的城乡居民基本养老保险制度。

微型案例

单位新招了几名员工，其中一名员工小李说，“我身体很健康，不需要什么社会保险，而且我刚毕业工资不高，所以我请求单位把社保折算成300元现金发给我。如果以后生病或者发生责任事故，我保证不需要单位报销，不找单位麻烦，如果单位不放心的话，我可以写一个自愿放弃社保保证书。”其他几个年轻员工见状，也纷纷表示要现金不要社保。

单位的人事专员算了算，这倒是能为单位节约一大笔开销呢。

问：员工自愿放弃的话，可以不缴纳社保吗？

(二)职工基本养老保险征缴范围

职工基本养老保险征缴范围为：国有企业、城镇集体企业、外商投资企业、城镇私营企业和其他城镇企业及其职工、实行企业化管理的事业单位及其职工。无雇工的个体工商户、未在用人单位参加基本养老保险的非全日制从业人员以及其他灵活就业人员可以参加基本养老保险，由个人缴纳基本养老保险费。

基本养老保险基金由用人单位和个人缴费以及政府补贴等组成。基本养老保险实行社会统筹与个人账户相结合。

(三)职工基本养老保险费的缴纳与计算

从2016年5月1日起，企业职工基本养老保险单位缴费比例超过20%的省(区、市)，将单位缴费比例降至20%；单位缴费比例为20%且2015年底企业职工基本养老保险基金累计结余可支付月数高于9个月的省(区、市)，可以阶段性地将单位缴费比例降低至19%，降低费率的期限暂按两年执行。具体方案由各省(区、市)确定。

个人缴费比例为本人缴费工资的8%，记入个人账户。缴费工资一般为职工本人上一年度月平均工资，有条件的地区也可以本人上月工资收入作为个人缴费工资。新招职工以起薪当月工资收入作为缴费工资，从第二年起按上一年实发工资的月平均工资作为缴费工资。

提醒您

在职工基本养老保险缴费中，本人月平均工资低于当地职工月平均工资60%的，按当地月平均工资的60%作为缴费基数；

本人月平均工资高于当地职工月平均工资300%的，按当地职工月平均工资的300%作为缴费基数，超过部分不计入缴费工资基数，也不计入计发养老金的基数。

(四)职工基本养老保险享受条件与待遇

参加职工基本养老保险的个人，满足以下两个条件，才可以享受基本养老待遇，按月领取基本养老金：一是达到法定退休年龄；二是累计缴费满15年。

职工基本养老保险待遇包括：对符合条件的人员，国家按月支付基本养老金；参加基本养老保险的个人，因病或者非因工死亡的，其遗属可以领取丧葬补助金和抚恤金，所需资金从基本养老保险基金中支付；参加基本养老保险的个人，在未达到法定退休年龄时因病或者非因工致残完全丧失劳动能力的，可以领取病残津贴，所需资金从基本养老保险基金中支付。

提醒您

目前我国的退休年龄为：

男年满60周岁，女工人年满50，女干部年满55周岁。

从事井下、高空、高温、特别繁重体力劳动或者其他有害身体健康的工作，男年满55周岁，女年满45周岁。

因病或因工致残，由医院证明并经劳动鉴定委员会确认完全丧失劳动能力的，退休年龄为男年满50周岁，女年满45周岁。

三、基本医疗保险

（一）基本医疗保险概念与覆盖范围

基本医疗保险是为补偿劳动者因疾病风险造成的经济损失而建立的一项社会保险制度。通过用人单位和个人缴费，建立医疗保险基金，参保人员患病就诊发生医疗费用后，由医疗保险经办机构给予一定的经济补偿，以避免或减轻劳动者因患病、治疗等所带来的经济风险。

基本医疗保险包括两部分：职工医疗保险与城乡居民基本医疗保险。2016年起，城镇居民基本医疗保险和新型农村合作医疗两项制度整合成统一的城乡居民基本医疗保险制度。

（二）职工基本医疗保险费的缴纳与计算

基本医疗保险与基本养老保险一样采用“统账结合”模式，分别设立社会统筹基金和个人账户基金。

各统筹地区统一确定适合当地经济发展水平的基本医疗保险单位缴费率，一般为职工工资总额的6%左右。用人单位缴纳的基本医疗保险费分为两部分，一部分用于建立统筹基金，另一部分划入个人账户。各统筹地区根据个人医疗账户的支付范围和职工年龄等因素确定划入个人账户的比例，一般为30%左右。

各统筹地区统一确定适合当地职工负担水平的基本医疗保险个人缴费率，一般为本人工资收入的2%。

微型案例

某汽车配件生产厂对员工的工资收入实行绩效考核，工资分成固定的基本工资及弹性的绩效奖金两部分，因为全年的订单有淡季旺季的区别，所以员工绩效奖金部分每个月变化很大。

为了缴纳社保方便，单位跟员工约定仅以基础工资数额作为缴纳社保的基数，员工们觉得这样自己每个月的社保能少扣点，到手的工资还能多一点，而且也不愿意因为这件事跟单位闹得不愉快，所以也没有反对。

3 年后合同到期，单位以部分员工年龄大不适合此工作为由，不再续签合同。老员工心存不满，于是向单位提出社保缴费基数与实际工资不符，要求单位予以补偿，但单位坚持自己的做法没有错误。

问：单位和员工可以约定社保缴费基数吗？

（三）职工基本医疗保险享受条件与待遇

目前各地对职工基本医疗保险费用结算的方式并不一致。享受基本医疗保险待遇一般要符合以下条件：一是参保人员必须到基本医疗保险的定点医疗机构就医、购药或定点零售药店购买药品；二是参保人员在看病就医过程中所发生的医疗费用必须符合基本医疗保险药品目录、诊疗项目、医疗服务设施标准的范围和给付标准。参保人员符合基本医疗保险支付范围的医疗费用中，在社会医疗统筹基金起付标准以上与最高支付限额以下的费用部分，由社会医疗统筹基金按一定比例支付。

（四）医疗期

医疗期是指企业职工因患病或非因工负伤停止工作，治病休息且不得解除劳动合同的时限。

企业职工因患病或非因工负伤停止工作，治病休息时，根据本人实际参加工作年限和在本单位工作年限，给予 3～24 个月的医疗期。

提醒您

医疗期的规定：

（1）实际工作年限 10 年以下的，在本单位于作年限 5 年以下的为 3 个月；5 年以上的为 6 个月；

（2）实际工作年限 10 年以上的，在本单位工作年限 5 年以下的为 6 个月；5 年以上 10 年以下的为 9 个月；10 年以上 15 年以下的为 12 个月；15 年以上 20 年以下的为 18 个月；20 年以上的为 24 个月。

医疗期计算应从病休的第一天开始，累计计算。病休期间，公休、假日和法定节日包括在内。具体为：医疗期 3 个月的按 6 个月内累计病休时间计算；9 个月的按 15 个月内累计病休时间计算；12 个月的按 18 个月内累计病休时间计算；18 个月的按 24 个月内累计病休时间计算；24 个月的按 30 个月内病休累计时间计算。

（五）医疗期待遇

职工在医疗期内，其病假工资、疾病救济费和医疗待遇按照有关规定执行。病假工资或者疾病救济费可以低于当地最低工资标准支付，但最低不能低于最低工资标准的 80%。医疗期内不得解除劳动合同。医疗期内遇合同期满，合同必须顺延至医疗期满。对医疗期满尚未痊愈者，或医疗期满后不能从事原工作，也不能从事用人单位另行安排的工作被解除劳动合同的，用人单位需给予经济补偿。

四、工伤保险

工伤保险，是指劳动者在工作中或在规定的特殊情况下，遭受意外伤害或患职业病导致暂时或永久丧失劳动能力以及死亡时，劳动者或其遗属从国家和社会获得物质帮助的一种社会保险制度。

(一)工伤保险费的缴纳与计算

职工应当参加工伤保险，由用人单位缴纳工伤保险费，职工不缴纳工伤保险费。国家根据不同行业的工伤风险程度确定行业的差别费率，并根据使用工伤保险基金、工伤发生率等情况在每个行业内确定费率档次。行业差别费率和行业内费率档次由国务院社会保险行政部门制定，报国务院批准后公布施行。社会保险经办机构根据用人单位使用工伤保险基金、工伤发生率和所属行业费率档次等情况，确定用人单位缴费费率。

(二)工伤的认定

(1)职工有下列情形之一的，应当认定为工伤：

①在工作时间和工作场所内，因工作原因受到事故伤害的；

②工作时间前后在工作场所内，从事与工作有关的预备性或者收尾性工作受到事故伤害的；

③在工作时间和工作场所内，因履行工作职责受到暴力等意外伤害的；

④患职业病的；

⑤因工外出期间，由于工作原因受到伤害或者发生事故下落不明的；

⑥在上下班途中，受到非本人主要责任的交通事故或者城市轨道交通、客运轮渡、火车事故伤害的；

⑦法律、行政法规规定应当认定为工伤的其他情形。

(2)职工有下列情形之一的，视同工伤：

①在工作时间和工作岗位，突发疾病死亡或者在48小时之内经抢救无效死亡的；

②在抢险救灾等维护国家利益、公共利益活动中受到伤害的；

③职工原在军队服役，因战、因公负伤致残，已取得革命伤残军人证，到用人单位后旧伤复发的。

(3)有下列情形之一的，不得认定为工伤：

①故意犯罪的；

②醉酒或者吸毒的；

③自残或者自杀的；

④法律、行政法规规定的其他情形。

微型案例

小范是工厂的一名起重机驾驶员，中午在与工友吃饭时，一时高兴要喝酒，工友劝说下午还要上班不宜饮酒，而且饮酒违反工厂纪律。但小范认为自己酒量好，不会影响上班，执意要喝。

下午小范在起重机上昏昏沉沉，不慎从高处摔下致残。小范及其亲属认为这属于在工作的时间、工作的地点、因为工作的原因受到的伤害，要求享受工伤保险待遇。

问：小范能否享受工伤待遇？

（三）工伤保险待遇

根据国务院《工伤保险条例》的规定，工伤保险待遇项目和标准如下：

(1)治(医)疗费。治疗工伤所需费用必须符合工伤保险诊疗项目目录、工伤保险药品目录、工伤保险住院服务标准。

(2)住院伙食补助费。省(区、市)可参考当地城镇居民消费支出结构，科学确定工伤职工住院伙食补助费标准。住院伙食补助费原则上不超过上年度省(区、市)城镇居民日人均消费支出额的40%。

(3)外地就医交通费、食宿费。经医疗机构出具证明，报经办机构同意，工伤职工到统筹地区以外就医的，所需交通、食宿费用由所在单位按照本单位职工因公出差标准报销。

(4)康复治疗费。工伤职工到签订服务协议的医疗机构进行康复性治疗的费用，符合规定的，从工伤保险基金支付。

(5)辅助器具费。工伤职工因日常生活或者就业需要，经劳动能力鉴定委员会确认，可以安装假肢、矫形器、假眼、假牙和配置轮椅等辅助器具，所需费用按照国家规定的标准从工伤保险基金支付。

(6)停工留薪期工资。职工因工作遭受事故伤害或者患职业病需要暂停工作接受工伤医疗的，在停工留薪期内，原工资福利待遇不变，由所在单位按月支付。

(7)生活护理费。生活不能自理的工伤职工在停工留薪期需要护理的，由所在单位负责。工伤职工已经评定伤残等级并经劳动能力鉴定委员会确认需要生活护理的，从工伤保险基金按月支付生活护理费，并按照上年度省(区、市)职工平均工资增长比例同步调整。

(8)一次性伤残补助金。标准为：一级伤残为24个月的本人工资，二级伤残为22个月的本人工资，三级伤残为20个月的本人工资，四级伤残为18个月的本人工资，五级伤残为16个月的本人工资，六级伤残为14个月的本人工资，七级伤残为12个月的本人工资，八级伤残为10个月的本人工资，九级伤残为8个月的本人工资，十级伤残为6个月的本人工资。

(9)伤残津贴。职工因工致残被鉴定为一级至四级伤残的，从工伤保险基金按伤残等级支付一次性伤残补助金。2017年7月人力资源和社会保障部发布的《关于工伤保险待遇调整和确定机制的指导意见》对该项待遇进行调整，一级至四级伤残津贴调整以上年度省(区、市)一级至四级工伤职工月人均伤残津贴为基数，综合考虑职工平均工资增长和居民消费价格指数变化情况，侧重职工平均工资增长因素，兼顾工伤保险基金支付能力和相关社会保障待遇调整情况，综合进行调节。伤残津贴调整可以采取定额调整和适当倾斜的办法，对伤残程度高、伤残津贴低于平均水平的工伤职工予以适当倾斜。

职工因工致残被鉴定为五级、六级伤残的，保留与用人单位的劳动关系，由用人单位安排适当工作。难以安排工作的，由用人单位按月发给伤残津贴，标准为：五级伤残为本人工资的70%，六级伤残为本人工资的60%。

(10)一次性伤残就业补助金和一次性工伤医疗补助金。职工因工致残被鉴定为五级、六级伤残的，由用人单位支付一次性工伤医疗补助金和伤残就业补助金；职工因工致残被鉴定为七级至十级伤残的，劳动合同期满终止，或者职工本人提出解除劳动合同的，由工伤保险基金支付一次性工伤医疗补助金，由用人单位支付一次性伤残就业补助金。一次性工伤医疗补助金和一次性伤残就业补助金的具体标准由省、自治区、直辖市人民政府规定。

一次性伤残就业补助金和一次性工伤医疗补助金，由省(区、市)综合考虑工伤职工伤残程度、伤病类别、年龄等因素制定标准，注重引导和促进工伤职工稳定就业。

(11)丧葬补助金。职工因工死亡丧葬补助金为6个月的统筹地区上年度职工月平均工资。

(12)供养亲属抚恤金。职工因公死亡供养亲属抚恤金按照职工本人工资的一定比例发给由因公死亡职工生前提供主要生活来源、无劳动能力的亲属。

2017年7月人力资源和社会保障部发布的《关于工伤保险待遇调整和确定机制的指导意见》对该项待遇进行调整，供养亲属抚恤金调整以上年度省(区、市)月人均供养亲属抚恤金为基数，综合考虑职工平均工资增长和居民消费价格指数变化情况，侧重居民消费价格指数变化，兼顾工伤保险基金支付能力和相关社会保障待遇调整情况，综合进行调节。

(13)一次性工亡补助金。一次性工亡补助金标准为48～60个月的统筹地区上年度职工月平均工资。具体标准由统筹地区的人民政府根据当地经济、社会发展状况规定，报省、自治区、直辖市人民政府备案。

五、失业保险

失业保险是指国家通过立法强制实行的，由用人单位、职工个人缴费及国家财政补贴等渠道筹集资金建立失业保险基金，对因失业而暂时中断生活来源的劳动者提供物质帮助以保障其基本生活，并通过专业训练、职业介绍等手段为其再就业创造条件的制度。

(一)失业保险费的缴纳

《失业保险条例》规定：城镇企业事业单位按照本单位工资总额的2%缴纳失业保险费，城镇企业事业单位职工按照本人工资的1%缴纳失业保险费。

提醒您

2015年3月1日起，失业保险费率统一暂由现行条例规定的3%降至2%，其中用人单位缴费比例由2%降至1.5%；个人缴费比例由1%降至0.5%。

2016年5月1日起，失业保险总费率阶段性降至1%至1.5%，其中个人费率不超过0.5%，降低费率的期限暂按两年执行。

2017年1月1日起，失业保险总费率为1.5%的省(区、市)，可以降至1%，降低费率的期限执行至2018年4月30日。

(二)失业保险的享受条件及待遇

领取失业保险金的条件是包括：失业前用人单位和本人已经缴纳失业保险费满1年；非因本人意愿中断就业的；已经进行失业登记，并有求职要求的。

失业保险的待遇包括：

(1)失业保险金。这是最主要的失业保险待遇，是支付给符合条件的失业人员的基本生活费用，失业保险金的标准由各省级人民政府根据低于当地最低工资标准、高于城市居民最低生活保障标准的原则确定。各地普遍以最低工资标准为基数确定失业保险金的计发比例。

提醒您

失业人员失业前用人单位和本人累计缴费满1年不足5年的，领取失业保险金的期限最长为12个月；

累计缴费满5年不足10年的，领取失业保险金的期限最长为18个月；

累计缴费10年以上的，领取失业保险金的期限最长为24个月。

重新就业后，再次失业的，缴费时间重新计算，领取失业保险金的期限与前次失业应当领取而尚未领取的失业保险金的期限合并计算，最长不超过24个月。

(2)领取失业保险金期间享受基本医疗保险待遇。失业人员在领取失业保险金期间，参加职工基本医疗保险，享受基本医疗保险待遇。失业人员应当缴纳的基本医疗保险费从失业保险基金中支付，个人不缴纳基本医疗保险费。

(3)领取失业保险金期间的死亡补助。失业人员在领取失业保险金期间死亡的，参照当地对在职职工死亡的规定，向其遗属发给一次性丧葬补助金和抚恤金。所需资金从失业保险基金中支付。

此外，失业人员还享有职业介绍与职业培训补贴、国务院规定或者批准的与失业保险有关的其他费用等待遇。

六、生育保险

2017年1月发布的《国务院办公厅关于印发生育保险和职工基本医疗保险合并实施试点方案的通知》指出，于2017年6月底前启动试点，将生育保险和医疗保险合并实施，试点期限为1年左右。两险合并实施后，统一参保登记、统一基金征缴、统一医疗服务管理、统一经办和信息服务，这将有利于提高征缴效率、整合医疗服务管理资源和经办服务力量、提升经办服务能力，能够为职工提供更加方便快捷的服务。

小　结

关键术语

劳动法　劳动合同　劳动争议处理

本章小结

1. 广义的劳动法是指调整劳动关系以及与劳动关系密切联系的社会关系的法律规范总称，是我国法律体系中一个独立、重要的法律部门。狭义的劳动法是指第八届全国人民代表大会常务委员会第八次会议于1994年7月5日通过，自1995年1月1日起施行的《中华人民共和国劳动法》。

2. 劳动法调整的是劳动关系和与劳动关系密切联系的其他社会关系。劳动关系即劳动者与用人单位在劳动过程中发生的社会关系。

3. 劳动合同是劳动者与用工单位之间确立劳动关系，明确双方权利和义务的协议。劳动合同对双方当事人具有约束力,保护劳动者和用人单位双方的合法权益。实行劳动合同制度,可以促进劳动力资源的合理配置;增强劳动者的竞争意识,促进劳动者自身素质的提高;调动劳动者的劳动积极性和创造性。

4. 劳动合同的履行,应当遵循亲自履行、实际履行、全面履行及协作履行原则。

5. 劳动争议也称劳动纠纷,是指劳动关系双方当事人因实现劳动权利和履行劳动义务而发生的纠纷。劳动争议的一方当事人是用人单位,另一方是与之建立劳动关系的劳动者。

6. 劳动争议仲裁是劳动争议仲裁委员会对用人单位和劳动者之间发生的争议,在查明事实、明确是非、分清责任的基础上,依法做出裁决的行为。

7. 劳动争议诉讼程序是指劳动争议当事人依照法律,在规定的期限内向人民法院起诉,人民法院依法受理后,依法对劳动争议案件进行审理的活动。目前法院是由民事审判庭依民事诉讼程序对劳动争议案件进行审理,实行两审终审制。

8. 社会保险是指国家依法建立的,由国家、用人单位和个人共同筹集资金、建立基金,使劳动者在遭遇年老、疾病、工伤、失业和生育风险而暂时或永久性失去劳动能力而不能获得劳动报酬时,获得物质帮助和补偿的一种社会保障制度。社会保险具有国家性、强制性、普遍性、福利性、基本保障性、互济性等显著特征。

知识结构图

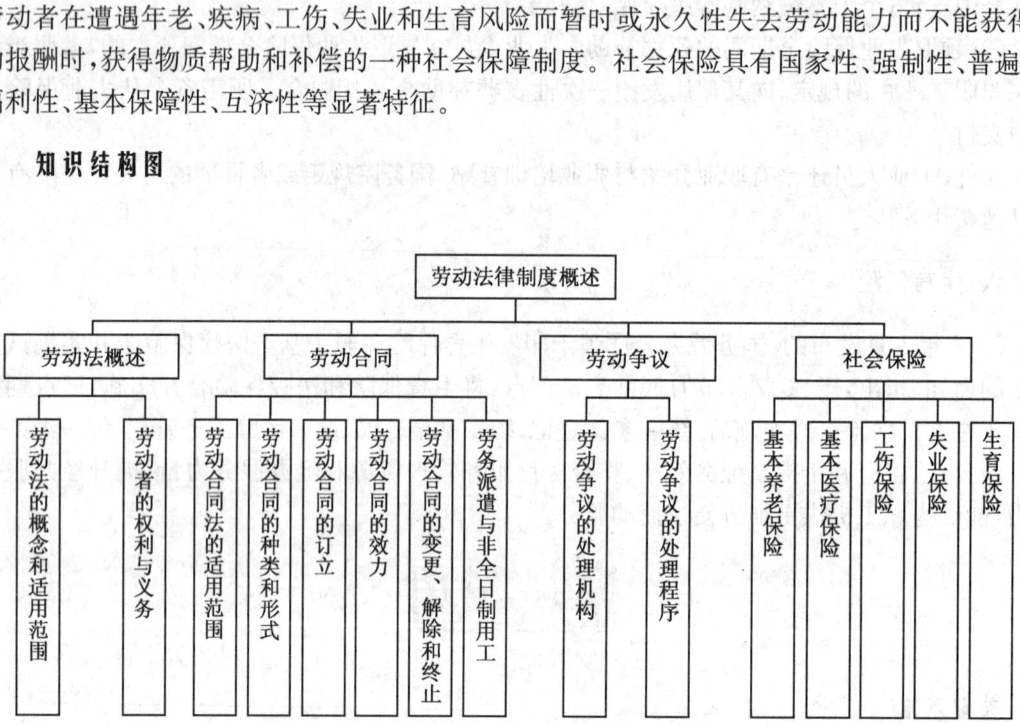

应　用

案例研究

王某与某公司签订了为期两年的劳动合同,自 2016 年 2 月 1 日起至 2018 年 1 月 31 日止,双方约定试用期为 2 个月。2017 年 3 月 30 日王某向公司提出解除劳动合同,并向公司索要经济补偿金。公司认为王某没有提出解除合同的正当理由,且解除合同未征求公司意见,未经双方协商,因而不同意解除合同,并提出如果王某一定要解除合同,公司不但不给予王某经济补偿金,王某还需要赔偿用人单位因其辞职而带来的损失。

问题：

1. 劳动合同中约定的试用期是否合法？

2. 王某提出解除劳动合同时是否需要说明理由？他是否可以单方解除劳动合同？

3. 用人单位应否给予王某经济补偿金？

实验实训

许某于2017年与某单位签订了为期一年的劳动合同，在劳动合同终止前的一个月，张某就合同到期后不再续签一事向单位提出了请求，单位人事部表示同意并答复许某一个月后来单位办理相关手续。一个月后人事部却提出“必须交纳违约金1万元，才能办理手续”。许某认为，自己既没有经过单位培训，又没有提前解除劳动合同，单位收取违约金是非法的。单位的理由是，根据《员工守则》，“员工服务期最短为三年”的规定，许某若不与单位续签劳动合同，就违反了单位规定，应当支付违约金。对于这种违背职工意愿，强行收取违约金的做法，许某无法接受，遂向劳动争议仲裁委员会提出仲裁。

运用本章相关法律法规，分组模拟劳动者、用人单位及劳动争议仲裁庭三方角色，并模拟劳动争议仲裁过程。

小组讨论：当有何种情况发生时，许某可向人民法院提起劳动争议诉讼？

复习思考题

1. 简述劳动者的基本权利。
2. 简述劳动合同的履行原则。
3. 简述劳动合同的解除。
4. 简述劳动争议仲裁程序。
5. 论述社会保险的作用。

第十三章 经济纠纷仲裁与诉讼

学习目标

通过本章学习，你应能够：

熟悉经济纠纷救济的途径与应用。

掌握经济仲裁的申请及审理流程；仲裁裁决的效力与执行，

掌握诉讼的地域管辖与级别管辖及诉讼的流程。

学会运用仲裁与诉讼，解决实际经济纠纷。

引入案例

张先生在 2017 年 1 月 8 日与某房地产开发公司签订了购房合同，合同除约定交房期限外，还约定了交房时房屋必须“经综合验收合格”。张先生按约定交齐了房款，开发公司却没有按期交房。拖了一个多月，售楼处打电话通知张先生交房，但其没有出示任何证明综合验收合格的文件，因而拒绝接受。双方就“综合验收”争执不下，2017 年 7 月 28 日，房地产开发公司终于拿到了综合验收合格的文件，双方办理了交、收房手续，但双方就逾期交房违约金协商未果。

2018 年 1 月 31 日，张先生依据合同中的仲裁条款向仲裁委员会提交仲裁申请书，要求开发公司支付逾期交房违约金51 658.74元。但开发公司只承认延误了一个月的交房时间，只愿意承担一个月的违约金。

仲裁庭经审理认为，所谓的“房屋综合验收”应该是除包括建设在内的五方竣工验收外，还必须通过消防、配套设施、绿化、环保等综合验收，如果不通过消防等验收就无法正取得“房屋综合验收”合格证明，双方当事人既然在合同中明确约定这一款项，开发公司就应在约定的期限内把符合条件的房屋交付给买房人，开发公司未能做到这一点，构成违约，应当负违约责任。

——资料来源：大众日报数字报。

说明

《中华人民共和国仲裁法》(下称《仲裁法》)是在1994年8月31日,中华人民共和国第八届全国人民代表大会常务委员会第九次会议上通过的,是我国目前最重要的仲裁法律。该部法律于2009年、2017年进行了两次修正。

《中华人民共和国民事诉讼法》(下称《民事诉讼法》)是在1991年4月9日第七届全国人民代表大会第四次会议上通过的,目前经过了2007年、2012年、2017年三次修订,是民事诉讼领域最重要的法律制度。

《中华人民共和国民法总则》于2017年10月1日正式实施,该部法律中亦有涉及民事诉讼的条款。

第一节　经济仲裁

一、仲裁及仲裁法概述

仲裁也称"公断",是当事人根据订立的仲裁协议,自愿将其争议提交由仲裁员组成的仲裁庭进行裁判,并受该裁判约束的一种制度。仲裁活动和法院的审判活动一样,是解决民事争议的方式之一。

仲裁法是指国家制定或认可的,调整在仲裁过程中发生的各种关系的法律规范的总称。

(一)仲裁的特征

作为一种解决财产权益纠纷的民间性裁判制度,仲裁既不同于解决同类争议的司法、行政途径,也不同于人民调解委员会的调解和当事人的自行和解。其具有以下特点:

(1)自愿性。这是仲裁最突出的特点,仲裁以双方当事人的自愿为前提,即当事人之间的纠纷是否提交仲裁,交与哪个仲裁机构仲裁,仲裁庭如何组成以及仲裁的审理方式等都是在当事人自愿的基础上,由双方当事人协商确定的。因此,仲裁是最能充分体现当事人意思自治原则的争议解决方式。

(2)专业性。民商事纠纷往往涉及特殊的知识领域,会遇到许多复杂的法律、经济贸易和有关的技术性问题,故专家裁判更能体现专业权威性。因此,由具有一定专业水平和能力的专家担任仲裁员对当事人之间的纠纷进行裁决是仲裁公正性的重要保障。根据我国仲裁法的规定,仲裁委员会按照不同专业设仲裁员名册供当事人进行选择,专家仲裁由此成为民商事仲裁的重要特点之一。

小资料

仲裁员应当符合下列条件之一:(1)通过国家统一法律职业资格考试取得法律职业资格,从事仲裁工作满8年的;(2)从事律师工作满8年的;(3)曾任法官满8年的;(4)从事法律研究、教学工作并具有高级职称的;(5)具有法律知识、从事经济贸易等专业工作并具有高级职称或者具有同等专业水平的。

(3)灵活性。由于仲裁充分体现当事人的意思自治,因此仲裁中的诸多具体程序,比如仲裁庭的组成形式、开庭方式、仲裁形式等都可以由当事人协商确定,诉讼更具灵活性。

(4)保密性。仲裁以不公开审理为原则。有关的仲裁法律和仲裁规则也同时规定了仲裁员及仲裁秘书人员的保密义务。因此,当事人的商业秘密和贸易活动不会因仲裁活动而泄露,表现出极强的保密性。

(5)快捷性。仲裁实行一裁终局制,仲裁裁决一经仲裁庭做出即发生法律效力,这使得当事人之间的纠纷能够迅速得以解决。

(6)经济性。时间上的快捷性使得仲裁所需费用相对减少,同时,仲裁无需多审级收费,使得仲裁费往往低于诉讼费。

(二)仲裁机构

仲裁委员会可以在直辖市和省、自治区人民政府所在地的市设立,也可以根据需要在其他设区的市设立,不按行政区划设置。仲裁委员会独立于行政机关,与行政机关没有隶属关系,且仲裁委员会之间也没有隶属关系。

二、仲裁的适用范围及排除事项

根据仲裁法规的定,平等主体的公民、法人和其他组织之间发生的合同纠纷和其他财产权益纠纷,可以仲裁。而下列纠纷不能仲裁:

(1)婚姻、收养、监护、扶养、继承纠纷。这一类纠纷虽属于民事纠纷,一定程度上都涉及双方的财产权益,但是又往往基于当事人的特定身份关系而产生。这种以特定身份为基础的权利义务关系,往往都是由法律直接加以规定的,不得任意自由处分。

(2)依法应当由行政机关处理的行政争议。争议双方中有一方是行政机关,并且是由行政机关实施行政管理行为引起的争议。

微型案例

秦某膝下无子女,十几年前收养了一个孤儿作为养子,养子成年后对年迈的秦某非但不尽赡养义务,反而非打即骂,秦某伤心至极,要求解除收养关系,但养子因想日后继承秦某的财产,坚决不同意解除。相关部门进行疏导调解无果后,秦某和养子达成了书面仲裁协议,向本市仲裁委员会提出仲裁。问:仲裁机构能否因双方的仲裁协议而获得管辖权?

三、仲裁的基本原则及制度

(一)当事人自愿原则

自愿原则主要体现在以下几个方面:

(1)采用仲裁方式解决纠纷,必须双方自愿,并达成书面仲裁协议。仲裁协议一方没有申请仲裁的,仲裁委员会不予受理。

(2)当事人双方有权自愿选择仲裁机构。《仲裁法》规定:"仲裁委员会应当由当事人协议选定。仲裁不实行级别管辖和地域管辖。"向哪个仲裁委员会申请仲裁,由当事人协商选定,被选定的仲裁委员会必须仲裁。

(3)当事人有权选择仲裁员。根据《仲裁法》的规定,仲裁员由当事人自愿选任。

(4)当事人有权约定仲裁程序中依法可约定的事项。仲裁法规定了许多当事人可以自由约定的事项,如当事人可约定仲裁庭的组成方式,可约定是否开庭仲裁、是否公开仲裁、是否进行调解。

(二)仲裁独立原则

仲裁的独立,指的是从仲裁机构的设置到仲裁纠纷的整个过程,都依法具有独立性。包括仲裁机构不隶属于行政机关;仲裁庭享有独立的仲裁权。同时,各仲裁委员会设在区级以上的中心城市,其相互间无上下级之分,相互独立,没有隶属关系。仲裁法所确立的仲裁独立的原则,是我国仲裁制度发展完善的一个里程碑。

提醒您

在仲裁独立原则之下,法院对仲裁活动依法进行支持与监督:

(1)法院对仲裁的支持:财产保全和证据保全、仲裁裁决的执行均等具有司法强制力,但是仲裁的居中公断性质,不具有这些职能,所以仲裁委员会将当事人的保全及执行申请依照民事诉讼法的有关规定提交给有管辖权的人民法院。

(2)法院对仲裁的监督:法院可以根据当事人的申请,对仲裁协议的效力进行审查,做出裁决。对存在法律规定的撤销或者不予执行的情形的,根据当事人的申请,做出撤销裁决或者不予执行裁决的裁定。

(三)或裁或审制度

或裁或审制度是仲裁法基本制度之一,是指当事人选择解决争议途径时,在仲裁与审判中只能二者取其一的制度,有仲裁协议的,只能通过仲裁解决。有效的仲裁协议可以排除法院的管辖权。

提醒您

当事人达成仲裁协议,一方不遵守协议向人民法院起诉,未声明存在仲裁协议,人民法院受理后,另一方在首次开庭前提交仲裁协议的,人民法院应当驳回起诉,但仲裁协议无效的除外;另一方在首次开庭前未对人民法院受理该案提出异议的,视为放弃仲裁协议,人民法院应当继续审理。

微型案例

2017年7月,上海市奥杰健身房与广州市健身器械公司签订了一份买卖合同。合同中的仲裁条款规定将此合同争议提交健身器械公司所在地的广州仲裁委员会仲裁。

2017年9月合同履行中发生争议,奥杰健身房担心广州市仲裁委员会实行地方保护主义,偏袒健身器械公司,故未申请仲裁,遂向合同履行地人民法院提起诉讼,且起诉时未说明双方约定仲裁的情况。法院受理此案,并向健身器械公司送达了起诉状副本,该器械公司向法院提交了答辩状。2018年2月法院判决被告健身器械公司败诉,被告不服,理由是双方事先有仲裁协议,法院判决无效。

问:人民法院审理本案是否正确,为什么?

微型案例

甲公司与乙公司就双方签订的加工承揽合同达成仲裁协议,约定一旦合同履行发生纠纷,由当地仲裁委员会仲裁。后合同履行发生争议,甲公司将乙公司告上法庭。对此乙公司没有向受诉法院提出异议。开庭审理中,甲公司举出充分证据,乙公司败诉几成定局,于是乙公司向法院提交了双方达成的仲裁协议。此时法院的处理方式是:________。

A. 继续审理

B. 判决该仲裁协议无效

C. 如甲公司对仲裁协议效力没有异议,则裁定驳回起诉

D. 将仲裁协议的效力问题移交有关仲裁委员会审理

微型案例

对当事人已经达成仲裁协议的案件,________。

A. 应当向仲裁机构申请仲裁,不能向人民法院起诉。

B. 一方向仲裁机构申请仲裁,另一方向人民法院起诉的,只能由人民法院受理。

C. 仲裁机构可以将案件交由人民法院受理。

D. 仲裁机构和人民法院谁先立案谁就有权受理。

(四)一裁终局制度

该制度是世界各国仲裁的通行做法。仲裁机构只做出一次裁决,仲裁裁决做出后即具有法律效力,案件就此结束。裁决做出后,当事人就同一纠纷再申请仲裁或者向人民法院起诉

的，仲裁委员会或者人民法院不予受理。

裁决被人民法院依法裁定撤销或者不予执行的，当事人就该纠纷可以根据双方重新达成的仲裁协议申请仲裁，也可以向人民法院起诉。

微型案例

2017年4月，某市食品厂和另一市某高级商场签订了一份长期供货合同。最初，食品厂能够按照合同约定交付货物。但是后来由于受到外部环境的冲击，食品厂的效益下滑，加上机器设备老化，生产出来的产品质量下降。因此供给商场的产品多为次品，导致消费者大量投诉，严重影响了该商场的经济效益，给该商场造成的直接的经济损失大约为15万元。

商场多次与食品厂交涉，但是均未能就损害赔偿的具体数额达成一致。2018年1月双方商定，将该合同纠纷提交某市仲裁委员会仲裁，并且签署了仲裁协议。

某市仲裁委员经过审理后做出了仲裁裁决，要求食品厂赔偿商场15万元经济损失。食品厂对仲裁裁决不服，向当地人民法院提起诉讼。

问：当地人民法院会如何处理？

四、仲裁协议

仲裁协议包括合同中订立的仲裁条款和以其他书面方式在纠纷发生前或者纠纷发生后达成的请求仲裁的协议。

仲裁协议应当具有下列内容：(1)请求仲裁的意思表示，(2)仲裁事项，(3)选定的仲裁委员会。

仲裁协议独立存在，合同的变更、解除、终止或者无效，不影响仲裁协议的效力。当事人对仲裁协议的效力有异议的，可以请求仲裁委员会做出决定或者请求人民法院做出裁定。一方请求仲裁委员会做出决定，另一方请求人民法院做出裁定的，由人民法院裁定。

提醒您

下列仲裁协议无效：

(1)以口头形式订立的；

(2)约定的事项超出法律规定的仲裁范围的；

(3)无民事行为能力人或者限制民事行为能力人订立的仲裁协议；

(4)一方采取胁迫手段，迫使对方订立仲裁协议的；

(5)仲裁协议对仲裁事项或者对仲裁委员会没有约定或者约定不明，当事人达不成补充协议的。

五、仲裁程序

(一)申请

当事人申请仲裁应当符合下列条件:(1)有书面的仲裁协议;(2)有具体的仲裁请求和事实、理由;(3)属于仲裁委员会的受理范围。当事人申请仲裁,应当以书面形式向仲裁委员会提交仲裁协议、仲裁申请书及副本。

(二)审查与受理

仲裁委员会将审查仲裁协议是否有效,是否有具体的仲裁请求和事实、理由,及申请书是否完整明确。在收到当事人仲裁申请书5日内决定是否受理,认为符合受理条件的,应当受理并通知当事人;认为不符合受理条件的,应当书面通知当事人不予受理,并说明理由。

如果仲裁委员会立案受理申请人的仲裁申请,则由仲裁委员会秘书将本会的仲裁规则、仲裁员名册等有关仲裁文书送达双方当事人,向申请人送达受理通知书,同时,将答辩通知书和申请人的仲裁申请书送达被申请人,要求被申请人在规定的期限内进行答辩,选定仲裁员。如有反请求,也可在此期间提出。

(三)仲裁庭组成

仲裁庭有合议制和独任制两种。合议制仲裁庭由3名仲裁员组成,通常由双方当事人各选一名仲裁员。第三名仲裁员由当事人共同选定或共同委托仲裁委员会主任指定,为首席仲裁员。首席仲裁员是合议仲裁庭的主持者,与仲裁员享有同等的权利。独任制仲裁庭即仲裁庭由一人组成,独任审理;独任仲裁员的产生,可由双方共同协商指定,也可由共同委托仲裁机构代为指定。

提醒您

仲裁员有下列情形之一的,必须回避,当事人也有权提出回避申请:

(1)是本案当事人或者当事人、代理人的近亲属;

(2)与本案有利害关系;

(3)与本案当事人、代理人有其他关系,可能影响公正仲裁的;

(4)私自会见当事人、代理人,或者接受当事人、代理人的请客送礼的。

当事人提出回避申请,应当说明理由,在首次开庭前提出。

回避事由在首次开庭后知道的,可以在最后一次开庭终结前提出。

仲裁员是否回避,由仲裁委员会主任决定;仲裁委员会主任担任仲裁员时,由仲裁委员会集体决定。

(四)审理与裁决

仲裁庭审理案件的形式有两种,一是不开庭审理,这种审理一般是经当事人申请,或由仲裁庭征得双方当事人同意,只依据书面文件进行审理并做出裁决;二是开庭审理,这种审理是按照仲裁规则的规定,采取不公开审理的原则进行审理。当事人协议公开的,可以公开进行,但涉及国家秘密的除外。

仲裁裁决应当按照多数仲裁员的意见做出,少数仲裁员的不同意见可以记入笔录。仲裁庭不能形成多数意见时,裁决应当按照首席仲裁员的意见做出。裁决书由仲裁员签名,加盖仲裁委员会印章。对裁决持不同意见的仲裁员，可以签名，也可以不签名。

裁决书自做出之日起发生法律效力，仲裁机构不得随意变更已生效的裁决。该裁决书具有执行力。当事人不得再行申请仲裁，也不得再提起诉讼。

微型案例

甲公司与乙公司签订了一份买卖节能灯的合同。双方在合同中约定：如果发生纠纷，应提交仲裁委员会仲裁。后来，乙公司作为买方提货时发现甲公司提供的货有严重的质量问题，于是向甲公司提出赔偿损失的要求，甲公司不允，双方协商未果。

乙公司遂向仲裁委员会申请仲裁，提出申请的时间为8月18日，仲裁委员会于8月28日受理此案，并决定由三名仲裁员组成仲裁庭。甲、乙公司分别选定了一名仲裁员。乙公司作为申请方又委托仲裁委员会主任指定了首席仲裁员。乙公司所选的仲裁员恰好是乙公司上级单位的常年法律顾问。此三名仲裁员公开对此案进行了审理。

问：仲裁委员会在程序上有哪些不当之处，请指出并说明理由。

（五）仲裁裁决的撤销

当事人提出证据证明裁决有下列情形之一的，可以向仲裁委员会所在地的中级人民法院申请撤销裁决：

(1)当事人在合同中没有订有仲裁条款或者事后没有达成书面仲裁协议的；

(2)裁决的事项不属于仲裁协议的范围或者仲裁机构无权仲裁的；

(3)仲裁庭的组成或者仲裁的程序违反法定程序的；

(4)裁决所根据的证据是伪造的；

(5)对方当事人向仲裁机构隐瞒了足以影响公正裁决的证据的；

(6)仲裁员在仲裁该案时有贪污受贿、徇私舞弊、枉法裁决行为的。

人民法院经组成合议庭审查核实裁决有前款规定情形之一的，应当裁定撤销。人民法院认定该裁决违背社会公共利益的，应当裁定撤销。

小资料

《仲裁法》第59条规定，当事人申请撤销裁决的，应当自收到裁决书之日起6个月内提出。第60条规定，人民法院应当在受理撤销裁决申请之日起2个月内做出撤销裁决或者驳回申请的裁定。

微型案例

甲公司和乙公司订立了一份货物买卖合同。后在履行合同的过程中发生争议。争议发生后，甲、乙公司用传真的方式进行交涉，双方约定对货物质量发生的争议，应交由天津市贸易仲裁委员会仲裁。

后甲公司据此申请仲裁，请求乙公司赔偿由于货物不合格给甲公司造成的损失，并且要求解除合同中尚未履行的部分。仲裁委员会受理了该案件，经过审理做出裁决，认定货物不合格，乙公司应当赔偿甲公司的损失；同时裁决解除合同，双方都不再履行。裁决做出后，乙公司申请人民法院撤销仲裁裁决。

问：人民法院应该如何处理，为什么？

（六）仲裁裁决的执行

当事人应当履行裁决。一方当事人不履行的，另一方当事人可以依照民事诉讼法的有关规定向人民法院申请执行。受申请的人民法院应当执行。

小资料

《仲裁法》第 64 条规定，一方当事人申请执行裁决，另一方当事人申请撤销裁决的，人民法院应当裁定中止执行。人民法院裁定撤销裁决的，应当裁定终结执行。

根据民事诉讼法的规定，被申请人提出证据证明仲裁裁决有上述可申请撤销裁决的情形的，人民法院应当裁定不予执行。人民法院认定执行该裁决违背社会公共利益的，裁定不予执行。

仲裁裁决被人民法院裁定不予执行的，当事人可以根据双方达成的书面仲裁协议重新申请仲裁，也可以向人民法院起诉。

第二节 民事诉讼

民事诉讼是指人民法院在当事人和全体诉讼参与人的参加下，依法审理和解决民事纠纷的活动，以及由这些活动所发生的诉讼关系。

民事诉讼法是指由国家制定的，规定人民法院、当事人及当事人之外的所有诉讼参与人进行民事诉讼活动和执行活动所应遵守的规则、原则的总称。民事诉讼法是规范民事诉讼最主要的法律。

一、民事诉讼法的基本原则

（一）当事人诉讼权利平等原则

在民事诉讼中，当事人平等地享有和行使诉讼权利；人民法院应当平等地保障当事人行使诉讼权利，对当事人在使用法律上一律平等。

（二）同等和对等原则

我国民事诉讼法给予在人民法院起诉、应诉的外国人、无国籍人、外国企业和组织的，是与中华人民共和国公民、法人和其他组织同样的待遇。外国法院对中华人民共和国公民、法人和其他组织的民事诉讼权利加以限制的,中华人民共和国人民法院对该国公民、企业和组织的民事诉讼权利,实行对等原则。

(三)法院调解自愿和合法的原则

法院调解是我国民事审判工作的优良传统和成功经验。人民法院受理民事案件后,应当重视调解解决;但是不能因为强调调解而违背自愿和合法的精神;调解不成的,应当及时判决。坚持自愿、合法进行调解的原则,必须反对两种倾向:一是忽视调解的意义,二是滥用调解,久调不决。

小资料

中国的调解历史悠久。原因在于中国封建社会历史很长,又缺乏成文的民事法律作为审判根据,中国的传统文化与道德均提倡以和为贵,以让为贤。所以遇有民事权益纠纷,双方当事人习惯于在当地邀集同乡、同族中有威望的长辈进行调解鉴证。从婚丧嫁娶到买卖土地房产、继承遗产等纠纷,一般都愿在当地调解解决。中华人民共和国成立后,人民调解获得了空前广泛的发展。在总结中华人民共和国成立前人民调解工作经验的基础上,政务院于1954年2月25日通过了《人民调解委员会暂行组织通则》,并公布施行。

法院调解又称诉讼内调解,是当事人用于协商解决纠纷、结束诉讼、维护自己的合法权益,审结民事案件、经济纠纷案件的制度。诉讼中的调解是人民法院和当事人进行的诉讼行为,其调解协议经法院确认,即具有法律上的效力。民事诉讼法规定,人民法院审理民事案件,应遵循查明事实,分清是非、自愿与合法的原则,调解不成,应及时判决。法院调解可以由当事人的申请开始,也可以由人民法院依职权主动开始。

(四)辩论原则

辩论原则是指在人民法院主持下,当事人有权就案件事实和争议问题,各自陈述自己的主张和根据,互相进行反驳和答辩,以维护自己的合法权益。

辩论是当事人的诉讼权利,又是人民法院审理民事案件、经济纠纷案件的准则。当事人双方就有争议的问题,相互进行辩驳,通过辩论揭示案件的真实情况。只有通过辩论核实的事实,才能作为判决的根据。

(五)处分原则

民事诉讼当事人有权在法律规定的范围内,处分自己的民事权利和诉讼权利。处分即自由支配,对于权利可行使,也可以放弃。

二、管辖

民事诉讼中的管辖,是指各级法院之间和同级法院之间受理第一审民事案件的分工和权限。它是在法院内部具体确定特定的民事案件由哪个法院行使民事审判权的一项制度。

(一)级别管辖

级别管辖是要划分上下级法院之间受理第一审民事案件的分工和权限(见表13－1)。

表 13-1 级别管辖

法院级别	管辖范围
基层人民法院	第一审民事案件，法律另有规定的除外
中级人民法院	(1)重大涉外案件； (2)在本辖区有重大影响的案件； (3)最高人民法院确定由中级人民法院管辖的案件
高级人民法院	在本辖区有重大影响的民事案件
最高人民法院	(1)在全国有重大影响的案件；(2)认为应当由本院审理的案件

提醒您

按照最高人民法院《关于适用〈中华人民共和国民事诉讼法〉若干问题的意见》，中级人民法院管辖的所谓重大涉外案件指的是争议标的额大，或者案情复杂，抑或居住在国外的当事人人数众多的涉外案件。

微型案例

原告李某于2014年1月10日向某市中级人民法院递交起诉状称：被告赵某于两年前租用原告房屋一套，每月租金1 000元。现租期已过，被告要求继续租住，拒不搬出，原告要求被告迁出，收回房屋自用。

中级人民法院告知原告本院对本案无管辖权，没有受理原告的起诉，让其到基层人民法院起诉。王某想不通，认为中级人民法院的审判员水平高，更能公正审理案件，基层法院的审判员水平不高，不愿去基层法院起诉。

问：当事人可以自由选择或者协商确定级别管辖吗？

(二)地域管辖

1. 一般地域管辖

对公民提起的民事诉讼，由被告住所地人民法院管辖；被告住所地与经常居住地不一致的，由经常居住地人民法院管辖。对法人或者其他组织提起的民事诉讼，由被告住所地人民法院管辖。同一诉讼的几个被告住所地、经常居住地在两个以上人民法院辖区的，各人民法院都有管辖权。

提醒您

公民的住所地是指公民的户籍所在地，法人的住所地是指法人的主要营业地或者主要办事机构所在地。公民的经常居住地是指公民离开住所地至起诉时已连续居住一年以上的地方。但公民住院就医的地方除外。

2. 一般地域管辖的例外

下列民事诉讼，由原告住所地人民法院管辖；原告住所地与经常居住地不一致的，由原告经常居住地人民法院管辖：

(1)对不在中华人民共和国领域内居住的人提起的有关身份关系的诉讼；

(2)对下落不明或者宣告失踪的人提起的有关身份关系的诉讼；

(3)对被采取强制性教育措施的人提起的诉讼；

(4)对被监禁的人提起的诉讼。

3. 合同纠纷案件的地域管辖

因合同纠纷提起的诉讼，由被告住所地或者合同履行地人民法院管辖。因保险合同纠纷提起的诉讼，由被告住所地或者保险标的物所在地人民法院管辖。

两个以上人民法院都有管辖权的诉讼，原告可以向其中一个人民法院起诉；原告向两个以上有管辖权的人民法院起诉的，由最先立案的人民法院管辖。

提醒您

合同或者其他财产权益纠纷的当事人可以书面协议选择被告住所地、合同履行地、合同签订地、原告住所地、标的物所在地等与争议有实际联系的地点的人民法院管辖，但不得违反民事诉讼法对级别管辖和专属管辖的规定。

4. 专属管辖

下列案件，由《民事诉讼法》第 33 条规定的人民法院专属管辖：

(1)因不动产纠纷提起的诉讼，由不动产所在地人民法院管辖；

(2)因港口作业中发生纠纷提起的诉讼，由港口所在地人民法院管辖；

(3)因继承遗产纠纷提起的诉讼，由被继承人死亡时住所地或者主要遗产所在地人民法院管辖。

微型案例

孙甲、孙乙二人系兄弟，早先兄弟俩曾共同出资在原籍 A 市修建住宅一幢，共同居住。

之后，兄弟二人先后来到 B 市工作，并在 B 市分别购房长期居住。而乙的家属仍在 A 市工作，并住在原房中。

2018 年 1 月，甲想退休回 A 市养老，要其弟乙腾出一部分房屋，乙不同意腾房，只愿补偿房屋价款。兄弟二人遂发生争议，甲准备诉请法院解决。

问：本案应由哪个地方的法院管辖？

微型案例

一日，家住南京市鼓楼区的张某与家住南京白下区的王某在江宁区与雨花区交界处为停车发生口角，王某叫来家住安徽省马鞍山市雨山区的刘某与家住芜湖市镜湖区的肖某，一阵激烈的争吵后，王某等欲动手打张某，张某见势不妙，撒腿就跑，王某等三人一边追一边用砖头砸张某，王某等人仍在雨花区，张某已跑到江宁区地界，此时，一块砖头砸中张某腹部，张某忍痛继续跑，终于摆脱了王某等人。

第二天，张某在家中发现自己腹部疼痛难忍，到医院就诊后查出脾脏受伤，为此花去了医疗费近万元。后来张某通过熟人找到王某，在熟人的调解下王某答应赔偿，双方当即签了一份协议，协议约定赔偿的医药费以2万元为限，王某先付5 000元，余款15日内付清。协议还约定，若因为履行该协议发生纠纷，双方可以通过向南京市中级人民法院提起诉讼来解决。

后来张某的治疗费接近3万元，王某付了5 000元后也未再付款。现张某准备向法院起诉。

问：本案中双方约定的级别管辖效力如何？张某可以向哪些法院提起诉讼？

常见案件的地域管辖见表13－2。

表13－2 常见案件的地域管辖

案件类型	管辖法院
对公民提起的民事诉讼	由被告住所地或经常居住地法院管辖
对法人或者其他组织提起的民事诉讼	由被告住所地法院管辖。对没有办事机构的公民合伙、合伙型联营体提起的诉讼，由被告注册登记地法院管辖。没有注册登记，几个被告又不在同一辖区的，被告住所地的法院都有管辖权
因合同纠纷提起的诉讼	由被告住所地或者合同履行地人民法院管辖。如果合同没有实际履行，当事人双方住所地又都不在合同约定的履行地的，应由被告住所地人民法院管辖。当事人还可以协议选择被告住所地、合同履行地、合同签订地、原告住所地、标的物所在地人民法院管辖
因侵权提起的诉讼	由侵权行为地或者被告住所地法院管辖。侵权行为地，包括侵权行为实施地、侵权结果发生地。因产品质量不合格造成他人财产、人身损害提起的诉讼，产品制造地、产品销售地、侵权行为地和被告住所地的法院都有管辖权。铁路运输合同纠纷及与铁路运输有关的侵权纠纷，由铁路运输法院管辖

（三）移送管辖和指定管辖

人民法院发现受理的案件不属于本院管辖的，应当移送有管辖权的人民法院，受移送的人民法院应当受理。受移送的人民法院认为受移送的案件依照规定不属于本院管辖的，应当报请上级人民法院指定管辖，不得再自行移送。

有管辖权的人民法院由于特殊原因，不能行使管辖权的，由上级人民法院指定管辖。人民法院之间因管辖权发生争议，由争议双方协商解决；协商解决不了的，报请它们的共同上级人民法院指定管辖。

（四）管辖权异议

管辖权异议，是指当事人认为受诉法院或受诉法院向其移送案件的法院对案件无管辖权时，而向受诉法院或受移送案件的法院提出的不服管辖的意见或主张。

三、诉讼时效

诉讼时效是指民事权利受到侵害的权利人在法定的时效期间内不行使权利，当时效期间届满时，权利人胜诉权归于消灭。诉讼时效届满并不消灭权利人的实体权利。古希腊有句法谚："法律不保护躺在权利上睡觉的人。"该法律谚语完美阐释了现代法律中诉讼时效制度。

（一）诉讼时效期间

1. 普通诉讼时效

根据 2017 年 10 月 1 日实施的《中华人民共和国民法总则》的规定，向人民法院请求保护民事权利的诉讼时效期间为 3 年，自权利人知道或者应当知道权利受到损害以及义务人之日起计算。法律另有规定的，依照其规定。

2. 最长诉讼时效

诉讼时效期间自权利人知道或者应当知道权利受到损害以及义务人之日起计算。法律另有规定的，依照其规定。但是自权利受到损害之日起超过 20 年的，人民法院不予保护；有特殊情况的，人民法院可以根据权利人的申请决定延长。

（二）诉讼时效的中止

在诉讼时效期间的最后 6 个月内，因下列障碍，不能行使请求权的，诉讼时效中止：

(1)不可抗力；

(2)无民事行为能力人或者限制民事行为能力人没有法定代理人，或者法定代理人死亡、丧失民事行为能力、丧失代理权；

(3)继承开始后未确定继承人或者遗产管理人；

(4)权利人被义务人或者其他人控制；

(5)其他导致权利人不能行使请求权的障碍。

自中止时效的原因消除之日起满 6 个月，诉讼时效期间届满。

（三）诉讼时效的中断

有下列情形之一的，诉讼时效中断，从中断、有关程序终结时起，诉讼时效期间重新计算：

(1)权利人向义务人提出履行请求；

(2)义务人同意履行义务；

(3)权利人提起诉讼或者申请仲裁；

(4)与提起诉讼或者申请仲裁具有同等效力的其他情形。

诉讼时效的期间、计算方法以及中止、中断的事由由法律规定，当事人约定无效。当事人对诉讼时效利益的预先放弃无效。

（四）不适用诉讼时效的情形。

下列请求权不适用诉讼时效的规定：

(1)请求停止侵害、排除妨碍、消除危险；

(2)不动产物权和登记的动产物权的权利人请求返还财产；

(3)请求支付抚养费、赡养费或者扶养费；

(4)依法不适用诉讼时效的其他请求权。如支付存款本金及利息请求权；兑付国债、金融债券以及向不特定对象发行的企业债券本息请求权；基于投资关系产生的缴付出资请求权；消除影响、恢复名誉以及赔礼道歉请求等。

四、审判程序

(一)一审程序

一审程序包括一审普通程序和简易程序。一审普通程序是人民法院审理案件时通常适用的程序。一审程序包括起诉、受理、审理前的准备和开庭审理几个阶段。

1. 起诉和受理

起诉应当向人民法院递交起诉状，并按照被告人数提出副本。书写起诉状确有困难的，可以口头起诉，由人民法院记入笔录，并告知对方当事人。

提醒您

> 起诉状应当记明下列事项：
>
> (1)原告的姓名、性别、年龄、民族、职业、工作单位、住所、联系方式，法人或者其他组织的名称、住所和法定代表人或者主要负责人的姓名、职务、联系方式；
>
> (2)被告的姓名、性别、工作单位、住所等信息，法人或者其他组织的名称、住所等信息；
>
> (3)诉讼请求和所根据的事实与理由；
>
> (4)证据和证据来源、证人姓名和住所。

符合起诉条件的，人民法院应当在 7 日内立案，并通知当事人；不符合起诉条件的，应当在 7 日内做出裁定书，不予受理；原告对裁定不服的，可以提起上诉。

2. 审理前的准备

法院应当在立案之日起 5 日内将起诉状副本发送被告，被告应当在收到之日起 15 日内提出答辩状。法院应当在收到答辩状之日起 5 日内将答辩状副本发送原告。被告不提出答辩状的，不影响法院审理。

法院受理案件后，当事人对管辖权有异议的，应当在提交答辩状期间提出。法院对当事人提出的异议，应当审查。异议成立的，裁定将案件移送有管辖权的人民法院；异议不成立的，裁定驳回。

合议庭组成人员确定后，应当在 3 日内告知当事人。

3. 开庭审理

人民法院审理民事案件，除涉及国家秘密、个人隐私或者法律另有规定的以外，应当公开进行。离婚案件、涉及商业秘密的案件、当事人申请不公开审理的，可以不公开审理。

人民法院审理民事案件，应当在开庭 3 日前通知当事人和其他诉讼参与人。公开审理的，应当公告当事人姓名、案由和开庭的时间、地点。

法庭调查按照下列顺序进行：(1)当事人陈述；(2)告知证人的权利义务，证人做证，宣读未到庭的证人证言；(3)出示书证、物证、视听资料和电子数据；(4)宣读鉴定意见；(5)宣读勘验笔录。

当事人在法庭上可以提出新的证据。

法庭辩论按照下列顺序进行:(1)原告及其诉讼代理人发言;(2)被告及其诉讼代理人答辩;(3)第三人及其诉讼代理人发言或者答辩;(4)互相辩论。法庭辩论终结,由审判长按照原告、被告、第三人的先后顺序征询各方最后意见。法庭辩论终结,应当依法做出判决。判决前能够调解的,还可以进行调解,调解不成的,应当及时判决。

微型案例

2018年2月,原告林胜公司向人民法院起诉被告张强及顺合公司。起诉状中称,被告张强原是其营销部经理,被被告顺合公司高薪挖去,负责市场推销工作。张强利用其在林胜公司所掌握的商业秘密,将公司的销售与进货渠道几乎全部提供给了顺合公司,致使原告公司损失严重。现请求张强与顺合承担连带赔偿责任。同时申请不公开审理,保护商业秘密。

请问:人民法院能否同意原告不公开审理的要求?

原告经传票传唤,无正当理由拒不到庭的,或者未经法庭许可中途退庭的,可以按撤诉处理;被告反诉的,可以缺席判决。

被告经传票传唤,无正当理由拒不到庭的,或者未经法庭许可中途退庭的,可以缺席判决。宣判前,原告申请撤诉的,是否准许,由人民法院裁定。人民法院裁定不准许撤诉的,原告经传票传唤,无正当理由拒不到庭的,可以缺席判决。

人民法院适用普通程序审理的案件,应当在立案之日起6个月内审结。有特殊情况需要延长的,由本院院长批准,可以延长6个月;还需要延长的,报请上级人民法院批准。

提醒您

人民法院对公开审理或者不公开审理的案件,一律公开宣告判决。当庭宣判的,应当在10日内发送判决书;定期宣判的,宣判后立即发给判决书。宣告判决时,必须告知当事人上诉权利、上诉期限和上诉的法院。宣告离婚判决,必须告知当事人在判决发生法律效力前不得另行结婚。

(二)二审程序

当事人不服地方人民法院第一审判决的,有权在判决书送达之日起15日内向上一级人民法院提起上诉。当事人不服地方人民法院第一审裁定的,有权在裁定书送达之日起10日内向上一级人民法院提起上诉。

上诉应当递交上诉状,上诉状应当通过原审人民法院提出,并按照对方当事人或者代表人的人数提出副本。当事人直接向第二审人民法院上诉的,第二审人民法院应当在5日内将上诉状移交原审人民法院。第二审人民法院的判决、裁定,是终审的判决、裁定。

人民法院审理对判决的上诉案件,应当在第二审立案之日起3个月内审结。有特殊情况需要延长的,由本院院长批准。

(三)审判监督程序

各级人民法院院长对本院已经发生法律效力的判决、裁定、调解书,发现确有错误,认为需要再审的，应当提交审判委员会讨论决定。

最高人民法院对地方各级人民法院已经发生法律效力的判决、裁定、调解书，上级人民法院对下级人民法院已经发生法律效力的判决、裁定、调解书，发现确有错误的，有权提审或者指令下级人民法院再审。

当事人对已经发生法律效力的判决、裁定，认为有错误的，可以向上一级人民法院申请再审；当事人一方人数众多或者当事人双方为公民的案件，也可以向原审人民法院申请再审。当事人申请再审的，不停止判决、裁定的执行。

提醒您

人民法院应当进行再审的情况：

对有新的证据，足以推翻原判决、裁定的；原判决、裁定认定的基本事实缺乏证据证明的；

原判决、裁定认定事实的主要证据是伪造或者未经质证的；

未经传票传唤，缺席判决的；

原判决、裁定遗漏或者超出诉讼请求的；

据以做出原判决、裁定的法律文书被撤销或者变更的；

审判人员审理该案件时有贪污受贿、徇私舞弊、枉法裁判行为的。

五、执行程序

发生法律效力的民事判决、裁定，以及刑事判决、裁定中的财产部分，由第一审人民法院或者与第一审人民法院同级的被执行的财产所在地人民法院执行。法律规定由人民法院执行的其他法律文书，由被执行人住所地或者被执行的财产所在地人民法院执行。

提醒您

人民法院自收到申请执行书之日起超过6个月未执行的，申请执行人可以向上一级人民法院申请执行。

上一级人民法院经审查，可以责令原人民法院在一定期限内执行，也可以决定由本院执行或者指令其他人民法院执行。

申请执行的期间为两年。申请执行时效的中止、中断，适用法律有关诉讼时效中止、中断的规定。

微型案例

长城厂住所地及主要财产均位于甲市东城区，因不履行买卖合同给东方厂造成了经济损失，东方厂按照协议约定，将其起诉至甲市东城区人民法院，东城区人民法院经过开庭审理，判决长城厂赔偿东方厂经济损失及支付违约金共12万元。长城厂不服，向甲市中级人民法院提出上诉。中级人民法院认为一审判决认定的基本事实清楚，适用法律正确，但判决赔偿金额过多，改判长城厂赔偿东方厂经济损失9万元。

判决确定的履行期间届满后，长城厂拒不履行赔偿义务。东方厂欲向人民法院要求强制执行。

问：本案判决应由哪个法院执行？

微型案例

某企业甲与某宾馆乙于2017年3月签订了长期的供货合同，企业甲成为宾馆乙客房浴巾、毛巾等用品的主要供货商。自2017年8月以来，企业甲开始以次充好，致使宾馆乙遭受较大经济损失。为此，宾馆乙与企业甲进行了多次交涉，但均告失败。

宾馆乙于2018年1月向法院起诉，请求法院判决企业甲退还货款并赔偿50万元经济损失，后法院判决企业甲向宾馆乙退还货款以及赔偿经济损失45万元。履行期过后，企业甲拒不履行上述义务。

后经法院调查，企业甲已于2017年5月与新西兰一家企业共同成立了一家合资企业，为独立法人，企业甲以其80%的厂房设备出资，现已无可供执行的财产。

问：法院在此种情况下应当如何处理？

小　结

关键术语

经济纠纷处理　仲裁　民事诉讼

本章小结

1. 仲裁是当事人根据订立的仲裁协议，自愿将其争议提交由仲裁员组成的仲裁庭进行裁判，并受该裁判约束的一种制度。仲裁活动和法院的审判活动一样，是解决民事争议的方式之一。

2. 作为一种解决财产权益纠纷的民间性裁判制度，仲裁具有自愿性、专业性、灵活性、经济性、快捷性和保密性的特点。

3. 仲裁的基本原则及制度有：当事人自愿原则、仲裁独立原则、或裁或审制度和一裁终局制度。

4. 民事诉讼是指人民法院在当事人和全体诉讼参与人的参加下，依法审理和解决民事纠纷的活动，以及由这些活动所发生的诉讼关系。民事诉讼法是指由国家制定的，规定人民法院、当事人及当事人之外的所有诉讼参与人进行民事诉讼活动和执行活动所应遵守的规则、原则的总称。

5. 民事诉讼法的基本原则有，当事人诉讼权利平等原则、同等和对等原则、法院调解自愿和合法的原则、辩论原则以及处分原则。

6. 民事诉讼中的管辖，是指各级法院之间和同级法院之间受理第一审民事案件的分工和权限。它是在法院内部具体确定特定的民事案件由哪个法院行使民事审判权的一项制度。

7. 诉讼时效是指民事权利受到侵害的权利人在法定的时效期间内不行使权利，当时效期间届满时，权利人胜诉权归于消灭。诉讼时效届满并不消灭权利人的实体权利。普通诉讼时效为 3 年。

8. 我国实行两审终审制，审判程序包括一审程序、二审程序和再审程序。

知识结构图

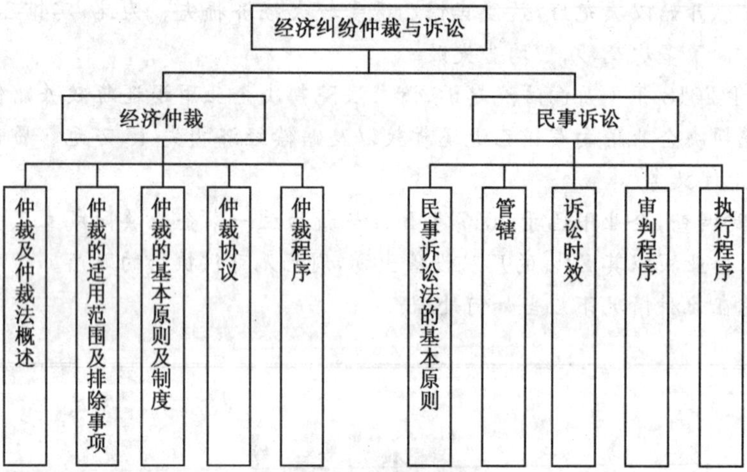

应　用

案例研究

Z 市张某早年丧妻，育有 3 个子女。2017 年 3 月 5 日，张某因病去世，他的 3 个子女因遗产分割发生纠纷。在不能协商解决的情况下，他们认为，仲裁以不公开审理为原则，具有为当事人保密的特点，于是签订了书面的仲裁协议，同意以仲裁的方式来解决他们之间的遗产分割纠纷，约定由 Z 市仲裁委员会进行仲裁，2018 年 2 月，他们向 Z 仲裁委员会申请仲裁。但老三担心仲裁机构的公允性，遂独自去 Z 市基层人民法院起诉，请求人民法院进行审理。

问题：

1. 遗产继承能够进行仲裁，为什么？

2. 老三独自去Z市人民法院诉讼的行为合法吗？人民法院有没有管辖权？

实验实训

市民陈鹏有家制作铝合金货柜的加工厂。2017年7月，该市第一百货公司与陈鹏签订了一份加工定做100节货柜的合同。合同中约定，铝合金、玻璃等原材料由第一百货提供，8月1日前交给陈鹏，陈鹏按照第一百货提供的图纸进行加工，加工费为10万元，9月20日交货，货物验收合格后付款。后来，由于第一百货未能如期提供原材料，致使陈鹏的加工成品一直延期到10月20日才交货。由于错过了"十一"黄金周，第一百货的货物积压，致使商场收入减少了二十几万元。于是第一百货以陈鹏违约为由，拒绝支付加工费。

运用本章知识，分组模拟陈鹏及其代理人、第一百货及其代理人和法院三方角色，进行相关法律文书写作并模拟法庭审判的全过程。

复习思考题

1. 简述仲裁的排除事项。
2. 简述仲裁的特征以及基本原则和制度。
3. 简述民事诉讼法的基本原则。
4. 简述审判的程序及主要内容。

参考文献

[1]张冬云、唐树伶等主编:《实用经济法》,北京交通大学出版社 2017 年版。

[2]陈晓华、徐景录等主编:《经济法》,清华大学出版社 2017 年版。

[3]田春苗主编:《经济法案例分析》,中国政法大学出版社 2013 年版。

[4]侯丽艳、梁平主编:《经济法概论》,中国政法大学出版社 2012 年版。

[5]张学森主编:《经济法》,上海财经大学出版社 2015 年版。

[6]胡志民等编著:《经济法》,上海财经大学出版社 2006 年版。

[7]王晓晔主编:《经济法学》,社会科学文献出版社 2010 年版。

[8]於向平等著:《经济法理论与实务》,北京大学出版社 2014 年版。

[9]王利明编:《民法学》,复旦大学出版社 2004 年版。

[10]马俊驹,余延满著:《民法原论》,法律出版社 2005 年版。

[11]费安玲主编:《知识产权法教程》,知识产权出版社 2003 年版。

[12]郑成思著:《知识产权法:新世纪初的若干研究重点》,法律出版社 2004 年版。

[13]韩赤风等著:《中外反不正当竞争法经典案例》,知识产权出版社 2010 年版。

[14]王晓晔编:《反垄断法》,法律出版社 2011 年版。

[15]谢登科编:《〈反不正当竞争法〉实施以来我国查处的十大典型案件》,新华网 2003 年 11 月 27 日。

[16]法律出版社专业出版编委会编:《案例导读:食品安全法及配套规定适用与解析》,法律出版社 2014 年版。

[17]国务院法制办公室编:《中华人民共和国产品质量法》,中国法制出版社 2012 年版。

[18]李俊:《产品质量法案例评析》,对外经济贸易大学出版社 2012 年版。